Wirtschaftspolitische Studien

Der Keynesianismus V

Makroökonomik nach Keynes

Herausgegeben von
G. Bombach H.-J. Ramser M. Timmermann

Springer-Verlag
Berlin Heidelberg New York Tokyo 1984

Professor Dr. Gottfried Bombach
Institut für Angewandte Wirtschaftsforschung, Universität Basel
Leonhardsgraben 3, CH-4051 Basel

Professor Dr. Hans-Jürgen Ramser
Fakultät für Wirtschaftswissenschaften und Statistik, Universität Konstanz
Universitätsstraße 10, D-7750 Konstanz

Professor Dr. Manfred Timmermann
Lehrstuhl für Betriebswirtschaftslehre der öffentlichen Verwaltung,
Hochschule St. Gallen
Dufourstraße 50, CH-9000 St. Gallen

ISBN 3-540-13063-2 Springer-Verlag Berlin Heidelberg New York Tokyo
ISBN 0-387-13063-2 Springer-Verlag New York Heidelberg Berlin Tokyo

CIP-Kurztitelaufnahme der Deutschen Bibliothek
Der Keynesianismus/hrsg. von G. Bombach ...– Berlin; Heidelberg; New York; Tokyo:
Springer (Wirtschaftspolitische Studien)
NE: Bombach, Gottfried [Hrsg.]
5. → Makroökonomik nach Keynes

Makroökonomik nach Keynes/hrsg. von G. Bombach ...– Berlin; Heidelberg; New York;
Tokyo: Springer, 1984. (Der Keynesianismus; 5) (Wirtschaftspolitische Studien)
ISBN 3-540-13063-2 (Berlin ...)
ISBN 0-387-13063-2 (New York ...)
NE: Bombach, Gottfried [Hrsg.]

Herstellung: Offsetdruckerei Julius Beltz, Hemsbach
2142/3140-543210

Inhaltsverzeichnis

Teil II
Löhne, Preise, Einkommen und Beschäftigung in der offenen Volkswirtschaft
Von O. Landmann

Einleitung

In der Einführung zum ersten, im Jahre 1976 erschienen Band dieser Reihe konnten wir an zwei Jubiläen anknüpfen: 200 Jahre zuvor hatte Adam Smith mit „Der Wohlstand der Nationen" eines der einflußreichsten Werke unserer Wissenschaft veröffentlicht, und vier Jahrzehnte waren seit dem Erscheinen der „Allgemeinen Theorie der Beschäftigung, des Zinses und des Geldes" vergangen. Wir mußten feststellen, daß es um das zweite der Jubiläen relativ still blieb, obgleich damals der schärfste Konjunktureinbruch der Nachkriegszeit nur knapp überwunden war und die Arbeitslosigkeit sowohl in Europa als auch in den Vereinigten Staaten längst die Millionenhöhe erreicht hatte. Es schien, als habe Sir John Hicks (1974) Recht behalten, als er das dritte Quartal dieses Jahrhunderts als das „Zeitalter von Keynes" bezeichnete und die Vermutung durchblicken ließ, es werde mit diesem auch zu Ende gehen. Die im theoretischen Ansatz und den wirtschaftspolitischen Folgerungen weit über den ursprünglichen Monetarismus hinausgehende „neue" klassische Makroökonomik befand sich im Vormarsch, weckte hohe Erwartungen, wenn sie auch heute ihren Höhepunkt längst wieder überschritten hat. Wie Produkte und ganze Industriezweige einem Lebenszyklus folgen, so kann man, wie es scheint, auch Theorien in ein solches Schema einordnen. Dabei zeigt sich ein markanter Trend zur Verkürzung der Lebensdauer. Wie steht es dabei um die Lehre von Keynes, ihre Anpassungsfähigkeit an neue Konstellationen, die auch ein Genie wie Keynes, der einst viele und besonders die düsteren Ereignise richtig prognostiziert hatte, nicht vorausahnen konnte? Dies wird eine der Fragen sein, die dieser Band zu beantworten hat.

Gute Ökonomen haben, wie Niehans (1981, S. 171) schreibt, eines gemeinsam, nämlich einen höchst kritischen Individualismus und ein tiefes Mißtrauen in ererbte Wahrheiten. Für kaum einen anderen Ökonomen trifft diese Charakterisierung so zu wie für Keynes. Heute aber ist seine eigene Lehre dem gleichen Mißtrauen ausgesetzt, wie Keynes es dem entgegenbrachte, was er kurz als „Klassik" bezeichnete. Ist seine neue Lehre so „allgemein", wie der Titel seines Hauptwerkes es verspricht, oder ist sie ganz und gar zeitbedingt, lediglich das Spiegelbild der Großen Depression? Wäre „Economics of Depression" (Hicks 1974) der treffendere Titel?

Und wenn es „nur" eine Theorie der Depression wäre: Immerhin hat mit dem Beginn der 80er Jahre ein weiterer Rückschlag die Industriestaaten heimgesucht. Die Wachstumsrate des realen Sozialproduktes der wichtigsten Industrieländer (einschl. Japan) hatte 1979 wieder knapp 4 v. H. erreicht. 1980 jedoch halbierte sie sich, fiel 1981 auf unter 1 v. H., und sie wurde 1982 sogar negativ. Neun der sechzehn hier einbezogenen Staaten mußten in jenem Jahr einen absoluten Rückschlag einstecken. Wenn auch in der Amplitude nicht so heftig, so hat der erneute Konjunktureinbruch zufolge seiner Länge doch tiefere Spuren hinterlassen als derjenige von 1974/75. Die Arbeitslosigkeit ist in beängstigendem Maße weiter angestiegen, und sie wird mindestens bis zur Mitte dieses Jahrzehnts noch zunehmen, wenn die starken Geburtenjahrgänge der 60er Jahre weiter zum Arbeitsmarkt drängen und die neuen, arbeitsparenden Technologien voll durchschlagen. Dies haben sie bis heute ja noch gar nicht getan, denn gerade die in den Zuwachsraten Jahre hindurch zurückgehende Arbeitsproduktivität gab den Ökonomen eines der großen Rätsel auf. Auch wenn die Zeichen im Augenblick günstig stehen, wird sich an den Arbeitsmarktproblemen in absehbarer Zukunft Entscheidendes nicht ändern. Man wird sich etwas einfallen lassen müssen, denn wieder werden jene „antikapitalistischen Sehnsüchte" wach, von denen in einem anderen Vorwort die Rede war.

Das Jahr 1983, in dem dieser Band reifte, war wiederum ein Jahr der Jubiläen. Man gedachte des 100. Todestages von K. Marx und der 100. Geburtstage von Keynes und Schumpeter. Schumpeterianer bemängelten die Zurückstellung ihres Meisters gegenüber Keynes, und vice versa. Auf der Tagung der American Economic Association im Dezember 1983 knüpfte H. Giersch an J. R. Hicks mit der These an, das 4. Quartal dieses Jahrhunderts könne das Quartal von Schumpeter werden. Wenn damit nicht mehr gemeint ist, als daß es wagemutiger und weit vorausblickender Unternehmer und der Beseitigung bürokratischer und fiskaler Hemmnisse des Investitionsprozesses bedürfe, so kann zugestimmt werden. Keynes hätte dies auch getan, während Schumpeter selbst sich schon sehr früh unter die Pessimisten einreihte. Kommt eine neue Wachstumsphase, so kann man sie nach Schumpeter benennen wie frühere auch. Dies ist eine Frage der Nomenklatur. Niehans (1981, S. 175) hat ohne Zweifel Recht, wenn er schreibt, Schumpeter sei in die Theoriengeschichte als tragische Figur eingegangen, weil es ihm nicht gelang, seine Vision des Innovationsprozesses in ein analytisches Modell zu transformieren.

Man kann mit Giersch auch einverstanden sein, wenn mit dem Namen von Keynes das Konzept der Feinsteuerung der Konjunktur und nur dieses verbunden wird. Die Wissenschaft verteidigt es längst nicht mehr, doch sei nur nebenbei bemerkt, daß der derzeitige amerikanische Aufschwung – wenn auch ungewollt – „Keynesianischere" Ursachen gar nicht haben könnte, betrachtet man die gigantischen Haushaltsdefizite. So nimmt es nicht Wunder, wenn es um die Thesen der Politikineffizienz und des „expectations crowding out" stiller geworden ist. In einigen Abhandlungen nach 1936 spekulierte Keynes wohl eine Zeit lang mit dem Gedanken des kontinuierlichen Gegensteuerns, aber in der „Allgemeinen Theorie" findet sich davon fast nichts. Sie ist auf die längerfristigen Gleichgewichtsstörungen einer kapitalistischen Wirtschaft ausgerichtet, und gerade deshalb gab sie ja den Anstoß zu den damals florierenden Stagnationstheorien, während mit der derzeitigen Wachstumsschwäche die These der langen Wellen in Mode gekommen ist. Keynes' Beitrag zur Konjunkturlehre war mager, aber auch Schumpeters Konzept des innovativen Unternehmers und seiner Immitatoren taugt mehr zur Deutung lang anhaltender Wachstumsphasen (bei ihm der Kondratieff-Zyklus) und ist wenig überzeugend als Motor von Konjunkturbewegungen. Zur Überwindung einer durch das Versagen der Stabilisierungspolitik herbeigeführten Depression bedarf es nicht unbedingt einer Innovation; die Wirtschaft kann, und so ist es auch in der Nachkriegszeit nach jedem Abschwung geschehen, in vorhandene Kapazitäten mit bisherigen Technologien hineinwachsen. Aus der keynesianischen Theorie ließen sich immerhin die Instrumente entwickeln, um kurz- und mittelfristige Schwankungen der ökonomischen Aktivität zu analysieren, um zu zeigen, wie sich bestimmte Anstöße fortpflanzen, wie auch aus ganz unregelmäßigen Anstößen („erratic shocks") einigermaßen regelmäßige Wellenbewegungen resultieren können. Schumpeter hat niemals überzeugende Argumente für die Periodizität finden können; dies war bereits eine sehr frühe Kritik. Er war aber auch nicht bereit, keynesianisches Gedankengut zu adoptieren. So wundert es nicht, wenn seine monumentalen „Business Cycles" zum totalen Mißerfolg wurden.

Im I. Band ging O. Landmann von der These aus, die „Allgemeine Theorie" sei nicht nur eine Antwort auf die Krise der Wirtschaft, sondern auch eine Antwort auf die Krise der Wirtschaftstheorie. Wie man zu Keynes auch immer stehen mag: eine wissenschaftliche Revolution im Sinne von Th. Kuhn hat er ausgelöst. Am Ende der Revolution stand die Keynesianische Orthodoxie und der Vulgärkeynesianismus, auch als „hydraulistischer Keynesianismus“ bezeichnet. Der Meister kann sich nicht mehr wehren, wenn man sich zu Unrecht auf ihn beruft, so heute insbesondere mit der These der expansiven Lohnpolitik (Kaufkraftargument des Lohnes).

Dieser Band ist ein Versuch zu zeigen, was an brauchbaren Bausteinen der Makrotheorie nach Revolution, Gegenrevolution und nach dem Wiederanknüpfen an Keynes verblieben ist, wie sich diese Bausteine zu einem neuen Theoriengebäude zusammenfügen lassen, und welche Aufgaben noch zu bewältigen sind, um das Wirtschaftsgeschehen nach den Turbulenzen der 70er Jahre analytisch in den Griff zu bekommen. Der wohl passendste Titel „Macroeconomics after Keynes“ (Chick, 1983) war dafür bereits vergeben. Im *ersten Hauptteil* des Bandes umreißt Ramser die Aufgaben einer kurz- und einer mittelfristigen Makrotheorie und behandelt danach beide Komplexe gesondert, beginnend mit einer Auseinandersetzung mit den am Gleichgewicht orientierten, neuen Entwicklungen. Dabei wird insbesondere auch auf die mikroökonomische Fundierung und auf die informationstheoretischen Probleme eingegangen. Die Hypothese ständig geräumter Märkte – am ehesten plausibel für Finanzmärkte, weniger für Gütermärkte und schon gar nicht für den Arbeitsmarkt – wird als der neuralgische Punkt der „neuen“ klassischen Makroökonomik (NCM) herausgestellt. Damit ist der Übergang zur Theorie der temporären Gleichgewichte bei Mengenrationierung geschaffen. Es wird gezeigt, wie man die „Allgemeine Theorie“ von Keynes als Makrovariante eines mikroökonomischen Systems temporärer Gleichgewichte bei Mengenrationierung interpretieren kann. Hier hat die „neue“ Keynesianische Makroökonomik (NKM) ihren Ausgangspunkt, wobei offen bleibt, ob Keynes dies wirklich gemeint hat. Auch seine engsten Mitarbeiter aus dem Cambridger „Zirkus“ konnten darauf keine Antwort geben. Ob ja oder nein: vieles spricht dafür, daß er sich hinter diese Interpretation ebenso begeistert gestellt hätte wie einstmals hinter die elegante IS-LM-Interpretation durch Hicks. Ramser bemüht sich vor allem auch um die Integration der Monopoltheorie in die NKM.

Aus der Kritik am heutigen Stand der NKM, die oft nicht über bloße Klassifikationsschemata alternativer Regime – in dieser Studie werden 8 mögliche Regime unterschieden – hinausgekommen ist, werden erfolgversprechende Ansatzpunkte für die weitere Forschung aufgezeigt: der Komplex der Mengenrationierung sollte durch Theorien der Erwartungsbildung und der Lohn/Preis-Dynamik vervollständigt werden. So kam Don Patinkin ja sehr früh schon zu dem Schluß, daß die wahre Bedeutung des Keynesschen Beitrags nur im Rahmen einer dynamischen Wirtschaftstheorie zu begreifen ist. Was die mittelfristige Makrotheorie anbetrifft, so dürfte das Konzept der stilisierten Fakten des Konjunkturverlaufs, an das Ramser anknüpft, geeignet sein, die Konjunkturtheorie aus einer Sackgasse zu führen. Es ist der Wachstumstheorie entlehnt, die auf typische Struktureigenschaften der Entwicklungstrends abstellt: konstante Kapitalkoeffizienten, unveränderte Einkommensverteilung und Ertragsrate, usw. Hier geht es um die Fluktuationen, um den Trend, die Größenverhältnisse der Amplituden und um die Kohärenz oder Nicht-Kohärenz der einzelnen Reihen.

Im *zweiten Hauptteil* des Bandes widmet sich O. Landmann den Problemen einer offenen Volkswirtschaft. Mit dem Übergang zu flexiblen Kursen war auch die Außenhandelstheorie zu Lernprozessen gezwungen. Vieles war anders gekommen, als naive Apologeten floatender Kurse sich dies vorgestellt hatten. Der Konjunkturverbund blieb viel enger als erwartet, und die heftige Gravitation der Wechselkurse entpuppte sich als mehr denn nur ein Anpassungsproblem an neue Gleichgewichte. Die J-Kurvenentwicklung des Leistungsbilanzsaldos war erklärungsbedürftig, und schließlich waren es die beiden Ölpreisschocks, die mit ihren Auswirkungen auf die Terms of Trade und die internen Anpassungsprobleme der einzelnen Länder – Erdöl produzierend oder erdölabhängig – integriert werden mußten. Die ältere, stromorientierte Theorie erwies sich als untauglich. Auf Bestandsgleichgewichte ausgerichtete Theorien mußten entwickelt werden.

Auch Landmann stellt die Lohn/Preis-Dynamik in den Mittelpunkt seiner Analysen. Keynes war mit dem Konzept des *wage floor* bekanntlich davon ausgegangen, daß die Nominallöhne in Abwärtsrichtung erstarrt seien, und er begründete dies für seine Zeit durchaus realistisch. An die Stelle der Nominallohn- ist die Reallohnrigidität getreten. Macht und Militanz der Gewerkschaften haben zugenommen, Indexklauseln sind vorgedrungen, und ganz allgemein ist der Prozeß des Umlernens vom kräftig wachsenden Wohlstand auf stationäre Zustände oder gar der Wohlstandsabnahme noch nicht vollendet. So gliedert Landmann die Länder nach ihrer Reallohnresistenz und zeigt, daß die Anpassungsprozesse um so schwieriger waren, je härter man an den Bindungen festhielt. Es ist deshalb auch nicht verwunderlich zu sehen, daß internationale Behörden, die sich einst für Indexklauseln einsetzten, heute ihren Mitgliedstaaten mit Nachdruck den Ausstieg nahelegen. Die Rolle der Geldpolitik bei gravierender Verschlechterung der Terms of Trade war selbst innerhalb der Monetaristen umstritten. Sollten die Zentralbanken einen einmaligen Preissprung durch eine Erhöhung der Geldmenge alimentieren oder die Preisniveaustabilität auch nach den bekannten Schocks erzwingen, d. h. dafür sorgen, daß Preise an anderer Stelle nachgeben? Auch dieser Frage geht Landmann nach.

Im ganzen haben sich die Autoren somit das ehrgeizige Ziel gesetzt, die Konjunktur- und Außenwirtschaftstheorie völlig in eine allgemeine Makrotheorie aufgehen zu lassen. Die merkwürdige Sonderstellung der Konjunkturlehre neben der Theorie des allgemeinen Gleichgewichts während der neoklassischen Epoche war ja in so hohem Grade unbefriedigend und mit Schuld an der Hilflosigkeit der Wissenschaft, als die Große Krise kam.

Wie bei anderen Bänden dieser Reihe, sind die Autoren bemüht, auch schwierigere Zusammenhänge ohne formale Komplikationen darzustellen, bzw. diese jeweils in Anhängen unterzubringen. Die wechselseitige Abstimmung war dadurch erschwert, daß O. Landmann seinen Beitrag an der Stanford Universität verfaßt hat und zwischendurch nur kurz nach Europa kommen konnte. Dem Schweizerischen Nationalfonds ist es zu danken, daß dieser Aufenthalt möglich wurde. Für die Förderung des Gesamtprojektes gebührt der Dank wiederum der Dräger-Stiftung und Dr. Heinrich Dräger persönlich.

Dieser V. Band greift, indem er sich von der historischen Entwicklung des Keynesianismus löst, bereits über die ursprünglichen Intentionen hinaus. Wir mußten jedoch bald feststellen, daß sich das frühere Konzept nicht realisieren ließ. Integriert werden sollte in die Darstellung der heutigen Makrotheorie ein Beitrag von M. Timmermann über die Unternehmenspolitik zwischen Wirtschaftswachstum und Wachstumskrise, gedacht als ein Stück Mikrofundierung der Makrotheorie. Schließlich hatten wir Dr. Heinrich Dräger gebeten, selbst seine Gedanken zu der Krise der Gegenwart beizusteuern (Problem des Geburtenrückgangs, der Arbeitszeitverkürzung, Gedanken zur Partnerschaft zwischen Arbeitgebern und Arbeitnehmern). Dieses Kapitel sollte die Überschrift „Die Stimme eines Unternehmers" tragen. Der Plan erwies sich als undurchführbar, und zwar allein im Hinblick auf den Umfang des Bandes. Der 85. Geburtstag unseres Förderers bot einen Ausweg. Unter dem Titel „Wege aus der Stagnation" (Bombach et al., 1983) haben wir ihm eine kleine Festschrift gewidmet, die neben den genannten und anderen Beiträgen auch eine Abhandlung von H.-J. Ramser über die Möglichkeiten der Förderung der Investitions- und Innovationsaktivität enthält. Ramser beschäftigt sich mit einer wachstumsorientierten Mikropolitik, und wir werden diese Gedanken abschließend noch aufgreifen. Interessenten können die Festschrift für Heinrich Dräger in Lübeck oder in Basel kostenlos beziehen.

Noch ist nicht entschieden, ob dieser Band der letzte sein wird. Die Krise Mitte der 70er Jahre überfiel die Wissenschaft unvorbereitet. Das letzte eigentliche Konjunkturmodell war 1950 (!) erschienen, und seitdem gab es für die Wissenschaft nur noch „Wachstumszyklen" als kurzfristige Abweichungen vom Gleichgewichtstrend der Entwicklung, verstanden als kleine Schönheitsfehler des Wachstumsprozesses. Die Wissenschaft war vollkommen der Wachstumstheorie verfallen. Jetzt ertönte der Ruf nach einer Konjunkturtheorie, zugeschnitten auf das veränderte Erscheinungsbild des Zyklus. Aber unsere Wissenschaft zeigte erneut ihre merkwürdige Leidenschaft, jeweils das Kind mit dem Bade auszuschütten. Die Wachstumsforschung verkümmerte mit dem gleichen Tempo, wie sie in den 50er Jahren aufgeblüht war. Plötzlich schien die Wirtschaftstheorie dem Fehler verfallen, den sie dem Politiker stets zum Vorwurf machte: nur noch in Kategorien der kurzen Periode zu denken und die längerfristige Orientierung völlig zu vergessen. Augenfälligstes Symptom für diese Entwicklung ist die stochastische Makroökonomik, die von irgend welchen „Natürlichen Raten" ausgeht und die Entwicklung als Zufallsprozesse entlang eines *steady state*-Pfades, der durch die Theorie nicht erklärt wird, interpretiert. Man kann dies auch als Bankrott-Erklärung der Theorie betrachten.

Die Vernachlässigung der längerfristigen Perspektiven ist u.E. ein bedenklicher Rückschlag, wohl mit ausgelöst dadurch, daß die formale Wachstumstheorie selbst in eine Sackgasse geraten war. Konkrete Gegenwartssituationen und -konflikte können nur auf dem Hintergrund der langfristigen Perspektiven verstanden werden. Dies gilt vorrangig für die demografischen Perspektiven, denen Heinrich Dräger heute sein besonders Augenmerk widmet. An einigen Stellen wird mit diesem Band die Brücke zu den Wachstumsaspekten geschlagen. Führten wir die Arbeiten wirklich in diesem Sinne fort, so wäre natürlich die Frage berechtigt, ob „Keynesianismus" noch der adäquate Obertitel ist. Mit Nein müßte die Frage beantwortet werden, wenn man an „Theorie" im engeren Sinne denkt. Zur Wachstumstheorie hat Keynes keinen Beitrag geleistet. Er hat wohl nicht einmal erkannt, daß sein Gleichgewicht nur eines auf ganz kurze Sicht sein kann. Von einer eigentlichen Wachstumstheorie ist sein System viel weiter entfernt als von dem, was heute als Neue Keynesianische Makroökonomie bezeichnet wird. Mit einem Ja müßte man hingegen antworten, wenn man das eigentliche Anliegen der „Allgemeinen Theorie" aufgreift, nämlich die Sorge um die langfristige Stabilität eines marktwirtschaftlichen Systems.

Basel/Konstanz, im Januar 1984 — Die Herausgeber

Literaturverzeichnis

Bombach, G., et al., Hrsg.: 1983, Wege aus der Stagnation. Heinrich Dräger zum 85. Geburtstag. Basel

Chick, V.: 1983, Macroeconomics After Keynes. A Reconsideration of the *General Theory*. London

Hicks, J. R.: 1974, The Crisis in Keynesian Economics. London

Niehans, J.: 1981, Economics: History, Doctrine, Science, Art. Kyklos, Vol. 34, 165–177

Teil I

Perspektiven einer Neuformulierung der makroökonomischen Theorie

Von Hans-Jürgen Ramser

1. Einführung

1.1 Ausgangssituation

Wie von Landmann (1976) in Band I dieser Reihe im einzelnen erläutert, war Kritik am Keynesianismus in den letzten Jahren i. w. Kritik am gängigen Lehrbuch-Keynesianismus, dem sog. IS/LM-Modell oder auch der „neoklassischen Synthese“[1]. Dieses in den Nachkriegsjahren – nach seiner Einführung in die wissenschaftliche Diskussion durch Hicks (1937) – in vieler Beziehung erweiterte, verfeinerte und durch zahlreiche empirische Untersuchungen abgesicherte Modell hatte sich nahezu ein Vierteljahrhundert bewährt: Modell und Realität schienen weitgehend konsistent[2] und wirtschaftspolitische Maßnahmen, die sich auf diesen Ansatz bezogen, i. allg. erfolgreich. Mit Beginn der 70er Jahre begann sich das Bild zu wandeln. Es wurden zunehmend insbesondere den Zusammenhang von Inflation und Beschäftigung betreffende Erklärungsschwächen erkennbar, die im gleichen Zuge die wirtschaftspolitische Brauchbarkeit des Ansatzes beträchtlich minderten. Die Suche nach den Gründen förderte eine Reihe von Mängeln der theoretischen Konzeption zu Tage. Sie beziehen sich i. w. auf modellimmanente Inkonsistenzen, u. a. auf logische Widersprüche in der Begründung einzelner Hypothesen (z. B. Geldnachfrage) und die Willkür, mit der einzelnen Variablen als Determinanten individueller Entscheidungen von Fall zu Fall unterschiedlicher Einfluß zugeschrieben wird (z. B. Erwartungen). Daß das Modell dennoch über die erwähnte lange Zeitspanne hinweg gute Dienste leisten konnte, mutet angesichts dieses Befunds einigermaßen überraschend an und ist nur damit erklärbar, daß Datenänderungen in den kritischen Bereichen offenbar nicht stattgefunden haben.

In der wissenschaftlichen Diskussion war man sich im großen und ganzen einig darin, daß eine nachhaltige Überwindung der Schwächen der makroökonomischen Theorie nur mit Hilfe einer den Gültigkeitsbereich des jeweilig benutzten Paradigmas exakt markierenden und insofern grundlegenden „mikroökonomischen Erneuerung“ des makrotheoretischen Räsonnements erreicht werden kann[3]. Diese Einsicht führte unmittelbar zur Wiederentdeckung der lange Zeit nur verdrängten Einsicht der Inkonsistenz resp. Dichotomie von gängiger makroökonomischer Theorie (sprich: Lehrbuch-Keynesianismus) und traditioneller Mikroökonomik, auch in ihrer mittlerweile in Gestalt des sog. Arrow-Debreu-Modells hochentwickelten Form. Einig war man sich auch noch in der

---

1 Vgl. Lucas (1980).

2 Gewisse Faktoren waren natürlich von der Modellogik her nie erklärbar; prominentes Beispiel – offenbar bereits Keynes bewußt – ist die i. w. prozyklische Entwicklung der Reallohnsätze (s. u.).

3 Das bedeutet auch, daß grundsätzlich von einer „reduktionistischen“ Position (Coddington 1976) aus argumentiert, d. h. die die klassische Theorie kennzeichnende, gesamtwirtschaftliche Prozesse auf Entscheidungen einzelner Individuen reduzierende Analysemethode akzeptiert wird. Insofern herrscht auch Einigkeit in der Ablehnung des „fundamentalistischen“ Ansatzes. Wie im folgenden deutlich wird, gehen die Auffassungen i. w. in der Frage auseinander, ob auch das weitere Charakteristikum klassischen Theoretisierens, die Annahme nämlich permanent preisgeräumter Märkte, beizubehalten ist. In diesem Zusammenhang ist der Hinweis von Coddington (1976, S. 1259) zu beachten, daß der Gleichgewichtsansatz eben kein konstitutives Element des Reduktionismus ist, sondern lediglich ein Kunstgriff, mit dessen Hilfe die Formulierung reduktionistischer Theorie vereinfacht werden kann.

Rolle, die diese mikroökonomische Theorie bei dem Versuch einer mikroökonomischen Begründung der Makroökonomik spielen könnte und die von Grandmont (1977, S. 535f.) wie folgt zusammengefaßt wird:

„Diese Theorie liefert zwar einen äußerst nützlichen Bezugsrahmen, ihre extremen Annahmen allerdings machen sie für eine Abbildung tatsächlicher Zusammenhänge unbrauchbar. In der Realität existiert weder eine vollständige Menge von Zukunftsmärkten, noch gibt es ausreichend viele institutionelle Vorkehrungen, mit deren Hilfe ein Individuum sein Vermögen beliebig nach Fristigkeitsgesichtspunkten und nach Eintritt bestimmter Ereignisse (‚Zustände der Natur') strukturieren könnte."[4]

Auf der anderen Seite ist ein Individuum aber auch nicht in der Lage, die Zukunft exakt zu prognostizieren. Unverzichtbares Element einer relevanten Mikroökonomik muß daher eine angemessene Berücksichtigung der Tatsache sein, daß der einzelne nur unvollständig über die zukünftige Entwicklung entscheidungsrelevanter Daten informiert und daher gezwungen ist, aufgrund von Erwartungen zu disponieren. Damit ist jedes Gleichgewicht i. S. von Hicks (1946) grundsätzlich nur als „temporär" zu verstehen, und eine relevante mikroökonomische Theorie kann nur eine „temporäre" Theorie des allgemeinen Gleichgewichts sein.

An dieser Stelle enden die Gemeinsamkeiten der Keynesianismus-Kritik, wenn man noch hinzufügt, daß der ökonomische Prozeß übereinstimmend als eine Abfolge von Gleichgewichten in dem Sinne zu verstehen ist, daß Transaktionen erst zustande kommen, wenn die jeweiligen Vertragspartner keinen nach Lage der Dinge vorteilhafteren Vertrag realisieren können. Kontrovers dagegen wird die Frage danach beantwortet, ob die zur Herstellung eines temporären Gleichgewichts erforderlichen Anpassungen – bei grundsätzlich unterstelltem „Preisnehmer" *(price taker)*-Verhalten –

„... ausschließlich in Gestalt von Preisreaktionen geleistet werden (kompetitives temporäres Gleichgewicht) oder angenommen wird, daß die Preise temporär, d. h. während der Beobachtungsperiode, unbeweglich sind und alle Anpassungen mit Hilfe einer Zuteilung von Mengen erfolgen (temporäres Gleichgewicht bei Mengenrationierung)" (Grandmont 1977, S. 536).

Alternativ kann von vornherein von einer Marktkoordination unter Verzicht auf die Figur des Auktionators – der auch bei Mengenrationierung erforderlich ist (s. u.) – ausgegangen werden, indem den einzelnen Individuen im Gegensatz zum Preisnehmer-Verhalten eine aktive Rolle bei der Preissetzung zugewiesen wird. Mit anderen Worten könnte angenommen werden, daß die Marktstruktur eben nicht „atomistisch", sondern durch irgendeine Form monopolistischen bzw. oligopolistischen Wettbewerbs charakterisiert ist. Da aber in jedem Falle unvollständige Information Voraussetzung dafür ist, daß das Paradigma *temporären* Gleichgewichts Erklärungsgehalt hat, können sämtliche dieser Ansätze unter dem gemeinsamen Begriff der „Modelle unvollständiger Information" subsumiert werden (s. Drazen 1980, S. 284)[5].

Bereits die Konzeption des kompetitiven temporären Gleichgewichts bietet i. S. einer makrotheoretischen Interpretation – trotz der wirklichkeitsfremden Annahme zeitloser

---

4 Die Übersetzung dieses wie aller folgenden Zitate wurde vom Verfasser vorgenommen.

5 Die begriffliche Unterscheidung von kompetitivem und Rationierungsgleichgewicht als alternative Lösungen bei Preisnehmer-Verhalten ist nicht besonders glücklich, da eben auch Rationierungsgleichgewicht „kompetitive" Marktverhältnisse verlangt. Der passende parallele Begriff wäre temporäres Gleichgewicht bei Preisrationierung bzw. Rationierung mit Hilfe von Preisen.

Reaktion von Preisen – erheblich mehr an Erklärungsgehalt als das traditionelle Modell des allgemeinen Gleichgewichts, da es das Studium von Geld, Banken, Aktienmärkten, Arbitragevorgängen u. ä. m. erlaubt. Definitionsgemäß unerklärt bleiben dagegen Rationierungserscheinungen, etwa das *unbeabsichtigte* Zustandekommen von Lagerveränderungen, Lieferfristen, Veränderungen des Beschäftigungsgrads mit der Folge z. B. unfreiwilliger Arbeitslosigkeit. Sie sind typischer Ausdruck dafür, daß das temporäre Gleichgewicht

„... mit Hilfe von Mengenrationierungen zustande kommt, die den Marktteilnehmern in Form von Informationen über das Ausmaß zulässiger Transaktionen zugehen, d. h. mittels eines Rationierungsverfahrens. Nach Erreichen eines Gleichgewichts werden die entsprechenden Transaktionen durchgeführt, und das ökonomische System tritt in die nächste Periode ein. In diesem Augenblick können die für die Preissetzung verantwortlichen Marktteilnehmer im Lichte der mit den gerade abgewickelten Transaktionen gewonnenen neuen Informationen eine Revision der Preise vornehmen ...“ (Grandmont 1977, S. 557).

Das Auftreten von Warteschlangen irgendwelcher Art muß grundsätzlich nicht „unbeabsichtigt“ i. d. S. sein, daß eine Modifikation der Entscheidungs*regel* bei dem betroffenen Individuum ausgelöst wird, wenn auch die Schlangenbildung selbst als unerfreulich betrachtet wird. Grund dafür kann i. w. die Existenz von Transaktionskosten bei der Durchführung verschiedener ökonomischer Aktivitäten sein. Transaktionskosten können es ökonomisch sinnvoll machen, über das mit einer heutigen Entscheidung zwangsläufig verbundene Ausmaß einer Beeinflussung der zukünftigen „Ausstattung“ hinaus Festlegungen für die Folgeperioden zu treffen, die anschließend dann nicht mehr korrigiert werden können[6]. Angesichts der tatsächlich eingetretenen Situation können sich derartige Festlegungen dann durchaus als ärgerlich erweisen; solange aber keine Veranlassung besteht, Annahmen über Eintretenswahrscheinlichkeiten von „Umweltzuständen“ zu korrigieren, werden solche Soll-Ist-Abweichungen „ohne Folgen“ für die Entscheidungsregel akzeptiert. Ergänzend sei bemerkt, daß Transaktionskosten häufig nur Folge oder Ausdruck von Informationsmängeln sind – allerdings jetzt nicht über *zukünftig* eintretende Umweltzustände, sondern in Form z. B. von Unkenntnis der gegenwärtigen Situation. Prominentes Beispiel sind Informationsmängel als Grund für das Entstehen von freiwilliger (!) Arbeitslosigkeit (s. Ramser 1981 a). Eine Berücksichtigung von Friktionen dieser und anderer Art erfordert selbstverständlich eine entsprechende Modifikation des traditionellen Gleichgewichtsmodells.

Die in der Gegenwart die Szene beherrschenden makroökonomischen Theorien nehmen natürlich sämtlich für sich in Anspruch, eine angemessene Weiterentwicklung des makroökonomischen Lehrbuchmodells der Nachkriegszeit zu sein, wobei die Kritik an diesem traditionellen Ansatz nach eigenem Verständnis durch eine bessere, wenn nicht sogar völlig ausreichende mikroökonomische Absicherung berücksichtigt ist. Eine Einordnung dieser Modelle in ein – im dargelegten Sinn – nach dem Charakter der Marktkoordination unterscheidendes Schema ist nur begrenzt möglich. Der Konzeption des kompetitiven temporären Gleichgewichts und damit auch der Hypothese atomistischer Marktstruktur verpflichtet sind ohne Zweifel alle *monetaristischen Ansätze*. Das bedeutet: monetaristische Ansätze „erster“ und „zweiter“ Generation oder „gemäßigte“

---

6 Ein naheliegendes Beispiel ist die Entscheidung einer Firma über ihre Produktionskapazitäten. Erst die Existenz von Transaktionskosten in Form von Anpassungskosten liefert bekanntlich eine entscheidungstheoretische Begründung der Akzeleratorhypothese.

und „ultra"-monetaristische Ansätze (s. Ramser 1979) oder – in der Terminologie von Tobin (1980a) – Monetarismus Nr. 1 und Nr. 2 *(monetarism mark I, mark II)*[7]. Ferner gehört in diese Rubrik eine Reihe von weniger prominenten Konzeptionen, die sich insofern zu ihrem Vorteil von monetaristischen Konstruktionen unterscheiden, als makroökonomische Hypothesen in weniger pauschaler resp. „kurzgeschlossener" Form aus der mikroökonomischen Basis deduziert werden. Beispiele sind das kontrakttheoretische Modell oder die suchtheoretische Makroökonomik à la Siven (1979). Die große Restklasse der makroökonomischen Modelle ist insofern homogen, als grundsätzlich intendiert wird, unfreiwillige Arbeitslosigkeit i.S. von Keynes erklären zu wollen[8]. Allgemein kann man – davon abgesehen – unterscheiden zwischen Ansätzen, die

- ohne Einschränkung als „reine" Konzeptionen temporären Gleichgewichts bei Mengenrationierung zu bezeichnen sind, die also insbesondere auch kompetitives Verhalten der Marktteilnehmer postulieren und die bei Endogenisierung von Preis- und Lohnsatzveränderungen konsequenterweise auch nur mit dem simplen Walrasianischen Überschußnachfragemechanismus („Auktionator") kombiniert werden können;
- insofern „hybriden" Charakter haben, als die mit passivem Marktteilnehmerverhalten begründete Mengenrationierungshypothese mit einer aktives Verhalten implizierenden Annahme an die Preis-Lohn-Dynamik gekoppelt ist, in Form etwa einer Phillips-Kurve für den Arbeitsmarkt und einer entsprechenden Relation für den Gütermarkt („Preis-Lohn-Gleichungen").

Bemerkenswert ist, daß eine konsequente makroökonomische Interpretation eines monopolistischen (temporären) allgemeinen Gleichgewichts nicht existiert, wenn auch nicht auszuschließen ist, daß im Ergebnis eine den „hybriden" Ansätzen ähnliche Struktur resultieren würde.

Der zuerst genannten „reinen" Kategorie von Rationierungsansätzen sind die aus dem angemessen modifizierten mikrotheoretischen Entscheidungskalkül entwickelten Makrokonzeptionen in der Nachfolge von Patinkin (1956) und Clower (1965) zuzurechnen. Beispiele sind die von Barro/Grossman (1971, 1976), von Malinvaud (1977) und – im deutschsprachigen Raum – von Böhm (1980) diskutierten Modelle. In die Gruppe der „hybriden" Theorien gehören einmal alle Ansätze, die sich im Prinzip nur marginal vom traditionellen IS/LM-Paradigma unterscheiden, indem nämlich der ursprünglich von den Modellvariablen unabhängige (exogene) Lohnsatz durch eine Phillips-Kurve ersetzt wird; typische Beispiele sind die um den Arbeitsmarkt „erweiterten" Konjunkturmodelle à la Samuelson/Hicks (s. Allen 1967). Ferner zählen zu dieser Modellklasse alle Ansätze mit einer mehr oder weniger „exakten" makrotheoretischen Interpretation des Rationierungsvorgangs. Relativ oberflächlich argumentiert wird in den sog. Keynes/Wicksell-Modellen u.a. von Stein (1974), eine sorgfältige Interpretation ist der wichtige Beitrag von Solow/Stiglitz (1968), der mittlerweile Vorbild für eine Reihe ähnlicher Arbeiten geworden ist (vgl. z.B. Korliras 1975).

---

7 Monetarismus Nr. 2 ist identisch mit dem Konzept der „neuen" klassischen Makroökonomik *(new classical macroeconomics)*.

8 Das heißt eine Situation, in der Arbeitslose bereit sind, zum laufenden Reallohnsatz einen Arbeitsplatz zu besetzen, bzw. in der durch Nachfrageerhöhung bei gleichbleibendem Reallohnsatz ein Beschäftigungszuwachs erreichbar ist.

1.2 Gang der Untersuchung

In diesem ersten Teil des vorliegenden Bandes V soll allgemein die Leistungs- und Ausbaufähigkeit der als Antwort auf das Versagen des traditionellen Makromodells entstandenen „modernen Makroökonomik" diskutiert werden. Sie ist – wie die voranstehenden Bemerkungen schon illustrieren – kein oder noch kein einheitliches Lehrgebäude bzw. keine geschlossene Theorie. Die Möglichkeiten einer Diskriminierung zwischen den verschiedenen Klassen von „Theorien" sind vielmehr eines der zentralen Probleme jüngster wissenschaftlicher Kontroversen (vgl. u. a. Tobin 1980a, Fischer, ed., 1980) und keineswegs schon erschöpfend geklärt. Daher geht es im folgenden um eine Analyse von wesentlichen Alternativen; ihre Leistungs- und Ausbaufähigkeit wird beurteilt

- nach dem Ausmaß der Konsistenz von Modellprognose und empirischer Evidenz konjunktureller Abläufe, erfaßt in Form einer Liste „stilisierter" Fakten,
- nach der „Qualität" mikrotheoretischer Begründung, gemessen an den üblichen Standards zeitgenössischer mikroökonomischer Theorie.

Die Grobstruktur unserer Untersuchung ist wie folgt zu kennzeichnen: Im *Kapitel 2* werden die erwähnten Beurteilungskriterien im einzelnen entwickelt, d. h. zunächst *(Abschnitt 2.1)* eine Zusammenstellung der „stilisierten" Fakten, dann *(Abschnitt 2.2)* eine Liste unverzichtbarer Mindestanforderungen an die theoretische Qualität formuliert. Bei der Darstellung und Kritik der Theorien selbst wird nach dem allgemeinen Gesichtspunkt der Fristigkeit unterschieden, so daß *Kapitel 3* kurzfristige, *Kapitel 4* mittel- resp. langfristige ökonomische Prozesse behandelt[9]. Innerhalb dieser Kapitel werden dann jeweils im ersten Teil *(Abschnitte 3.1* und *4.1)* kompetitive, im zweiten Teil *(Abschnitte 3.2* und *4.2)* temporäre Gleichgewichte bei Mengenrationierung, im dritten Teil *(Abschnitte 3.3* und *4.3)* temporäres Gleichgewicht bei monopolistischer Marktstruktur und abschließend *(Abschnitte 3.4* und *4.4)* Möglichkeiten einer Formulierung operationeller „Kompromiß"-Modelle erörtert.

Die Ausgliederung kurzfristiger Prozesse aus den jeweiligen „Gesamtmodellen" führt zu den verschiedenen, die gegenwärtige wissenschaftliche Diskussion über das „richtige" makroökonomische Paradigma beherrschenden Modellkonzeptionen. Damit wird deutlich, daß grundsätzlich von Fristigkeiten ausgegangen wird, die deutlich unterhalb des konjunkturtheoretisch relevanten und traditionell auch sinnvollerweise stets unterstellten Zeithorizonts rangieren. Insofern bleibt zwangsläufig eine Reihe von Aspekten keynesianischen Denkens von vornherein ausgespart, u. a. sämtliche Überlegungen im Zusammenhang mit der Investitionstätigkeit. Daß aber gerade die Investitionsneigung eine entscheidende Rolle für die Beschäftigungsentwicklung spielt, grenzt an Trivialität[10].

---

9 Bei der Abgrenzung kurzfristiger von mittel- und langfristiger Betrachtung wird das übliche Kriterium der Kapazitätswirksamkeit von Investitionen zugrundegelegt. Vgl. dazu auch 2.2.

10 Zum Aufbau der Untersuchungen wäre zu ergänzen, daß in Erwägung gezogen wurde, vor Abhandlung der makrotheoretischen Konzeptionen eine gemeinsame oder „allgemeine" einzelwirtschaftliche Theorie zu entwickeln, aus der dann die speziellen, im Einzelfall relevanten Komplexe bezogen werden. Obwohl dieses Procedere aus systematischer Sicht Vorteile bietet, wurde aus Gründen der Übersichtlichkeit darauf verzichtet.

2. Anforderungen an eine leistungsfähige kurz- und mittelfristige makroökonomische Theorie

2.1 Empirische Evidenz

Die Entwicklung der ökonomischen Aktivität in hier nur interessierenden marktwirtschaftlichen Systemen westlichen Zuschnitts ist bekanntlich durch permanente Fluktuationen der Zeitreihen wichtiger volkswirtschaftlicher Aggregate um einen Trend gekennzeichnet. Die Zeitreihen einzelner Aggregate weisen dabei Zyklen unterschiedlicher und wechselnder Periode und Amplitude auf, sind also weder identisch noch uniform. Regelmäßigkeiten dagegen sind im Verhältnis der Zeitreihen verschiedener Aggregate zueinander zu beobachten, so daß

> „... das hervorstechende Merkmal ‚des' Konjunkturzyklus darin zu sehen ist, daß sich mehrere wichtige aggregative ökonomische Variable ähnlich bewegen, wobei die zeitlichen Relationen zwischen den Zeitreihen der verschiedenen Variablen im großen und ganzen von einem zum anderen Expansions-Rezessions-Zyklus gleich bleiben ..." (Sargent 1979, S. 215).

Gemeint sind in diesem Zusammenhang Zyklen „mittlerer" Länge. Sie entsprechen dem vom *National Bureau of Economic Research* dokumentierten, nach Ländern und Zeitperioden variierenden, für die USA etwa 4jährigen, für Europa im Durchschnitt etwas längeren sog. Juglar-Zyklus. Seine Zeitfigur ist i. allg. durch eine deutlich längere Dauer des Aufschwungs als des Abschwungs gekennzeichnet; so beträgt die durchschnittliche Länge der Expansionsphase (Kontraktionsphase) in den USA ca. 30 (20) Monate. Für diesen Zyklustyp nennt Lucas (1977, S.9) folgende sieben bzw. acht „stilisierten" Fakten:

(1) Die Zeitreihen der Entwicklung des Outputs in den verschiedenen Wirtschaftsbereichen weisen eine weitgehend gleichbleibende zeitliche Relation zueinander bzw. eine hohe Kohärenz[11] auf;
(2) die Zeitreihen der Produktion von dauerhaften Konsum- und Investitionsgütern sind durch erheblich größere Amplitude gekennzeichnet als die der Produktion von Gütern des täglichen Bedarfs;
(3) die Entwicklung von Produktion und Preisen in der Land- und Forstwirtschaft (incl. Fischerei etc.) ist von unterdurchschnittlicher Kohärenz;
(4) von hoher Kohärenz bei überdurchschnittlicher Amplitude erweist sich die Entwicklung der Einkommen aus Unternehmertätigkeit und Vermögen;
(5) das Preisniveau verändert sich prozyklisch;
(6) die kurzfristigen Zinssätze bewegen sich deutlich, die langfristigen Zinssätze weniger ausgeprägt prozyklisch;
(7) prozyklischen Verlauf schließlich weisen alle monetären Aggregate einschließlich der verschiedenen Umlaufgeschwindigkeiten auf.

Für mittlere und kleinere Länder ist zunächst zu ergänzen:

(8) Die Veränderungen des Exports erfolgen prozyklisch bei hoher Kohärenz.

---

11 Zum Begriff vgl. u. a. Sargent (1979, S. 244f.).

Über (4) hinaus finden sich bei Lucas keine Angaben zur Entwicklung von Verteilungsaggregaten. Zunächst ist unzweifelhaft zu konstatieren[12]:

(9) Die Entwicklung der Produktivität ist prozyklisch und weist eine hohe Kohärenz unmittelbar mit der Entwicklung der Produktion auf *(Okun's Law)*.

Das mit Abstand „verwirrendste" Faktum ist ferner:

(10) Die Entwicklung der Reallohnsätze erfolgt prozyklisch bei unterschiedlicher Kohärenz.

Da die Amplitude der Zeitreihe der Produktivität größer ist als die des Reallohnsatzes bzw. das Verhältnis zwischen Preisniveau und (spezifischen) Lohnkosten mit geringem Vorlauf *(lead)* prozyklisch ist, gilt schließlich[13]:

(11) Die (bereinigte) Lohnquote bewegt sich antizyklisch.

Zu den „stilisierten" Fakten werden häufig bestimmte *lead-lag*-Muster[14] gezählt, die im Prinzip eine weitere Konkretisierung bestimmter, unter (1)–(11) schon erwähnter oder damit abgedeckter Relationen zwischen Zeitreihen verschiedener Variablen implizieren. Hierzu stellt Rau (1974, S. 16) zutreffend fest, daß

„... eine Reihe solcher Zusammenhänge nichts anderes ist als das offenkundige Ergebnis wohlbekannter technischer und institutioneller Sachverhalte. Das *lead-lag*-Muster der Produktion verschiedener industrieller Erzeugnisse dürfte lediglich Reflex der Produktionstechnik sein; unterschiedlich große Amplituden für verschiedene ‚Einkommens'- und ‚Output'-Konzepte Resultat der Funktionsweise des Sozialversicherungssystems oder der nicht- bzw. sogar antizyklischen Politik öffentlicher Ausgaben ...".

Soweit in dieser Weise erklärbar, ist offenbar keine zusätzliche Information i.S. „stilisierter" Fakten gewonnen. Anders verhält es sich z.B. mit der Beobachtung, daß die Auftragseingänge im Maschinenbau oder die Lagerhaltung für Rohstoffe dem Bruttosozialprodukt i.d.R. vorauseilen, Ausrüstungs- und Bauinvestitionen sowie die Bautätigkeit insgesamt dahinter zurückbleiben. Wie die intensive Diskussion um die Möglichkeiten einer Prognose mittels Frühindikatoren deutlich gemacht hat, streut das Ausmaß des Vorlaufs einzelner Variablen von Wendepunkt zu Wendepunkt allerdings (bedauerlicherweise!) so erheblich, daß es wohl kaum gerechtfertigt erscheint, in diesem Zusammenhang von feststehenden „stilisierten" Fakten zu sprechen.

Unzweifelhaftes Faktum ist aber sicherlich die allgemeine Verringerung der Amplitude der Zeitreihen sämtlicher konjunkturell relevanter Variablen in der Nachkriegszeit gegenüber der Vorkriegszeit. Lucas (1977, S. 10) kommentiert diese Beobachtung mit folgender Feststellung, der wir nichts hinzuzufügen haben:

„Aus rein deskriptiver Perspektive kann nicht zwischen nur glückhaften Umständen und guter Politik unterschieden werden. Gleichwohl legt eine derart lang anhaltende Periode relativer Stabilität doch nachdrücklich die Vermutung nahe, daß der Funktionsweise eines marktwirtschaftlichen

---

12 Vgl. Sargent (1979, S. 218).

13 Vgl. King/Regan (1976, S. 17f.), Rau (1974, S. 86f.).

14 Das heißt ein bestimmtes Spektrum im Verhältnis zu Zeitreihen anderer ökonomischer Variablen, die den Bewegungen der Konjunkturvariablen im engeren Sinne (z.B. Sozialprodukt) vor- und nachgelagert sind.

Systems nichts inhärent ist, das es unvermeidlich machte, sich mit einem Ausmaß an Instabilität abzufinden, wie wir es gegenwärtig erleben oder wie es in den Jahren vor dem 2. Weltkrieg zu beobachten war. Versuche, die Existenz regelmäßiger Zyklen empirisch nachzuweisen und zu erklären, dürfen denn auch grundsätzlich nicht mit der Hypothese in Verbindung gebracht werden, wonach derartige Schwankungen *zwangsläufiges* Ergebnis kapitalistischer Wirtschaftsordnung sind."[15]

2.2 Konzeptionelle Postulate

2.2.1 Mikroökonomische Fundierung

Wie einleitend ausgeführt, besteht zwischen den verschiedenen Lagern der Keynesianismus-Kritik Einigkeit darin, daß

> „... eine Erklärung makroökonomischer Phänomene nur dann als vollständig gelten kann, wenn sie mit mikroökonomisch begründeten Verhaltenshypothesen vereinbar ist und sich in Form eines allgemeinen Gleichgewichts ausdrücken läßt" (Drazen 1980, S. 293).

Naheliegender Ausgangspunkt – auch das ist nicht kontrovers – für ein Makromodell mit konsistenter mikroökonomischer Begründung ist die Theorie des temporären allgemeinen Gleichgewichts. Unstrittig ist ferner, daß die Annahme permanent preisgeräumter Märkte im wörtlichen Sinn unrealistisch ist. Das schließt nicht aus, daß verschiedene Ansichten darüber bestehen können, ob die Hypothese preisgeräumter Märkte die Realität ausreichend gut approximiert oder nicht.

Ein offenes Problem ist darüber hinaus, was man unter mikroökonomischer Begründung zu verstehen hat. Makroökonomische Modelle sind i. allg. Systeme makroökonomischer („gesamtwirtschaftlicher") Teilmärkte, d. h. einer begrenzten Zahl sinnvoll gebildeter aggregativer Märkte. Insofern sind alle Aussagen auf der Grundlage eines makroökonomischen Totalsystems letztlich Ergebnis der Hypothesen über die Funktionsweise makroökonomischer Teilmärkte. Für den Funktionsmechanismus eines derartigen Teilsystems sind natürlich genau wie für den Funktionsmechanismus eines realen mikroökonomischen Teilmarktes Aktion und Reaktion, d. h. Verhaltensweisen zugeordneter Akteure einschließlich relevanter wirtschaftspolitischer Instanzen verantwortlich. Sie sind erklärungsbedürftig, und diese Erklärung ist Sache der einzelwirtschaftliche Entscheidungen behandelnden Kapitel der mikroökonomischen Theorie (s. u.). Das o. e. Problem der mikroökonomischen Fundierung der Makroökonomik besteht nun in der angemessenen Auswertung dieser Einsichten für die Formulierung von Hypothesen, die die Funktionsweise von aggregativen Teilmärkten erfassen.

Grundsätzlich bietet sich an, etwa die Nachfragekurve auf einem gesamtwirtschaftlichen Arbeitsmarkt aus einer „exakten" Aggregation der Nachfrageentscheidungen aller Firmen zu entwickeln. Aggregation in diesem Sinne ist – wie hinlänglich bekannt – ein i. d. R. unlösbares Problem. Wenn man nicht auf makroökonomische Räsonnements als analytische Methode gänzlich verzichten will, kann mikroökonomische Begründung nur

15 Diese unterschiedlichen Interpretationsmöglichkeiten finden sich in ähnlicher Form in der Diskussion zwischen Fels (1977) und Moore (1977) zur Frage von Endogenität und Exogenität von Zyklen. Vgl. auch Rau (1974, S. 88f.).

i. S. einer repräsentativen Interpretation mikroökonomischer Resultate bei entsprechender empirischer Absicherung verstanden werden[16]. Dabei unterscheidet sich „gute“ von „schlechter“ Makroökonomik letztlich in der Festlegung des sinnvollen Aggregationsgrads i. S. der Anzahl und Abgrenzung betrachteter aggregativer Teilmärkte für Güter, Faktoren und Finanzaktiva. Besondere Vorsicht ist in diesem Zusammenhang gegenüber der bequemen Annahme der Homogenität verschiedener Kategorien von Akteuren und Gütern, d. h. den Konzepten „repräsentativer“ Erfassung, am Platz. Die Annahme eines repräsentativen Haushalts etwa schließt nicht nur die Analyse, sondern auch die Relevanz der Verteilung von Einkommen und Vermögen aus, die Aggregation aller nicht Geld darstellenden Finanzaktiva zu einem repräsentativen Vermögenstitel „Anleihen“ führt zu Fehlschlüssen, weil verschiedene Bestandteile dieses Konglomerats auf exogene Datenänderungen unterschiedlich reagieren.

2.2.2 Zur Revision der mikroökonomischen Theorie

Betrachtet man die Theorie des temporären allgemeinen Gleichgewichts als passenden Analyserahmen, so ist offensichtlich die traditionelle Haushalts- und Firmentheorie ebenso wie die traditionelle Theorie partieller Märkte revisionsbedürftig. Da keine vollständige Menge sog. kontingenter Zukunftsmärkte existiert, ändert sich das individuelle Entscheidungsproblem gegenüber dem Arrow-Debreu-Szenario insofern fundamental, als nicht mehr die Möglichkeit besteht, durch Abschluß geeigneter Kontrakte im Planungszeitpunkt sicherzustellen, daß in einem bestimmten, in der Zukunft liegenden Zeitpunkt bei Vorliegen einer bestimmten Situation (z. B.: „in jedem Falle“) über eine bestimmte „Ausstattung“ verfügt werden kann[17]. Das Individuum ist also genötigt, die Funktion nicht oder nicht in ausreichendem Umfang vorhandener Zukunftsmärkte durch Erwartungen zu „substituieren“.

Damit liegt auf der Hand, daß eines der bedeutsamsten Probleme der Neuformulierung der mikrotheoretischen Basis des Makromodells in einer *angemessenen Behandlung der Erwartungsbildung* liegt. Die „Qualität“ von Schätzungen hängt allgemein ab von der zur Verfügung stehenden Informationsmenge und dem verwendeten Schätzverfahren. Beide lassen sich im Zweifel durch Ressourceneinsatz verbessern, so daß Erwartungsbildung eine im üblichen Sinn ökonomische Aktivität darstellt, über die simultan mit der Festlegung der traditionellen Aktivitäten zu entscheiden ist. Bekanntlich wird in zahlreichen makroökonomischen Modellen mehr oder weniger unbegründet mit simplen „Faustregeln“ operiert. Mit Abstand am gebräuchlichsten sind die Hypothesen *rationaler*

---

16 Das Ergebnis deckt dann grundsätzlich die Auffassung von Lucas (1980, S. 69f.). Danach sollte man nicht in den Fehler verfallen, eine makroökonomische Theorie mit einer bloßen Ansammlung von Thesen über den Ablauf realer ökonomischer Prozesse zu verwechseln. Vielmehr hätte eine sinnvolle makroökonomische Theorie aus einer explizit formulierten Menge von „Instruktionen“ zu bestehen, nach denen man ein der realen Wirtschaft „paralleles“ oder Analog-System konstruieren läßt – in Gestalt einer gewissermaßen „mechanischen“ Reproduktion der Realität.

17 Im Arrow-Debreu-Modell wird zufolge der Annahme, daß eine komplette Menge kontingenter Zukunftsmärkte existiert, das Entscheidungsproblem unter Verwendung des im Falle von Sicherheit benutzten Instrumentariums lösbar. Dies schafft allerdings das Faktum der Unsicherheit – und zwar hier nur (!) noch: über die in Zukunft eintretenden „Umweltzustände“ – nicht aus der Welt. Denn der tatsächlich eintretende Zustand ist normalerweise nicht identisch mit seinem Erwartungswert, und kalkuliert werden kann natürlich nur auf Basis von Erwartungswerten.

Erwartungen bei voller Information[18] und *adaptiver Erwartungen,* wobei grundsätzlich kein Unterschied nach verschiedenen Entscheidungsträgern (Haushalte, Firmen) oder Märkten (Güter-, Arbeits-, Finanzmärkte) gemacht wird. Diese mechanistische Vorgehensweise ist i. S. mikrotheoretischer Fundierung unzureichend. Auch das Argument, die erwähnten Hypothesen könnten als verläßliche Grenzfälle einer bisher nicht vorliegenden entscheidungstheoretisch fundierten Erwartungsbildung nützliche Dienste leisten, da sie in entsprechend verläßliche Prognose-„Toleranzen" übersetzbar sind, ist nur bedingt verwendungsfähig. Als relevanter Grenzfall kann u. U. die Hypothese rationaler Erwartungen bei voller Information interpretiert werden.

Eine Entscheidung über den ökonomisch sinnvollen Informationsstand muß i. d. R. aber nicht nur im Zusammenhang mit der Erwartungsbildung getroffen werden, bei der man i. allg. mit zunehmender Information die Zukunft zumindest „sicherer" machen kann. Informationsmängel bestehen normalerweise über zahlreiche entscheidungsrelevante Daten, über die durch Einsatz von Ressourcen tatsächlich vollständige Information bzw. „Sicherheit" erreichbar ist, etwa über Preise und Qualitäten von Gütern bestimmter Hersteller, Lohnsätze und sonstige Beschäftigungskonditionen bestimmter Arbeitgeber etc. Informationsmängel dieser Art können bekanntlich dazu führen, daß auch bei kompetitivem Gleichgewicht z. B. Arbeitslosigkeit herrscht, wenn diese auch nicht im o. e. Sinn „unbeabsichtigt" oder „unfreiwillig" ist. Insofern ist es für den Versuch einer mikroökonomischen Begründung makroökonomischer Aussagen unverzichtbar, daß auch die Wirkungen von Informationsmängeln dieser Art für die Entscheidungen betroffener Individuen angemessen diskutiert und für makroökonomische Hypothesen entsprechend in Rechnung gestellt werden. Es läßt sich zeigen, daß ihre Berücksichtigung zu Hypothesen führt, die sich qualitativ kaum von Hypothesen unterscheiden, die bei Existenz von Friktionen verschiedener Art, repräsentiert durch die Annahme von Transaktionskosten, resultieren; bereits vom Ansatz her ist eine entsprechende Motivation in Einzelfällen durchaus plausibel.

Darüber hinaus existieren natürlich auch in ganz anderer Weise begründete Transaktionskosten im Zusammenhang mit nahezu jeder ökonomischen Aktivität. Allgemein läßt sich feststellen, daß erst mit einer Einbeziehung von Friktionen in das mikroökonomische Kalkül eine entscheidungstheoretische Begründung dafür zu finden ist, daß eine optimale Strategie in einem bestimmten Nacheinander von Aktionen bestehen kann. Mit der Existenz von Friktionen wird das Entscheidungsproblem formal zu einem Problem der dynamischen Optimierung mit einer Lösung in Gestalt einer zeitlichen Sequenz von Handlungsvorschriften.

Diese Überlegungen sind für die mikrotheoretische Begründung der Makroökonomik von erheblicher Bedeutung; erst mit ihrer Hilfe ist eine entscheidungstheoretische

18 Rationale Erwartungen bei voller Information (oder auch: rationale Erwartungen i. S. von Muth) implizieren, daß die Erwartungen bei stabiler Struktur (Verteilungen) im Durchschnitt korrekt sind, d. h. mit den Ereignissen übereinstimmen. Insofern kann man rationale Erwartungen als Versuch betrachten „... näherungsweise zu den Resultaten des Arrow-Debreu-Modells zu gelangen, ohne auf die unrealistische Annahme angewiesen zu sein, daß eine umfassende Menge kontingenter Zukunftsmärkte vorhanden ist" (Tobin 1980a, S. 24). Unvollständigkeit des Systems kontingenter Märkte wird allerdings nur dann voll kompensiert, wenn eine *vollständige* Menge von *Termin*märkten existiert. Das ist wegen der Existenz von Transaktionskosten sicher nicht der Fall. Über die Größenordnung verbleibender Abweichungen ist damit natürlich nichts gesagt.

Erklärung insbesondere der „Hierarchie“ von Anpassungsgeschwindigkeiten wichtiger ökonomischer Variablen zu geben. In der Regel wird in diesem Zusammenhang ausschließlich mit ad hoc-Annahmen operiert, für die allenfalls ökonomische Plausibilität in Verbindung mit empirischer Evidenz reklamiert werden kann[19]. Dies gilt einmal für die Frage, welche Bestandseffekte noch in einem nach dem Kriterium der Kapazitätswirksamkeit abgegrenzten kurzfristigen Modell zu berücksichtigen sind (Vermögen); zum anderen handelt es sich um die als Übergang von Walrasianischer zur Marshallianischer resp. Keynesianischer Auffassung interpretierbare Behauptung, daß „Mengen“ grundsätzlich schneller reagieren bzw. flexibler sind als Preise. Auch eine im Einzelfall u. U. höchst plausible Annahme über Anpassungsgeschwindigkeiten erübrigt nicht die Kenntnis ihrer Determinanten. Sie ist nicht zuletzt deswegen unerläßlich, weil im Zweifel verschiedene wirtschaftspolitische Maßnahmen verschieden auf die Flexibilität wichtiger ökonomischer Variablen wirken – ein Umstand, dessen Relevanz angesichts der Tatsache, daß absolute und relative Anpassungsgeschwindigkeiten letztlich über die sog. Stabilität des privaten Sektors entscheiden, offenkundig ist.

Im Zusammenhang mit der Informationsproblematik steht ferner die bereits angedeutete Erweiterung des Spektrums einzelwirtschaftlicher Entscheidungsvariablen in bezug auf Qualitätsveränderungen, Werbeeinsatz etc. Man kann sich grundsätzlich vorstellen, daß Firmen „komposite“ Güter oder „Verträge“ anbieten, wobei kompetitives Verhalten dann vorliegt, wenn von verschiedenen Firmen angebotene „Verträge“ einen identischen Marktpreis haben, d. h. ihre Einschätzung durch den Konsumenten identisch ist. Denkbar ist dabei, daß die gehandelten „Verträge“ kontingente Elemente enthalten; die Theorie temporären Gleichgewichts schließt ja lediglich aus, daß eine *vollständige* Menge kontingenter Güter und entsprechender Märkte existiert.

Mit der komplexeren Fassung des einzelwirtschaftlichen Entscheidungsproblems ergeben sich offenkundig Konsequenzen für den Charakter des Marktprozesses. Bereits die Aufgabe des Postulats vollständig informierter Marktteilnehmer schließt die unreflektierte Beibehaltung des üblichen Wettbewerbsmodells aus. Grundsätzlich ist erklärungsbedürftig, welches Verfahren die Koordination der Dispositionen sämtlicher Marktteilnehmer besorgt[20]. Für die makroökonomische Betrachtung relevant ist in diesem Zusammenhang, ob für verschiedene Märkte – insbesondere natürlich in der üblichen Unterscheidung aggregativer Teilmärkte nach Güter-, Arbeits- und Finanzmärkten – verschiedene Funktionsmechanismen als typisch i. S. „stilisierter“ Fakten gelten können. Um zwei Beispiele zu nennen:

- Kann ein „normaler“ Arbeitsmarkt als Auktionsmarkt modelliert werden oder wird seine Funktionsweise besser durch das Modell eines Kontraktmarktes beschrieben?
- Ist das Informationsproblem von Markt zu Markt derart unterschiedlich in seiner Bedeutung, daß das Marktergebnis in einem Fall ausreichend gut durch die bei preisgeräumtem kompetitiven Markt zu erwartende Allokation, im anderen Fall besser

---

19 Ausnahme ist m. W. allein die von Keynes mit institutionellen Hemmnissen motivierte relative Inflexibilität der Nominallohnsätze nach unten.

20 Dabei geht es nicht unbedingt darum, „neue“ Modelle der Marktkoordination zu entwickeln; z. B. zeigt Negishi (1978), daß bei geeigneter Interpretation das Modell einer geknickten Nachfrage- bzw. Angebotskurve zur Erklärung der Funktionsweise von Märkten bei unvollständiger Information gute Dienste leistet. Das Problem ist vielmehr, Aussagen darüber zu machen, unter welchen Umständen dieser oder jener Ansatz relevant ist.

durch eine Allokation i. S. eines Gleichgewichts bei Mengenrationierung approximiert werden kann?

Unabhängig davon, ob gegenwärtig bereits befriedigende Antworten zu finden sind, verdeutlicht diese Überlegung zumindest das Ausmaß möglicher Fehlspekulation, wenn mit ad hoc-Annahmen operiert wird. Genau dies aber ist für die IS/LM-Konzeption bezeichnend. Bekanntlich wird hier unterstellt, daß der Gütermarkt stets preisgeräumt ist, dagegen auf dem Arbeitsmarkt Mengenrationierung zu Lasten des Arbeitsangebots stattfindet, d.h. die Preise voll flexibel, die Lohnsätze dagegen träge reagieren. Etwas verkürzt ausgedrückt wäre dieses Vorgehen nur gerechtfertigt, wenn man Grund zu der Annahme hätte, daß das Informationsproblem normalerweise auf Gütermärkten weniger bedeutsam bzw. von anderer Qualität ist als auf Arbeitsmärkten[21].

21 Die oben erwähnte, von Keynes angeführte Begründung nach unten unflexibler Nominallohnsätze mit der Existenz institutioneller Hemmnisse läßt sich durchaus sinnvoll informationstheoretisch interpretieren. Offen bleibt dann allerdings immer noch die Vernachlässigung von Informationsproblemen auf dem Gütermarkt.

3. Theorie kurzfristiger ökonomischer Prozesse

3.1 Kompetitives temporäres (allgemeines) Gleichgewicht

3.1.1 Monetaristische Theorie

(a) Charakteristik des Ansatzes

Die mit deutlichem Abstand dominierende Klasse zu 3.1 einschlägiger makroökonomischer Konzeptionen wird von der – je nach Einschätzung der Relevanz von Details – mehr oder weniger großen Vielzahl monetaristischer Modellvarianten gestellt[22]. Die *Gemeinsamkeiten* dieser Ansätze liegen in den Annahmen der

- Stabilität des allgemeinen Gleichgewichts (Stabilität des „privaten Sektors"),
- Gültigkeit der sog. Lucas-Angebotsfunktion,
- Relevanz des IS/LM-Apparats zur Erfassung der aggregierten Nachfrage.

Mit der Lucas- oder, in der Terminologie von Buiter (1980), „Überraschungs"-Angebotsfunktion wird behauptet, daß Abweichungen des Beschäftigungsgrads von seinem „natürlichen" Niveau bzw. Abweichungen der Arbeitslosenquote von der „natürlichen" Arbeitslosenquote nur als Folge der Verschätzung des Preisniveaus (oder des Lohnsatzes) entstehen können[23].

In der formalen Darstellung besteht der *gemeinsame Komplex* der monetaristischen Interpretationen daher aus folgenden Relationen[24]:

- einer IS-Relation als (gleichgewichtige) Beziehung zwischen realer Gütermarktnachfrage, der Differenz zwischen tatsächlichem und erwartetem Nominalzinssatz sowie der staatlichen Aktivität, d. h. den Ausgaben (real) des Staates für Güter und Dienste und den Steuereinnahmen (geschlossene Wirtschaft),
- einer LM-Relation (Portfoliogleichgewichtsbedingung), die eine Beziehung zwischen Realgeldmenge, Outputvolumen und Nominalzinssatz darstellt sowie
- der Lucas-Angebotsfunktion als Beziehung zwischen Output bzw. Angebot, der Differenz zwischen tatsächlichem Preisniveau und in der Vorperiode angestellter Schätzung dieses Preisniveaus sowie dem Output der Vorperiode[25].

Darüber hinaus wird jede dieser Beziehungen als „unsicher" betrachtet und entsprechend durch Einfügung von Störgliedern (additiv) ergänzt. Durch passende Beschränkun-

---

22 Daß Friedman (1968) das monetaristische Modell von vornherein als makroökonomische Interpretation eines kompetitiven Systems temporären allgemeinen Gleichgewichts aufgefaßt hat, resultiert aus seiner vielzitierten Definition der „natürlichen" Arbeitslosigkeit; danach handelt es sich um den Beschäftigungsgrad, der aus dem Walrasianischen System allgemeinen Gleichgewichts folgt, sofern bei seiner Formulierung die tatsächlichen strukturellen Eigenheiten von Arbeits- und Gütermärkten angemessen berücksichtigt sind.

23 Entsprechend lautet die ausführliche Bezeichnung bei Buiter (1980, S. 34) „Phelps-Friedman-Lucas-instantaneous-natural rate" – oder „only-wage-and-price-surprises-matter"-Angebotsfunktion.

24 Vgl. z. B. McCallum/Whitaker (1979), Sargent (1979, Ch. XV).

25 Der Output der Vorperiode soll die Existenz von Anpassungskosten erfassen.

gen – bei linearer Struktur bezüglich der Koeffizienten – wird Stabilität des Systems gesichert.

Die wesentlichen *Unterschiede* zwischen den verschiedenen Varianten der monetaristischen makroökonomischen Interpretation des temporären Gleichgewichts liegen i. w. in den Annahmen bezüglich der

- sog. Erwartungsbildungsfunktion sowie
- der Funktionsweise des Arbeitsmarktes im Detail.

Zur *Erwartungsbildungsfunktion* hat man allgemein zu unterscheiden zwischen der Hypothese rationaler Erwartungen[26] und „sonstigen" Annahmen, wobei hier i. d. R. von adaptiven Erwartungen ausgegangen wird, zur *Funktionsweise des Arbeitsmarktes* nach der Auktionsmarkt- und Kontraktmarkthypothese. Da die Diskussion der Kontraktmarktkonzeption im Rahmen monetaristischer Argumentation allerdings eher am Rande bleibt, auch in der Form höchst mangelhaft ist, wird auf diesen Aspekt zugunsten einer eigenständigen Behandlung in Abschnitt 3.1.2 verzichtet. Damit reduzieren sich die Unterschiede auf die Hypothesen zur Erwartungsbildung. Sie sind das Unterscheidungsmerkmal für die von Tobin (1980 a) als Monetarismus Nr. 1 und Nr. 2 *(monetarism mark I, mark II)* bezeichneten Modellklassen; dabei entspricht Nr. 1 dem „traditionellen" monetaristischen Modell (s. Friedman 1970), Nr. 2 dem Modell der „neuen" klassischen Makroökonomik (abgekürzt: NCM für *new classical macroeconomics)*. Das NCM-Modell ist auf die Hypothese rationaler Erwartungen festgelegt, während der traditionelle Ansatz andere, i. d. R. adaptive Erwartungen annimmt. Für jede Form der Erwartungsbildung wird allerdings die Erfüllung bestimmter Mindestanforderungen verlangt. Dazu zählt, daß Lernen aus der Erfahrung berücksichtigt ist und daß ein unverändertes Szenario langfristig voll erkannt wird, d. h. daß sich ein Individuum nicht auf Dauer täuschen läßt[27].

(b) Erklärungsgehalt

Für die Analyse des Erklärungsgehalts und der wirtschaftspolitischen Implikationen beider Modellklassen ist zunächst festzustellen, daß das Gleichgewicht *nach* Ablauf des Erwartungskorrekturprozesses, d. h. die sog. *steady state*-Lösung, in beiden Fällen identisch ist. Der Beschäftigungsgrad entspricht Eins minus „natürliche" Arbeitslosenquote, die Inflationsrate der üblicherweise als exogen und konstant angenommenen Zuwachsrate der Geldmenge. Im deterministischen (stochastischen) System handelt es sich dabei um langfristig tatsächlich realisierte (erwartete) Größenordnungen der Variablen. Die Unterschiede zwischen den Aussagen der Monetarismus-Nr. 1- und Monetarismus-Nr. 2-Modelle liegen in unterschiedlichen Anpassungsprozessen[28].

---

26 Erwartungen sind rational, wenn sie eine unverzerrte Schätzung der betreffenden Variablen angesichts einer gegebenen Menge an Informationen darstellen. Nimmt man vollständige Information über sämtliche im Schätzzeitpunkt grundsätzlich vorhandenen Daten an, so spricht man von rationalen Erwartungen i. S. von Muth (vgl. Buiter 1980).

27 Wie Flemming (1976, S. 62) ausführt, impliziert diese Forderung bei adaptiver Erwartungsbildung im Falle von Preiserwartungen, daß die übliche Formel auf die (in den letzten Jahren) niedrigstrangige trendfreie Zeitdifferenz (oder Ableitung nach der Zeit) der Preissequenz bezogen wird.

28 Da natürlich auch während des Anpassungsprozesses in jedem Moment Markträumung durch Preisreaktion garantiert ist, ist der Anpassungsvorgang eine Zeitsequenz von Gleichgewichten *(moving equilibrium)*.

Angenommen zunächst, man befinde sich in einer deterministischen Welt. Da grundsätzlich Stabilität des privaten Sektors vorliegen soll, wird das System bzw. die Wirtschaft bei adaptiven Erwartungen (Monetarismus Nr. 1) nach Beendigung einer temporären Störung entweder schwingungsfrei oder in Schwingungen mit abnehmender Amplitude zum *steady state*-Gleichgewicht zurückkehren. Eventuelle Zyklen weisen dabei Eigenschaften auf, die durchaus mit den „stilisierten" Fakten des Konjunkturablaufs übereinstimmen, und zwar insofern als

- in der Frühphase eines Konjunkturaufschwungs (gemessen an der Veränderung des Beschäftigungsgrads) noch eine abnehmende, in der Spätphase dann eine zunehmende Inflationsrate,
- in der Frühphase einer Rezession zunächst noch eine weiterhin zunehmende, in der Spätphase dann eine abnehmende Inflationsrate

zu beobachten ist. Unvereinbar mit den „stilisierten" Fakten allerdings ist die Entwicklung des Reallohnsatzes. Da im kompetitiven Modell bei permanenter Markträumung jede Beschäftigungs-Reallohnsatz-Kombination die Grenzproduktbedingung erfüllt, sind Beschäftigungsgrad und Reallohnsatz grundsätzlich und entgegen empirischer Evidenz negativ korreliert. Dieser Umstand ist ein entscheidender Grund für Zweifel an der Relevanz des Modells für die Erklärung in der Realität beobachteter Beschäftigungsschwankungen. Abgesehen davon bedarf es sehr spezifischer Annahmen, um überhaupt erst (bei grundsätzlicher Stabilität des *steady state*-Gleichgewichts) eine zyklische Anpassung zu „produzieren".

Bei rationalen Erwartungen hat man grundsätzlich nach dem Informationsstand zu unterscheiden. Liegt *vollständige* Information[29] vor und existieren keinerlei Anpassungskosten, so entstehen auch keine endogenen Beschäftigungsveränderungen:

„... Theorien dieser Art sehen, wie Gottfried Haberler schon vor Jahrzehnten bemerkt hat, Zyklen nicht als Resultat ökonomischer Vorgänge, sondern als bloßen Reflex einer in sich stabilen Struktur auf Anstöße von außen ..." (Tobin 1980b, S. 789).

Nach Beendigung einer temporären Störung wird unverzögert die „natürliche" Arbeitslosenquote wieder hergestellt. Bei Einführung von Anpassungskosten – in einer Form, die das grundsätzliche Stabilitätspostulat nicht tangiert – ändert sich zwar bei gleichem Bild exogener Schocks die zeitliche Reaktion des Beschäftigungsgrads in quantitativem Sinn, die Tatsache des bloßen Reflexes aber bleibt erhalten. Und vor allem gilt: nach Beendigung einer temporären Störung kehrt das System *ohne Richtungsänderung* (Schwankung) zu der systemtypischen „natürlichen" Arbeitslosenquote zurück. Das einzige Problem allerdings ist in beiden Fällen, daß bei einer Politik konstanter Zuwachsraten der Geldmenge akzelerierende Preisveränderungsraten auftreten, da das *steady state*-Gleichgewicht instabil ist, genauer: Sattelpunkteigenschaften aufweist. Diese ansonsten von den Monetaristen präferierte Politik macht – beiläufig erwähnt – hier also wenig Sinn.

Abgesehen vom Problem empirischer Evidenz für passende Zeitfiguren exogener Schocks erklärt das Modell nicht alle relevanten nominellen Variablen und insbesondere nicht den kurzfristig positiven Zusammenhang zwischen Beschäftigung und Produktion

29 Das heißt: rationale Erwartungen i. S. von Muth.

auf der einen sowie Preisen auf der anderen Seite[30]. Aus diesem Grund – und ohne Zweifel in Übereinstimmung mit der Realität – macht es prinzipiell nur Sinn, rationale Erwartungen auf Basis *unvollständiger* Information anzunehmen. Dabei wird unvollständige Information sowohl als Unkenntnis der Marktteilnehmer über zukünftige Ereignisse als auch mangelnde Information über laufende und bereits eingetretene Ereignisse, d. h. den gegenwärtigen „Zustand" des Systems (s. Lucas 1975, S. 1113), verstanden. Die Situation wird sinnbildlich einmal mehr mit Hilfe einer „Insel"-Parabel zu verdeutlichen versucht. Danach sind die Marktteilnehmer nicht in der Lage, exakt zwischen der Veränderung relativer und absoluter Preise zu unterscheiden. Ändert sich nun unerwartet das Preisniveau, etwa zufolge einer unerwarteten Änderung der monetären Nachfrage, so wird diese Preisänderung zumindest teilweise als Änderung der relativen Preise interpretiert, und es kommt zu entsprechenden Reaktionen von Beschäftigung und Output. Um allerdings die o. e. „stilisierten" Fakten etwa kurzfristiger Kohärenz von Output- und Preisveränderung erklären zu können, bedarf es einer ganz bestimmten Asymmetrie im Informationsstand der Marktteilnehmer. So müssen Firmen ihre Entscheidungen über Inputs, u. a. die Beschäftigung, vor Kenntnis der monetären Nachfrage und damit der durch Veränderungen des allgemeinen Preisniveaus beeinflußten relativen Preise der Faktoren treffen; die Höhe ihres Angebots dagegen können sie bei voller Kenntnis ihrer Absatzpreise planen. Infolgedessen werden die Unternehmungen in einer Phase monetärer Expansion dazu tendieren, ihre Gewinnspanne zu überschätzen; dies führt zu einem – gemessen an den tatsächlichen relativen Preisen – zu hohen Angebot, zu hoher Produktion und damit auch zu hoher Beschäftigung (s. Tobin 1980b, S. 790). Entsprechend wird der Reallohnsatz seitens der Arbeitsanbieter überschätzt.

Die dargelegten Aussagen sind schließlich, um den Intentionen der Modell-Autoren gerecht zu werden, durch Berücksichtigung von Zufallseinflüssen geeignet zu modifizieren. *Steady state*-Gleichgewichte sind unter diesen Umständen natürlich nicht mehr Vektoren bei genügend langer Laufzeit tatsächlich bzw. zumindest approximativ realisierter Werte der systemendogenen Variablen, sondern nur deren Wahrscheinlichkeitsverteilungen und damit auch ihrer Erwartungswerte. Zum Erklärungsgehalt der skizzierten Modelle fügt die Berücksichtigung von Zufallseinflüssen damit im Prinzip nichts mehr hinzu, als daß auch dann, wenn endogene Instabilitätsmechanismen fehlen und die Erwartungen (bei in der Ausgangslage beliebigem Informationsstand) rational sind, langfristig i. allg. nicht mit „Ruhelagen" von Beschäftigungsgrad bzw. Inflationsrate auf dem Niveau der „natürlichen" Arbeitslosenquote bzw. der Zuwachsrate der Geldmenge zu rechnen ist. Von Ausnahmefällen abgesehen[31], befindet sich die Wirtschaft vielmehr permanent in Bewegung.

Wirtschaftspolitik ist grundsätzlich gefragt, wenn das sich selbst überlassene System zu „Instabilitäten"[32] tendiert und/oder *steady state*-Gleichgewichte mit nicht akzeptablen Variablenkonstellationen verbunden sind. Eine systematisch den Anpassungspfad an das

---

30 Tobin (1980b, S. 789) kommentiert dieses Faktum mit der Bemerkung, daß permanentes Gleichgewicht bei rationalen Erwartungen i. S. von Muth eine Modellwelt schafft, die zu schön ist, um wahr zu sein.

31 Ein solcher Ausnahmefall liegt vor, wenn der *steady state* des deterministischen Modells i. S. der Theorie stochastischer Prozesse ein absorbierender Zustand ist.

32 Instabilität ist hier nicht in formal-mathematischem Sinn zu verstehen, sondern einfach i. S. von Schwankungen, die im Prinzip auch eine abnehmende, aber eben eine nicht ausreichend schnell abnehmende Amplitude aufweisen.

steady state-Gleichgewicht beeinflussende Wirtschaftspolitik ist weder notwendig noch auch möglich, wenn bei vollständiger Information Erwartungen rational gebildet sind. Störungen eines Vollbeschäftigungsgleichgewichts werden nach Beseitigung der Störung durch schwingungsfreie Rückkehr zum „natürlichen" Beschäftigungsgrad beantwortet, wobei die Anpassungsgeschwindigkeit optimal, d.h. unter adäquater Beachtung von Anpassungskosten gewählt wird. Daraus folgt[33]

„... als wichtige Konsequenz für die praktische Wirtschaftspolitik, daß der Versuch, mit Hilfe (monetärer) Regelmechanismen die Entwicklung realer Größen (Produktion, Beschäftigung etc.) zu stabilisieren, bestenfalls völlig wirkungslos bleibt. Nicht auszuschließen sind aber genauso gut Ergebnisse, die weniger akzeptabel scheinen als sie bei Verwendung einer einzigen, leicht zu verstehenden starren Vorschrift – etwa der Festlegung einer konstanten Zuwachsrate der Geldmenge – zu erwarten sind" (Buiter 1980, S. 34).

Die wirtschaftspolitischen Implikationen des Modells unvollständiger Information laufen grundsätzlich auf dieselben Aussagen hinaus. Da nach Auffassung der NCM-Theoretiker Störungen des Systems im wesentlichen aus monetär-fiskal bedingten Störungen der aggregierten Nachfrage („Schocks") resultieren, über die der Staat nicht besser informiert ist als der private Sektor, kann Stabilisierungspolitik hier nur als Versuch verstanden werden, vermeidbare Komponenten in der Varianz solcher Schocks zu eliminieren (s. Lucas 1975, S. 1139). Ob die geeigneten Maßnahmen stets auch wünschenswert sind, ist eine zweite Frage.

(c) Kritik

Die Kritik an den monetaristischen Konzeptionen ist vielfältig, hat sich allerdings mit zunehmender Verdrängung des traditionellen monetaristischen durch das NCM-Modell vorwiegend auf die Behandlung der Erwartungsbildung und die Funktionsweise des Arbeitsmarktes, d.h. die Lucas-Angebotsfunktionen, konzentriert[34].

Im Sinne der unter 2.2 formulierten konzeptionellen Anforderungen ist zunächst einmal festzustellen, daß eine konsequente makroökonomische Interpretation des mikroökonomischen Modells kompetitiven allgemeinen Gleichgewichts mit einer Verwendung wesentlicher Teile des IS/LM-Paradigmas unvereinbar ist. Grund ist das Auftreten des (realen) Einkommens als Argument in den IS/LM-Beziehungen, das bekanntlich in Walrasianischen Überschußnachfragefunktionen keinen Sinn ergeben kann, d.h.

„... hinter der IS/LM-‚Geschichte' muß eine nicht-Walrasianische-‚Geschichte' fehlgeschlagener Transaktionsabsichten stehen. Es ist daher fraglich, ob die ‚Geschichte' logisch widerspruchsfrei ist und die beiden, für die ökonomische Theorie grundlegenden Axiome persönlicher Begehrlichkeit und Rationalität nicht verletzt" (Hahn 1980a, S. 5).

---

33 Der Unterschied zwischen adaptiven und rationalen Erwartungen i.S. von Muth, d.h. zwischen Monetarismus Nr. 1 und Nr. 2, läßt sich auch anhand der Phillips-Kurve verdeutlichen. Danach ist die *langfristige* Phillips-Kurve in beiden Varianten vertikal; im NCM-Modell gilt dies aber auch für die *kurzfristige* Beziehung. Die Tatsache, daß damit bei adaptiven Erwartungen die Existenz eines temporären Trade-off konzediert wird, ist aber aus monetaristischer Sicht mehr oder weniger belanglos und insbesondere nicht als Aufforderung zu verstehen, temporäre Beschäftigungsgewinne zu realisieren, da Abweichungen von der „natürlichen" Arbeitslosenquote unter Welfareaspekten von Nachteil sind.

34 Vgl. u.a. Ramser (1979), Buiter (1980), Tobin (1980a, b).

Monetaristische Theorien sind damit von vornherein hybride Konstrukte, deren mikrotheoretische Basis unklar ist. Aus theoretischer Sicht ist ihnen insofern keinerlei Vorzug gegenüber dem von ihren Protagonisten kritisierten neoklassischen Synthese-Modell zu geben.

Im einzelnen ist, wie schon erwähnt, ein zentraler Ansatzpunkt der Kritik zunächst die Konzeption der Lucas-Angebotsfunktion. In der üblichen mikroökonomischen Begründung wird sie als Gleichgewichtsbedingung eines neoklassischen Arbeitsmarktes interpretiert, wobei eben auch im Gleichgewicht grundsätzlich Friktionsarbeitslosigkeit herrscht. Wenn beispielsweise die Firmen über die Höhe des *Real*lohnsatzes informiert sind, die Arbeitsanbieter dagegen nur über die Höhe des *Nominal*lohnsatzes, so daß für ihre Dispositionen Preis*erwartungen* von Bedeutung sind, dann ist die Beschäftigung im Gleichgewicht offenbar abhängig von der Höhe des Quotienten aus tatsächlichem und erwartetem Preisniveau. Ein Szenario dieser Art erscheint auf den ersten Blick zu arbiträr, um als akzeptables Paradigma gelten zu können; insbesondere stört die offenbar willkürliche „Verteilung" von Informationen auf Arbeitsanbieter und -nachfrager sowie die unverständliche „Zerlegung" des Arbeitsanbieterverhaltens[35]. Tatsächlich läßt sich aber zeigen, daß die Aussagen dieses simplen Modells qualitativ identisch sind mit der den erwähnten Einwendungen *nicht* ausgesetzten Konzeption von Lucas/Rapping (1969) bzw. ihrer „moderneren" Interpretation durch Sargent (1979, Ch. XVI). Der gesamtwirtschaftliche Arbeitsmarkt wird danach explizit als Aggregat einer Vielzahl partieller Arbeitsmärkte verstanden. Die auf einem partiellen Markt kontrahierenden Marktteilnehmer verfügen über *identische* Informationsmengen. Sie kennen den Nominallohnsatz auf ihrem (Arbeits-)Markt sowie die Preise, die die Arbeitsnachfrager auf ihren Absatzmärkten erzielen; unbekannt sind ihnen die Lohnsätze auf anderen Arbeitsmärkten und insbesondere die Höhe des allgemeinen Preisniveaus. „Informationsdisparitäten" kommen dadurch zustande, daß die Firmen ihre Dispositionen ohne Kenntnis des allgemeinen Preisniveaus treffen können, die Arbeitsanbieter aber an dem mit dem Preisindex deflationierten Nominallohnsatz interessiert sind. Als „friktionelle" Arbeitslosigkeit erscheint der Teil des Arbeitskräftepotentials, der sich aus Anbietern zusammensetzt, die es zufolge ihres intertemporalen, auf bestimmten Erwartungen über die Lohn- und Preisentwicklung basierenden Optimierungskalküls vorziehen, in der betrachteten Periode keinen Arbeitsplatz zu akzeptieren.

Auch nach Ausräumung des Einwandes unplausibler Annahmen zur Informationsstruktur läßt sich gegen diesen Ansatz immer noch eine Reihe teilweise miteinander zusammenhängender Bedenken vorbringen. *Erstens* ersetzt auch die Plausibilität der Annahmen an die Informationsstruktur keineswegs ihre Begründung. Schließlich wird jeder Konsument praktisch permanent von den Massenmedien über gesamtwirtschaftliche Daten auf dem laufenden gehalten. *Zweitens* ist die Argumentation offensichtlich unvereinbar mit dem IS/LM-Komplex des Gesamtmodells. Bei der Ableitung des Anbieterverhaltens aus einem intertemporalen Optimierungskalkül fällt simultan eine Konsumhypothese an, in der natürlich *nur* relative Preise, nicht aber das (reale) Einkommen als Argument Platz haben. Diese Konsumfunktion unterscheidet sich also

35 Gemeint damit ist die doppelte Erfassung des Arbeitsanbieterverhaltens in Form einer traditionellen Arbeitsangebotskurve einerseits und andererseits in Form einer Hypothese über den Anteil der Arbeitsanbieter, die tatsächlich beschäftigt sind. Vergleiche z.B. die schematische Darstellung bei Hansen (1970).

deutlich von den für die IS-Relation verantwortlichen Annahmen. *Drittens* – und dies ist der hauptsächlich erhobene Einwand (vgl. z. B. Tobin 1980a, b) – sind erhebliche Zweifel an der Vertretbarkeit der Hypothese permanenter Markträumung angebracht. Dabei ist trivial und auch unbestritten, daß permanente Markträumung in wörtlichem Sinn grundsätzlich ausgeschlossen ist. Eine Einschätzung der Markträumungshypothese kann sich daher von vornherein nur auf ihre Eignung als *approximative* Beschreibung der Realität beziehen. Sie ist *zum einen* an der Relevanz von Phänomenen zu messen, die typische Begleiterscheinung der Abwicklung von Transaktionen zu nicht-Walrasianischen Preisen sind, nämlich die Bildung unfreiwilliger Warteschlangen auf seiten von Angebot oder Nachfrage. Das bedeutet, daß beim herrschenden Lohnsatz Arbeitsplätze oder Arbeitskräfte nicht im gewünschten Ausmaß zur Verfügung stehen, d. h. unfreiwillige Arbeitslosigkeit herrscht oder unerwünscht viele offene Stellen vorhanden sind. Ihre faktische Relevanz im konjunkturellen Ablauf dürfte unzweifelhaft sein. *Zum anderen* könnte man versuchen, die Relevanz der Markträumungshypothese durch Vergleich mit empirisch feststellbaren Preisbildungsmechanismen zu beurteilen. Die in der Praxis üblichen Preissetzungs(„findungs"-)verfahren sind normalerweise Varianten des Vollkostenprinzips. Sie sind angesichts unvollständiger Information über Nachfragereaktionen durchaus entscheidungstheoretisch gerechtfertigt (s. u.). Die resultierende Allokation allerdings ist nicht identisch mit dem Ergebnis eines kompetitiven Marktes[36].

Gegen die „Überraschungs"-Angebotsfunktion läßt sich aber gewissermaßen auch systemimmanent argumentieren, d. h. ohne daß die Markträumungshypothese in Zweifel gezogen wird. Der Einwand lautet, daß das Entscheidungsproblem von Anbietern und Nachfragern insoweit nicht korrekt formuliert ist, als von vornherein alle staatliche Aktivität ignoriert ist, anstatt Irrelevanz aus dem Entscheidungsprozeß zu deduzieren. Wie Buiter (1980, S. 39) ausführt, hat *erstens* auch in klassischen friktionsfreien Systemen eine voll antizipierte Fiskalpolitik reale Effekte. Dies ist unmittelbar einsichtig, wenn man das übliche Entscheidungskalkül von Haushalten und Firmen durch Berücksichtigung der staatlichen Aktivität (im Rahmen der Restriktionen) angemessen modifiziert[37].

Entsprechend läßt sich *zweitens* zeigen, daß auch eine voll antizipierte Geldpolitik in einem temporären Walrasianischen, i. e. kompetitiven allgemeinen Gleichgewicht, normalerweise nicht-neutral ist. Normalerweise reagieren die realen ökonomischen Variablen auch in einem klassischen, friktionsfreien Modell nicht nur bei Veränderung der Zuwachsrate der nominellen Geldmenge, sondern auch bei Veränderung des Niveaus der nominellen Geldmenge. Das bedeutet, daß Geld auch in einer klassischen, friktionsfreien Welt keineswegs neutral ist (s. Buiter 1980, S. 47).

Die Nicht-Neutralität alternativer, voll antizipierter Zuwachsraten der Geldmenge, die zu entsprechend unterschiedlichen erwarteten Inflationsraten veranlaßt, kommt bekanntlich über Portfolioeffekte zustande, die kurzfristig die Kapitalbildung und langfristig die Kapitalintensität beeinflussen (s. Tobin 1965; Sargent 1979). Neutralität des Niveaus der Geldmenge – Kapitalbildung außer acht gelassen – würde Null-Homogenität

36 Wie Tobin (1980a, S. 33) bemerkt, sind die NCM-Theoretiker wesentlich mutiger in ihrer Einschätzung empirischer Relevanz der These permanenter Markträumung als ihre klassischen Vorgänger (z. B. Pigou). Tobin sieht für diese Überzeugung keinerlei neue empirische Evidenz; es handele sich nach wie vor um nicht mehr als ein Glaubensbekenntnis.

37 Auch wenn Staatstitel keine Rolle spielen, weil sie nicht als Vermögen betrachtet werden (s. u.), bleibt doch die Steuerpolitik von Bedeutung.

des allgemeinen Gleichgewichts in Geldmenge und Preisniveau verlangen[38]. Null-Homogenität ist aber bei Existenz privater Kreditbeziehungen mit auf Geldwerte lautenden Forderungen und Verbindlichkeiten sowie bei Existenz staatlicher Verschuldung dann nicht mehr gesichert, wenn diese Titel Argumente in den Verhaltensfunktionen privater Individuen sind. Die Behauptung der Irrelevanz staatlicher Verschuldung basiert auf der Neo-Ricardianischen These, wonach sich

„... ein privates Individuum dann nicht reicher fühlen kann, wenn es einen Schuldtitel erworben hat, dessen Zinserträge und Rückkaufswert gerade ausreichen, um die Steuern aufzubringen, die zu ihrer Finanzierung erhoben werden müssen" (s. Tobin 1980a, S. 31)[39].

Die mit dem Beitrag von Barro (1974) wieder belebte Diskussion des Theorems der Neutralität der Staatsschuld braucht hier nicht wiederholt zu werden (vgl. dazu u. a. Tobin/ Buiter 1980); das abschließende Urteil ist, daß es sich dabei um ein „theoretisches Kuriosum" handelt, dem schwerlich empirische Relevanz zukommt.

Ein weiterer zentraler Ansatzpunkt der Kritik an der monetaristischen Interpretation des Modells des temporären allgemeinen Gleichgewichts ist die Behandlung der *Erwartungsbildung*. Grundsätzlich ist die explizite Erfassung des Einflusses von Erwartungen in einem makroökonomischen System ein begrüßenswerter Fortschritt gegenüber der Verfahrensweise der traditionellen Theorie, deren Aussagen zum größten Teil auf der (impliziten) Annahme irrationaler (systematische Fehleinschätzungen) oder inkonsistenter (Geldnachfrage vs. Investitionsnachfrage) Erwartungsbildung[40] beruhen. Bedeutsam ist insbesondere die damit verbundene Einsicht, daß die Aktivität des öffentlichen Sektors bei gegebener Struktur des Systems nicht nur quantitative, sondern auch qualitative Reaktionen des privaten Sektors hervorruft. Das besagt: bei der üblichen Darstellung des Systems in linearer (oder log-linearer) Form kann nicht vermutet werden, daß die Strukturkoeffizienten invariant gegenüber der Veränderung von Politikparametern sind. Damit ist allerdings noch nicht darüber entschieden, *welche* Hypothese der Erwartungsbildung im Einzelfall akzeptabel erscheint oder nicht.

Dem traditionellen Ansatz der mikroökonomischen Theorie würde entsprechen, die Erwartungsbildung – da es sich um eine Ressourcen benötigende Aktivität handelt – im Rahmen eines einzelwirtschaftlichen Entscheidungsproblems zu diskutieren und auf dieser Grundlage eine passende Hypothese zu formulieren[41]. Die Form der Erwartungsbildung sollte also Resultat eines mit der Zielsetzung der Erwartungs-Nutzen-Maximierung operierenden Entscheidungsprozesses sein, in dem

„... die Kosten der Beschaffung, Verarbeitung und Bewertung zusätzlicher Information abgewogen werden gegen den erwarteten Nutzen zufolge einer weiteren Präzisierung der Schätzung ..." (Buiter 1980, S. 35).

Weder die Annahme adaptiver Erwartungen noch die rationaler Erwartungen ist ursprünglich in der skizzierten Weise „begründet" worden, und beide können nur unter

---

38 Vgl. Hahn (1980a, S. 2).

39 Genau genommen wird also angenommen, daß der Wert staatlicher Vermögenstitel verrechnet wird mit dem Barwert zukünftiger Steuerzahlungen, die für Zahlung von Zinsen und Amortisation erforderlich sind.

40 S. dazu Ramser (1981b).

41 S. Ramser (1978a).

Benutzung extremer Annahmen an die Kosten der Erwartungsbildung das Ergebnis eines solchen Entscheidungsprozesses sein[42]. Adaptive Erwartungen können optimal sein, wenn die Historie der zu schätzenden Variablen tatsächlich zumindest einen gewissen Erklärungswert besitzt, alle sonstigen Determinanten aber nur unter prohibitiv hohen Kosten nutzbar gemacht werden können[43]. Rationale Erwartungen sind optimal, wenn alle erwähnten Kosten – bezogen auf den verlangten Informationsgrad (s. o.) – vernachlässigenswert gering sind, insbesondere sich im Falle vollständiger Information das gesamte im Schätzzeitpunkt vorhandene Wissen kostenfrei ermitteln und auswerten läßt. Bei Bezugnahme auf den faktisch vorhandenen Informationsstand, d.h. bei Annahme unvollständiger Information, sind rationale Erwartungen immer erst dann auch ökonomisch optimal, wenn die Durchführung einer unverzerrten Schätzung (auf der Grundlage der vorhandenen Informationen) kostenfrei ist. Man hat in diesem Zusammenhang Zweifel daran geäußert, ob ein professioneller Ökonom in jedem Falle ohne fremde Hilfe dazu in der Lage wäre.

Der analytische Beitrag des Konzepts rationaler Erwartungen bei (im folgenden stets unterstellter) vollständiger Information ist dessenungeachtet nicht unbedeutend, da

> „... jede nicht i. S. von Muth rationale Erwartungsbildung zu Ergebnissen führt, die systematisch falsch sind bzw. systematische Erwartungsfehler enthalten" (Buiter 1980, S. 38).

Da optimale Erwartungen – bei unveränderter Struktur des ökonomischen Systems einschließlich aller wirtschaftspolitischen Regelmechanismen und identischer Prognose der Größenordnung exogener Variablen durch alle Individuen – langfristig mit rationalen Erwartungen identisch sein müssen, ist es ohne weiteres vertretbar, mit diesem Konzept bei der Analyse der Eigenschaften langfristiger *steady state*-Gleichgewichte zu argumentieren[44]. Überlegungen in dieser Richtung gehen allerdings an den Intentionen des NCM-Modells in seiner üblichen Version (s. McCallum/Whitaker 1979) gänzlich vorbei, da dort ja gerade *kurzfristig* bzw. in jedem Moment Gültigkeit der Hypothese rationaler Erwartungen postuliert wird.

Angesichts des Mangels einer ausformulierten Theorie und entsprechender Hypothesen könnte versucht werden, die Eignung der Hypothese rationaler Erwartungen als Kandidat für eine ausreichende Näherung empirisch zu testen. Tests wurden bisher stets nur in Verbindung mit der Überprüfung weiterer Hypothesen (z.B. der „natürlichen" Arbeitslosenquote) durchgeführt, so daß die Erwartungshypothese prinzipiell nicht falsifizierbar ist. Grund für diese Vorgehensweise ist die Schwierigkeit direkter Tests der Erwartungsbildung. Am Beispiel der Inflationsrate erläutert, wäre dafür erforderlich, erwartete Inflationsraten ausreichend gut messen zu können und über die tatsächlichen Determinanten des Inflationsprozesses informiert zu sein. Da die zweite Voraussetzung nicht gegeben ist, behilft man sich mit der Annahme der Gültigkeit einer bestimmten

---

42 Insofern sind eben rationale Erwartungen i.S. von Muth normalerweise nicht rational bzw. optimal in der üblichen Sprachregelung der ökonomischen Theorie.

43 Abgesehen natürlich von dem trivialen Fall, daß die historische Entwicklung für sich genommen bereits vollen Erklärungswert aufweist.

44 Wenn tatsächlich ein *steady state*-Gleichgewicht realisiert ist, dann muß offenbar ein zu rationalen Erwartungen konvergierender Prozeß der Erwartungsbildung vorgelegen haben. Eine „Selbst-Evidenz" oder Unvermeidlichkeit der Konvergenz ist allerdings nicht allgemein beweisbar. Liegt sie nicht vor, dann ist das langfristige Gleichgewicht natürlich auch nicht stabil. Vgl. u. a. DeCanio (1979).

Theorie und vergleicht das unter diesen Umständen bei rationalen Erwartungen resultierende Verhalten der Marktteilnehmer mit ihrem tatsächlichen Verhalten. Getestet werden kann auf diese Weise offenbar nur die gemeinsame Hypothese der zugrundegelegten Inflationstheorie *plus* der Hypothese rationaler Erwartungen. Immerhin glaubt man allerdings, aus den vorliegenden Untersuchungen den Schluß ziehen zu können, daß die Hypothese rationaler Erwartungen für Finanzmärkte ein höheres Maß an Evidenz aufweist als für Güter- und Arbeitsmärkte.

(d) Entwicklungsmöglichkeiten

Angesichts der Vielzahl z. T. schwerwiegender Kritikpunkte stellt sich naturgemäß die Frage nach den Entwicklungsperspektiven des NCM-Modells. Grundsätzlich kann eine ganze Reihe von Einwänden ausgeräumt werden bzw. ihre Berücksichtigung ist eine Frage des wissenschaftlichen Aufwands. Dies gilt insbesondere für Inkonsistenzen zwischen der methodischen Konzeption von Nachfrage- und Angebotskomplex. Ferner kann mit den allerdings unvermeidlichen und bereits essentielle Aussagen berührenden Konsequenzen von der Eigenschaft der Null-Homogenität des *steady state*-Gleichgewichts (Geldmenge und Preisniveau) Abstand genommen werden. Schließlich läßt sich angesichts der zahlreichen einschlägigen Analysen der letzten Jahre sicherlich auch die ad hoc-Formulierung der Informationsstruktur durch eine befriedigende Begründung ersetzen[45]. Das muß nicht zwangsläufig auch zur Folge haben, daß damit die „stilisierten" Fakten nicht mehr zu erklären sind. Die Tatsache endlich, daß die verwendeten Annahmen an die Erwartungsbildung nicht entscheidungstheoretisch begründet sind, kann im Prinzip nicht der NCM-Konzeption angelastet werden – allenfalls die Verwendung ausgerechnet der Hypothese rationaler Erwartungen. In diesem Zusammenhang ist zu bemerken, daß eben auch die Annahme über alle Individuen identischer Erwartungsbildung problematisch ist.

Der „harte Kern" der Kritik bleibt nach allem die Hypothese permanenter Markträumung. Sie ist konstitutiv für die grundlegende Perspektive dieses Ansatzes. Sie zu relativieren oder sich von ihr zu trennen heißt, das Konzept kompetitiven temporären (allgemeinen) Gleichgewichts zugunsten einer anderen Gleichgewichtskonzeption – z. B. der des Gleichgewichts bei Mengenrationierung – aufgeben. Letztlich ist darüber nur auf dem Hintergrund empirischer Evidenz[46] und damit in gewisser Weise unter Zweckmäßigkeitserwägungen zu befinden – denn daß, wie mehrfach erwähnt, Märkte grundsätzlich nie permanent geräumt sind, ist ernstlich nicht zu bestreiten. Die Frage, welche Hypothese im Kontext einer als „Analog-System" i. S. von Lucas (1980) verstandenen Theorie überlegen ist, stellt sich nach Diskussion der konkurrierenden Konzeptionen erneut[47].

---

45 Vgl. u. a. Howitt (1981).

46 Vgl. dazu neuerdings wieder Sargent (1981).

47 Bemerkenswert immerhin dürfte wohl sein, daß auch Tobin (1981 a, b) den NCM-Ansatz vornehmlich in seiner *gegenwärtigen* Fassung ablehnt bzw. für zu wenig fundiert betrachtet, um als Grundlage wirtschaftspolitischer Empfehlung akzeptabel zu erscheinen.

3.1.2 Systematische informationstheoretische Ansätze

(a) Zur Behandlung des Problems unvollständiger Information

Beide im voranstehenden Abschnitt diskutierten monetaristischen Varianten rekurrieren bei ihrer mikrotheoretischen Begründung auf individuelle Entscheidungen bei unvollständiger Information. Dabei begnügt sich der Monetarismus Nr. 1 mit der Bemerkung von Friedman (1968, S.8), daß

> „... Marktunvollkommenheiten, zufallsbedingte Schwankungen von Nachfrage und Angebot, Kosten der Beschaffung von Informationen über offene Stellen und Verfügbarkeit von Arbeitskräften, Kosten der Arbeitsunfähigkeit etc. ..."

dafür verantwortlich sind, daß das entsprechende Walrasianische Gleichgewicht mit „natürlicher" Arbeitslosigkeit verbunden ist. Diese etwas feuilletonistische Behandlung des Problems kann mit zu Beginn der 70er Jahre vorliegenden Konzeptionen der „neuen" Mikroökonomik[48] durch passende Fußnoten bereichert werden; sie beziehen sich i. d. R. und dem Zitat entsprechend auf die von Alchian (1970), Mortensen (1970) und Phelps (1970) behandelten Informations-„Szenarios", nach denen die „natürliche" Arbeitslosenquote auf dem Hintergrund unvollständiger Information der Arbeitsanbieter über Arbeitsplatzeigenschaften als suchtheoretisches Phänomen interpretiert wird. Zur Erklärung konjunktureller Reaktionen bedient man sich u. a. der „Insel"-Parabel in der Version von Phelps. Danach werden temporäre Fehlreaktionen aufgrund unvollständiger Information darüber ausgelöst, wie weit Veränderungen des Lohnsatzes als Veränderung von Preis*relationen* zu verstehen sind.

Das Modell des Monetarismus Nr. 2 konnte demgegenüber von vornherein im Anschluß an ein ausformuliertes Arbeitsmarktmodell entwickelt werden. Dabei handelt es sich, wie erwähnt, um eine Erweiterung des ebenfalls zur ersten Generation der „neuen" Mikroökonomik zu rechnenden Ansatzes von Lucas/Rapping (1969). In der von Lucas (1975) selbst besorgten Fassung beziehen sich die Informationsmängel – von denen hier wie im suchtheoretischen Modell nur die Arbeitsanbieter betroffen sind – ausschließlich auf die (temporäre) Unkenntnis aggregativer Daten (allgemeines Preisniveau) in Gegenwart und Zukunft.

Daß trotz dieser Bezugnahme der monetaristischen Theorie auf Entscheidungen bei unvollständiger Information im vorliegenden Abschnitt noch einmal auf informationstheoretische Konzeptionen eingegangen werden soll, hat i. w. zwei Gründe. *Erstens* sind weder die Lucas- noch die suchtheoretische Version der neuen Mikroökonomik durch Informations-„Szenarios" charakterisiert, die als repräsentativ gelten können bzw. wesentliche allgemein akzeptierte „stilisierte" Fakten unvollständiger Information hinlänglich gut erfassen. *Zweitens* wird ohne ersichtlichen Grund unvollständige Information als ausschließlich *arbeitsmarkt*spezifisches Phänomen betrachtet[49].

Unvollständige Information kann grundsätzlich in sehr verschiedener Form auftreten. Entsprechend können sich die von den betroffenen Individuen für zweckmäßig erachteten Reaktionen („Abwehrmaßnahmen") beträchtlich unterscheiden. In einem im o. e. Sinn

48 Sie sind zum großen Teil enthalten in Phelps et al. (1970).

49 Für die Suchtheorien gilt das zumindest insoweit, als sie makrotheoretisch interpretiert werden.

repräsentativen Informations-Szenario sollten die wesentlichen „Klassen“ von Informationsmängeln enthalten sein; das sind Informationsmängel, die unter Einsatz von Ressourcen vermindert werden können, und solche, für die diese Möglichkeit nicht in Betracht kommt, weil sie gewissermaßen „naturgegeben“ bzw. die Kosten ihrer Verminderung prohibitiv hoch sind. Abgesehen von einem auf den Arbeitsmarkt beschränkten Vorschlag von Burdett/Mortensen (1980), über den abschließend zu berichten ist, existiert vorläufig keine gleichzeitig beiden Klassen von Informationsmängeln allgemein, d.h. auf allen Märkten, gerecht werdende makroökonomische Konzeption. Darüber hinaus sind die bisher vorliegenden, jeweils nur eine Klasse von Informationsmängeln berücksichtigenden Modelle für sich genommen durch zahlreiche Annahmen belastet, die einer Aussagefähigkeit zumindest enge Grenzen setzen.

Im folgenden soll zunächst der Fall reduzierbarer Informationsmängel diskutiert, anschließend auf das Problem unbeeinflußbaren Informationsstands eingegangen werden. Reduzierbare Informationsmängel betreffen dabei allgemein die Eigenschaften gehandelter Güter und Dienstleistungen, nicht reduzierbare Informationsmängel Informationen über in der Zukunft liegende Ereignisse. Abschließend wird – wie erwähnt – über einen Versuch der Integration beider Aspekte gesprochen[50].

(b) Mikro- und makroökonomische Aspekte reduzierbarer Informationsmängel

Die Einführung eines beeinflußbaren Informationsstands erweitert das traditionelle Entscheidungsproblem. Seine Formulierung ist insofern nicht unproblematisch, als für verschiedene Marktteilnehmer verschiedene Informationen verschieden relevant sind. Betrachtet man einen Teilmarkt, so sind die Entscheidungen der angesprochenen Marktteilnehmer vermutlich in erster Linie von Informationen beeinflußt, die den untersuchten Teilmarkt selbst betreffen; für den Arbeitsmarkt beispielsweise: Informationen über die Eigenschaften verfügbarer Arbeitsplätze und verfügbarer Arbeitskräfte (Bewerber). Darüber hinaus können Informationen über die ökonomischen Bedingungen auf dritten Märkten eine Rolle spielen, sofern sie für die Beurteilung der Position eines potentiellen Arbeitgebers, d.h. etwa der Sicherheit eines Arbeitsplatzes, notwendig sind (Absatz-, Finanz-, Rohstoffmärkte etc.). Schließlich ist die Entscheidung auf dem Arbeitsmarkt sicher nicht unabhängig von Informationen über die aggregierte Nachfrage, das allgemeine Preisniveau und andere, das Gesamtsystem beschreibende Merkmale. Ähnliches gilt für andere Märkte mit entsprechender Interpretation. Dabei können sich

50 Zur Terminologie ist zu ergänzen, daß der Forschungsgegenstand der „neuen“ Mikroökonomik i.w. das Studium von Entscheidungen bei reduzierbarer unvollständiger Information, der der „neuen“ „neuen “ Mikroökonomik die Analyse der Effekte *nicht* reduzierbarer unvollständiger Information ist. Die Begriffsbildung ist insofern unglücklich, als sie suggeriert, daß die „neue“ „neue“ Mikroökonomik eine Weiterentwicklung der „neuen“ Mikroökonomik darstellt. Nach unseren Ausführungen dürfte klar sein, daß es sich um einen *komplementären* Forschungszweig handelt. In der jüngsten Vergangenheit ist sogar eher vermehrt über die von der „neuen“ Mikroökonomik behandelten Fragen reduzierbarer unvollständiger Information nachgedacht worden; allerdings haben sich die untersuchten Informations-Szenarios im einzelnen erheblich gewandelt. Dieser Wandel besteht nicht zuletzt in einem verstärkten Interesse an Effekten unvollständiger Information über sog. „Erfahrungs“-*(experience)*Eigenschaften (von Gütern, Arbeitsplätzen etc.) anstelle ursprünglich ausschließlich betrachteter „Such“-*(search)*Eigenschaften (s.u.). Zu diesen Begriffen vgl. Nelson (1970).

sämtliche interessierenden Informationen auf Gegenwart und Zukunft beziehen; Unkenntnis zukünftiger Daten allerdings bleibt hier vorläufig unberücksichtigt.

Für die einschlägigen Varianten der „neuen“ Mikroökonomik – das sind ihre suchtheoretischen Ansätze – sind über die (temporäre) Unkenntnis gesamtwirtschaftlicher Daten hinaus vor allem den „eigenen“ Markt betreffende Informationsmängel von Bedeutung. Dabei wird allerdings grundsätzlich davon ausgegangen, daß die Firmen stets vollständig informiert sind, so daß auf dem Arbeitsmarkt der Anbieter (vgl. Alchian 1970, Phelps 1970, Mortensen 1970), auf dem Gütermarkt der Nachfrager (vgl. Phelps/Winter 1970) bei unvollständiger Information zu entscheiden hat. Unvollständige Informationen beziehen sich auf dem *Arbeitsmarkt* auf die Eigenschaften von Arbeitsplätzen; es wird angenommen, daß die Verteilung der Arbeitsplätze nach ihren Eigenschaften insgesamt (im Aggregat) bekannt ist, die Eigenschaften eines einzelnen Arbeitsplatzes dagegen durch gezielte Informationssuche eruiert werden müssen. Diese Informationsbeschaffung geschieht im Rahmen eines Kosten verursachenden Suchprozesses derart, daß mit der Herstellung eines Kontakts vollständige Information über die Eigenschaften des jeweils explorierten einzelnen Arbeitsplatzes hergestellt wird. In der Terminologie von Nelson (1970) besitzen Arbeitsplätze also ausschließlich Such-Eigenschaften. Ähnlich wie im Lucas-Modell bedarf es damit einer Reihe zusätzlicher, nicht durchweg plausibler Annahmen, um Konsistenz mit empirischen Beobachtungen zu gewährleisten, wobei insbesondere die Begründung von Kündigungen und Entlassungen Schwierigkeiten macht[51]. Unvollständige Informationen auf dem Gütermarkt beziehen sich ebenfalls ausschließlich auf Such-Eigenschaften, im Modell von Phelps/Winter (1970) etwa besteht unvollständige Information über die von einzelnen Herstellern verlangten Preise.

Im Zuge der Weiterentwicklung der „neuen“ Mikroökonomik zu einer allgemeineren mikroökonomischen Theorie bei unvollständiger Information werden heute wesentlich interessantere Informations-Szenarios betrachtet, die insbesondere von der dominierenden Rolle unvollständiger Information über Erfahrungs-Eigenschaften ausgehen, d.h. Eigenschaften, die sich erst nach Abschluß eines Kontraktes „im Test“ offenbaren. Es liegt auf der Hand, daß unvollständige Informationen dieser Kategorie eine zwanglose Erklärung von Kündigungen und Entlassungen ebenso ermöglichen wie ein wesentlich besseres Verständnis einer Reihe wichtiger Gütermarktphänomene wie z.B. der Persistenz von Preisdispersionen. Vorläufig allerdings ist diese neueste Entwicklung ausschließlich auf das Studium von Partialmärkten beschränkt[52].

Eine systematisch aus dem mikroökonomischen Kalkül entwickelte *makrotheoretische Analyse* der Konsequenzen unvollständiger Information liegt z.Z. nur für das oben geschilderte Informations-Szenario der „ersten“ Generation von Modellen der „neuen“ Mikroökonomik vor. Die erforderliche Interpretation des Arbeitsmarktmodells von Mortensen (1970) und des Gütermarktmodells von Phelps/Winter (1970) hat Siven (1979)

---

51 Für die o.e. Arbeitsmarktmodelle etwa ist die Annahme typisch, daß Suche in beschäftigtem Zustand *(on the job-search)*, d.h. ohne vorherige Kündigung und Verlassen des bisherigen Arbeitsplatzes, ineffizient ist. Diese Annahme ist notwendig, wenn die „natürliche“ Arbeitslosenquote nicht ausschließlich neu in den Markt eintretende Arbeitskräfte enthalten soll. Auf der anderen Seite hat sie im Zusammenhang mit der temporären Fehleinschätzung gesamtwirtschaftlicher Phänomene den Effekt, daß entgegen empirischer Evidenz Arbeitsanbieter in rezessiven Phasen von sich aus kündigen!

52 Zu einer Übersicht über entsprechende Untersuchungen über den Arbeitsmarkt in Verbindung mit einer Diskussion einiger Möglichkeiten der Weiterentwicklung vgl. Ramser (1981a).

vorgenommen[53]. Dazu war zunächst einmal die Theorie des Haushalts bei unvollständiger Information gegenüber dem Mortensen-Ansatz geeignet zu erweitern, um eine simultane Entscheidung über Konsum, Arbeitsangebot oder akzeptierten Mindestlohnsatz *(acceptance wage)* sowie des Ausmaßes repetitiver Suche auf Arbeits- *und* Gütermärkten erfassen zu können. Die Haushaltsentscheidung erhält damit intertemporale Dimension, wobei mit der Annahme eines unsicheren Lebensendes ein zusätzliches stochastisches Element berücksichtigt ist. Mit Hilfe einer Reihe vereinfachender Annahmen gelingt eine relativ übersichtliche Interpretation von Optimierungsbedingungen, die sich danach unterscheiden, ob ein Haushalt beschäftigt oder arbeitslos ist. Eindeutige Reaktionsaussagen sind dabei nur z.T. möglich. Der nächste Schritt besteht in der Entwicklung einer korrespondierenden Konzeption für die Theorie der Unternehmung bei unvollständiger Information. Das von Siven vorgeschlagene Modell entspricht, wie bereits angedeutet, einer auch hier erweiterten Kombination des Ansatzes von Phelps/Winter (1970) mit dem entsprechenden Teil des Mortensen-Modells. Weitergehend ist der Ansatz von Siven insofern, als die Unternehmung nicht nur über Preise und Lohnsätze Einfluß auf ihre „Bestände" von Konsumenten (Kunden) und Beschäftigten nehmen kann, sondern auch durch „Produktion von Informationen" an die Adresse ihrer Kontrahenten auf Güter- und Arbeitsmarkt. Produktion von Informationen besteht dabei konkret in der Entfaltung von Werbe- und Rekrutierungsaktivitäten. Wie für zunehmende Realitätsnähe leider typisch, liefert dieser Ansatz allerdings kaum noch eindeutige Reaktionshypothesen. Siven benutzt daher für das makroökonomische Modell eine spezielle Struktur[54].

Durch Aggregation der entwickelten mikroökonomischen Verhaltensweisen resultiert schließlich das makroökonomische Modell. Dabei handelt es sich um ein geschlossenes und stationäres, aus gesamtwirtschaftlichem Güter- und Arbeitsmarkt bestehendes System mit gegebenem Realzinssatz; d.h. man kann annehmen, daß ein Geldmarkt existiert, auf dem die Zentralbank eine Geldmengenpolitik betreibt, die zu konstantem Realzins führt. Wirtschaftspolitischer Einfluß kann bei gegebener Ausgabenaktivität durch Veränderung der Steuersätze, der Höhe der Arbeitslosenversicherung und des nominellen Zinssatzes – mit den entsprechenden Konsequenzen für die Zuwachsrate der Geldmenge – genommen werden. Siven untersucht vor allem die komparativ-statischen Eigenschaften von kurzfristigem und i.S. erfüllter (Inflations-)Erwartungen „langfristigem" Gleichgewicht. Bemerkenswert ist, daß auch hier trotz der o.e. Vereinfachungen eine Reihe von Reaktionen nicht eindeutig ist. Eindeutig ist der senkrechte Verlauf der Phillips-Kurve im „langfristigen" Gleichgewicht. Ferner wird deutlich, daß mit Hilfe der Steuerpolitik und der Veränderung des Satzes der Arbeitslosenversicherung die Höhe der „natürlichen" Arbeitslosenquote manipuliert werden kann. Dieses Resultat illustriert die von Buiter (1980) vorgetragene Kritik an der vom NCM-Modell behaupteten Irrelevanz auch fiskalpolitischer Aktivität des Staates: man sieht sehr deutlich, daß es dazu nur kommen kann, wenn das individuelle Entscheidungsproblem von vornherein willkürlich und bar jeder Plausibilität „verkürzt" wird – dann nämlich, wenn man von vornherein *postuliert,* daß etwa die Steuerpolitik des Staates die individuellen Dispositionen völlig unberührt läßt.

---

53 Die Anregung dazu findet sich bereits in einer Fußnote im Beitrag von Phelps/Winter (1970, S. 310, Note 2).

54 De facto wird die ursprüngliche Mortensen-Phelps/Winter-Konzeption zugrunde gelegt, d.h. auf Informationsaktivitäten seitens der Firmen verzichtet.

Bei verzögerter Information über den Charakter makroökonomischer Störungen sind die konjunkturellen Abläufe, die man mit Hilfe dieses Ansatzes erklären kann, weitgehend identisch mit den aus dem Modell des Monetarismus Nr. 1 resultierenden Schwankungen der ökonomischen Aktivität. Insofern könnte man cum grano salis den Ansatz von Siven als nachträgliche „exakte“ Begründung des monetaristischen Modells der ersten Generation verstehen. Die mikroökonomische Analyse offenbart allerdings sehr deutlich die bei sofortiger aggregativer Betrachtung gewissermaßen zugedeckten Schwächen des Ansatzes. Sie bestehen i.w. in einem wenig überzeugenden Verhalten der Anbieter und Nachfrager auf dem Arbeitsmarkt. Das Erklärungsdefizit betrifft hier vor allem zyklische Einflüsse und Reaktionen („Insel“-Parabel). Gemeint ist die in der Praxis übliche asymmetrische Reaktion der Firmen in Boom und Rezession. Zur Erhöhung des Arbeitskräftebestands wird die Lohnpolitik eingesetzt, eine Verminderung geschieht durch Entlassungen bei weitgehend unverändertem Lohnsatz, wobei dieser Lohnsatz i.d.R. sogar noch über dem Niveau liegt, das zur Verhinderung unerwünschter Kündigungen erforderlich ist. Der Effekt ist eine „Rationierung“ von Arbeitsplätzen *(job rationing)* resp. Keynesianische Arbeitslosigkeit (s. Grossman 1979a).

Die Arbeit von Siven ist dessenungeachtet als wertvoller wissenschaftlicher Beitrag anzusehen, da gezeigt ist, zu welchen Aussagen man bei konsequenter Integration und makroökonomischer Interpretation mikroökonomischer Entscheidungen bei unvollständiger Information gelangen kann[55]. Dies kann nur als Aufforderung zu weiteren Forschungsbemühungen i.S. der makrotheoretischen Auswertung realistischerer Informations-Szenarios (s.o.) verstanden werden.

Wie bereits einleitend erwähnt, dürfte unvollständige Information der Arbeiter über Erfahrungs- oder kurz: *spezifische* Eigenschaften des Arbeitsplatzes und unvollständige Information der Firmen über spezifische Eigenschaften von Bewerbern von besonderer Bedeutung für die Funktionsweise des Arbeitsmarktes und damit die Höhe der „natürlichen“ Arbeitslosenquote sein. Entsprechende Untersuchungen über den Einfluß unvollständiger Information von Arbeitern über Arbeitsplätze stammen von Salop (1973, 1979). Eine Anwendung des gleichen Analyseinstrumentariums auf das Problem unvollständiger Information von Firmen über die Qualifikation von Bewerbern hat Varian (1976) vorgeschlagen. In beiden Fällen leidet die Aussagefähigkeit der Analyse unter der realitätsfernen Annahme, daß ein Arbeitsanbieter nur dann in effizienter Weise Suchaktivitäten entfalten kann, wenn er arbeitslos ist[56].

Bezeichnend für die erwähnten Lösungsversuche ist der Verzicht auf eine explizite entscheidungstheoretische Begründung des Arbeitsanbieterverhaltens zugunsten von ad hoc-Hypothesen, die angesichts der postulierten Eigenschaften durchaus auch begründbar erscheinen. Eine zentrale Rolle für die Firmenpolitik spielt das Kündigungsverhalten, für das als wichtigste Determinante der erwartete relative Verdienstvorteil bei anderen Firmen betrachtet wird; die zur Kündigung veranlassende kritische Höhe dieses Ver-

---

55 Bei passender Modifikation können ferner eine längerfristige Existenz von Lohn-Preis-Dispersionen nachgewiesen und Ansatzpunkte einer welfaremäßigen Beurteilung kompetitiver Gleichgewichte bei unvollständiger Information entwickelt werden.

56 In der von Varian zur Diskussion gestellten, allerdings auch mehr oder minder impressionistischen Übertragung der Salop-Analyse auf Informationsmängel der Firmen kommt hinzu, daß spezifische Eigenschaften nicht angemessen erfaßt werden (s.u.). Dagegen ist bei einem „ersten Versuch“ nichts gegen die Verwendung eines deterministischen aggregativen Szenarios einzuwenden.

dienstvorteils ist plausiblerweise eine Funktion der persönlich in Erfahrung gebrachten spezifischen Arbeitsplatzeigenschaften der gegenwärtigen Position. Im Salop-Modell, in dem die Firmen annahmegemäß vollständig über die Qualifikation der Bewerber informiert sind – sie kann daher auch als homogen unterstellt werden –, haben die Firmen über ihren Beschäftigungsgrad und den von ihnen offerierten (erwarteten) relativen Verdienstvorteil zu entscheiden[57]. Dabei ist zu beachten, daß jeder neu eingestellte Arbeiter gewisse Transaktionskosten verursacht, die man als Investition in firmeneigenes Humankapital interpretieren kann. Da i.w. die Höhe der „natürlichen" Arbeitslosenquote interessiert (*steady state*-Konzept), kann man vereinfachend zulassen, daß die Firma kündigende Arbeiter zeitlos ersetzen kann. Voraussetzung dafür ist einfach, daß (ohne zusätzliche Kosten) eine genügend hohe Anzahl offener Stellen bereit gehalten werden kann; sie richtet sich nach der Anzahl pro Periode kündigender Arbeiter in Verbindung mit der Wahrscheinlichkeit dafür, daß ein vakanter Arbeitsplatz in der laufenden Periode besetzt werden kann.

Im *(steady state-)* Gleichgewicht zahlen alle Firmen den gleichen Lohnsatz; ferner muß die Wahrscheinlichkeit dafür, daß ein kündigungswilliger Arbeiter in der laufenden Periode einen Arbeitsplatz findet, mit der Wahrscheinlichkeit dafür identisch sein, daß eine Firma in der laufenden Periode eine offene Stelle besetzen kann. Unter diesen Umständen läßt sich die aggregierte Überschußnachfrage nach Arbeitskräften, d.h. die Differenz zwischen der Gesamtzahl offener Stellen und Arbeitsloser, als Funktion der o.e. Wahrscheinlichkeit (im folgenden: Beschäftigungswahrscheinlichkeit) und der Anzahl Firmen im Markt ausdrücken. „Kurzfristiges" Gleichgewicht liegt vor, wenn diese Überschußnachfrage bei gegebener Anzahl von Firmen gleich Null ist. Es zeigt sich, daß die gleichgewichtige Beschäftigungswahrscheinlichkeit ohne weiteres kleiner als Eins sein kann, d.h. im Gleichgewicht Unterbeschäftigung vorliegt. Salop (1979) sieht die eigentliche Ursache dafür, daß Gleichgewichtsarbeitslosigkeit auftreten kann, in der Existenz zweier Typen von Arbeitsmärkten, einem allgemeinen „externen" Arbeitsmarkt und firmeneigenen „internen" Arbeitsmärkten[58]. Durch Festlegung des von ihr gebotenen erwarteten relativen Verdienstvorteils – im *(steady state-)* Gleichgewicht identisch mit der reziproken Beschäftigungswahrscheinlichkeit – „räumt" jede Firma ihren „internen" Arbeitsmarkt. Es kann nur Zufall sein, wenn derselbe „Preis" auch Gleichgewichtspreis für den „externen" Arbeitsmarkt ist. Ergänzend, im vorliegenden Zusammenhang allerdings von entscheidender Bedeutung, ist hinzuzufügen, daß die Existenz interner Arbeitsmärkte überhaupt erst durch die Annahme unvollständiger Information begründet wird.

Da die Anzahl im Markt befindlicher Firmen Einfluß auf die gleichgewichtige Beschäftigungswahrscheinlichkeit hat, könnte schließlich von Interesse sein, die Eigenschaften des „langfristigen" Marktgleichgewichts[59] zu prüfen. Man überlegt aber leicht, daß auch bei variabler Anzahl von Firmen keine systematische Vollbeschäftigungstendenz resultiert, da die Nullgewinnbedingung nur zufällig bei einer Beschäftigungswahrscheinlichkeit von Eins erfüllt ist.

---

57 Unter Berücksichtigung des ihnen geläufigen, in der Kündigungsfunktion erfaßten Kündigungsverhaltens der Arbeiter.

58 Zum Begriff vgl. Doeringer/Piore (1971).

59 Langfristig ist hier i.S. der Markttheorie zu verstehen, d.h. nach Abschluß von Zu- und Abgängen von Firmen aus dem Markt.

Wie erwähnt, hat Varian (1976) vorgeschlagen, den skizzierten Ansatz auch für eine Analyse der Effekte unvollständiger Information über die Qualifikation von Arbeitern nutzbar zu machen. Zu diesem Zweck werden die bisher mit der Einstellung neuer Arbeiter entstehenden Transaktionskosten einfach uminterpretiert in Kosten, die mit der „Aussortierung“ *(screening)* qualifizierter Bewerber verbunden sind. Das Problem dieses Vorgehens besteht darin, daß danach bereits *vor* dem eigentlichen Eintritt in die Firma „gefiltert“ wird, so daß Entlassungen gar nicht erst erforderlich werden: nach Beendigung des vor einer eigentlichen Beschäftigung stattfindenden Sortierungs-Prozesses werden unqualifizierte Bewerber einfach abgewiesen. So wie Kündigungen seitens der Arbeiter Zeichen mangelnder Information über Erfahrungs- oder spezifische Arbeitsplatzeigenschaften sind, sind Entlassungen Indiz für entsprechende Informationsmängel bei den Firmen. Insofern erfaßt die Varian-Hypothese nicht Informationsmängel über spezifische Eigenschaften, d. h. Eigenschaften, die sich erst „im Test“ selbst erkennen lassen. Dieser Umstand macht den Ansatz keineswegs uninteressant, da prinzipiell natürlich gewisse Eigenschaften auch in einer vor endgültiger Einstellung durchgeführten Testphase eruierbar sind. Jedenfalls spricht empirische Evidenz eindeutig dafür; man denke nur an die vielfach üblichen, vor Integration in den Produktionsprozeß durchgeführten Schulungskurse.

Die grundsätzlichen Konsequenzen heterogener Arbeitskraft lassen sich in einer einfachen Weise diskutieren, wenn man Unterschiede der Qualifikation als unterschiedliche Ausstattung mit „effektiver“ Arbeit („arbeitsvermehrendes“ Konzept) versteht. In Erweiterung des im vorigen Abschnitt skizzierten Ansatzes hat dann die Firma grundsätzlich – neben dem angebotenen (erwarteten) relativen Verdienstvorteil – über den Beschäftigungsgrad von Arbeitern der verschiedenen Qualifikationen zu entscheiden; man kann auch sagen: über den durchschnittlichen Beschäftigungsgrad einerseits und über die Qualifikationsstruktur andererseits. Kritische Annahme ist dabei, daß bei der Entlohnung, d. h. der Festsetzung des (erwarteten) relativen Verdienstvorteils nicht nach Qualifikationen differenziert wird. Die Begründung für diese Annahme ist die Identität des Arbeitsplatzes bzw. seiner Anforderungen, nach denen sich üblicherweise die Bezahlung richtet.

Die Analyse des Marktgleichgewichts kann parallel zu der des Salop-Modells erfolgen. Prinzipiell können auch hier Unterbeschäftigungsgleichgewichte auftreten. Zufolge der zusätzlichen Annahme heterogener Arbeitskraft entsteht ohne eine entsprechende zusätzliche Anzahl heterogener Lohnsätze ein ähnliches Konsistenzproblem wie bisher zwischen internem und externem Arbeitsmarkt nun auch noch zwischen Arbeitsmärkten für die verschiedenen Qualifikationen. Damit brauchen selbst bei „normalem“ Verlauf der relevanten Kurven Gleichgewichtslösungen nicht zu existieren, und Arbeitslosigkeit kann auf diese Weise als „Ungleichgewichts“-Phänomen erklärt werden. Dies folgt der Linie früherer formaler Interpretationen des Keynesianischen Systems.

Es wurde erläutert, aus welchen Gründen die Sortierungs-Hypothese von Varian nur bestimmte Informationsprobleme erfaßt. Der Verfasser hat daher an anderer Stelle (s. Ramser 1981 a) eine alternative Sortierungs-Hypothese formuliert und in ihren Auswirkungen untersucht. Danach wird der Sortierungsvorgang in die Phase *nach* Einstellung verlegt; ungeeignete Bewerber können nicht bereits vor endgültiger Einstellung abgewiesen werden, sondern müssen entlassen werden. Auch dieser Ansatz enthält naturgemäß die Möglichkeit von Unterbeschäftigungsgleichgewicht ebenso wie die einer Inexistenz von Gleichgewichtslösungen. Sein Vorteil liegt in der expliziten Erklärung des empirisch evidenten Entlassungsverhaltens von Firmen und damit in der auch realistischeren Erklärung der eigentlichen Determinanten der Arbeitslosenquote. Insofern eignet sich das Modell eher für eine Diskussion der Wirkungen verschiedener arbeitsmarktpolitischer Maßnahmen.

Die mit diesen Ausführungen nur teilweise präsentierten Forschungsresultate sind aus der Perspektive der Partialanalyse, insbesondere der Arbeitsmarkttheorie, quantitativ und vom theoretischen Anspruch her beachtlich und – wie wohl deutlich geworden ist – auch von zunehmender empirischer Relevanz. Sie haben darüber hinaus allgemein einen wesentlichen Beitrag zum besseren Verständnis von Marktprozessen bei unvollständiger Information geleistet. Forschungsdefizite bestehen i. w. insofern, als *erstens* die vorgetragenen Ansätze – selbst im Rahmen der jeweils verwendeten Hypothesenkomplexe – keineswegs immer schon in ihrer Funktionsweise und allen Implikationen voll verstanden und ausdiskutiert sind. Insbesondere ist auf die Vernachlässigung von Effizienzüberlegungen hinzuweisen, die ja letztlich erst die Grundlage für wirtschaftspolitische Folgerungen sein können. *Zweitens* ist eine Reihe der analysierten Hypothesen zweifellos zu speziell, um bestimmte Marktvorgänge befriedigend abzubilden. Zu erwähnen ist in diesem Zusammenhang u. a. die ungenügende Erfassung institutioneller und rechtlicher Rahmenbedingungen, etwa gewerkschaftlicher Organisation des Arbeitsangebots oder bestimmter arbeitsrechtlicher Vorschriften. In jüngster Zeit werden diese Gesichtspunkte allerdings bereits verstärkt beachtet (vgl. u. a. Hall/Lilien, 1979). Schon seit einigen Jahren intensiv diskutiert werden dagegen die Wirkungen verschiedener Systeme der Arbeitslosenversicherung – leider bisher ausschließlich aus der Perspektive der in den USA geltenden rechtlichen Regelungen.

Aus makrotheoretischer Sicht liefern die referierten Analysen durchaus gute Gründe dafür, im Rahmen der üblichen Konzeption eines „aggregativen" Arbeitsmarktes in geeigneter Weise die Möglichkeit informationsbedingter Arbeitslosigkeit vorzusehen. Eine systematische aggregative Interpretation im Stile des oben dargestellten Modells von Siven (1979) steht allerdings – wie mehrfach erwähnt – noch aus. Wie eine adäquate aggregative Erfassung des Informationsaspekts auszusehen hätte, bedarf wohl ohnehin noch einer Reihe weiterer Überlegungen. Hier wie in der vorläufig völlig vernachlässigten Analyse der Wirkung unvollständiger Information außerhalb des *(steady state-)* Gleichgewichts sind Ansatzpunkte für wichtige weitere Forschungsaktivitäten zu sehen. Bis entsprechende Resultate vorliegen, kann man auf jeden Fall das Konzept der Lucas-Angebotsfunktion nicht als Ausdruck der Wirkung hier betrachteter Informationsmängel interpretieren.

(c) Mikro- und makroökonomische Aspekte nicht reduzierbarer Informationsmängel

Antworten auf die erwähnten Defizite in der Erklärung zyklischer Einflüsse und Reaktionen können durch eine systematische Berücksichtigung *nicht reduzierbarer* Informationsmängel in Gestalt von Unsicherheit über die Zukunft gegeben werden. Der in diesem Zusammenhang entwickelte und gegenwärtig zweifellos leistungsfähigste Ansatz ist die sog. Kontrakttheorie[60]. Dabei handelt es sich um eine systematische Anwendung des Prinzips der Risikominderung oder -teilung *(risk sharing)* zunächst auf Kontrakte, die auf

60 Das Grundmodell, verschiedene Varianten und eine eingehende Annahmenkritik sind dargestellt in Ramser (1979b).

Arbeitsmärkten, später auch auf Kontrakte, die auf anderen Märkten geschlossen werden.

Grundsätzlich führt Unsicherheit zufolge der Tatsache, daß auf unvorhersehbare Ereignisse aus verschiedenen Gründen nicht zeitlos reagiert wird oder werden kann, zu einem Interesse an der Bildung geeigneter kontingenter Zukunftsmärkte für Güter bzw. Kontrakte. Im Vergleich mit einem ex post, d. h. nach Eintritt eines unsicheren Ereignisses, organisierten Auktionsmarkt bedeutet die ex ante-Vereinbarung eine bewußt in Kauf genommene Immobilität. Bei Eintritt eines bestimmten Ereignisses werden die für diesen Fall im vorhinein festgelegten Transaktionen „abgewickelt"; sie sind i. d. R. nicht gleichgewichtig i. S. eines ex post organisierten Auktionsmarktes als Ausdruck eines „aktuellen" Walrasianischen Angebots-Nachfrage-Systems. Im Falle eines Arbeitsmarktes würde man – daran gemessen – für bestimmte Ereignisse oder Umweltzustände „unfreiwillige" Arbeitslosigkeit konstatieren.

Eine Anpassung ex post in Verbindung mit der Durchführung von Transaktionen auf einem ex post organisierten „aktuellen" Auktionsmarkt kann ex ante i. w. aus zwei Gründen als nachteilig gegenüber einem Kontraktmarkt gelten. *Erstens* können sich – wiederum auf das gängige Beispiel des Arbeitsmarktes bezogen – die Risikopräferenzen von Arbeitern und Firmen systematisch unterscheiden; *zweitens* können für Firmen z. T. erhebliche (Anpassungs-)Kosten mit einer kurzfristigen Veränderung des Beschäftigungsgrads verbunden sein – sofern Veränderungen überhaupt möglich sind, ohne vorher entsprechende Vorkehrungen getroffen zu haben („Investitionen"). Wenn dennoch der Arbeitsmarkt offenkundig nicht „explizit" als Zukunftsmarkt organisiert ist, so müssen zwangsläufig irgendwelche Transaktionskosten die erwähnten Vorteile überkompensieren.

Die Tatsache, daß keine Zukunftsmärkte üblicher Art für Arbeitsleistungen existieren, schließt nun keineswegs aus, daß Arbeitsmärkte faktisch, in „informellem" oder „implizitem" Sinn als Kontraktmärkte funktionieren. Das bedeutet: als Märkte, auf denen statt juristisch ausformulierter und von spezialisierten (Versicherungs-)Unternehmungen angebotener Kontrakte Beschäftigungsvereinbarungen gehandelt werden, die nur „implizit" in Verbindung mit Abmachungen über die Höhe des Arbeitsentgelts und die Qualität des Arbeitsplatzes definiert sind und unmittelbar von den Verwendern von Arbeitsleistungen offeriert werden. Mit Hilfe dieser Hypothese, die Inhalt der Theorie impliziter Kontrakte ist, kann genauso wie mit Hilfe des Modells üblicher Zukunftsmärkte eine Erklärung von Phänomenen gegeben werden, die im Rahmen eines Auktionsmarktmodells nicht erklärbar sind – insbesondere eben die Existenz einer „unsicherheitsbedingten" zyklischen Komponente der „natürlichen" Arbeitslosigkeit. Auch die Organisation eines informellen Kontraktmarktes verursacht allerdings Kosten, wobei i. w. auf die bei fehlendem rechtlichen Rahmen entstehenden Probleme der Überwachung der Vertragstreue abgehoben wird. Dabei ist allerdings zu beachten, daß Vertragstreue nur dann eine wesentliche Rolle spielt, wenn ausschließlich unterschiedliche Risikopräferenz Motivation für implizite Kontrakte darstellt. Sind dagegen Anpassungskosten entscheidend, dann wird Vertragstreue offenbar aus „technischen" Gründen mehr oder weniger erzwungen.

Beginnen wir mit einer etwas genaueren Betrachtung des bereits als Beispiel benutzten *Arbeitsmarktes*. Die auf einem Markt für implizite Kontrakte gehandelten Vereinbarungen hat man sich hier konkret als kontingente, verschiedene Arbeitsplatzmerkmale betreffende Zusagen einzelner Firmen vorzustellen. Ein von einer Firma angebotener

Vertrag kann beispielsweise regeln, welchen Lohnsatz, welche Arbeitszeit und welche Entlassungswahrscheinlichkeit ein den Kontrakt akzeptierender Arbeiter bei Eintritt eines bestimmten „Umweltzustandes" zu erwarten hat. Umweltzustand kann dabei definiert sein als eine bestimmte – nicht zuletzt durch konjunkturelle Einflüsse determinierte – Absatzsituation des Arbeitgebers. Üblicherweise wird angenommen, daß allen Beteiligten die Dichtefunktion der Umweltzustände bzw. der von ihnen abhängenden Absatzposition (Absatzpreise) der Firmen bekannt ist. Ferner geht man realistischerweise davon aus, daß der Arbeitsanbieter seine Arbeitskraft unelastisch anbietet, sobald ein Vertrag zur Disposition steht, der den (sicheren) Nutzen des Arbeitslosen-Einkommens nicht unterschreitet. Dabei wird ein Vertrag nach dem Prinzip des Erwartungsnutzens bewertet, und die Entscheidung fällt zugunsten des den höchsten Wert bietenden Vertrags. Die Firma legt ihre Vertragsofferte derart fest, daß sie den erwarteten Gewinn maximiert. Sie verhalte sich kompetitiv; d.h. sie akzeptiert den zufallsabhängigen Absatzpreis (Nachfragefunktion) ebenso als Datum wie die entsprechende Vorgabe des Arbeitsmarktes, die in einer festen Untergrenze des Wertes des von ihr angebotenen Vertrages besteht. Im einzelnen hat die Firma über die beiden Komponenten des Vertrages, den optimalen kontingenten Lohnsatz und den optimalen kontingenten Beschäftigungsgrad, d.h. Lohnsatz und Beschäftigungsgrad für alle denkbaren „Umweltzustände", zu entscheiden. Die maximale Anzahl Beschäftigte, über die die Firma – im Falle günstiger Absatzlage – verfügen will und die auf Abruf bereit stehen, bezeichnet man als firmenspezifischen Arbeitskräfte-Pool. Dann läuft die Entscheidung über den kontingenten Beschäftigungsgrad darauf hinaus, die Größe des Pools sowie die kontingente absolute Anzahl Beschäftigter festzulegen.

Als Resultat erhält man *erstens* die Aussage, daß der optimale Lohnsatz zustandsunabhängig ist, d.h. unabhängig von der Höhe des im Einzelfall eintretenden Umweltzustands bzw. des zugehörigen Absatzpreises der Firma. Der optimale Beschäftigungsgrad *zweitens* kann dagegen ohne weiteres zustandsabhängig (kontingent in nicht-degeneriertem Sinn) sein. Das bedeutet offenbar, daß für bestimmte Umweltzustände nur ein unter Eins liegender Beschäftigungsgrad zugesagt wird. Verträge dieser Art heißen Unterbeschäftigungsverträge – im Gegensatz zu Vollbeschäftigungsverträgen, für die auch die Anzahl Beschäftigter zustandsunabhängig und daher der Beschäftigungsgrad stets gleich Eins ist. Es lassen sich Bedingungen dafür angeben, daß Unterbeschäftigungsverträge nicht optimal sind. So ist hinreichend für eine Optimalität von Vollbeschäftigungsverträgen, daß der im beschäftigungslosen Zustand erzielte Einkommensnutzen Null beträgt[61].

Marktgleichgewicht ist Gleichgewicht von aggregiertem Arbeitsangebot und aggregierter Nachfrage der Firmen nach Arbeitern für ihren jeweiligen Arbeitskräfte-Pool. Bei gegebenem Nutzen des arbeitslosen Einkommens ist das aggregierte Angebot unterhalb dieser Grenze gleich Null, darüber unelastisch in bezug auf den Wert angebotener Verträge; die Nachfrage sinkt dagegen mit zunehmendem Wert des Arbeitsvertrages. Es läßt sich ein gleichgewichtiger Vertragswert feststellen, mit dessen Hilfe sich aus den aggregierten Beschäftigungsdispositionen der Firmen die pro Periode durchschnittliche Anzahl entlassener Arbeiter bzw. die aggregierte Arbeitslosenquote ermitteln läßt. Sie ist i. allg. eine zunehmende Funktion der Höhe des (unelastischen) Arbeitsangebots und der im beschäftigungslosen Zustand erzielten Einkommen, also u. a. der Höhe der Arbeits-

61 An diesen Sachverhalt knüpft i. allg. die Kritik des Ansatzes an, obwohl die Existenz einer Arbeitslosenversicherung schwerlich wegzudiskutieren ist.

losenversicherung. Bei korrektem Verständnis der Ausdrucksweise könnte man die unsicherheitsbedingte Arbeitslosenquote als zyklische Komponente der „natürlichen“ Arbeitslosenquote bezeichnen[62].

In einer zweiten Variante wird untersucht, welchen Effekt die Einführung von Unsicherheit hat, wenn die Firmen bei der Veränderung des Arbeitskräfte-Pools bzw. des maximalen Beschäftigungsstands mit Anpassungskosten zu rechnen haben. Man betrachte zunächst den Fall ex post völlig *starrer* Beschäftigungsobergrenze. Dann unterscheiden sich einzelwirtschaftliche und Gleichgewichtsanalyse formal in nichts von der voranstehend behandelten Struktur. Die oben vertraglich sichergestellte ex post-Immobilität der Vertragspartner, die darin besteht, daß von *beiden* Seiten ex post „Pool“-Treue gewahrt wird, wird hier durch prohibitiv hohe Anpassungskosten der Firmen erzwungen. Verzichtet man auf die Annahme der Risikoaversion bei den Arbeitern, so bleibt das Marktgleichgewicht, in dem neben der Beschäftigung der gleichgewichtige Wert des Vertrages bestimmt wird, weiterhin eindeutig. Nicht eindeutig dagegen ist aus sehr offensichtlichen Gründen der Lohnsatz. Bei Berücksichtigung administrativer Kosten im Zusammenhang mit kontingenten Vereinbarungen würde man allerdings sofort wieder Vorteile einer zustandsunabhängigen Festlegung erhalten.

Es ist zweifelsohne sinnvoll, die bisher verwendeten Annahmen durch Zulassung variierbarer Arbeitszeit abzuschwächen[63]. Die Kosten der Veränderung der Arbeitszeit werden bei einer entsprechenden Analyse üblicherweise als Wohlstands-Verluste bei den Arbeitern erfaßt. Die Lösung des entsprechend erweiterten Firmenproblems liefert das Ergebnis, daß auch hier Unterbeschäftigungsverträge optimal sein können und damit im Aggregat eine anpassungskostenbedingte „natürliche“ Arbeitslosigkeit erklärt werden kann. Die Zunahme an Flexibilität wirkt sich ceteris paribus in einer Erweiterung des Vollbeschäftigungsbereichs, d. h. des mit Vollbeschäftigung kompatiblen Schwankungsbereichs der Nachfrage aus. Bei Vollbeschäftigung, und zwar sowohl im Rahmen eines Vollbeschäftigungs- als auch im Rahmen eines Unterbeschäftigungsvertrages, wird die Arbeitszeit je nach Umweltzustand adjustiert. Dagegen unterscheidet sich die Arbeitszeit nicht zwischen verschiedenen Unterbeschäftigungslagen; d. h. im Unterbeschäftigungsbereich wird die gesamte Anpassung von der Veränderung der Anzahl Beschäftigter übernommen. Der optimale (reale) Lohnsatz ist im Gegensatz zum Modell mit fixer Arbeitszeit hier nicht mehr durchweg zustandsunabhängig. Es läßt sich aber zeigen (s. Ramser 1981 a), daß er im interessanten Fall des Unterbeschäftigungsvertrags genau dann wieder zustandsunabhängig wird, sobald in den Unterbeschäftigungsbereich eingetreten wird.

Die Konzeption impliziter Kontrakte kann in geeigneter Weise auf *Gütermärkte* übertragen werden. Wie von Grossman (1979a, b) erläutert, geschieht Risikominderung

---

62 Zur Charakterisierung dieser Arbeitslosigkeit ist das Begriffspaar freiwillig/unfreiwillig nur bedingt tauglich (vgl. auch Lucas 1978). Bei Vertragsabschluß ist Arbeitslosigkeit eine freiwillig akzeptierte Eventualität, das Faktum bzw. der Eintretensfall selbst dagegen nach der üblichen Definition durchaus unfreiwillig. Denn der Betroffene wäre bereit, zum herrschenden Lohnsatz auf seinem Arbeitsplatz zu verbleiben – folglich muß auch zum Mittel der Entlassung gegriffen werden. Dagegen gilt aber auch, daß er typischerweise nicht zu einem Lohnsatz arbeiten würde, „... der zu diesem Zeitpunkt einen Tagesmarkt für Arbeitsleistungen räumt ...“ (Grossman 1979b, S. 67).

63 Zu sonstigen Modifikationen, z. B. einer Unterscheidung verschiedener Arbeiter nach dem Grad ihrer Vertragstreue vgl. Ramser (1979b).

auf einem Gütermarkt durch Risiko-Pooling zwischen Firmen und ihren Kunden. Der Mechanismus wird verständlich, wenn man sich die Käufer in „zufällige" *(casual customers)* und „regelmäßige" Käufer *(regular customers)* eingeteilt vorstellt. Zufällige bzw. regelmäßige Käufer geben in jeder Periode einen etwa gleichbleibenden bzw. wechselnden nominellen Betrag auf dem betrachteten Markt aus. Zufällige Käufer sind damit für die Nachfrageschwankungen auf diesem Markt verantwortlich, wobei eine hohe Nachfrage der zufälligen Käufer einen hohen Güterpreis und ein hohes Angebot auslöst – in Verbindung mit einem entsprechend hohen Beschäftigungsgrad.

Unter diesen Umständen kann es sich als attraktiv für einige Firmen und einige ihrer regelmäßigen Käufer erweisen, Risiko-Pooling-Verträge in impliziter Form „abzuschließen". Sie legen für jeden Umweltzustand, d. h. für jede Höhe der Nachfrage der zufälligen Käufer, fest, welche Menge zu welchem Preis von den regelmäßigen Käufern abgenommen wird. Der von den regelmäßigen Käufern zu zahlende Preis weist geringere Schwankungen auf als der Auktions-Preis, den die zufälligen Käufer zu entrichten haben. Folglich beschreiben sowohl die von den Käufern bezogenen Mengen als auch der Gewinn der Unternehmen geringere Schwankungen als im Falle eines einen Tages- resp. Auktionsmarktes (s. Grossman 1979a, S. 353). Andererseits allerdings ist zu beachten, daß diese Risikominderung mit einer Minderung entweder der durchschnittlichen mengenmäßigen Käufe der regelmäßigen Kunden oder des durchschnittlichen Firmengewinns gegenüber dem auf einem reinen Auktionsmarkt erzielbaren Niveau erkauft wird. Angesichts dieses unvermeidlichen Tradeoff wird von Risiko-Pooling um so eher Gebrauch gemacht, je höher die „Summe" der Risikoaversion von Firmen und regelmäßigen Käufern ist; im Falle der Risikoteilung mit Hilfe impliziter Verträge auf dem Arbeitsmarkt dagegen nimmt die Chance des Zustandekommens von Vereinbarungen mit der „Differenz" der Risikoaversion zu[64]. Grossman (1979a, S. 353) ist der Meinung, daß empirische Evidenz die Vermutung nahe legt, daß die für ein Risiko-Pooling auf Gütermärkten erforderlichen Voraussetzungen tatsächlich weitgehend erfüllt sind.

Der Effekt dieses Risiko-Pooling-Arrangements ist eine gegenüber dem Auktionsmarkt verminderte Preiselastizität der Nachfrage. Zufolge der geringeren Variabilität der mengenmäßigen Käufe der regulären Kunden führen Veränderungen der Nachfrage zufälliger Käufer zu verstärkten Fluktuationen von Output und Beschäftigung auf dem betrachteten Markt.

Für die folgende makroökonomische Interpretation sind schließlich Verteilungseffekte von Bedeutung, die als Ergebnis von Vorkehrungen zur Risikominderung zu einer Verstärkung von Beschäftigungs- und Outputschwankungen beitragen. Regelmäßige bzw. zufällige Käufer sind i. w. identisch mit Arbeitern, die sich dank ihrer „Seriosität" an impliziten Verträgen auf dem Arbeitsmarkt beteiligen können bzw. keinen entsprechenden Vertragspartner finden[65]. Normalerweise dürften die (realen) Lohneinkommen und Gewinne prozyklisch schwanken. Risikominderungs-Arrangements haben dann den Effekt, daß bei hohem (niedrigem) aggregiertem Einkommen der Einkommensanteil regelmäßiger Käufer, d.h. auf dem Arbeitsmarkt vertraglich abgesicherter Arbeiter,

---

64 Diese Zusammenhänge schließen natürlich nicht aus, daß ein Unternehmen gleichzeitig Risikoteilungs-Arrangements auf dem Arbeitsmarkt als auch Risiko-Pooling-Arrangements auf dem Gütermarkt trifft.

65 Zu einer derartigen Unterscheidung, auf die oben nicht systematisch eingegangen wurde, vgl. Grossman (1978), Ramser (1979b).

niedriger (höher) ausfällt als bei Organisation der Märkte als Auktionsmärkte. Umgekehrtes gilt für zufällige Käufer, d. h. ungebundene Arbeiter. Bei Zugrundelegung der für einen neoklassischen Argumentationsrahmen angemessenen Lebenszyklushypothese des Konsums wird die marginale Konsumquote aus dem laufenden Einkommen mit zunehmender Relevanz von Liquiditätsrestriktionen zunehmen. Damit ist zu erwarten, daß die marginale Konsumquote in der Gruppe der ungebundenen (gebundenen) Arbeiter i. d. R. relativ hoch (niedrig) ist. Folglich führt die oben plausibel gemachte zyklische Umverteilung zu einer Akzeleration zyklischer Schwankungen von Nachfrage und Beschäftigung.

Für die *makroökonomische Interpretation* sind dann alle erläuterten Effekte von Arrangements zur Risikominderung auf Arbeits- und Gütermärkten zusammenzufassen und die erwähnten Verteilungswirkungen entsprechend in Rechnung zu stellen. Da grundsätzlich der Großteil von Transaktionen zu kontraktmäßig im vorhinein festgelegten Löhnen und Preisen abgewickelt wird, lautet das Ergebnis, daß erhebliche Veränderungen von Output und Beschäftigung stattfinden können, ohne daß sich Löhne und Preise *im Durchschnitt*[66] wesentlich verändern. Zum Erklärungsgehalt stellt daher Grossman (1979b, S. 68) fest:

> „... offenbar liefert die Hypothese, daß nicht-Walrasianische Beschäftigungsschwankungen letztlich nur zustande kommen können, weil die Fähigkeiten der Marktteilnehmer zur Unterscheidung aggregativer von relativen Störungen begrenzt sind, dann eine sowohl entscheidungstheoretisch korrekte als auch mit den beobachteten Charakteristika übereinstimmende Grundlage für die Analyse der Beziehung zwischen aggregierter Nachfrage und aggregierter Beschäftigung, wenn sie nicht mit der Annahme von Auktionsmärkten kombiniert, sondern in den Rahmen eines Systems von Kontraktmärkten gestellt wird."

(d) Zu den Gesamteffekten unvollständiger Information

An der Relevanz sowohl reduzierbarer wie nicht reduzierbarer Informationsmängel für ökonomisch wichtige individuelle Entscheidungen ist nicht zu zweifeln. Insofern dürften weitere Forschungsbemühungen in diesem Zusammenhang in jedem Falle sinnvoll und erfolgversprechend sein. Dabei ist, da die Reaktion auf Informationsdefizite der einen oder anderen Art i. d. R. höchst unterschiedlich ausfällt, *erstens* von Interesse, kombinierte Effekte auf Teilmärkten und in gesamtwirtschaftlichem Zusammenhang zu klären. Einen Beitrag dazu haben Burdett/Mortensen (1980) in Gestalt einer Partialanalyse des Arbeitsmarktes geleistet. Der Ansatz stellt eine Verbindung des Modells impliziter (Beschäftigungs-) Verträge mit dem Such-Paradigma her. Es wird also angenommen, daß die Arbeitsnachfrager bei unsicheren Absatzmärkten (nicht reduzierbare unvollständige Information), die Arbeitsanbieter bei Unkenntnis von Such-Eigenschaften der bei den einzelnen Firmen zur Verfügung stehenden Arbeitsplätze (reduzierbare Informationsmängel) zu entscheiden haben.

Das Modell von Burdett/Mortensen (1980) kann unter diesen Umständen nur als ein erster Versuch verstanden werden, das Problem gleichzeitiger Präsenz verschiedener Klassen von Informationsmängeln in den Griff zu bekommen. Abgesehen von der unbefriedigenden Erfassung der eigentlich relevanten Qualität reduzierbarer unvollstän-

---

66 Die auf Auktionsmärkten abgewickelten „ungebundenen" Transaktionen unterliegen natürlich um so heftigeren Preisschwankungen; sie machen aber eben nur einen relativ geringen Anteil sämtlicher Transaktionen aus.

diger Information und ihrer einseitigen Plazierung auf seiten der Arbeitsanbieter, besteht seine Problematik i.w. in der Annahme qualifikations- und präferenzmäßig identischer Arbeiter. Da nämlich allen Arbeitern i.S. des einfachen Such-Ansatzes Kenntnis der Dichtefunktion der Vertragswerte zugebilligt wird, ist es offenkundig schwierig, die Existenz einer (nicht-degenerierten) Dispersion von Vertragswerten zu begründen. Man hat sich daher vorzustellen, daß der Markt zwei Klassen von Firmen bzw. Arbeitsnachfragern in einer dem Arbeiter bekannten Mischung enthält: Firmen, die als Arbeitgeber gar nicht in Frage kommen, und Firmen, die bei für alle einheitlichem Wert des angebotenen Vertrags völlig elastisch Arbeitskräfte aufnehmen.

Die Annahme unvollständiger Information über allgemeine Eigenschaften des Arbeitsplatzes tangiert ausschließlich die Entscheidung des Arbeitsanbieters – allerdings auch nicht seine Bewertung einer Vertragsofferte – und auch nur Entscheidungen von Arbeitern, die *neu* in den Markt eintreten. Einmal in einen Arbeitskräfte-Pool eingetretene Arbeiter suchen anschließend nicht mehr. Ein neu eintretender Arbeiter muß einen geeigneten Arbeitsplatz ausfindig machen, wobei er die Dauer der Suchzeit durch Veränderung der Anzahl pro Periode hergestellter Kontakte mit entsprechender Veränderung der Suchkosten beeinflussen kann. Sind diese Kosten prohibitiv hoch, die Erfolgswahrscheinlichkeit der Suche also von vornherein exogen gegeben, dann ist auch die Quote der Sucharbeitslosigkeit exogen bestimmt; an die Stelle der bisherigen Arbeitsangebotsfunktion tritt die entsprechende „Netto"-Angebotskurve, und der Schnittpunkt dieses Graphen mit der aggregierten Pool-Nachfrage der Firmen bestimmt den gleichgewichtigen Wert des Arbeitsvertrages. Bei *beeinflußbarer* Erfolgswahrscheinlichkeit läßt sich unter Verwendung eines einfachen Optimierungsansatzes (Maximierung des Kapitalwerts des erwarteten Einkommens) zeigen, daß es interessant ist, mit zunehmendem Wert des erhältlichen Vertrages die Suchaktivität zu erhöhen, so daß die Quote der Sucharbeitslosigkeit eine abnehmende Funktion des Vertragswertes ist. Die mit zunehmendem Wert des Arbeitsvertrages steigende „optimale" Erfolgswahrscheinlichkeit führt zu einer entsprechend *elastischen* aggregierten Arbeitsangebotsfunktion.

Trotz seiner einfachen Struktur liefert dieser Ansatz einige interessante Einsichten. So ist ein wichtiges Resultat der Analyse der Nachweis eines Trade-off zwischen verschiedenen Formen informationsbedingter Arbeitslosigkeit. Eine Verringerung der Suchkosten etwa – beispielsweise zufolge arbeitsmarktpolitischer Maßnahmen – führt zwar zu einer Reduktion der Sucharbeitslosigkeit, erhöht aber gleichzeitig aufgrund des damit verbundenen Rückgangs des Gleichgewichtswertes des Arbeitsvertrages den Umfang der Entlassungsarbeitslosigkeit. Sucharbeitslosigkeit wird also nur zu Lasten von Entlassungsarbeitslosigkeit reduziert.

Neben der Analyse des Effekts gleichzeitig auftretender Informationsmängel verschiedener Art betrifft ein *zweiter* wichtiger Untersuchungsgegenstand die Charakteristika auf *verschiedenen* Märkten getroffener vertraglicher Vereinbarungen und die Frage, ob und unter welchen Umständen das idealtypische Konzept impliziter Kontrakte als vertretbare Approximation dienen kann. In seinem letzten Buch plädiert Okun (1981) für eine Sicht, die von dem bisher vorgetragenen, auf Risikoaspekte abstellenden Arbeitsmarkt-Modell deutlich abweicht. Der Grundgedanke besteht darin, daß zur Einsparung kostspieliger Transaktionen wiederholt mit ein und demselben Partner kontrahiert wird. Insofern gewinnen Vertrauen und Vertragstreue eine besondere Bedeutung.

Die Funktionsweise von Arbeits- und Gütermärkten, die aus dieser These folgt, führt zu unstetigen Reaktionen der Lohn- und Preispolitik der Unternehmungen, die sowohl das Phänomen temporärer Rezessionen bei einem Übergang zu einem stationären Gleichgewicht mit geringerem Nominallohnsatz (Stabilisierungskrise) als auch eine anhaltende Rezession bei konstanten Löhnen erklären. In der Einschätzung von Phelps (1981, S. 1068) allerdings ist die Okunsche Konzeption in beiden Fällen weder notwendig noch hinreichend. Für eine Erklärung temporärer Rezession etwa reiche das informationstheoretische Modell völlig aus (s. o.).

Die Analyse von Okun legt schließlich die Untersuchung einer *dritten* Fragestellung nahe. Ohne Zweifel existieren reale Märkte unterschiedlicher „Organisation" mit entsprechend unterschiedlichen Reaktionsmustern gleichzeitig nebeneinander und kommunizieren zudem miteinander[67]. Für die Abschätzung makroökonomischer Implikationen ist Kenntnis des Ausmaßes der gegenseitigen Beeinflussung ebenso wichtig wie eine Klärung der Determinanten bestimmter „Mischungsverhältnisse" verschiedener Organisationsformen in einem ökonomischen Totalsystem. Da für ein entsprechend orientiertes makroökonomisches Modell nur einfache Hypothesen von Nutzen sein können, ist zudem eine Beurteilung der relativen Relevanz verschiedener Einflußgrößen und Reaktionsmechanismen unverzichtbar. Damit dürften sich dann auch Einsichten ergeben, die zu einem Abbau einiger der o. e. Mängel des NCM-Modells beitragen. Gemeint sind vor allem die weitgehend willkürlichen Hypothesen asymmetrischer Information.

3.2 Temporäres (allgemeines) Gleichgewicht bei Mengenrationierung[68]

3.2.1 Einführung

Wie einleitend ausgeführt, ist die moderne Theorie des allgemeinen Gleichgewichts durch zwei entscheidende Modifikationen des „klassischen" Walrasianischen Modells charakterisiert, nämlich durch die Einführung der Zeitdimension und – damit in Verbindung stehend – die Annahme der Unsicherheit zukünftiger Ereignisse. Beide Komplikationen sind im sog. Arrow-Debreu-Modell berücksichtigt und in ingeniöser Weise formalisiert; der entscheidende Gedanke dabei ist, daß jedes Gut nicht nur durch seine physischen Eigenschaften beschrieben ist, sondern auch „... durch seinen Standort, den Zeitpunkt seiner Verfügbarkeit und den Umweltzustand oder die äußeren Umstände, unter denen es verfügbar ist" (Benassy 1977, S. 535). Wenn dann – was weiterhin postuliert wird – eine komplette Menge an Zukunftsmärkten für kontingente Güter existiert, d. h. jeweils ein Markt für jedes denkbare „Bündel" an Produkteigenschaften, dann kann wie im ursprünglichen Walrasianischen Modell ein gleichgewichtiger Preisvektor im Zeitpunkt Null ermittelt werden (Auktionator); sämtliche Marktteilnehmer schließen die entsprechenden Kontrakte ab, und „... der Rest der ‚ökonomischen Geschichte' besteht dann lediglich noch in der Ausführung der verschiedenen zuvor vereinbarten vertraglichen Regelungen" (Hey 1981, S. 103).

---

67 Die hier behandelten Paradigmata sind natürlich auch nur Beispiele. Zu anderen Arrangements vgl. u. a. Stiglitz (1979).

68 Eine formalere Darstellung wesentlicher Teile dieses Abschnitts findet sich in Ramser (1982).

Zur Erklärung realer ökonomischer Prozesse ist diese Konzeption offenbar ungeeignet, als Referenzmodell dessenungeachtet von erheblichem Interesse. Mit der Aufgabe der Hypothese, daß eine vollständige Menge von Zukunftsmärkten kontingenter Güter existiert, können nicht mehr alle Verträge „zu Beginn“ abgeschlossen werden; vielmehr finden ökonomische Aktivitäten in jedem Moment, d.h. sequentiell im Zeitablauf statt. Jedes Individuum kann und muß unter diesen Umständen in jedem Zeitpunkt Entscheidungen angesichts bloßer Erwartungen über seinen zukünftigen Status treffen[69]. Da es sinnvoll ist, Transaktionen grundsätzlich nur bei markträumenden Bedingungen zuzulassen – andernfalls bestehen offenbar unausgenutzte Möglichkeiten der Verbesserung des Marktergebnisses – entsteht aus dieser Konzeption eine Theorie sequentiellen allgemeinen Gleichgewichts bzw. eine Theorie temporären allgemeinen Gleichgewichts. Sie verschafft dem mikroökonomischen Modell des allgemeinen Gleichgewichts einen deutlich höheren Erklärungswert. Eine Reihe realer Phänomene sind auf diese Weise überhaupt erst als Problem erfaßbar, insbesondere alle monetären Vorgänge.

Die für die Durchführung von Transaktionen vorausgesetzte Konsistenz der Dispositionen aller Marktteilnehmer (Gleichgewicht) kann nun grundsätzlich in verschiedener Weise erreicht werden. Bisher behandelt wurde der Fall der Markträumung durch zeitlos angepaßte Preise auf Basis des Konzepts atomistischer Konkurrenz, d.h. bei Leugnung jeden Einflusses einzelner Marktteilnehmer auf die Höhe des Preises. Die diesem Konzept diametral entgegengesetzte sog. Fix-Preis-*(fixprice-)*Hypothese besteht in der Annahme, daß Lohn- und Preisbewegungen im Rahmen der Untersuchungsperiode, d.h. bis zum Erreichen eines Transaktionen ermöglichenden Zustands, für den Prozeß der Herstellung von Plankonsistenz zwischen den verschiedenen Marktteilnehmern irrelevant sind. Dabei wird nach wie vor unterstellt, daß der einzelne Marktteilnehmer „Atomist“ ist oder sich so verhält, d.h. die „Marktbedingungen“ akzeptiert. Diese Marktbedingungen bestehen in Preis- *und* Mengensignalen. Mengensignale drücken sich konkret in Mengenbeschränkungen aus, die zusammen mit den Preisen in die individuellen Pläne als Daten eingehen. Bei gegebenem Preisvektor hat der Auktionator also nach dieser Vorstellung einen Vektor gleichgewichtiger Mengenbeschränkungen zu bestimmen, d.h. „... Mengenbeschränkungen für die verschiedenen Marktteilnehmer derart, daß die auf ihrer Grundlage getroffenen optimalen Dispositionen der Marktteilnehmer miteinander kompatibel sind“ (Hahn 1980b, S. 284).

Bei der Analyse der zeitlichen Entwicklung des ökonomischen Systems als Sequenz temporärer Gleichgewichte ist zu berücksichtigen, daß zwischen zeitlich benachbarten Gleichgewichten Verknüpfungen verschiedener Art existieren. *Erstens* ist die für den Charakter eines Periodengleichgewichts relevante Ausgangssituation von den ökonomischen Dispositionen der Individuen in der Vorperiode bestimmt; relevant sind alle individuellen Aktivitäten, die eine Änderung von Beständen (Vermögen, Kapitalstock etc.) und/oder bestandsähnlichen Variablen (technisches und organisatorisches Wissen, *goodwill,* Ausbildungsstand) bewirken. *Zweitens* kann aber i.allg. auch schwerlich unterstellt werden, daß Preise und Löhne unverändert bleiben. Bei dem Versuch, angemessene Hypothesen zu formulieren, hat man natürlich grundsätzlich auf Konsistenz mit vorher verwendeten Annahmen zu achten. Entscheidend ist in diesem Zusammenhang das Konzept atomistischer Marktstruktur, das Versuche ausschließt, durch aktive

69 Dabei existieren natürlich für einzelne Güter durchaus kontingente Zukunftsmärkte, i.S. der Kontrakttheorie in abgeschwächter Form auch für den Arbeitsmarkt.

Preis-Lohn-Offerten Mengenrestriktionen zu „brechen". Das bedeutet konkret, daß zur modellmäßigen Erfassung von Lohn- und Preisveränderungen *zwischen* verschiedenen temporären Gleichgewichten grundsätzlich nur die traditionelle Walrasianische, von Samuelson (1947) formulierte Überschußnachfrage-Hypothese in Frage kommt, deren praktische Implementierung die Existenz einer zentralen Koordinationsstelle („Auktionator") verlangt[70]. *Drittens* – und hierin liegt ja gerade der tiefere Grund für das das Arrow-Debreu-Modell „aufweichende" Konzept eines temporären Gleichgewichts – werden sich die *Erwartungen* der Individuen zwischenzeitlich ändern. Das bedeutet, daß streng genommen über den Charakter von Sequenzen temporärer Gleichgewichte bei Mengenrationierung nicht gesprochen werden kann, bevor nicht eine Theorie der Erwartungsbildung zur Verfügung steht. Bekanntlich kann davon kaum oder nur mit Einschränkungen die Rede sein. Man behilft sich daher entweder mit der Postulierung von Mechanismen[71], an die einige sinnvolle Grundanforderungen gestellt werden (z. B. „langfristige" Konsistenz, s. o.); oder man betrachtet die Entwicklung unter Zugrundelegung alternativer, Extremfälle beschreibender Hypothesen, z. B. völlig starre Erwartungen vs. „myopisch" korrekte Voraussicht.

3.2.2 Fixe Löhne und Preise[72]

(a) Mikroökonomische Grundlagen

Zum Verständnis der Konsequenzen, die durch Transaktionen bei nicht-preisgeräumten Märkten für makroökonomische Phänomene entstehen, stelle man sich zunächst einmal ein mikroökonomisches Totalsystem im Stile von Walras vor[73]. Angenommen, der den Individuen vorgegebene, von ihnen als „Atomisten" zu akzeptierende Preisvektor ist nicht markträumend. Dann müssen zwangsläufig Haushalte und/oder Firmen existieren, die zu den laufenden Preisen nicht in der Lage sind, Transaktionen in gewünschtem Umfang durchführen zu können, d. h. Mengenbeschränkungen unterliegen. Dabei hat man davon auszugehen, daß ihr Ausmaß für das einzelne Individuum zunächst nur Erwartungscharakter hat *(perceived constraints)*. Die Reaktion der Individuen und ihre Bedeutung für die Eigenschaften des Systemgleichgewichts hängen i. allg. davon ab[74],

- wie sich die erwähnten Beschränkungen ausdrücken und wie die Erwartungen über ihre Höhe zustande kommen,
- wie sich die Existenz von Beschränkungen in ihren Überschußnachfragefunktionen – d. h. für die Firma (den Haushalt) in Angebotsfunktionen von Gütern und Nachfrage-

70 Diese Annahme ist also im Prinzip kein „Rückfall"; sie schwächt auch nicht den Rationierungsansatz, da die Erreichung eines Rationierungsgleichgewichts bereits der Mithilfe eines Auktionators bedarf. Sie verdeutlicht allerdings die Grenzen und Mängel der gesamten Konzeption. Entsprechend werden in *Abschnitt 3.3* Alternativen diskutiert, für die ein Abgehen von der atomistischen Marktstruktur konstitutiv ist.

71 Vgl. dazu beispielsweise Böhm (1981).

72 Wir wiederholen, daß die Annahme fixer Preise und Löhne lediglich besagt, daß Preis-Lohn-Bewegungen so langsam erfolgen, daß Transaktionen *vor* Erreichen eines markträumenden Preisvektors erfolgen.

73 Insbesondere wird also auf eine Berücksichtigung intertemporaler Zusammenhänge verzichtet.

74 Die Darstellung stützt sich i. w. auf Hey (1981).

funktionen von Faktoren (in Nachfragefunktionen nach Gütern und Angebotsfunktionen von Faktoren) – niederschlagen,
- wie eine Konsistenz zu Beginn unverträglicher Rationierungserwartungen erreicht wird.

Mengenbeschränkungen schlagen sich üblicherweise in oberen oder unteren Grenzen für Transaktionen nieder, im Ausnahmefall auch in oberen *und* unteren Grenzen. Die zu Beginn eines „Mengen"-Tâtonnements bestehenden, für die *laufende* Periode relevanten Erwartungen über ihr tatsächliches Ausmaß kann man sich ohne weiteres als Fortschreibung in der vergangenen Periode gemachter Erfahrungen vorstellen. Ein anderes und in dieser Weise nur bedingt lösbares Problem ist die Bildung von Erwartungen bezüglich zukünftig relevanter Restriktionen (und Preise). Von Schwierigkeiten solcher Art, die für sämtliche Typen temporären Gleichgewichts essentiell sind[75], wird vorläufig mit Hilfe der Annahme einer „zeitlosen" Wirtschaft abstrahiert.

Zu den weiteren Fragen, welche Konsequenzen die betroffenen Akteure für ihr Marktverhalten (Nachfragefunktionen) ziehen und auf welche Weise inkonsistente Pläne „kompatibel gemacht werden", existieren in der Literatur i. w. zwei Konzeptionen, die i. S. von Analogprozessen à la Lucas (1980) den tatsächlichen Hergang widerspiegeln können.

Im Modell von Drèze (1975) formulieren die Individuen ihre Kauf- und Verkaufswünsche auf der Grundlage eines gängigen Optimierungsansatzes unter zusätzlicher Berücksichtigung der voll akzeptierten – zu Beginn der „ersten Runde" allerdings nur vermuteten – Mengenschranken auf *allen* für sie relevanten Märkten. Die Menge aller Dispositionen definiert ein Gleichgewicht i. S. von Drèze, wenn alle Pläne kompatibel sind, d. h. die Summe aller Überschußnachfragen gerade gleich Null ist, wobei immer nur Marktteilnehmer auf einer Seite des Marktes bindenden Restriktionen unterworfen sein dürfen (vgl. Grandmont 1977, S. 558). Der Prozeß der Abstimmung aller Wirtschaftspläne wird von einer Clearing-Stelle besorgt, wobei das Tâtonnement wie folgt beschrieben wird:

> „... Es existiert eine Art ‚Auktionator', der Mengenbeschränkungen verkündet ... Als Reaktion darauf ermitteln die Marktteilnehmer ihre entsprechende Überschußnachfrage und teilen sie dem Markt mit. Sobald der Auktionator nun beispielsweise eine positive Überschußnachfrage für ein Gut feststellt ..., reduziert er die obere Schranke ... für die zulässigen Transaktionen. Ein Fixpunkt[76] dieses Tâtonnements von Mengenbeschränkungen ist dann ein Gleichgewicht i. S. von Drèze" (Grandmont 1977, S. 559f.).

Anders als Drèze nimmt Benassy (1975) an, daß die von den Individuen geäußerten Kauf- und Verkaufswünsche die erwarteten bzw. „befürchteten" Mengenrestriktionen verletzen können. Konkret wird unterstellt, daß die (Überschuß-)Nachfrage nach einem bestimmten Gut unter Vernachlässigung eventueller Restriktionen für eben dieses Gut, allerdings unter Berücksichtigung der Restriktionen auf dritten Märkten, formuliert wird.

---

75 Im Falle permanent preisgeräumter Märkte ist natürlich Erwartungsbildung hinsichtlich endogener Variablen nur für Preisvariable erforderlich. – Die Frage der Preiserwartungen für die *laufende* Periode dagegen wird i. allg. für Auktionsmärkte nicht weiter diskutiert („Schuß ins Blaue"), da ja der Auktionator zeitlos allfällige „Fehler" eliminiert.

76 Fixpunkte sind Gleichgewichtspunkte eines Systems; wenn also für ein ökonomisches System Existenz eines Fixpunktes nachgewiesen ist, so existiert auch ein Gleichgewicht dieses Systems.

„Unter diesen Umständen kann die geäußerte Überschußnachfrage durchaus die vermuteten Restriktionen verletzen; in diesem Falle teilt der einzelne Marktteilnehmer dem Markt mit, daß er mehr zu kaufen (verkaufen) beabsichtigt als er aufgrund seiner Vermutungen zu kaufen (verkaufen) in der Lage ist. Anders als nach dem Drèze-Verfahren wird also nach dem Benassy-Konzept dem Markt eine Vorstellung von der Größenordnung des Ungleichgewichts vermittelt" (Hey 1981, S. 195).

Der Ablauf des Tâtonnement-Prozesses entspricht dem oben geschilderten Vorgang: die geäußerten Kauf- und Verkaufswünsche determinieren gemäß einem Rationierungsmechanismus die tatsächlich möglichen Transaktionen. Diese Information kann als Grundlage für eine Revision der individuellen Pläne benutzt werden und zu neuen Kauf- und Verkaufswünschen führen, etc. Ein Gleichgewicht ist ein Fixpunkt dieses Prozesses bezüglich der Benassy-Überschußnachfragefunktionen.

Die Vor- und Nachteile beider Konzeptionen sind in der Literatur ausführlich diskutiert (s. Grandmont 1977, Drazen 1980). In keinem Modell zunächst wird mit der Gleichgewichtsdefinition bereits ein Rationierungsverfahren festgelegt, so daß in jedem Falle Gleichgewichte nicht eindeutig sind. Der Vorteil des Benassy-Ansatzes besteht in größerer Allgemeinheit bezüglich der zulässigen Rationierungsschemata. Seine entscheidende Schwäche liegt natürlich darin, daß keine befriedigende theoretische Begründung dafür gegeben wird, wie die Überschußnachfragefunktionen zustande kommen bzw. warum gerade nur die jeweiligen Restriktionen außer acht gelassen werden.

Ein Nachteil des Drèze-Modells wird – wie oben angedeutet – darin gesehen, daß keine Informationen über das Ausmaß tatsächlicher Beschränkungen geliefert werden, so daß z. B. eine Firma bei der Festlegung ihres Verkaufspreises für die Folgeperiode keinen Hinweis darüber erhält, in welche Richtung und in welchem Ausmaß Korrekturen sinnvoll sind. Auf der anderen Seite sind auch die Kauf- und Verkaufsofferten des Benassy-Ansatzes keine verläßlichen Indikatoren für das Ausmaß eines „Ungleichgewichts" auf den verschiedenen Märkten, da sie eben in dem Sinne „überzogen" sein können, als sie die individuellen Budgetrestriktionen verletzen. Nach Einschätzung von Grandmont können die Modelle allerdings geeignet verbessert bzw. auf Situationen angewandt werden, in denen entsprechende Informationen vorliegen. So offenbart die Gleichgewichtskonzeption zumindest, welches Individuum auf welchem Markt beschränkt ist. Ferner wird man bei der oben zunächst ausgeschlossenen Einbeziehung intertemporaler Zusammenhänge davon auszugehen haben, daß z. B. Käufer, die in der laufenden Periode nicht zum Zuge gekommen sind, entsprechende Bestellungen für eine spätere Lieferung aufgeben, die bei Vorauszahlung als spezielle Zukunftskontrakte interpretierbar sind; die Anbieter können sich dann ein Bild über das Ausmaß der Überschußnachfrage für ein Gut machen, wenn sie die Umsätze auf derartigen „Zukunftsmärkten" berücksichtigen.

„Andere relevante Indikatoren sind die Höhe von Lagerbeständen für dauerhafte Güter oder nicht abgesetzter Produktion in anderen Fällen. In der speziellen Situation des Arbeitsmarktes, für den Zukunftskontrakte nicht existieren, kann man darauf setzen, daß der Staat als ein spezifischer Marktteilnehmer für die Zahlung von Arbeitslosenunterstützung aufkommt, die dann ihrerseits über das Ausmaß von Arbeitslosigkeit informiert" (Grandmont 1977, S. 564).

Aufgrund derartiger Informationen lassen sich Prognosen über die zukünftige Marktsituation anstellen, die Grundlage einer Revision bisheriger Preise darstellen. Grandmont (1977) hält es für ein zwar schwieriges, aber höchst lohnenswertes Unterfangen, Modellkonzeptionen zu entwerfen, die die Diffusion von Informationen in dieser der Realität entsprechenden Weise erfassen, und fügt hinzu, daß man auf diese Weise zu einer verläßlichen mikroökonomischen Fundierung der makroökonomischen Theorie gelangen könnte (S. 564). Auf Defizite des NCM-Ansatzes gerade in diesem Punkt bzw. auf seine arbiträre Formulierung des Informations-Szenarios wurde mehrfach hingewiesen.

Unbeschadet solcher Entwicklungsmöglichkeiten bleibt die Konzeption eines durch „Mengen"-Tâtonnement realisierten Rationierungsgleichgewichts per se problematisch. Grundsätzlich ist *erstens* die Art des Verfahrens, nach dem rationiert wird, selbst erklärungsbedürftig. Dabei kann dann natürlich nicht ausgeschlossen werden, daß einzelne Individuen mit Erfolg versuchen könnten, Einfluß auf das letztlich praktizierte Rationierungsverfahren zu nehmen. Bei exogen angenommenen Verfahren besteht ferner die Schwierigkeit, daß bestimmte Mechanismen „manipulierbar", d.h. zum eigenen Vorteil ausnutzbar sind. Dies trifft für alle Verfahren zu, nach denen die tatsächlichen Transaktionen positiv mit dem Umfang der (dem Auktionator) „gemeldeten" gewünschten Transaktionen variieren.

„Unter diesen Umständen wird jeder Marktteilnehmer seine Nachfragewünsche übertreiben, um dann die tatsächlich gewünschten Mengen zu erhalten. Wird von allen Marktteilnehmern in dieser Weise verfahren, dann kann der Prozeß instabil werden, und es braucht kein Gleichgewicht zu existieren" (Drazen 1980, S. 288).

Einige Schwierigkeiten können vermieden werden, wenn man von in jüngster Zeit häufiger diskutierten stochastischen Rationierungsverfahren ausgeht. Hierzu führt Hey (1981, S. 222) aus:

„Sofern manipulierbare Verfahren ausgeschlossen werden sollen, dürften noch am ehesten Prozeduren plausibel sein, nach denen das Rationierungsergebnis zumindest aus der Sicht einzelner Marktteilnehmer zufallsabhängig ist. ... Tatsächlich ist ja auch angesichts realer Vorgänge solchen Verfahren der Vorzug zu geben, nach denen ein Marktteilnehmer auf der rationierten Seite entweder voll befriedigt wird oder nichts erhält; hinzu kommt, daß jeder Marktteilnehmer im voraus nicht sicher ist, wie das Ergebnis ausfällt."

Die offensichtlichen Schwierigkeiten bei der Durchführung eines Mengen-Tâtonnements stellen *zweitens* natürlich die Plausibilität der gesamten Konzeption in Frage. Wenn es gelingen soll, mit Hilfe eines zentralen Clearings (Auktionator) die komplizierte Aufgabe der Koordinierung von Mengenrestriktionen zu bewältigen: warum sollte dies dann nicht für Preise in gleicher Weise möglich sein, „... so daß Mengenrationierungsprobleme gar nicht erst zu entstehen brauchen?!" (Hey 1981, S. 196).

Eine *dritte* Schwierigkeit hängt mit der von Arrow (1959) bereits getroffenen Feststellung zusammen, daß ein Zustand vollkommener Konkurrenz, in dem Preise als Daten zu betrachten sind, nur im Gleichgewicht selbst Sinn gibt.

„Im Falle eines aggregierten Angebots- (oder Nachfrage-)Überschusses müssen sich die Marktteilnehmer von der Vorstellung trennen, beliebige Mengen zum laufenden Marktpreis verkaufen (kaufen) zu können. Sobald aber diese Annahme vollkommener Konkurrenz zusammenbricht, kann nicht länger davon ausgegangen werden, daß die Marktteilnehmer den Preis als gegebenen Parameter betrachten. Angesichts von Restriktionen handeln sie vielmehr als Preisfixierer, selbst wenn eine große Anzahl von Anbietern am Markt ist" (Drazen 1980, S. 290).

Mit anderen Worten ist nicht einzusehen, warum ein rationierter Marktteilnehmer nicht versuchen sollte, die ihm angekündigten Restriktionen zu brechen, oder ein Marktteilnehmer auf der „kurzen“ Marktseite darauf verzichtet, seine relativ starke Marktstellung in entsprechende Preis-(Lohn-)steigerungen umzumünzen. Wie bereits früher erwähnt, ist diese Überlegung der Ausgangspunkt einer gleichermaßen konkurrierenden wie auch weiterführenden Konzeption, des Versuchs nämlich, Modelle allgemeinen oligopolistischen oder monopolistischen Gleichgewichts zu entwickeln (vgl. dazu im einzelnen 3.3).

(b) Makroökonomische Interpretation oder: „neue“ Keynesianische Makroökonomik (NKM)

Im allgemeinen besteht Einigkeit darin, daß die „Allgemeine Theorie“ von Keynes (1936) auf weite Strecken als makroökonomische Variante bzw. Interpretation eines mikroökonomischen Systems allgemeinen temporären Gleichgewichts bei Mengenrationierung begründet werden *kann* – unabhängig davon, ob damit die Intentionen von Keynes selbst getroffen sind oder nicht. Ausgelöst wurde die mittlerweile erhebliche Anzahl einschlägiger Untersuchungen durch frühe, Teilaspekte behandelnde Arbeiten von Patinkin (1956) und Clower (1965) und die daran anschließende, Güter- *und* Arbeitsmarkt integrierende Konzeption von Barro/Grossman (1971, 1976). Dabei hat sich gezeigt, daß die Formalisierung der „Allgemeinen Theorie“ in Gestalt des IS/LM-Modells als Versuch einer formalen Interpretation des Rationierungsansatzes verstanden werden kann, allerdings nicht ohne erhebliche Mängel. Sie sind die verständliche Konsequenz der Tatsache, daß die einzelnen Verhaltenshypothesen eben nicht systematisch aus einem Rationierungskonzept entwickelt und daher nicht durchweg konsistent sind. Hey (1981, S. 204) spricht denn auch von einer „kuriosen Mixtur“ aus unbeschränkten und beschränkten Überschußnachfragefunktionen[77], die nicht mikroökonomisch fundiert, sondern nur ad hoc eingeführt sind. Die Argumente dieser Verhaltenshypothesen und der ihnen zugeschriebene Einfluß mögen im Einzelfall sinnvoll begründbar sein (s. Konsumfunktion); nicht auszuschließen ist auch, daß bestimmte Annahmenkomplexe und Reaktionsmechanismen eine Erklärung realer Phänomene ermöglichen, ohne selbst empirische Evidenz zu besitzen (s. Geldillusion, Liquiditätsfalle). Insgesamt betrachtet hat aber das IS/LM-Paradigma als Ansammlung von Hilfskonstruktionen derart ausgeprägt den Charakter eines Provisoriums, daß schon leise Zweifel an seiner Verläßlichkeit ausreichten, um zu einer mittlerweile weitgehenden Diskreditierung des „Lehrbuch“-Keynesianismus zu führen. Unbeschadet der Tatsache, daß die an Mikro- und Makromodelle gerichteten Fragen bekanntlich unterschiedlicher Natur sind[78], hat das Makromodell insofern eine „korrekte Analogie“ des Mikromodells zu sein, als die expliziten oder impliziten Annahmen an die Funktionsweise des ökonomischen Systems übereinstimmen. Entscheidend ist in diesem Zusammenhang, daß der ökonomische Prozeß als Sequenz verschiedener, in verschiedenen Perioden realisierter Rationierungsgleichgewichte gesehen wird. Man hat zu unterstellen, daß in jeder Periode Märkte neu eröffnet werden, auf denen auch tatsächlich neue Kontrakte zustande kommen – neu deswegen z.B., weil sich die Erwartungen der Akteure geändert haben können. Die von einem Individuum durchgeführten Transaktionen sind dabei von seinen Präferenzen, von der u.a. durch Dispositionen vorangegangener Perioden bestimmten

77 Vgl. dazu u.a. Ramser (1981b).

78 Bei der Diskussion des Mikro- resp. Makroansatzes stehen Fragen von Existenz und Stabilität resp. die Analyse komparativ-statischer Effekte von Parametervariationen (Wirtschaftspolitik) im Vordergrund.

Anfangsausstattung, seinen Erwartungen und den jeweilig gültigen „Spielregeln" des Marktmechanismus (*rules of the trading game,* Hey 1981) determiniert.

Wie bereits erwähnt, existiert eine Vielzahl von Arbeiten, die eine in dem dargelegten Sinn akzeptable makrotheoretische Interpretation der unter (a) dargelegten mikroökonomischen Konzeption bieten. Dabei läßt sich cum grano salis von einer Art „Standardmodell" der NKM sprechen. Es ist charakterisiert *erstens* durch die Annahme repräsentativer Akteure, so daß keine Aggregationsprobleme bei der Übernahme der mikroökonomischen Theorie von Haushalten und Firmen entstehen. Gleichzeitig bietet sich damit von vornherein als Rationierungsverfahren eine Gleichverteilung des Mangels an. Dabei gilt *zweitens,* daß die „kurze" Seite den Markt bestimmt, d. h. die tatsächlichen Transaktionen dem Minimum aus ex ante-Angebot und ex ante-Nachfrage (sog. Hahn-Negishi-Regel) entsprechen. Der Einfachheit halber werde der Staat stets vorab „bedient", d.h. ist grundsätzlich nicht rationiert. *Drittens* wird unterstellt, daß die Formulierung der Überschußnachfragefunktion dem Benassy-Vorschlag folgt, wonach grundsätzlich Restriktionen nur der jeweils anderen Märkte in Rechnung gestellt werden. Wirtschaftliche Akteure *viertens* sind Haushalte, Unternehmungen und der (exogene) Staat. Es existieren *fünftens* i. d. R.[79] nur *drei* jeweils homogene Güter, nämlich Güter, Arbeit und Geld, so daß das System aus *zwei* Märkten, nämlich Güter- und Arbeitsmarkt besteht und zwei Preise zu unterscheiden sind. Die Vernachlässigung eines Geld- oder eines Kreditmarktes bzw. die Annahme, daß der Zinssatz gleich Null ist und keine Kreditbeziehungen bestehen, schränkt den Erklärungsbereich des Modells damit von vornherein gegenüber dem des IS/LM-Paradigmas ein[80]. Wie im IS/LM-Modell wird mit dieser Annahme gleichzeitig offenbar auf die Existenz von Zukunftsmärkten vollständig verzichtet. Darüber hinaus wird *sechstens* die Analyse überwiegend auf die Untersuchung der Eigenschaften eines (zeitlos etablierten) Gleichgewichts in einer *einzelnen* Periode beschränkt und daher auch von exogen gegebenen Erwartungen ausgegangen[81]. Schließlich wird überwiegend und gerade auch in den bekanntesten Darstellungen (s. Malinvaud 1977) mit der Annahme nicht lagerfähigen Outputs argumentiert. Der Verzicht auf Lagerhaltung erstaunt natürlich a priori gerade in einem Modell, in dem Mengenbewegungen eine entscheidende Bedeutung zukommt[82]. Da Lagerhaltung schließlich auch aus empirischer Sicht kaum Relevanz abzusprechen ist (s. Blinder 1981), dürfte es sich empfehlen, insbesondere in einem „Standardmodell" Lagerhaltung zuzulassen; damit ist die *siebente* allgemeine Eigenschaft charakterisiert.

Bei der Analyse wird nun so vorgegangen, daß zunächst verschiedene Lohn-Preis-Konstellationen (allgemein: Preisvektoren) betrachtet, die Dispositionen der verschiede-

---

79 Ausnahmen sind u. a. Korliras (1975), Richter/Schlieper/Friedmann (1981).

80 Es wird daher gelegentlich auch nur vom Multiplikator-Modell gesprochen.

81 Auch bei gleichbleibenden Erwartungen unterscheiden sich die Gleichgewichtskonstellationen zweier aufeinanderfolgender Perioden bereits dann, wenn Einkommen und Konsum differieren, so daß Veränderungen der Vermögensposition eintreten. Es macht allerdings wenig Sinn, die daraus resultierende Sequenz temporärer Gleichgewichte als dynamische Version des Modells fixer Preise aufzufassen, solange im buchstäblichen Sinn Löhne und Preise starr sind. Für eine schnellere Anpassung von Mengen gegenüber Preisen läßt sich – zumindest in bestimmten konjunkturellen Phasen – empirische Evidenz reklamieren; daß aber Realvermögenseffekte resp. Akkumulationsvorgänge schneller „durchschlagen" als sich Preise und Löhne ändern, läßt sich kaum belegen. Insofern ist das Modell von Böhm (1978) i. w. von formalem Interesse. Vergleiche dazu Abschnitt 3.2.3.

82 Der Ausschluß von Lagerhaltungsaktivitäten führt im übrigen zu einer Asymmetrie von Restriktions-Szenarios (s. u.), die das Verständnis der Konzeption eher erschwert.

nen Akteure angesichts alternativer Preisvektoren entwickelt und ihre Kompatibilität bezüglich eines allgemeinen Gleichgewichts untersucht wird. Dabei wird zweckmäßigerweise „in der ersten Runde“ angenommen, daß kein Akteur Restriktionen vermutet. Wenn dann tatsächlich Konsistenz aller Wirtschaftspläne festgestellt werden kann, liegt offenbar ein temporäres allgemeines Gleichgewicht vor, das mit dem Gleichgewicht des kompetitiven Modells identisch ist und daher auch als Walrasianisches Gleichgewicht bezeichnet werden kann. Andernfalls sind die Dispositionen aller Individuen auf der „langen“ Marktseite unter Berücksichtigung der aufgetretenen Restriktionen zu revidieren: an die Stelle der sog. *notional-* resp. unbeschränkten treten sog. *effektive* resp. beschränkte Überschußnachfragen; sie sollen entsprechend der oben getroffenen Vereinbarung auf der Grundlage des Benassy-Konzepts formuliert sein. Mit der Annahme eines zeitlos ablaufenden Tâtonnement-Prozesses sind die von den Individuen vermuteten und im Kalkül berücksichtigten Restriktionen mit den tatsächlichen identisch, so daß permanent (temporäres) Gleichgewicht bei Mengenrationierung herrschen kann[83].

Entsprechend dem angenommenen resp. vorgegebenen Preisvektor können verschiedene Marktkonstellationen oder „Regime“ resultieren. Der Sonderfall Walrasianischen Gleichgewichts, bei dem auf keinem Markt Beschränkungen wirksam sind, wurde bereits erwähnt. Daneben kann man insgesamt acht Regime unterscheiden, wenn man danach differenziert, welcher Markt unter Beschränkungen operiert und welche Marktseite beschränkt („lang“) ist. Für den Fall gleichzeitig auf *beiden* Märkten existierender und wirksamer Restriktionen, d.h. „allgemeiner“ Rationierung, erhält man folgende vier Möglichkeiten[84]:

- Keynesianische Unterbeschäftigung: in beiden Märkten sind die Anbieter beschränkt (bzw. auf der „langen“ Seite);
- klassische Unterbeschäftigung: im Gütermarkt sind die Nachfrager, im Arbeitsmarkt die Anbieter, d.h. in beiden Märkten die Haushalte beschränkt;
- zurückgestaute Inflation: in beiden Märkten sind die Nachfrager beschränkt;
- Unterkonsumtion: im Gütermarkt sind die Anbieter, im Arbeitsmarkt die Nachfrager, d.h. in beiden Märkten die Firmen beschränkt.

Bei Keynesianischer und klassischer Unterbeschäftigung sind die Haushalte nicht in der Lage, ihr gewünschtes Arbeitsangebot voll zu realisieren; bei zurückgestauter Inflation und klassischer Arbeitslosigkeit erhalten sie nicht die beabsichtigten Mengen auf dem Gütermarkt. Die Unternehmungen dagegen können bei Keynesianischer Unterbeschäftigung und im Unterkonsumtionsbereich nicht den gewünschten Absatz verwirklichen und finden bei zurückgestauter Inflation und Unterkonsumtion nicht so viele Arbeitskräfte wie beabsichtigt[85].

Über die erwähnten Regime allgemeiner Rationierung hinaus kann man grundsätzlich erwarten, daß Preisvektoren existieren, die zu Gleichgewichten mit „partieller“ Rationie-

---

83 Die im Tâtonnement „konsistent gemachten“ Erwartungen beziehen sich ausschließlich auf das Ausmaß der für die anstehenden Transaktionen (laufende Periode) relevanten Mengenbeschränkungen.

84 Bei Verzicht auf Lagerhaltung kann der Fall der Unterkonsumtion nicht auftreten, da die Firmen dann nur in einem Markt beschränkt sein können. Insofern wurde von einer Asymmetrie zwischen Haushalten und Firmen gesprochen.

85 Eine gleichzeitige Beschränkung von Haushalten *und* Firmen auf einem Markt ist zufolge der Hahn-Negishi-Regel ausgeschlossen.

rung führen, d.h. Rationierung auf jeweils nur einem der beiden Märkte. Als Möglichkeiten kommen in Betracht

- Gleichgewicht bei geräumtem (d.h. unbeschränktem) Gütermarkt und am Arbeitsmarkt beschränkten Anbietern bzw. am Arbeitsmarkt beschränkten Nachfragern;
- Gleichgewicht bei geräumtem Arbeitsmarkt und am Gütermarkt beschränkten Anbietern bzw. am Gütermarkt beschränkten Nachfragern.

Im einzelnen ist nun zu klären, welche Preisvektoren zu welchen Regimen führen und welche komparativ-statischen Effekte die Variation bestimmter, insbesondere natürlich solcher Parameter hat, die üblicherweise mittelbar oder unmittelbar als wirtschaftspolitische Instrumente betrachtet werden können. Dazu sind zunächst die relevanten Überschußnachfragehypothesen von Haushalten und Firmen zu formulieren, wobei die verschiedenen Konstellationen von Restriktionen auf beiden Märkten zu beachten sind. Da Spartätigkeit von Haushalten und Lagerhaltungsaktivitäten von Firmen erklärt werden müssen, sind in beiden Fällen intertemporale Kalküle anzustellen. Unter Benutzung einiger zusätzlicher, i.allg. vertretbarer Annahmen lassen sich mit Hilfe der Techniken der dynamischen Optimierung die gesuchten Verhaltenshypothesen in Form relativ einfacher und ökonomisch plausibler Relationen deduzieren. Sie beschreiben das Nachfrageverhalten von Haushalten und Firmen in den verschiedenen Restriktions-Szenarios in Abhängigkeit von der Anfangsausstattung, dem Preisvektor, den Erwartungen und sonstigen exogenen Variablen (z.B. Staatsausgaben). Verwendet man dann diese Hypothesen für komparativ-statische Analysen, so stellt man fest, daß sich die Ergebnisse z.B. einer Erhöhung der Staatsausgaben je nach Regime, in dem man sich in der Ausgangssituation befindet, u.U. diametral unterscheiden können. Ist die Parametervariation derart, daß man das ursprüngliche Regime nicht verläßt, so wird eine Erhöhung der Staatsausgaben im Keynesianischen Unterbeschäftigungsbereich eine Beschäftigungsexpansion, im Bereich klassischer Unterbeschäftigung lediglich zu einer Substitution privaten Verbrauchs durch staatlichen Verbrauch (sog. *crowding out*) führen. Bei der Beurteilung des wirtschaftspolitischen Stellenwerts aller komparativ-statischen Übungen darf allerdings nicht vergessen werden, daß hierfür nun auch von in buchstäblichem Sinn fixen Löhnen und Preisen ausgegangen werden muß. Etwas pointiert ausgedrückt, ist es gerade diese Annahme gewesen, deren angemessene Beachtung verhindert hätte, daß der Lehrbuch-Keynesianismus ins Abseits geraten ist.

Die Zuordnung der verschiedenen Regime zu den verschiedenen Preisvektoren bzw. Lohn-Preis-Konstellationen, d.h. die verschiedenen Orte „effektiven" Gleichgewichts sind in folgendem Diagramm[86] verdeutlicht. Gleichgewichte mit allgemeiner Rationierung sind in den entsprechend bezeichneten Flächen anzutreffen; Gleichgewichte mit partieller Rationierung liegen auf den jeweils geräumten Teilmarkt anzeigenden Begrenzungslinien. Das Diagramm ist ergänzt um Linien gleichen Beschäftigungsniveaus („Iso-Beschäftigungslinien"), die einem um so höheren Niveau entsprechen, je näher sie dem Walrasianischen Gleichgewicht W sind[87]. Die Darstellung vermittelt eine Reihe wichtiger

---

86 Symbole: w – Lohnsatz; p – Preisniveau; C^d, C^s – effektive Konsumgüternachfrage, -angebot; L^d, L^s – effektive Arbeitsnachfrage, -angebot; W – Walrasianisches Gleichgewicht; N – Beschäftigung.

87 Das Diagramm findet sich ursprünglich bei Muellbauer/Portes (1978, S. 810) und wurde von uns lediglich entsprechend Böhm (1980, S. 79) um die Darstellung von Iso-Beschäftigungs-Positionen erweitert.

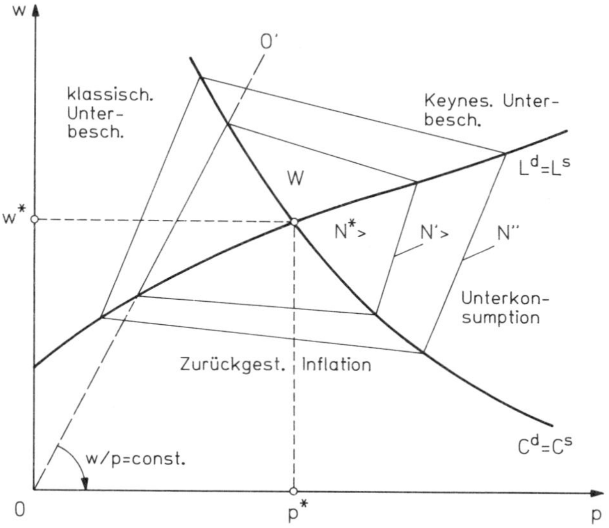

Abb. 1. Temporäres Gleichgewicht für verschiedene (w, p)-Kombinationen

Einsichten und bietet nicht zuletzt auch eine „intellektuell befriedigende Lösung" (Hey 1981) der Kontroverse über die Rolle des Lohnsatzes zwischen Keynesianern und Klassikern. Vertikal-(Horizontal-)Schnitte durch das Diagramm an verschiedenen Stellen, d.h. für verschiedene Preisniveaus (Lohnniveaus) lassen z.B. erkennen, daß Veränderungen des Lohnsatzes (Preisniveaus) ceteris paribus bereichsweise unterschiedlich wirken; so haben Senkungen des Lohnsatzes oder Erhöhungen des Preisniveaus keineswegs immer beschäftigungsfördernden Effekt. Die Bedeutung unterschiedlicher Höhe der absoluten Preise bei konstantem relativen Preis, d.h. von w und p bei konstantem w/p erkennt man, wenn man sich entlang einem durch den Ursprung verlaufenden Strahl, auf dem der Reallohnsatz konstant ist, bewegt. Zum Beispiel entspreche der fest angenommene Reallohnsatz dem Tangens des Winkels von OO'; dann befindet man sich bei niedrigen absoluten Preisen im Bereich zurückgestauter Inflation. Steigen w und p mit gleicher Rate, dann steigt zunächst auch die Beschäftigung, bleibt bei Eintritt in den Bereich klassischer Unterbeschäftigung konstant und sinkt wiederum, sobald der Keynesianische Unterbeschäftigungsbereich erreicht ist. Dabei ist der angenommene Reallohnsatz grundsätzlich zu hoch, um mit Walrasianischem Gleichgewicht vereinbar zu sein.

Es wäre nun allerdings verfehlt, aus dieser ohne Zweifel instruktiven Darstellung unmittelbar lohn- und/oder preispolitische Schlußfolgerungen ableiten zu wollen. Zwar trifft zu, daß unter bestimmten Umständen z.B. eine Lohnerhöhung beschäftigungsstimulierend oder -beeinträchtigend wirken kann. Zu beachten ist aber, daß weder der Lohnsatz noch das Preisniveau normalerweise unmittelbar wirtschaftspolitische Instrumente sind. Anders ausgedrückt: ohne eine Aussage über die sich aus einzelnen Gleichgewichten heraus entwickelnden Lohn-Preis-Bewegungen ist gewissermaßen nur die eine Hälfte des ökonomischen Systems erfaßt.

(c) Kritik des NKM-Modells

Unabhängig von der bereits früher angedeuteten grundsätzlichen Problematik einer „passenden" Erweiterung des Modells um einen Lohn-Preisbildungs-„Komplex" liefert das geschilderte makroökonomische Mengenrationierungs-Paradigma für sich genommen eine Reihe von Ansatzpunkten zur Kritik. Sie wurden teilweise oben bereits erwähnt und betreffen i. w. Schwierigkeiten bei der Behandlung der Restriktionen im Rahmen des individuellen Optimierungskalküls, Zustandekommen und Charakter des Rationierungsverfahrens und Manipulierbarkeit des Verfahrens; teilweise treten sie als Folge der spezifisch gewählten makroökonomischen „Verkürzung" erst auf. Die an erster Stelle genannten Schwierigkeiten auch mit der Konzeption des mikroökonomischen Modells laufen grundsätzlich auf eine unbefriedigende Fassung der „Spielregeln" des Zustandekommens individueller Entscheidungen und ihrer Abstimmung hinaus. Nach allgemeiner Auffassung liegt das Hauptproblem in der Verbindung der Annahme fixer Preise und dem speziellen Rationierungsmechanismus, der verwendet wird. Bei einer großen Anzahl *identischer* Individuen kommt nur ein Verfahren in Betracht, das allen Individuen auf der langen Marktseite identische Rationen zuteilt. Diese Konzeption ist als Analogon für reale Zuteilungsprozesse – und um mehr kann es sich natürlich grundsätzlich nicht handeln – offensichtlich unbrauchbar. Ein naheliegendes Gegenbeispiel ist die Rationierung des Angebots auf dem Arbeitsmarkt mit dem offenkundigen Ergebnis, daß ein Teil der Anbieter beschäftigt, ein Teil arbeitslos ist. Der „Arbeitsvorrat" wird also nicht gleichmäßig auf alle Anbieter verteilt, wobei allerdings Kurzarbeit als Schritt in diese Richtung interpretiert werden kann. Bei *nicht identischen* Individuen braucht eine Gleichverteilung nicht praktizierbar zu sein, da sie z. B. bestimmte Haushalte zwingen würde, mehr Arbeit anzubieten, als sie es wünschen. Mit der Annahme proportionaler Rationierung entginge man dieser Schwierigkeit, würde sich aber dafür dem o. e. Einwand einer Manipulierbarkeit des Schemas aussetzen. Dieser Einwand macht ein proportionales Verfahren als Analogon deswegen unplausibel, weil es die Existenz von Gleichgewichten ausschließen kann. Ein oben bereits diskutierter Ausweg besteht in der Hypothese stochastischer Rationierung, mit der eine nur partielle Rationierung eines Marktteilnehmers ausgeschlossen wird (s. o.). Darüber hinaus bietet stochastische Rationierung bei geeigneter Erweiterung der Konzeption auch Möglichkeiten der Erklärung dafür, daß offensichtlich auch – im Gegensatz zu der o. e. Hahn-Negishi-Regel – Individuen auf der *kurzen* Marktseite ihre Wünsche nicht stets voll durchsetzen können. Auch hierfür ist der Arbeitsmarkt mit der gleichzeitigen Existenz von Arbeitslosigkeit und offenen Stellen ein Paradebeispiel.

Probleme, die letztlich das Resultat der speziell verwendeten makroökonomischen Reduktion sind, betreffen vorzugsweise die Homogenitätsannahme des repräsentativen Individuums, die „Bevorzugung" des Staates im Rationierungsprozeß, die Beschränkung auf eine geschlossene Wirtschaft mit nur drei (Tages-)Märkten unter Ausschluß *jeder* Möglichkeit, Zukunftskontrakte abzuschließen, sowie – damit zusammenhängend – die Inexistenz von Kreditbeziehungen und finanzieller Aktiva sonstiger Art und schließlich die Annahme exogener Investitionstätigkeit. In den letzten Jahren sind zahlreiche Arbeiten erschienen, die einigen der damit verbundenen und z. T. erheblichen Einschränkungen des Gültigkeitsbereichs des Modells Rechnung tragen (vgl. Hey 1981, S. 226); es war ja auch – wie betont wurde – hier nur von einem „Standardansatz" die Rede. Größere Schwierigkeiten ergeben sich aber über die erwähnten Aspekte hinaus aus der Beschränkung der Betrachtungsweise auf eine einzelne Periode; auf Versuche einer Überwindung dieses restriktiven Konzepts wird im folgenden Abschnitt eingegangen. Dabei wird erstens in Übereinstimmung mit der konventionellen, früher bereits dargelegten Abgrenzung von kurzer und langer Frist operiert. Das bedeutet: Bestandsveränderungen wirken erst in der langen Frist. Zweitens wird unterstellt, daß trotz grundsätzlicher Trägheit Lohn-Preis-Veränderungen immer noch im Rahmen der kurzen Frist stattfinden.

3.2.3 Dynamische Analyse

Die voranstehenden Überlegungen betreffen die Analyse der Eigenschaften eines einperiodigen Gleichgewichts bei gegebenen Preisen, Löhnen und Erwartungen. Für Preise und Löhne wurde praktisch unterstellt, daß Reaktionen nur derart verzögert erfolgen, daß sie als Mittel der Markträumung, d. h. für die gegenseitige Abstimmung von Wirtschaftsplänen aller Individuen i. S. allgemeiner Konsistenz aller Dispositionen, nicht in Betracht kommen. Diese Annahme läßt sich auch allgemeiner fassen, wenn man sagt, daß Löhne und Preise nicht endogen erklärt werden – wenn auch natürlich irgendwelche erratischen Bewegungen u. U. sehr hohe Anforderungen an Informationsstand und Reaktionsfähigkeit des das Mengen-Tâtonnement besorgenden „Auktionators“ stellen.

Es wurde bereits betont, daß aufgrund dieser Annahmen eine wirtschaftspolitische Nutzanwendung komparativ-statischer Resultate (z. B. aufgrund der Veränderung autonomer Staatsausgaben) unzulässig ist. Die bisher entwickelten Zusammenhänge definieren nur einen Teil, gewissermaßen den „Mengenkomplex“ des ökonomischen Systems, so daß mit Hilfe der komparativen Experimente nur Reaktionen „der ersten Runde“ (sog. *impact*-Multiplikatoren) festgestellt werden können. Sie können durch Anpassungen des Preisvektors und/oder der Erwartungen von Haushalten und/oder Firmen u. U. vollständig kompensiert werden (s. Ramser 1979a).

Positive und normative Relevanz gewinnt die Konzeption des temporären Gleichgewichts bei Mengenrationierung damit erst, wenn es gelingt, den Mengenkomplex durch Theorien der Lohn-Preis- und Erwartungsbildung überzeugend zu komplettieren[88]. Der theoretische Stellenwert zunächst der verschiedenen bisher vorgetragenen Versuche einer Endogenisierung der Lohn-/Preisbildung differiert beträchtlich (vgl. z. B. Drazen 1980). Die anspruchsloseste Variante ist die traditionelle Preisbildungshypothese des kompetitiven „Gesetzes von Angebot und Nachfrage“ *(law of demand and supply)* – oder auch Walrasianischen Anpassungsmechanismus –, wonach Löhne und Preise monoton positiv mit der Höhe der zugeordneten Überschußnachfrage variieren und konstant sind, sobald die Überschußnachfrage gleich Null ist[89].

> „Das Resultat wäre ein Modell in diskreter Zeit, das aus einer Sequenz von Zeitperioden besteht, *innerhalb* derer die Preise fix sind und *zwischen* denen Preisanpassungen nach irgendeiner Art von Tâtonnement-Prozeß stattfinden ... Damit würde der Walrasianische Auktionator wieder hervorgeholt, allerdings in einer leicht modifizierten Rolle“ (Hey 1981, S. 224).

---

88 Ein einfacher Ausweg aus dieser Schwierigkeit wird von Malinvaud (1977, S. 54f.) gewählt, wenn er annimmt, daß mit Hilfe einkommenspolitischer Maßnahmen Preise und Löhne derart perfekt steuerbar sind, daß man sie auch unmittelbar als Instrumente der Wirtschaftspolitik verstehen kann. Mit der Realität hat diese Vorstellung nichts zu tun, wohl aber mit einer Reihe von Mißverständnissen etwa bezüglich des Einflusses der Tarifpolitik (vgl. Ramser 1979a).

89 Vgl. u. a. Barro/Grossman (1976), Böhm (1978), Richter/Schlieper/Friedmann (1981).

Es liegt nahe, hier die übliche Kritik an der Konstruktion eines fiktiven und altruistischen Auktionators zu wiederholen[90]. Sie ist sicherlich i. allg. zutreffend – gleichwohl hier insofern strenggenommen nicht relevant, als ja bereits zur Herstellung des Gleichgewichts bei Mengenrationierung nicht ohne Existenz einer entsprechenden Clearing-Stelle auszukommen ist. Da ferner auch grundsätzlich Preisnehmer-Verhalten unterstellt wird, ist im Prinzip der Walrasianische Anpassungsmechanismus incl. Auktionator die logisch angemessene Form der Endogenisierung der Lohn-/Preisbildung – eine Konsequenz, die einmal mehr auf die inhärente Inkonsistenz der Gesamtkonzeption hinweist (s. u.).

Aber auch wenn man den Auktionator akzeptiert, sind damit keineswegs alle Probleme gelöst. Zunächst hat man Sorge dafür zu tragen, daß er nicht „zu effizient" (Hey) arbeitet; andernfalls würde unmittelbar ein Walrasianisches Gleichgewicht verwirklicht werden können, und es würden keinerlei Mengenrestriktionen mehr vorliegen[91]. Ferner ist ungeklärt, wie die relevante Überschußnachfrage definiert ist (s. Malinvaud 1977, Honkapohja 1979, Korliras 1980); offensichtlich ist es nicht zwangsläufig irrelevant, ob etwa „beschränkte" oder „unbeschränkte" Konzepte verwendet werden. Bei Zugrundelegung jeweils effektiver Angebots-/Nachfragerelationen resultiert normalerweise eine Tendenz zum Walrasianischen Gleichgewicht. Schließlich dürfte die Formel, nach der der Auktionator Preisanpassungen vornimmt, nicht verborgen bleiben und daher bei rationalem Verhalten Bestandteil individueller Planung werden. Das Ergebnis ist natürlich eine beträchtliche Modifikation individueller Dispositionen im Vergleich zu den bisherigen Hypothesen[92].

Mit Hinweis auf empirische Evidenz wird der Walrasianische Anpassungsmechanismus häufig durch Einführung zusätzlicher Determinanten und/oder durch Annahme asymmetrischer Reaktion zu „verbessern" versucht. Als zusätzliche Determinanten werden u. a. Nachfrage- und/oder Angebotslücken auf dritten Märkten (s. Malinvaud 1980) oder auch *cost push*-Einflüsse vorgeschlagen. Hierzu ist zu bemerken, daß alle Modifikationen des Anpassungsmechanismus, die den Effekt haben, daß – bei stationären exogenen Daten – im Walrasianischen Marktgleichgewicht Preise oder Löhne *nicht* konstant sind, als nicht systemkonform abzulehnen sind. Sie sind grundsätzlich nur als Ausdruck *nicht-kompetitiver Marktstruktur* vertretbar, die hier nicht zur Diskussion steht. Insofern entfällt von vornherein die Möglichkeit, mit Hilfe monopolistischer Elemente in der „Preis"- und/oder „Lohngleichung" die Persistenz von Unterbeschäftigungslagen als stabile Quasigleichgewichtszustände à la Hansen (1951) zu begründen. Anhaltende Arbeitslosigkeit kann also nur mehr auf einen sehr verzögert arbeitenden Walrasianischen Anpassungsprozeß zurückgeführt werden (s. Hey 1981, S. 227) – auch dies einmal mehr eine unverständliche ad hoc-Annahme an die Effizienz bzw. Ineffizienz der Clearing-Stelle.

Im zeitlichen Ablauf werden sich aber neben den Löhnen und Preisen auch – wie einleitend zu diesem Abschnitt bereits ausgeführt – die Erwartungen der Individuen beispielsweise über das Ausmaß zukünftig zu akzeptierender Restriktionen ändern. Das

---

90 S. Hey (1981, S. 226f.).

91 Auf der anderen Seite schafft Ineffizienz des Clearing-Prozesses Anreize für eine private Organisation des Anpassungsvorganges.

92 Für eine Darstellung der Unterschiede bedarf es allerdings einer Argumentation im Rahmen eines Mehrperiodenmodells.

Fehlen einer allgemeinen Theorie der Erwartungsbildung erlaubt vorläufig nur gewisse Spekulationen über den Zeitpfad des Systems unter alternativen Annahmen an die Eigenschaften der Erwartungsbildungsfunktion. Die Erwartungen über das in der Zukunft eintretende Regime bzw. über entsprechende Restriktionen sind sehr vermutlich nicht unabhängig vom Charakter des gegenwärtigen Regimes[93]. Zum Beispiel

„... dürfte verständlicherweise ein gegenwärtig arbeitsloser Haushalt seine zukünftigen Beschäftigungschancen pessimistischer einschätzen als ein gegenwärtig beschäftigter Haushalt. Ähnlich wird eine Unternehmung, deren gegenwärtiger Absatz hinter ihren Erwartungen zurückbleibt, ihre zukünftigen Absatzchancen kaum günstig beurteilen" (Hey 1981, S. 220).

Unter diesen Umständen wird die voranstehende Analyse deswegen erheblich erschwert, weil die Grenzen zwischen den Regimen mit allgemeiner Rationierung nicht mehr zeitlich invariant sind. Eines der wichtigsten damit auftretenden Probleme besteht darin, daß keine Gleichgewichte mehr zu existieren brauchen, z. B. permanente Fluktuationen resultieren.

3.3 Monopolistisches (allgemeines) Gleichgewicht

3.3.1 Zur Begründung der Konzeption

Die kritische Analyse des im Mengenrationierungsmodell unterstellten Koordinationsmechanismus individueller Dispositionen hat wesentliche Widersprüchlichkeiten deutlich gemacht. Sie hängen letztlich in jedem Falle mit der Grundannahme allgemein passiven Verhaltens der Marktteilnehmer zusammen, das darin zum Ausdruck kommt, daß der einzelne unabhängig von seiner persönlichen Situation die vom Auktionator genannten Preise, Löhne und Restriktionen akzeptiert. Die Mengenrationierungsidee impliziert damit

„... ein einigermaßen merkwürdiges Verhalten der Marktteilnehmer – insbesondere derjenigen, die Mengenbeschränkungen unterliegen. Man fragt sich, warum sie sich weiterhin als Preisnehmer verhalten. Warum sollten sie nicht zumindest ausprobieren, ob sie mit einer Änderung des von ihnen in Kauf genommenen Preises nicht die Mengenbeschränkung ganz aus der Welt schaffen können?" (Hey 1981, S. 195).

Aber auch das Verhalten der unbeschränkten Marktteilnehmer ist eigenartig, denn

„... sollte nicht ein Anbieter auf einem Markt bei Überschußnachfrage eher für sein Erzeugnis einen höheren Preis durchzusetzen versuchen als weiterhin den ‚herrschenden Preis' zu akzeptieren?" (Hey 1981, S. 197).

Fazit dieser Einlassungen ist, daß bei Vorliegen von Mengenbeschränkungen die Annahme passiven Preisverhaltens nicht mehr plausibel erscheint. Ihre Relativierung allerdings hat weitreichende Konsequenzen. Der nächstliegende Gewinn besteht in der Redundanz der Kunstfigur des Auktionators; Preise und Löhne verändern sich jetzt unmittelbar als Resultat von ökonomisch motivierten Dispositionen von Haushalten und/

93 Vgl. dazu auch Hildenbrand/Hildenbrand (1978).

oder Firmen. Da die einzelnen Individuen gleichzeitig aber auch Mengen fixieren, wird im Prinzip zunächst auch der in 3.2.2 entwickelte Mengenkomplex hinfällig. Dennoch sind die dort vorgetragenen Überlegungen – wie sich im folgenden zeigen wird – von Nutzen. Dieser Nutzen liegt nicht zuletzt in der Funktion eines Referenzmodells, wobei die Beziehung der zwischen vollkommener und monopolistischer Konkurrenz traditioneller Theorie ähnelt[94].

Daß Preise und Löhne von den Marktteilnehmern selbst festgelegt werden, ist die logische Implikation der Annahme, daß Transaktionen i. d. R. bei nicht preisgeräumtem Markt stattfinden. Es wurde oben schon an die bereits vor mehr als zwanzig Jahren von Arrow (1959) getroffene und vielzitierte Feststellung erinnert, daß außerhalb des Walrasianischen Gleichgewichts Preise grundsätzlich nicht von sämtlichen Marktteilnehmern als Daten betrachtet zu werden brauchen bzw. diese Verhaltensweise eben nicht für sämtliche Marktteilnehmer rational ist – auch nicht bei atomistischer Konkurrenz.

3.3.2 Vorliegende Ansätze und Entwicklungsmöglichkeiten

Im allgemeinen ist man sich darin einig, daß das Modell monopolistischer Konkurrenz ein brauchbares Paradigma für die Preisbildung in nicht-Walrasianischen Systemen sein dürfte (s. Drazen 1980, S. 290). Die wichtigsten, in diesem Zusammenhang vorliegenden Forschungsbeiträge kann man unterscheiden *erstens* in Arbeiten, die im weiteren Sinne mit monopolistischer Konkurrenz operieren – das sind Modelle, die auf der Konzeption sog. konjekturalen Gleichgewichts beruhen; *zweitens* Arbeiten, die im engeren Sinn der Vorstellung eines „monopolistischen allgemeinen Gleichgewichts" folgen – das sind Modelle, die von Informationsasymmetrien als Begründung der Marktform ausgehen. Diese Modellklassen sind i.w. mit den Namen von Hahn einerseits und Negishi andererseits verbunden.

(a) Konjekturales Gleichgewicht

Entscheidender Bestandteil der Argumentation der von Hahn vorgeschlagenen Konzeption sind *Erwartungen* der verschiedenen Individuen bezüglich der Preise, zu denen sie Transaktionen durchführen bzw. ihnen vorgegebene Restriktionen außer Kraft setzen können („*'break' their constraints*", Drazen, S. 291)[95].

Ein über die Restriktion hinausgehendes Arbeitsangebot beispielsweise erwartet ein Arbeitsanbieter nur dann verwirklichen zu können, wenn er einen unter dem Marktlohnsatz liegenden Lohnsatz anbietet. Bei gegebener Menge von Erwartungen, die in gewissem Sinne den Charakter vermuteter Nachfrage- und Angebotskurven haben (s. Hey 1981, S. 197), fixiert jedes Individuum Preis- und Mengenwünsche nach Maßgabe seiner Präferenzen („Nutzenmaximierung"). Ein „konjekturales" allgemeines Gleichgewicht ist

94 Die vorliegenden Forschungsresulte sind darüber hinaus unmittelbar für Systeme mit marktweise unterschiedlicher Koordination von konkretem Interesse. Insbesondere kann natürlich die Funktionsweise von Märkten mit administrierter Preisbildung mit Hilfe des Rationierungsmodells geeignet erklärt werden.

95 Insofern ist – wie oben schon angedeutet – der Mengenkomplex des Rationierungsmodells (s. Abschnitt 3.2.2) auch hier von Bedeutung.

dann ein Vektor von Preisen und Transkationen derart, daß kein Marktteilnehmer seine Restriktionen zu brechen wünscht, alle Märkte geräumt sind und der erwartete Preis für die gleichgewichtigen Transaktionen dem tatsächlichen Marktpreis entspricht (Drazen 1981, S. 291f.).

Hahn zeigt, daß unter diesen Bedingungen nicht-Walrasianische Gleichgewichte existieren können. Damit besteht also die Möglichkeit, daß auch bei Endogenisierung und folglich bei Beweglichkeit von Löhnen und Preisen im Gleichgewicht Unterbeschäftigung von Ressourcen im Keynesianischen Sinn herrscht[96]. Diese Situation unterscheidet sich von der eines „gewöhnlichen" Monopols, und insofern wird dort auch nicht temporäres Gleichgewicht plus Mengenrationierung (unfreiwillige Arbeitslosigkeit) konstatiert. Denn bei konjekturalem Gleichgewicht ist unter sonst gleichen Voraussetzungen ein anderes Gleichgewicht vorhanden, bei dem die Anbieter eine größere Menge absetzen können, ohne den Preis zurücknehmen zu müssen. Für einen Monopolisten gilt das nicht (s. Drazen 1980, S. 293).

Die Konzeption des konjekturalen Gleichgewichts und ihre Erklärung von Mengenrestriktionen wird i. allg. als fruchtbarer Ansatzpunkt weiterer Überlegungen zur Endogenisierung von Löhnen und Preisen bzw. einer simultanen Bestimmung von Preisen und Mengen betrachtet[97]. Bei gegebenen und arbiträr formulierbaren Erwartungen unterbleiben Preisbewegungen mit der Wirkung von Beschäftigungsgewinnen, weil kein preisfixierender Marktteilnehmer ein Interesse an Preissenkungen hat – nicht weil die Preise exogen unbeweglich angenommen sind. Starre Lohnsätze sind also keineswegs notwendige Bedingung für das Zustandekommen eines Unterbeschäftigungsgleichgewichts. Allerdings wird – wie Drazen (1980, S. 294) zutreffend bemerkt – im Prinzip nur eine exogen starre Variable (Lohnsatz) durch eine andere (Erwartungsstruktur) ersetzt.

Damit ergibt sich offenkundig die Konsequenz, weitere Überlegungen zur Erwartungsbildung anzustellen[98]. Letztlich hat man zu prüfen, ob „rational" begründbare Erwartungskonfigurationen existieren, deren zugehörige konjekturale Gleichgewichte durch Unterbeschäftigung charakterisiert sind; die Frage lautet:

> „Ist ein Unterbeschäftigungsgleichgewicht auch dann noch möglich, wenn die Erwartungen in gewissem Sinne korrekt sind, oder hängt Unterbeschäftigung daran, daß bestimmte Marktteilnehmer getäuscht sind. Anders gesagt: wieviel Information über Transaktionsmöglichkeiten darf den Marktteilnehmern konzediert werden, um ein nicht-Walrasianisches Gleichgewicht aufrechtzuerhalten?" (Drazen 1980, S. 294).

Zunächst scheint es sinnvoll, zwischen verschiedenen „Korrektheitsgraden" von Erwartungen zu unterscheiden, etwa zwischen global rationalen Erwartungen einerseits und andererseits nur lokal (bzw. infinitesimal) rationalen Erwartungen. Global (lokal) rationale Erwartungen wiederum implizieren, daß jedes Individuum die relevanten Nachfragekurven im Gesamtbereich Punkt für Punkt (nur in einer gewissen Umgebung des Gleichgewichts) kennt. Globale Rationalität ist zweifellos eine zu starke Forderung

---

96 Das heißt auf dem Arbeitsmarkt besteht im Gleichgewicht ein Angebotsüberschuß, gemessen als Differenz zwischen Walrasianischem Angebot und Walrasianischer Nachfrage.

97 Diese Beurteilung findet sich u. a. bei Drazen (1980, S. 293) und Hey (1981, S. 225).

98 Es ist bemerkenswert, daß an dieser Stelle wieder Gemeinsamkeiten mit dem Modell kompetitiver temporärer Gleichgewichte (Abschnitt 3.1) sichtbar werden. Offenbar ist eine Weiterentwicklung *beider* Paradigmata mit einer überzeugenden Lösung des Problems der Erwartungsbildung verknüpft.

und würde bedeuten, daß bei Existenz eines Vollbeschäftigungsgleichgewichts etwaige Unterbeschäftigungsgleichgewichte keinen Bestand haben können. Akzeptiert man daher die schwächere Bedingung nur lokaler Richtigkeit der Erwartungen, so ist damit natürlich keineswegs ausgeschlossen, daß sich aus einem solchen Unterbeschäftigungsgleichgewicht Tendenzen zu einem Vollbeschäftigungsgleichgewicht entwickeln. Ein solcher Prozeß könnte die Folge von Preisexperimenten der Marktteilnehmer sein, mit deren Hilfe sie ihre Kenntnis über die Nachfrage erweitern. Da Preisexperimente nicht kostenfrei durchführbar sind, ist denkbar, daß es ökonomisch ist, darauf zu verzichten. Bei kostenfreier Suche und Koordination kann ein nicht-Walrasianisches Gleichgewicht sicher nicht Bestand haben, so daß einmal mehr die Frage nach dem „kritischen" Informationsstand zu stellen ist.

Die Analyse dieser Problematik ist zweifellos von zentraler Bedeutung für die Weiterentwicklung nicht-Walrasianischer Theorie. Sie steht gegenwärtig noch in den Anfängen. Drazen (1980) verweist in diesem Zusammenhang zunächst auf Arbeiten von Hahn (1977), der zeigt, daß in der Tat Erwartungen derart vorliegen können, daß ein lokal rationales Erwartungsgleichgewicht *(infinitesimally rational conjectural equilibrium)* existiert. Allerdings ist man bei dem Versuch, diesen Nachweis an den üblichen Modellen zu exemplifizieren, auf derart spezielle Zusatzannahmen angewiesen, daß Drazen (1980, S. 299) die Vermutung äußert, daß eine Weiterverfolgung dieser Idee in einer Sackgasse endet. Alternative Konzeptionen stammen u.a. von Varian (1977) und Heller/Starr (1979). Auch sie sind nicht frei von offenkundigen Schwächen, die u.a. darin bestehen, daß

> „... entweder wesentliche Elemente des ökonomischen Systems exogen spezifiziert sind oder bestimmte Marktteilnehmer in ihren Verhaltensmöglichkeiten oder ihrem Informationsstand erheblich und gelegentlich in widersinniger Weise beschränkt sind ..." (Drazen 1980, S. 299).

Das Fazit von Drazen lautet daher, daß die Versuche, mit Hilfe der Konstruktion eines Erwartungsgleichgewichts eine Rationalität zu begründen, die zu einem Unterbeschäftigungsgleichgewicht führt, vorläufig allenfalls von begrenztem Erfolg sind.

(b) Monopolistische Konkurrenz

Eine alternative Lösung des Problems simultaner Bestimmung von Preisen und Mengen seitens der Anbieter und/oder Nachfrager besteht in der Formulierung eines allgemeinen Gleichgewichts auf Basis des „klassischen" Modells monopolistischer Konkurrenz. Der wesentliche Unterschied zum Lehrbuchfall[99] besteht dabei in der Hypothese, daß die „Knicks" von konjekturalen Nachfragekurven auf informationsbedingter asymmetrischer Reaktion der Nachfrager beruhen. Zur Begründung stellt man sich vor, daß eine Preisermäßigung, die ein Anbieter durchführt, grundsätzlich nicht allen bei der Konkurrenz zu unverändertem Preis kaufenden Konsumenten bekannt wird, dagegen die Preiserhöhung eines Anbieters seine eigenen Kunden sofort zur Suche nach einem billigeren Anbieter veranlaßt (s. Negishi 1979, S. 87). Das resultierende, ebenfalls

---

99 Das Lehrbuchmodell bezieht sich bekanntlich nur auf Partialmärkte. Eine Theorie des allgemeinen Gleichgewichts mit monopolistischer Konkurrenz existiert gegenwärtig nur in Ansätzen; vgl. Arrow (1971), Negishi (1960, 1972), Nikaido (1975).

natürlich konjekturale[100] Keynesianische Gleichgewicht, das im Gegensatz zu den Hahn-Gleichgewichten als robust gelten kann, ist durch Walrasianisches Überangebot charakterisiert, da die Firmen ihr Angebot erhöhen würden, wenn der Preis unverändert bliebe. Ähnlich ist Überschußangebot auf dem Arbeitsmarkt, d.h. unfreiwillige Arbeitslosigkeit zu erklären. Ein arbeitsloser Anbieter kann seine Aussichten auf Beschäftigung, angesichts der Annahme homogener Arbeit und weil aus Gründen negativer Anreize Lohndifferentiale innerhalb einer Firma unzweckmäßig wären, nur durch Lohnsenkung erhöhen. Da aber die Anzahl Arbeitsanbieter im Verhältnis zu der der Nachfrager groß ist, wird er in seinem Kalkül von einem entsprechenden „Knick" in der Arbeitsnachfrage ausgehen. Keynesianisches Gleichgewicht liegt dann vor, wenn alle Arbeitslosen („lange" Marktseite) vis-à-vis diesem Knick auf Lohnsenkungen verzichten. Damit ist dann zwangsläufig unfreiwillige Arbeitslosigkeit realisiert. Daß auch die „kurze" Marktseite in diesem Falle keine Lohnsenkungen durchzusetzen versucht, begründet Negishi (1979, S. 111ff.) ausführlich mit der Befürchtung von Produktivitätsverlusten.

Wie Drazen (1980, S. 298) hervorhebt, hängen die Schwächen dieses Ansatzes i. w. mit dem exogenen Charakter der konjekturalen Nachfragekurven und der fehlenden Beziehung zu den tatsächlichen Nachfragerelationen zusammen. Diesem Einwand nicht ausgesetzt ist ein neuerer Vorschlag von Sondermann (1980); seine Problematik allerdings besteht offensichtlich in der ad hoc-Annahme bestimmter Anpassungsgeschwindigkeiten, die grundsätzlich natürlich erklärungsbedürftig sind[101]. Gleichwohl dürften einer Weiterentwicklung dieser Modellklasse, bei der letztlich die Idee konjekturalen Gleichgewichts in abgewandelter Form miterfaßt wird, gute Entwicklungschancen zuzubilligen sein (s. auch Drazen 1980, S. 303). Ein wichtiger Grund für diese Einschätzung ist in der Möglichkeit zu sehen, die zwei verschiedenen Forschungsrichtungen der neueren Theorie, nämlich informations- und rationierungstheoretisches Kalkül, zu integrieren[102].

3.4 Operationelle kurzfristige Makroökonomik

Die referierten theoretischen Diskussionen, die verschiedenen Versuche und Argumente zur Überwindung traditioneller Denkkategorien, haben zweifellos die wesentlichen Bausteine zusammengetragen, aus denen ein modernen Vorstellungen entsprechendes „verläßliches" nicht-Walrasianisches makroökonomisches Modell zu konstruieren wäre. Eine in jeder Richtung konsistente Verbindung der verschiedenen Elemente allerdings ist vorläufig noch nicht gelungen, wenn auch die zuletzt erwähnte Idee, von einem System von Märkten auszugehen, die durch informationsbedingt monopolistische Konkurrenz charakterisiert sind, ein brauchbarer Anfang zu sein scheint. Dieser Stand der Forschung schließt nicht aus, daß verhältnismäßig „sichere" Spekulationen darüber angestellt werden können, wie ein „endgültiges" Modell aussehen könnte; solche Spekulationen haben jenseits ihres intellektuellen Reizes die durchaus wichtige Aufgabe, die theoretischen Einsichten der jüngsten Vergangenheit bereits kürzerfristig wirtschaftspolitisch nutzbar zu machen. Sieht man von mehr programmatischen und analytisch nicht ausformulierten

100 Daher werden von Drazen Ansätze dieser Art gleichermaßen im Kapitel Erwartungsgleichgewichte behandelt wie die Hahn-Modelle.

101 Vgl. ähnlich Korliras (1980).

102 Zu grundsätzlich ähnlichen Implikationen führen Versuche einer konsequenten kontrakttheoretischen Fassung des Makromodells (s. Azariadis 1978).

Entwürfen ab[103], so wären hier prinzipiell zwei verschiedene Möglichkeiten mehr oder minder heuristischer Zusammenfügung traditioneller Modelltheorie und neuerer Beiträge zu unterscheiden. Dabei ist insofern i. d. R. von hybriden Ansätzen zu sprechen, als diese „Mischungen" zumindest nicht prima vista auch entscheidungstheoretisch kompatibel sind.

Erstens ist versucht worden, explizit dem informationstheoretischen Aspekt der modernen Theorie Rechnung zu tragen, indem das herkömmliche IS/LM-Paradigma für Güter- und Geldmarkt beibehalten und lediglich der Arbeitsmarkt entsprechend neu gefaßt wird. Diese Überlegungen reichen von einer simplen Ergänzung des IS/LM-Modells um einen aus Phillips-Kurve und Hypothese der natürlichen Arbeitslosenquote bestehenden Arbeitsmarktkomplex (s. z. B. Stein 1974) bis hin zu einer systematischen Auswertung neuerer, aber eben bisher nur auf Partialanalysen beschränkter arbeitsmarkttheoretischer Einsichten für einfache Makrozusammenhänge (s. Varian 1976). Während in diesen Ansätzen der Rationierungsaspekt – wenn überhaupt – nur implizit zum Tragen kommt, etwa durch Verwendung der anders nicht begründbaren Keynesianischen Konsumhypothese, ist die *zweite* Modellklasse durch explizite Modellierung eben dieser Rationierungsproblematik charakterisiert; dagegen sind informationstheoretische Einsichten allenfalls implizit beachtet, etwa im Ansatz der Hypothesen der Preis- und Lohnbildung. In diesem Zusammenhang ist auf den mittlerweile klassisch zu nennenden Beitrag von Solow/Stiglitz (1968) und seine Weiterentwicklung einerseits sowie andererseits mehr der Konzeption von Barro/Grossman (1976) bzw. Malinvaud (1977) folgende Arbeiten zu verweisen, etwa den letzten Beitrag von Malinvaud (1980). Sie unterscheiden sich i. w. darin, daß Vermögens- bzw. Realkasseneffekte im ersten Fall keine Rolle spielen, im zweiten Fall von zentraler Relevanz sind.

3.4.1 Informationstheoretische Konzeptionen

Eine systematische Diskussion der Rolle verschiedener neuerer informationstheoretischer Einsichten für ein makroökonomisches System mit prinzipiell rationierungstheoretischem Charakter findet sich bei Varian (1976). Varian verfährt bei der Integration beider Ansätze in der Weise, daß verschiedene, unter Berücksichtigung von Unsicherheit und unvollständiger Information entwickelte Arbeitsmarktmodelle (s. Ramser 1981 a) jeweils aggregativ interpretiert und durch Hinzufügung eines Gütermarktes mit Keynesianischen Merkmalen (unelastische Investitionsnachfrage, einkommensabhängige Konsumnachfrage) zu einem makroökonomischen Totalmodell komplettiert werden[104].

Der Stellenwert der benutzten Arbeitsmarktmodelle besteht darin, daß sie eine rationale Begründung für die zur Erklärung anhaltender Arbeitslosigkeit erforderliche Inflexibilität des Lohnsatzes nach unten liefern[105]. Eine derartige Begründung ist durchaus nicht ohne weiteres naheliegend. Denn zunächst ist natürlich nicht einzusehen, warum eine gewinnmaximierende Firma die Einstellung von Arbeitern ablehnt, wenn sie ihre

---

103 Ein Beispiel dafür ist der im übrigen etwas kryptische Beitrag von Korliras (1980).

104 Grundsätzlich wird in der formalen Analyse von einem Geldmarkt abgesehen, da seine Existenz keine essentiell abweichenden Implikationen ergibt.

105 Bekanntlich ist die Möglichkeit anhaltender Unterbeschäftigung mit dem Hinweis auf „Keynes"- und Realkasseneffekt bezweifelt worden. Beide bewirken, daß der IS/LM-Komplex – ein Güter-Geldmarkt-Gleichgewicht bei Annahme mengenmäßig definierter Gleichgewichts-(Markträumungs-)Bedingung auf dem Gütermarkt – eine als *aggregierte Nachfrage* bezeichnete negative

Dienste zu einem geringeren als dem herrschenden Lohnsatz anbieten. Zur Erklärung dieser Beobachtung verwendet Varian drei verschiedene Theorien, und zwar Lohninflexibilität zufolge erstens spekulativen Verhaltens von Arbeitern, zweitens unterschiedlicher Risikoaversion zwischen Firmen und Arbeitern (implizite Verträge) und zufolge drittens heterogener, den Firmen nicht von vornherein bekannter Qualifikation von Bewerbern.

Als aggregatives und grundsätzlich mit der Rationierungskonzeption zu vereinbarendes Arbeitsmarktmodell vermag dabei die bereits an anderer Stelle ausführlicher besprochene Theorie impliziter Kontrakte nur wenig zu überzeugen (s.o.). Spekulatives Verhalten der Arbeiter dagegen als Umschreibung des ebenfalls bereits erwähnten Ansatzes von Negishi (1974, 1978, 1979) bzw. seiner Modifikation durch Futia (1977) dürfte zumindest für bestimmte Arbeitsmärkte hohen Erklärungsgehalt aufweisen und daher für einen Teil der aggregativen Arbeitslosigkeit verantwortlich sein[106]. Entsprechende Bedeutung dürfte fehlenden Informationen über die Qualifikation einzelner Bewerber zukommen. Im Gegensatz zum Modell spekulativen Anbieterverhaltens, in dem sich der Arbeitsanbieter einer Lohnsenkung unmittelbar widersetzt, wird auf Lohnsenkungen hier seitens der Firmen verzichtet, solange sie – in der Variante von Salop (1979) – Transaktions- und Ausbildungskosten neu eintretender Arbeiter nicht überkompensieren; dieser Neuzugang von Arbeitskräften wird nicht zuletzt aufgrund der Lohnsenkungen erst erzwungen. Damit ist natürlich letztlich wiederum das in einer Kündigungshypothese erfaßte Verhalten von Arbeitern für die Lohnrigidität – hier allerdings eben nur mittelbar – verantwortlich (s. Ramser 1981a). Grundsätzlich gleiche Resultate erhält man in der von Varian selbst vorgeschlagenen Variante, wonach auch durch Ausbildungsinvestitionen (i.S. firmeneigenen Humankapitals) Qualifikationsdifferenzen nicht eingeebnet werden können, so daß nach einer gewissen Probezeit grundsätzlich ein bestimmter Prozentsatz neu eingestellter Arbeiter wieder entlassen werden muß[107].

Relation zwischen Realeinkommen (bzw. Beschäftigungsgrad) und Preisniveau liefert. Eine entsprechend als *aggregierte Angebotskurve* bezeichnete Beziehung folgt aus der Gleichgewichtsbedingung des Arbeitsmarktes. Sie ist bei flexiblem Nominallohnsatz im Punkt der Vollbeschäftigung völlig unelastisch, zeigt bei nach unten starrem Lohnsatz unterhalb eines bestimmten Preisniveaus dagegen einen mit fallendem Preisniveau fallenden Beschäftigungsgrad an. In diesem Bereich ist das Gleichgewicht des Arbeitsmarktes offensichtlich ein Gleichgewicht bei Mengenrationierung, wobei die Nachfrage die „kurze" Marktseite darstellt. Damit ergibt sich die Möglichkeit, daß ein Schnittpunkt von aggregierter Nachfrage und aggregiertem Angebot in diesem elastischen, d.h. im Unterbeschäftigungsbereich liegt. Aber: ein derartiger Bereich existiert eben nur bei Lohninflexibilität. – Zu einer sehr klaren Entwicklung dieser Zusammenhänge vgl. Sargent (1979).

106 Die ursprüngliche Idee dieses Ansatzes besteht in der Annahme, daß der einzelne Arbeiter als Erwartungsnutzen-Maximierer seinen Reservationslohnsatz, d.h. den von ihm akzeptierten Mindestlohnsatz, unter Beachtung einer u.a. von dessen Höhe abhängenden Beschäftigungswahrscheinlichkeit bestimmt. Die zugrundegelegte, zunächst nur subjektive Beschäftigungswahrscheinlichkeit muß im Gleichgewicht mit der Häufigkeit im Aggregat kompatibel sein. Das Firmenverhalten folgt der üblichen Grenzproduktivitäts-„Regel". Die Schwierigkeiten mit diesem Konzept liegen in der nur exogen gegebenen subjektiven Beschäftigungsdichtefunktion; sie können durch Einführung einer Verteilung von Reservationslohnsätzen – wie Futia (1977) gezeigt hat – behoben werden. Problematisch bleibt dagegen das nur „passive" Firmenverhalten. Die Berücksichtigung aktiver Suchaktivitäten der Firmen dagegen zerstört i.d.R. jede (nichtdegenerierte) Verteilung von Reservationslohnsätzen. Begründung für die Persistenz einer Lohnverteilung kann allerdings die Existenz eines nicht-kompetitiven Sektors (z.B. Staat) sein. Vgl. Hall (1975).

107 Vgl. dazu unsere Ausführungen unter 3.1.2.

3.4.2 Rationierungstheoretische Konzeptionen

Im Gegensatz zu dem von Varian vorgeschlagenen Modelltyp wird in einer „konkurrierenden“ Klasse von Modellen zugunsten einer Ausformulierung des Rationierungsaspekts auf eine explizite Berücksichtigung der informationsbedingten Ursachen eines „schlecht funktionierenden“ Arbeitsmarktes verzichtet. Das Faktum selbst wird in die spezielle Hypothese der Preis-Lohnbildungs-Dynamik inkorporiert. Das erste Modell dieser Art – gleichzeitig immer noch verbindliche Grundlage in der Nachfolge entstandener Varianten – ist die Konzeption von Solow/Stiglitz (1968). Formal werden zwei Märkte, nämlich Güter- und Arbeitsmarkt erfaßt; man kann sich aber ohne weiteres vorstellen, daß es als Resultat geeigneter Annahmen aus einem üblichen, zusätzlich den Geldmarkt enthaltenden Ansatz entwickelt ist[108]. Im einfachsten Fall besteht seine reduzierte Form aus zwei Beziehungen, einer Zuordnung von

- Beschäftigungsgrad zu alternativen Reallohnsätzen,
- Veränderungen des Reallohnsatzes zu alternativen Kombinationen aus Beschäftigungsgrad und Reallohnsatz.

Die *erste* Beziehung, der „Mengenkomplex“ des Modells, entspricht einem auf die Relevanz von Realkasseneffekten verzichtenden Fix-Preis-Modell i. S. von Abschnitt 3.2.2. Das heißt, der Reallohnsatz bestimmt, welches die „kürzeste“ Marktseite bezüglich Güter- und Arbeitsmarkt ist[109]; nach ihr richtet sich dann – unabhängig davon, ob die Märkte in Walrasianischem Sinn geräumt sind oder nicht – das Ausmaß der Transaktionen und damit der als „momentanes“ (temporäres) Gleichgewicht interpretierbare Beschäftigungsgrad.

Die *zweite* Beziehung resultiert aus der simultanen Lösung von Preis- und Lohnanpassungshypothesen resp. von Preis- und Lohngleichung. In Abwandlung des Walrasianischen Anpassungsmechanismus sind Veränderungen von Preisniveau und Lohnsatz Funktion nicht nur der Überschußnachfrage (auf dem jeweiligen Markt), sondern auch von Kostendruckeffekten. Dabei wird grundsätzlich nicht ausgeschlossen, daß Nachfragesog-*(demand pull-)* Einflüsse auch noch bei geräumtem Markt wirksam sind; das Ausmaß dieser Wirkungen kann als Indiz für die monopolistische Verzerrung *(bias)* des Marktes betrachtet werden. Mit monopolistischer Marktstruktur wird i. d. R. auch ein Auftreten von Kostendruck-*(cost push-)* Einflüssen begründet, die in der Preisgleichung durch die (erwartete) Lohnzuwachsrate, in der Lohngleichung durch die (erwartete) Inflationsrate repräsentiert werden[110].

---

108 Vgl. Ramser (1983). Die erforderliche Unabhängigkeit kann bei grundsätzlich zinselastischer Nachfrage auf dem Gütermarkt Ergebnis wirtschaftspolitischer Aktivität, d. h. für Konstanz des realen Zinssatzes sorgender Geldpolitik sein. Zinsunelastische Nachfrage kann aber auch per se ökonomisch begründet werden. Eine hierher „passende“ informationstheoretische Erklärung zinsunelastischer Investitionstätigkeit gibt Negishi (1979).

109 Von Lagerhaltung wird auch hier abgesehen, so daß Firmen nicht gleichzeitig auf beiden Märkten rationiert sein können.

110 Formal unterscheiden sich diese Ansätze damit nicht von Anpassungshypothesen, nach denen von vornherein postuliert wird, daß für Preisveränderungen auf einem Markt auch die Überschußnachfrage auf einem anderen Markt relevant ist. Dabei wird die Stärke dieses Einflusses gelegentlich auch mit der Existenz mehr oder minder ausgeprägter Geldillusion in Verbindung gebracht.

Der „hybride“ Charakter des Modells besteht damit offenkundig in der Kombination zweier bezüglich der unterstellten Marktstruktur inkonsistenter Teilsysteme. Der Mengenkomplex basiert auf der Annahme vollkommener Konkurrenz, der Preis-Lohn-Komplex dagegen ist nur als Resultat unvollkommener Konkurrenz zu verstehen[111]. Im Gegensatz zum Mengenkomplex wird der Preis-Lohn-Komplex zudem üblicherweise komplett ad hoc eingeführt, obwohl eine entscheidungstheoretische Begründung grundsätzlich zur Verfügung steht (vgl. Ramser 1976a, 1982a) und zweckmäßigerweise zur Eliminierung nicht vertretbarer Hypothesen verwendet werden sollte[112].

In der skizzierten – wie erwähnt – einfachsten Version läßt sich das Modell auf eine Differentialgleichung erster Ordnung für den Beschäftigungsgrad oder den Reallohnsatz reduzieren; nimmt man dagegen mit Solow/Stiglitz (1968) an, daß sich der Beschäftigungsgrad nicht zeitlos an sein „momentanes“ Gleichgewicht anpaßt, so ist auch die erste Beziehung eine dynamische Relation und beschreibt die verschiedenen Kombinationen von Beschäftigungsgrad und Reallohnsatz zugeordneten Veränderung des Beschäftigungsgrads. Damit tritt als Finalgleichung eine Differentialgleichung zweiter Ordnung mit einer entsprechend umfangreicheren Palette möglicher ökonomischer Prozesse auf.

Der Erklärungsgehalt insbesondere des zuletzt erwähnten Ansatzes ist sehr beachtlich. Zunächst werden in sehr klarer Weise notwendige und hinreichende Bedingungen Keynesianischer Arbeitslosigkeit und damit auch Ansatzpunkte passender wirtschaftspolitischer Strategien sichtbar gemacht. Insbesondere wird die häufig nicht richtig gesehene Rolle fehlender Nachfrage einerseits und die Bedeutung von Preis-Lohn-Rigiditäten andererseits klargestellt[113]. Ferner liefert das Modell einleuchtende Erklärungen des Arbeitslosigkeits-plus-Inflations-Phänomens (Stagflation), dem ja mit Hilfe des IS/LM-Lehrbuchmodells nicht beizukommen ist und dessen in den letzten Jahren zunehmende reale Relevanz daher auch zu der erwähnten nachhaltigen Diskreditierung des traditionellen makroökonomischen Paradigmas beigetragen hat. Schließlich sind Anpassungsprozesse erklärbar, die – abgesehen von ihrer wichtigsten Bedeutung im Rahmen mittelfristiger Eigendynamik des Systems (s.u.) – ohne weiteres mit den eingangs beschriebenen „stilisierten“ Fakten des konjunkturellen Ablaufs kompatibel sind, wie etwa eine positive Korrelation zwischen Output und Reallohnsatz sowie Output und Preisniveau.

In der Nachfolge dieses Solow/Stiglitz-Modells von 1968 ist eine Reihe weiterer, mehr oder weniger ähnlicher Ansätze vorgeschlagen worden, die teilweise unmittelbar auf das Solow/Stiglitz-Modell rekurrieren (z.B. Korliras 1975), teilweise eher als Erweiterungen des Barro/Grossman (1976)/Malinvaud (1977)-Paradigmas zu bezeichnen sind (z.B. Honkapohja 1979). Die wesentlichen Unterschiede zwischen beiden Ansätzen liegen darin, daß bei Barro/Grossman (1976)/Malinvaud (1977) etc. einerseits der *Realkasseneffekt* von entscheidender Bedeutung ist, andererseits aber grundsätzlich von

111 Natürlich könnte man den Preis-Lohn-Komplex durch strikt kompetitive Hypothesen ersetzen. Das Ergebnis wäre ein zwar konsistentes Gesamtmodell – aber eben genau das unter 3.2.3 diskutierte und mit guten Gründen abgelehnte System.

112 Angesichts seiner im übrigen benutzten Analysemethodik überrascht es, wenn Malinvaud (1980, S. 52f.) ausgerechnet an dieser Stelle Versuche einer mikroökonomischen Begründung mit dem Vorwurf mangelnder Verläßlichkeit verwirft. Diese Position ist nur insoweit verständlich, als eine mikroökonomische Motivation auf der Grundlage von Preisgestaltungsspielräumen der Firmen den widersprüchlichen Charakter auch seines Modells sehr deutlich zu Tage fördert. Vgl. dazu 4.2.1.

113 Vgl. im einzelnen dazu Ramser (1983).

zeitloser Anpassung des Beschäftigungsgrads ausgegangen wird[114]. Ob die Berücksichtigung des Realkasseneffekts im kurzfristigen Modell erforderlich und sinnvoll ist, kann bei (exogener) kalendermäßiger Festlegung der Länge der kurzen Frist natürlich nur empirisch entschieden werden. Bei ökonomischer Abgrenzung i. S. der Kapazitätswirksamkeit von Investitionen jedenfalls ist es kaum vertretbar, Realkasseneffekte als kurzfristig bedeutsame Determinante der aggregierten Nachfrage zu behandeln. Dies würde voraussetzen, daß erstens sehr erhebliche Veränderungen des Preisniveaus stattfinden, zweitens der Anteil der Realkasse am gesamten Realvermögen sowie drittens die Elastizität der Nachfrage bezüglich Realkasse außerordentlich hoch sind. Die Komplizierung der Analyse durch Berücksichtigung von Realkasseneffekten trägt daher bestenfalls zur Unübersichtlichkeit des Arguments bei[115].

Weitere Unterschiede bestehen in der Behandlung des Preis-Lohn-Komplexes. Während Solow/Stiglitz (1968), aber auch z.B. Honkapohja (1979), von einer regimeunabhängigen „Regel" der Preis-Lohn-Dynamik ausgehen – das Argument Überschußnachfrage ist natürlich stets regimespezifisch definiert –, postuliert Malinvaud (1980) insbesondere für die Erklärung der Lohnzuwachsrate (Phillips-Kurve), Keynesianischer Tradition entsprechend, asymmetrische Reaktion: bei klassischer Arbeitslosigkeit sinkt der Lohnsatz, steigt bei zurückgestauter Inflation und ändert sich bei Keynesianischer Unterbeschäftigung nicht[116, 117].

Es wurde unter 3.2.3 ausführlich dargelegt, daß der neben der Preis- und Lohnreaktion wesentliche zweite Aspekt einer Analyse der Sequenz temporärer Gleichgewichte die Veränderung bzw. eben auch Reaktion von Erwartungen betrifft. Sie beziehen sich – anders als in den Ansätzen mit permanent preisgeräumten Märkten – hier auf Preise, Löhne *und* Mengenrestriktionen in den kommenden Perioden. Für die in diesem Abschnitt zur Diskussion stehenden, theoretisch weniger stringenten, dafür eher operationellen Ansätze ist eine relativ großzügige Behandlung dieses grundsätzlich äußerst schwierigen Komplexes bezeichnend. Überwiegend wird im Rahmen der Hypothesen zur Preis- und Lohnbildung mit (myopisch) korrekten Erwartungen über Preise und Löhne, d. h. – da es sich grundsätzlich um deterministische Modelle handelt – mit der Annahme rationaler Erwartungen bei vollständiger Information argumentiert. Dies geschieht i. d. R. sogar nur in impliziter Form, d. h. das Problem wird als solches gar nicht ausdrücklich erwähnt[118]. In eher noch ausgeprägterer Weise trifft diese Feststellung für Erwartungen

---

114 Damit wird zwar die typische Hierarchie der Anpassungsgeschwindigkeiten von Preisen (und Löhnen) und Mengen bewahrt, aber eben in einer extremen Variante; die an sich „polare" Form ist natürlich das Fix-Preis-Modell bei tatsächlicher Unbeweglichkeit von Preisen und Löhnen.

115 Vgl. auch Tobin (1980a).

116 Ein Unterkonsumtions-Regime existiert bei Malinvaud nicht, da Lagerhaltung ausgeschlossen ist.

117 Aus methodischer Sicht sind selbstverständlich auch diese „Verbesserungen" der einfachen Walrasianischen Anpassungsregel als unbegründete ad hoc-Hypothesen für den hier zur Diskussion stehenden Versuch einer Neuformulierung der makroökonomischen Theorie nicht akzeptabel.

118 Um Inkonsistenzen zu vermeiden, muß bekanntlich das Intervall zulässiger Größenordnung der Kostendruck-Koeffizienten in den Lohn-Preis-Gleichungen beschränkt werden. Dieses zunächst arbiträr erscheinende Vorgehen wird nun gelegentlich damit begründet, daß die jeweiligen, diesen Kostendruck-Effekt messenden Variablen (Inflationsrate in der Lohngleichung, Lohnzuwachsrate in der Preisgleichung) grundsätzlich Erwartungscharakter haben, ihre Schätzung

bezüglich künftiger Mengenbeschränkungen zu[119]. Einzige Ausnahme ist m. W. ein wenig beachteter Beitrag von Lorie (1978). Die in dieser Arbeit vorgetragenen Überlegungen sind insbesondere deswegen von Interesse, weil gezeigt wird, daß auch dann, wenn eine „reine" Walrasianische Lohn-Preis-Dynamik unterstellt wird – d.h. Verzicht auf jeden monopolistischen und damit auch jeden Kostendruck-Einfluß –, eine Rückkehr des Systems zum Walrasianischen Gleichgewicht allein durch pessimistische Mengenerwartungen verhindert werden kann. Unabhängig davon, daß die von Lorie (1978) selbst benutzte Erwartungsbildungshypothese wegen ihres adaptiven Charakters den bekannten Vorbehalten unterliegt, macht die Analyse deutlich, daß auch im Rahmen vereinfachter makrotheoretischer Modelle eine explizite Berücksichtigung von Erwartungen unbedingt sinnvoll ist.

---

aufgrund der Realisation der Variablen in der laufenden Periode erfolgt – aber nur mit begrenztem Vertrauen in die Verläßlichkeit dieses Indikators und daher eben mit einem (genügend) kleinen Koeffizienten.

119 In der Literatur zum Fix-Preis-Modell wird z. T. dagegen sehr klar auf die Rolle von Erwartungen über Preise und Mengen aufmerksam gemacht. Als Beispiel sei auf Böhm (1980) verwiesen, der z.B. für die Entscheidung des Konsumenten (s. S. 6ff.) eine Erwartungsbildungsfunktion benutzt, die jeder Preis-Lohn-Kombination der Gegenwart Preis-, Lohn- und Mengenerwartungen für die Zukunft zuordnet.

4. Theorie mittelfristiger ökonomischer Prozesse

Die bisherigen Überlegungen werden im folgenden auf eine Einbeziehung mittelfristiger Vorgänge ausgedehnt. Damit wird ein Zeithorizont betrachtet, der nach traditioneller Auffassung konjunkturtheoretischen Spekulationen zugrundezulegen ist und der eine Erklärung der zeitlichen Entwicklung der Produktionskapazitäten einschließt, ohne bereits eine Endogenisierung des technischen Fortschritts zu verlangen[120]. Für eine mittelfristige Untersuchungsperiode sind auf der Ebene einzelwirtschaftlicher Entscheidungen natürlich alle intertemporal wirksamen Dispositionen von Haushalten, Unternehmungen und Staat von besonderer Bedeutung, d.h. vor allem Spar- und Investitionsentscheide, und die Leistungsfähigkeit einer mittelfristigen Theorie wird daher nicht zuletzt an einer angemessenen mikrotheoretischen Motivation dieser Dispositionen zu messen sein. Für die gesamtwirtschaftliche Perspektive entstehen zufolge der durch die Kapazitätseffekte verursachten zusätzlichen Interdependenzen zwischen temporären Gleichgewichten verschiedener Perioden neue Probleme. In der Analyse kurzfristiger Prozesse beschränkte sich diese zeitliche Interdependenz vornehmlich auf die Entwicklung von Erwartungen und eine Veränderung von Preisen und Löhnen.

Auch in diesem Kapitel soll wieder nach der „Qualität" des Koordinationsmechanismus individueller Dispositionen unterschieden werden. Konjunkturmodelle auf der Grundlage permanent geräumter Märkte werden seit einiger Zeit – wie bereits mehrfach erwähnt – intensiv diskutiert; sie sind praktisch identisch mit der Aussage der NCM, d.h. des Monetarismus Nr. 2. Die konsequente Interpretation der Rationierungskonzeption im Rahmen einer mittelfristigen Untersuchungsperiode dagegen steht praktisch in ihren Anfängen; wir müssen uns daher zwangsläufig auf die Diskussion des Malinvaud-Modells von 1980 als bis heute praktisch einzigen vollständigen Versuchs in dieser Richtung beschränken. Über Möglichkeiten einer mittelfristigen makroökonomischen Theorie auf der Grundlage informationsbedingt monopolistischer Marktstruktur schließlich kann überhaupt nur spekuliert werden. Dabei scheint gerade ein solcher Ansatz konzeptionell überzeugend. Als moderne Variante Kaleckischer Intentionen würde man mit ihr nicht nur den o.e. Schwierigkeiten einer sinnvollen Begründung kompetitiven Verhaltens angesichts von Mengenrestriktionen entgehen, sondern würde vor allem auf einen Großteil der für den Rationierungsansatz unvermeidlichen Kasuistik verzichten können. Dies hätte nicht zuletzt den Vorteil besserer empirischer Überprüfungsmöglichkeit. Die eigentliche Schwierigkeit, die zu den bereits erörterten Problemen hinzukommt, liegt in der Erklärung der zeitlichen Entwicklung der Marktstruktur, d.h. des informationsbedingten „Monopolgrads". Im letzten Abschnitt dieses Kapitels sollen schließlich – ähnlich wie bei der Analyse kurzfristiger ökonomischer Prozesse – verschiedene in der Literatur vorgeschlagene operationelle Ansätze daraufhin untersucht werden, ob sie den in den voranstehenden Abschnitten geäußerten Desiderata zumindest approximativ entsprechen und daher als „Übergangslösungen" akzeptabel sein können.

---

120 Die Endogenisierung des technischen Fortschritts betrachtet man üblicherweise als Problem der Wachstumstheorie.

4.1 Konjunkturtheorie auf Basis preisgeräumter Märkte

4.1.1 Die Konjunkturtheorie der „neuen" klassischen Makroökonomik

(a) Modellstruktur

Die unter dem Begriff „Gleichgewichtstheorie des Konjunkturzyklus" *(equilibrium business cycle theory)* von Lucas (1975) in die wissenschaftliche Diskussion eingeführte Konjunkturtheorie der „neuen" klassischen Makroökonomik (NCM) basiert bezüglich ihrer „kurzfristigen" Aspekte auf dem unter 3.1.1 ausführlich geschilderten und kritisierten Konzept. Seine wesentlichen Merkmale können mit Barro (1981, S. 41) wie folgt zusammengefaßt werden:

„...
(a) permanent geräumte Märkte (i. S. von Walras, e. B.);
(b) unvollständige Information über eine Reihe laufender aggregierter Variablen;
(c) Gültigkeit einer Form der ‚Lucas-Angebotsfunktion', wonach monetäre Störungen temporär auch reale Effekte haben;
(d) Gültigkeit einer Form der Hypothese der natürlichen Arbeitslosenquote, wonach reale Effekte vom einzelnen in Rechnung gestellter nominaler Variablen – etwa der Geldmenge – ausgeschlossen sind; sowie
(e) rationale Erwartungsbildung ..."

Im Rahmen dieses Annahmenkomplexes ist es – wie bereits dargelegt – grundsätzlich möglich, die bis dahin einer konjunkturtheoretischen Interpretation im Wege stehenden Erklärungsdefizite der klassischen Theorie zu beseitigen. Sie werden i. w. darin gesehen, daß die beobachteten positiven Korrelationen in den Zeitreihen von

- absoluten Preisen/Löhnen und den Aggregaten von Output und Beschäftigung,
- aggregierter Nachfrage (gemessen z. B. durch die Geldmenge) und den Aggregaten von Output und Beschäftigung

nicht erklärt werden können. In klassischen Modellen sind Output und Beschäftigung unabhängig vom Preisniveau und der aggregierten Nachfrage determiniert. Die für den von der NCM-Theorie beschrittenen Ausweg aus dem Dilemma entscheidende Annahme besteht nicht nur allgemein in einer Verminderung des Informationsgrads (Eigenschaft (b)), sondern in bestimmten Forderungen an die vorliegende Informationsstruktur, in Form insbesondere von Informationsasymmetrien zwischen verschiedenen Marktteilnehmern.

Mit diesen „Nachbesserungen" des klassischen Modells[121] sind nun zunächst nur einige der einleitend erwähnten Kohärenzen zwischen verschiedenen Variablen im Zeitablauf

121 Von NCM-Theoretikern wird nicht ohne einen gewissen Stolz darauf hingewiesen, daß eben der klassische Charakter des Modells erhalten bleibt, und zwar sowohl i. S. des Festhaltens an klassischen Theoriepostulaten als auch insofern, als der Geldpolitik keine aktive Rolle zugebilligt wird (s. Lucas/Sargent 1978, S. 61).

erklärt[122]. Vorläufig scheint nicht begründbar – und das ist natürlich für eine Konjunkturtheorie nicht akzeptabel –, warum anhaltende zyklische Bewegungen auftreten, d.h. eine entsprechende zeitliche Korrelation zentraler ökonomischer Variablen vorliegen soll. Denn

„... bei rationalen Erwartungen der Marktteilnehmer und Kenntnis der Vergangenheitsdaten der zu schätzenden Variablen kann der Schätzfehler nur ein seriell unkorrelierter Zufallsprozeß sein. Das besagt, daß keine faßbare Beziehung zwischen dem Schätzfehler der laufenden und dem einer früheren Periode existieren darf" (Lucas/Sargent 1978, S. 65).

Dieses von den NCM-Theoretikern nicht bestrittene Faktum darf aber nach Meinung von Lucas/Sargent (1978, S. 65) nicht in der Weise interpretiert werden, daß der theoretische Ansatz Nachfrageschwankungen grundsätzlich nur untergeordnete Bedeutung zubilligt und daher die entscheidenden Gründe für die Schwankungen des Outputs im Verlauf eines Konjunkturzyklus zwangsläufig in Störungen des aggregierten Angebots zu suchen sind[123]. Denn diese Konsequenzen kann nur ziehen, wer nicht korrekt zwischen Störungsursachen *(sources of impulses)* und möglichen Ausbreitungsmechanismen *(propagation mechanisms)* unterscheidet. Das bedeutet (Lucas/Sargent 1978, S. 66):

„Selbst wenn die neue klassische Theorie impliziert, daß die Schätzfehler als Ausdruck der von der aggregierten Nachfrage ausgehenden Impulse zeitlich unkorreliert sind, so ist doch die Annahme nicht unlogisch, daß ‚Ausbreitungs'-Mechanismen wirksam sind, die diese Störungen in zeitlich korrelierte Bewegung realer Größen, wie Output und Beschäftigung transformieren."

Unter den in Frage kommenden Ausbreitungsmechanismen kann es sich einmal um Reaktionen aufgrund der Existenz von Anpassungskosten handeln, die die Firmen bei der Adjustierung ihrer Bestände von Faktoren verschiedener Art (Kapital *und* Arbeit) in Rechnung zu stellen haben. Ihre Präsenz kann grundsätzlich dafür verantwortlich sein, daß auch für den Fall einer als sicher und permanent eingeschätzten Veränderung relativer Preise die als Reaktion erfolgende Adjustierung des Bestands über mehrere Perioden „gestreckt" wird[124]. Damit wird also de facto ein zeitlich unkorrelierter Schätzfehler (bezüglich der relativen Preise) in eine Reihe zeitlich korrelierter Bewegungen von Faktornachfrage und Output umgesetzt.

Ein weiterer, von Lucas/Sargent (1978) für relevant gehaltener Ausbreitungs-Mechanismus stellt auf die Akkumulations-Entscheidungen der Haushalte ab. Danach ist es optimal, zeitlich unkorrelierte Fehler bei der Schätzung von Preisen und/oder Einkommen

---

122 Tobin (1980, S. 43) verweist darauf, daß eine Reihe weiterer „stilisierter" Fakten zu den Aussagen des Modells sogar im Widerspruch stehen. So treten entgegen der Modellprognose Kündigungen und offene Stellen prozyklisch, Entlassungen antizyklisch auf; die Erwerbsquoten reagieren empfindlicher auf Veränderungen der Arbeitslosenquote und der Quote offener Stellen als auf Veränderungen des Reallohnsatzes; Reallohnsätze *und* Arbeitsproduktivität bewegen sich prozyklisch, und die durchschnittliche Konsumquote weist antizyklischen Verlauf auf. Zu anderen „Eigentümlichkeiten" des NCM-Modells vgl. Friedman (1978).

123 Beschäftigungszyklen könnten dann natürlich auch nur als unmittelbarer Reflex von Zyklen exogener Variablen interpretiert werden – gewissermaßen als bloßes Spiegelbild technologischer und Schwankungen von Präferenzen (vgl. Tobin 1980a, S. 37).

124 Dabei ließe sich durchaus darüber streiten, ob die Existenz von Anpassungskosten nicht grundsätzlich in eine „andere" Theorie gehört, d.h. konkret: in eine Theorie nicht-Walrasianischen Gleichgewichts, die nicht z.B. durch starre Löhne oder Erwartungen, sondern hier eben durch starre Bestände gestützt wird (vgl. Friedman 1978, S. 79).

in zeitlich korrelierte Entscheidungen über die Nachfrage nach langlebigen Wirtschaftsgütern zu übersetzen. Schließlich könnte sich ein dritter Ausbreitungs-Mechanismus aus Reaktionsverzögerungen ergeben, die zufolge von Informationsmängeln beim Abschluß von Kontrakten auf dem Arbeitsmarkt resultieren. Das Fazit der NCM-Theoretiker lautet also, daß die Behauptung, wonach der Großteil der Schwankungen von Produktion und Beschäftigung im NCM-Modell auf Schwankungen des aggregierten Angebots beruhen müsse, schlicht falsch ist (s. Lucas/Sargent 1978, S. 66f.).

(b) Einschätzung

Grundsätzlich leuchtet ein, daß bei unvollständiger Information trotz der Annahme rationaler Erwartungen – eben weil der Informationsstand nicht ausreichend ist – in Verbindung mit der Existenz von Anpassungshemmnissen, d.h. durch das Zusammenwirken von

> „... Informationsverzögerungen, die eine perfekte Kenntnis selbst von Vergangenheitsdaten verhindern, und physischem Kapital, mit dem so etwas wie der wohlbekannte Akzelerator-Effekt ins Spiel kommt ...“ (Lucas 1975, S. 1114),

zyklische Bewegungen realer ökonomischer Variablen entstehen *können*. Theoretisch in höchstem Maße unbefriedigend allerdings ist, daß die bisher vorliegenden Formalisierungen des Ansatzes – abgesehen von ihrem mehr oder weniger unübersichtlichen Format (vgl. etwa gerade Lucas 1975) – von vornherein hochgradig aggregativ sind. Zwar wird, um das Informationsproblem deutlich zu machen („Insel“-Parabel), grundsätzlich von einer „großen“ Menge lokaler Märkte ausgegangen (vgl. Barro 1981, S. 45); diese Märkte sind aber nicht interdependent, so daß einer Interpretation des Gesamtansatzes in einem simplen, aus drei Gleichungen bestehenden Totalmodell (vgl. z.B. McCallum 1980, S. 719) nichts im Wege steht. Hierzu lassen sich dann natürlich Bedingungen demonstrieren, die notwendig und hinreichend für die Existenz von Zyklen verschiedener Art sind. Eine Einschätzung des Stellenwertes im einzelnen erforderlicher Annahmen ist aber nicht mehr möglich[125]. Wie auch immer: daß die Gleichgewichtstheorie zur Erklärung der stilisierten Fakten ohne eine Reihe auch nur als arbiträr einzuschätzender Annahmen auskommt, kann im Ernst nicht behauptet werden. Insofern ist Friedman (1978, S. 79f.) nur zuzustimmen, wenn er feststellt, daß die Gleichgewichtstheorie ebensowenig ein Monopol für eine entscheidungstheoretische Fundierung zu beanspruchen hat wie die Keynesianische Makroökonomik ein Monopol für arbiträre, ad hoc eingeführte Restriktionen.

---

125 Die vorgetragene Kritik trifft in geringerem Umfang das ebenfalls hierher gehörende Modell von Kydland/Prescott (1980). In diesem Ansatz wird das Entscheidungsproblem des Haushalts (Arbeitsanbieters) i.S. einer intertemporalen Entscheidung zwischen Einkommen und Freizeit explizit gemacht. Für das Investitionsverhalten dagegen ist auch hier die Lag-Struktur exogen.

4.1.2 Alternative Konzeptionen

(a) Einzelwirtschaftliche Anforderungen

Unabhängig von aller Kritik kann der Ansatz, Markträumung mit der Annahme unvollständiger Information zu verbinden, durchaus sinnvoll sein. Natürlich ist der Koordinationsmechanismus permanenten Preisgleichgewichts – wörtlich genommen – unrealistisch. Diese Feststellung schließt nicht aus, daß Datenkonstellationen existieren, unter denen sich insbesondere um eine sinnvolle Erfassung des Unsicherheits-/Informations-Kom- approximieren lassen[126]. Vorausgesetzt werden muß allerdings, daß die in den voranstehenden Überlegungen geäußerte Kritik angemessen berücksichtigt wird. Dabei handelt es sich insbesondere um eine sinnvolle Erfassung des Unsicherheits-/Informations-Komplexes. Eine entsprechende Revision der NCM-Theorie verlangt letztlich, daß ein systematischer Aufbau des Modells aus dem einzelwirtschaftlichen Kalkül heraus vorgenommen wird[127].

Grundlage ist zunächst natürlich eine Analyse intertemporal relevanter Entscheidungen von Haushalten und Firmen angesichts von Unsicherheit und unvollständiger Information. Dabei ist die Situation insofern noch relativ einfach, als aufgrund des unterstellten Koordinationsmechanismus von vornherein auf die Berücksichtigung von Mengenrestriktionen verzichtet werden kann. Für das *Entscheidungsproblem des Haushalts* zunächst kann – wie früher schon erwähnt – auf das in jeder Hinsicht „passende" Modell von Lucas/Rapping (1969), d. h. die Konzeption der mehrperiodigen Konsum-Freizeit-Entscheidung von I. Fisher, zurückgegriffen werden. Unsicherheit und unvollständige Information können dabei in der Form eingeführt werden, daß für künftige relative Preise subjektive Dichtefunktionen vorliegen, deren Genauigkeit u. U. durch Ressourcen beanspruchende Informationsaktivität verbessert werden kann. Im Standardansatz, der sich in übersichtlicher Darstellung bei Sargent (1979, Ch. XVI) nachlesen läßt, wird allerdings von vornherein Kenntnis der objektiven Dichtefunktionen angenommen, d. h. auf den Aspekt unvollständiger Information verzichtet[128]. Unter diesen Umständen hängt die Entscheidung eines Haushalts über die Höhe seines laufenden Konsums von den Zeitsequenzen von realen Lohn- und (einperiodigen) realen Zinssätzen bzw. deren Erwartungswerten ab, und zwar von der Gegenwart bis zum Ende des jeweiligen Planungshorizonts[129].

Über die Eigenschaften der Konsumfunktion werden in der Literatur i. allg. keine weiteren Angaben gemacht[130]. Anhand einfacher Zwei-Perioden-Ansätze läßt sich zei-

---

126 Welche Datenkonstellationen in diesem Zusammenhang relevant sind, soll später diskutiert werden. Grob gesprochen stellt sich die Frage, ob es sich hierbei eher um Situationen in der unmittelbaren Umgebung („Korridorkonzept") oder in weiterer Entfernung vom Walrasianischen Gleichgewicht handelt.

127 Im Prinzip wiederholt sich damit die bereits im kurzfristigen Teil festgestellte Problematik. Die Rolle einer mikrotheoretisch „exakten" Konstruktion spielt dort u. a. das Modell von Siven (1979).

128 Diese Vereinfachung gilt im übrigen auch für den Gleichgewichtsansatz. Lucas/Sargent (1978, S. 67ff.) begründen den Verzicht auf die Einführung von Lernprozessen nur mit „analytischer Bequemlichkeit".

129 Vgl. die Erläuterungen von Sargent (1979, S. 370).

130 Aussagen über Eigenschaften finden sich nur implizit in den Eigenschaften der aggregierten Nachfrage insgesamt.

gen, daß die üblichen Annahmen an die Nutzenfunktion bei weitem nicht ausreichen, um viel mehr auszusagen, als daß der laufende Konsum positiv auf eine Erhöhung des laufenden Reallohnsatzes reagiert. Nicht eindeutig ist bereits in einem Zwei-Perioden-Modell, in dem Arbeit nur in der ersten Periode angeboten werden kann, der Effekt zunehmender Unsicherheit von Lohn- und Zinssatz[131]. Dieser Sachverhalt legt nahe, zusätzliche Annahmen einzubringen. Sie dürfen natürlich nicht arbiträr sein, sondern sollten sich an in der Realität typischen Risiko-Szenarios orientieren. Dabei dürfte einmal mehr ohne ein gewisses Maß an Desaggregation kaum auszukommen sein.

Für das *Entscheidungsproblem der Firma* bei Unsicherheit und unvollständiger Information, insbesondere für die hier relevante Erklärung des Investitionsverhaltens, kann auf das deterministische neoklassische Firmenmodell als Bezugsrahmen rekurriert werden. Für die neoklassische Investitionstheorie unter Annahme von Sicherheit und vollständiger Information[132], spielt die Existenz interner und/oder externer Anpassungskosten mit bestimmten Eigenschaften eine entscheidende Rolle: nur bei konvex verlaufenden Anpassungskosten (d.h. zunehmenden Grenzkosten der Expansion)[133] ist überhaupt eine Investitionsnachfrage und damit ein Markt für entsprechende Strömungsgrößen zu begründen. Ist diese Bedingung gegeben, so läßt sich die Investitionsnachfrage – abgesehen von der Elastizität dieser Kosten bzw. allgemein den Eigenschaften der Anpassungskostenfunktion – mit Hilfe von „Tobin's q", d.h. der Relation zwischen (netto-) Grenzprodukt des Kapitals und realem Zinssatz, bzw. in Abhängigkeit vom augenblicklichen Kapitalstand (*closed loop control,* s. Intriligator 1971) erklären.

Eine Einführung von Unsicherheit kann in sehr verschiedener Weise erfolgen (s. Ramser 1980). Im Standardfall, der eine unmittelbare Interpretation des erwähnten deterministischen Modells ist, wird etwa untersucht, welchen Einfluß eine zunehmende Unsicherheit bezüglich der zukünftigen Preise, Lohnsätze und der Kosten der Investition hat (s. Hartman 1972)[134]. Danach wird (bei nicht-bindenden Nicht-Negativitätsbeschränkungen bezüglich des Kapitaleinsatzes) die Investitionstätigkeit der laufenden Periode nicht von zunehmender Unsicherheit über die Höhe zukünftiger Investitionskosten beeinflußt, und sie reagiert nicht negativ bei zunehmender Unsicherheit über zukünftige Löhne und Preise.

Im Gegensatz zu der relativ umfangreichen Literatur zum Einfluß von Unsicherheit auf die Investitionsentscheidung steht die „exakte" Analyse der Wirkung unvollständiger Information noch in den Anfängen. Es wurde schon an anderer Stelle darauf hingewiesen, daß man unvollständige Information unterschiedlich verstehen kann. Am nächstliegendsten ist sicher die Annahme, daß unvollständige Information dann vorliegt, wenn die bisher als bekannt vorausgesetzten Dichtefunktionen eben nicht vollständig bekannt sind, so daß jede Beobachtung einer für die Investitionsentscheidung relevanten Determinante über ihre unmittelbare Bedeutung für die momentane Investitionsnachfrage hinaus gleichzeitig Informationen zur Verbesserung bisheriger Schätzungen der entsprechenden

---

131 S. Block/Heineke (1975).

132 Vgl. dazu die Darstellungen bei u. a. Takayama (1974), Brechling (1975), Nickell (1978), Sargent (1979).

133 Ausreichend ist stückweise linearer Verlauf mit bindenden Ober- und Untergrenzen (s. Takayama 1974).

134 Die übliche und keineswegs auch im Rahmen neoklassischen Räsonnements unstrittige Zielsetzung ist Maximierung des Erwartungswertes der Summe diskontierter Netto-Einzahlungen *(cash flows).*

Verteilung liefert. Grundsätzlich hat man zu erwarten, daß objektive Veränderungen relevanter Datenkonstellationen im Vergleich mit dem deterministischen Ansatz mit erheblicher zeitlicher Verzögerung auf die Investitionsentscheidungen durchschlagen. Dabei sind natürlich auch Asymmetrien nicht auszuschließen, insbesondere nicht, daß positiven Veränderungen weniger Permanenz zugetraut wird als negativen Überraschungen[135].

Unvollständige Information im Zusammenhang mit Investitionsentscheidungen liegt in abweichender Definition dieses Begriffs auch dann vor, wenn die Dichtefunktion der Erträge aller denkbaren Investitionsgelegenheiten zwar objektiv bekannt ist, der Ertrag eines einzelnen Investitionsprojekts aber erst im Rahmen einer Kosten verursachenden Analyse dieses Projekts zu ermitteln ist[136]. Die Investitionsentscheidung präsentiert sich hier als simultane Festlegung von ausreichendem Informationsstand, gemessen in der Anzahl explorierter Projekte, und durchzuführender Investition (s. Ramser 1980, S. 234). Wie bereits von McCall (1965) angeregt, bietet sich für Problemstellungen dieser Art an, auf suchtheoretische Überlegungen zurückzugreifen[137]. Das Ergebnis solcher Untersuchungen läßt sich dahingehend resumieren, daß im großen und ganzen bei relativ allgemeinen Annahmen kaum eindeutige Reaktionen feststellbar sind. Dies gilt sowohl für Veränderungen üblicher Determinanten der Investitionstätigkeit – wie etwa des Zinssatzes – als auch für Veränderungen des Informationsstands oder z.B. der Dichtefunktion von Investitionserträgen. Da sich alle Veränderungen der konjunkturellen Bedingungen in Ertragserwartungen niederschlagen, dürfte gerade der zuletzt erwähnte Punkt von Bedeutung sein; es kann nicht ausgeschlossen werden, daß eine häufig verlangte gesamtwirtschaftliche „Verstetigungsstrategie" adverse Effekte hat (s. Ramser 1980, S. 248ff.). Die Folgerung, die daraus für die Formulierung einer „verläßlichen" Konjunkturtheorie zu ziehen ist, kann nur lauten, daß von vornherein mit desaggregierten, spezifischen Reaktionsmustern angemessenen Investitionsfunktionen zu operieren ist[138].

Die vorgetragenen Überlegungen zu einer einzelwirtschaftlichen Begründung einer gleichgewichtigen Konjunkturtheorie basieren auf der Überlegung, daß Entscheidungssituationen zu betrachten sind, die sich von den traditionellen Lehrbuchszenarios durch eine systematische Berücksichtigung von Unsicherheit und unvollständiger Information unterscheiden. Man verfügt gegenwärtig über eine Reihe mehr oder weniger vielversprechender Ansätze zur Erklärung u.a. des Konsum- und Investitionsverhaltens, ohne daß von einem gesicherten „harten Kern" entsprechender Hypothesen gesprochen werden könnte. Ziel der Forschung müßte also zunächst einmal sein, durch Bezugnahme auf stilisierte Fakten des Unsicherheits-/Informations-Komplexes gewisse Standardhypo-

---

135 Vgl. dazu v.a. Birch/Siebert (1976).

136 Man kann annehmen, daß der Ertrag der einzelnen analysierten Investition mit Sicherheit oder i.S. einer (objektiven) Dichtefunktion bekannt ist.

137 Zu einem einfachen Entscheidungsproblem vgl. Ramser (1980, S. 235ff.). Komplexere Fragestellungen werden untersucht in Berninghaus/Ramser (1981).

138 Eine andere Frage ist, ob nicht grundsätzlich eine gesamtwirtschaftliche Investitionshypothese anstatt als Investitionsnachfrage bereits als Gleichgewichtsbedingung eines Marktes für Investitionsgüter verstanden und begründet werden sollte. Eine Investitionserklärung in dieser Form wird u.a. von Brechling (1975) und Mussa (1977) für eine deterministische, von Lucas/Prescott (1971) und Sargent (1979, Ch. XIV) für eine stochastische Umwelt vorgeschlagen.

thesen zu entwickeln. Bei entsprechend analoger Interpretation könnten sie dann Grundlage makroökonomischer Reaktionshypothesen in einem aggregativen Modell sein.

(b) Zur Problematik von Vereinfachungen

Entscheidungen bei Unsicherheit auf Basis einer Menge subjektiver Verteilungen, Verwendung des Erwartungsnutzen-Ansatzes und gleichzeitige Berücksichtigung laufenden exogenen oder endogenen (passend geplanten) Informationszugangs sind kein Modell für reale Entscheidungsprozesse. Verantwortlich für dieses Faktum ist nicht zuletzt der erforderliche Informations- und Kalkulationsaufwand. Aus methodologischer Sicht ist damit ihre Verwendung zur Generierung von Hypothesen keineswegs „verboten". Auf der anderen Seite ist auch nicht ausgeschlossen, daß vereinfachte Verfahren der Entscheidungsfindung diesen Zweck ebenfalls erfüllen können, sofern nur konsistent argumentiert wird. Versuche dieser Art sind natürlich insbesondere dann von Interesse, wenn aus dem „exakten" komplexen Ansatz keine eindeutigen Hypothesen zu gewinnen sind.

Tatsächlich kommt keine der üblichen makroökonomischen Konzeptionen ohne Zugrundelegung eines in diesem Sinne vereinfachten Entscheidungsprocederes aus[139]. Dabei ist überwiegend unterstellt, daß die in einer ersten Entscheidungsphase[140] übliche Verkürzung des Entscheidungsproblems in der Weise vorgenommen wird, daß anstelle einer Menge subjektiver Dichtefunktionen für unsichere Variable mit einer „vereinfachten" (degenerierten) Verteilung in Form einer sicheren Punktschätzung operiert wird. Diese sichere Punktschätzung, z.B. die in diesem Sinne „erwartete" Inflationsrate, wird dann im Lichte neuer Erfahrungen korrigiert, wobei hier nun wieder mit Vereinfachungen, nämlich i.d.R. mit adaptiven Korrekturmechanismen gerechnet wird. In einer zweiten Entscheidungsphase kann dann praktisch ein relativ einfaches deterministisches Entscheidungskalkül benutzt werden. Das Ergebnis ist eben wegen der vorgenommenen Vereinfachungen nicht unbeschränkt interpretationsfähig. Vielmehr hat man zu beachten, daß das aus „Punktschätzung plus adaptiver Korrektur" bestehende Verfahren nur eine

---

139 Eine Substitution der „exakten" Entscheidungsregeln durch vereinfachte Versionen steht nicht im Widerspruch mit der Konzeption Gleichgewichtstheorie des Konjunkturzyklus. Wie auch die klassische Theorie verlangt die „neue" klassische Theorie grundsätzlich neben permanenter Markträumung qua Preismechanismus lediglich, daß alle Individuen konsequent in ihrem Eigeninteresse handeln; das Procedere der Optimierung ist nicht festgelegt. „Neu" ist der Ansatz nur insofern, als eben die von den Klassikern benutzte Annahme perfekter Information aufgegeben wird (vgl. Lucas/Sargent 1978, S. 60). Im übrigen operiert auch die NCM-Theorie mit Vereinfachungen, allerdings etwas anderer, gewissermaßen spiegelbildlicher Richtung. Unterstellt wird nämlich, daß die stochastischen Schocks stationär sind und die entsprechenden Wahrscheinlichkeitsverteilungen bereits von den Marktteilnehmern „erlernt" wurden (s. Lucas/Sargent 1978, S. 68).

140 Hey (1981) vertritt die Auffassung, daß für die reale Entscheidungsbildung ein dreistufiges Verfahren typisch ist. Danach wird in der *ersten* Phase das tatsächliche und im Zweifel höchst komplexe Problem auf wenige, von den Entscheidungsträgern als vorrangig relevant betrachtete Aspekte reduziert, in der *zweiten* Phase für dieses reduzierte Problem eine „möglichst gute" Lösung gesucht, die dann in der *dritten* Phase unter Beachtung der in der ersten Phase vorgenommenen Verkürzungen geeignet adjustiert wird. Optimierungsverfahren konventionellen Stils können – wenn überhaupt – in der zweiten Entscheidungsphase verwendet werden; in der ersten und dritten Phase wird mehr heuristisch bzw. adaptiv vorgegangen.

Approximation des aus „Annahme subjektiver Verteilungsfunktion plus optimale Korrektur“[141] bestehenden Procederes darstellt. Das bedeutet, daß man unterstellen muß, daß die Individuen in einer dritten Entscheidungsstufe ihre Ergebnisse in der Weise adjustieren, daß auf jeden Fall keine auf der Grundlage des adaptiven Korrekturmechanismus beruhenden Tradeoffs existieren bzw. ausnutzbar sind. Wenn also im Makroansatz mit adjustierten Ansätzen operiert wird, muß man davon ausgehen, daß die Koeffizienten nicht invariant z. B. gegenüber wirtschaftspolitischen Aktivitäten sind[142].

Es liegt offenbar für viele Autoren nahe, diesen Überlegungen bei der Formulierung ihres Makromodells einfach damit Rechnung tragen zu wollen, daß grundsätzlich alle betroffenen Variablen nunmehr als „erwartet“ etikettiert werden, ohne daß die relevante Verhaltenshypothese selbst modifiziert wird[143]. Diese Vorgehensweise ist natürlich methodisch unzureichend – mit der konkreten Folge, daß Inkonsistenzen unvermeidbar, i. d. R. auch nicht als solche erkennbar sind. Die in Erwägung gezogene vereinfachende Revision der individuellen Entscheidungskalküle muß tatsächlich auf der Mikroebene eingebracht werden, um anschließend aus den Eigenschaften der entwickelten Hypothese auf ein analoges konsistentes Makrosystem schließen zu können. Diese Vorgehensweise ist unverzichtbar, wenn auch ebenfalls noch aufwendig.

(c) Gesamtwirtschaftliche Folgerungen

Eine auf dem Gleichgewichtsaxiom beruhende und die voranstehend formulierten Anforderungen an eine mikrotheoretische Begründung vollauf erfüllende gesamtwirtschaftliche Theorie existiert vorläufig nicht. Es existieren einige wenige Untersuchungen, die mit gewissen Vorbehalten zitiert werden können; eine dieser Untersuchungen ist die Arbeit von Mussa (1976). Mussa deduziert die makroökonomischen Verhaltenshypothesen aus Firmen- und Haushaltsmodellen unter Berücksichtigung des intertemporalen Charakters von Zielsetzung und Entscheidungen. Dabei wird allerdings – und hierin liegt aus der Sicht der NCM-Theorie sicherlich ein entscheidender Mangel – unelastisches Arbeitsangebot unterstellt, d.h. die Konsum-Freizeit-Entscheidung als bereits gelöst betrachtet[144]. Im Makromodell werden ein Gütermarkt und ein Markt für Vermögenstitel unterschieden. Bei momentanem Gleichgewicht ist die Produktionskapazität gegeben; die Entscheidungen von Haushalten und Unternehmungen werden auf der Grundlage gegenwärtiger Erwartungen bezüglich der Zukunftsentwicklung von Preisen, Löhnen, Steuern und Ertragsraten getroffen. Diese Erwartungen brauchen sich jedoch nicht als korrekt zu erweisen. Im Gegensatz dazu ist im langfristigen *(steady state-)*Gleichgewicht die Produktionskapazität endogen bestimmt, und es wird verlangt, daß der ökonomische Prozeß in der Weise abläuft, daß sich die bei ihren Planungen zugrundegelegten Erwartungen von Haushalten und Unternehmungen bestätigen (Mussa 1976, S. 2).

---

141 Das heißt Festlegung des Umfangs zu beschaffender und zu verarbeitender Informationen.

142 Am einfachsten ist, um Mißverständnissen vorzubeugen, eine entsprechende Reagibilität von vornherein im formalen Ansatz zu postulieren.

143 Dabei wird noch ganz davon abgesehen, daß die Eigenschaften selbst dieser Verhaltensfunktionen grundsätzlich nicht *explizit* aus einer intertemporalen Theorie des Verhaltens von Haushalten und Firmen abgeleitet werden.

144 Grundsätzlich kann man natürlich eine Nutzenfunktion postulieren, die zu einer entsprechenden Separabilität der Entscheidung führt.

Wie unter (b) erläutert, wird hier davon ausgegangen, daß Preise, Löhne, Zinssätze etc. „mit Sicherheit" erwartet werden, wobei Mussa verschiedene Annahmen über die Art dieser Erwartungen macht (statische, adaptive, myopisch perfekte etc. Erwartungen). Bestimmte Formen der Erwartungsbildung dürften den tatsächlichen Erwartungsbildungsprozeß besser, andere ihn weniger gut widerspiegeln. Sinnvoll vermutlich ist die Hypothese eines „formal" adaptiven Prozesses unter Ausschluß von Tradeoff-Möglichkeiten[145].

Die zeitliche Entwicklung der Wirtschaft, die in der üblichen Weise als eine Abfolge temporärer Gleichgewichte verstanden wird, die durch im Zeitablauf variierende Vermögensbestände und Erwartungen miteinander verknüpft sind, kann bei „formal" adaptiver Erwartungsbildung zyklenhaft sein. Diese Zyklen weisen in mancher Hinsicht Eigenschaften auf, die den eingangs wiedergegebenen „stilisierten" Fakten nahe kommen. Der entscheidende Mangel des Modells allerdings liegt – wie oben bereits angedeutet – in der Annahme unelastischen Arbeitsangebots, so daß Beschäftigungszyklen von vornherein nicht existieren können[146]. Insofern kann der Ansatz von Mussa (1976) in der vorliegenden Form nicht als vollwertige Alternative zum NCM-Gleichgewichtszyklus betrachtet werden und ist zunächst vornehmlich unter methodischen Gesichtspunkten von Interesse.

Dies gilt schon eher für einen kürzlich von Long/Plosser (1983) zur Diskussion gestellten Ansatz, der ebenfalls noch ohne komplexere Überlegungen zur Informationsstruktur auskommt; vielmehr zeigen die Autoren, daß und wie

„... höchst einfache ökonomische Überlegungen dafür verantwortlich sein können, daß sich maximierende Individuen für Konsum-Produktions-Pläne entscheiden, die zahlreiche Eigenschaften aufweisen, die man üblicherweise mit dem Phänomen konjunktureller Schwankungen verbindet" (S. 31).

Abgesehen davon, daß dieses Ergebnis auch bei vollständiger Information und Bildung rationaler Erwartungen Bestand hat, bedarf es auch nicht der Existenz von Anpassungskosten, bestimmter Formen technischen Fortschritts, monetärer oder fiskaler Störungen oder instabiler Präferenzen. Schließlich ist auch nicht erforderlich, daß die auf den Wirtschaftsprozeß einwirkenden exogenen Schocks zeitliche Interdependenzen aufweisen. Für das Zustandekommen von Zyklen ist vielmehr entscheidend, daß die Haushalte sämtliche Güter einschließlich Freizeit als „normale" Güter betrachten, d. h. als Güter, deren Einkommens- und Substitutionseffekt identisches Vorzeichen besitzen. Dabei sind auch physisch identische Güter für den Konsumenten grundsätzlich bereits dann unterschiedliche Güter, wenn sie zu verschiedenen Zeitpunkten zur Verfügung stehen, d. h. ein unterschiedliches Datum tragen.

Sind sämtliche Güter „normal", dann wird ein Haushalt auf unerwartete Vermögens- bzw. Einkommensveränderungen nicht ausschließlich in der laufenden Periode reagieren. Konkret: eine zufällige Einkommenssteigerung wird den gewünschten Konsum sämtlicher Güter in der laufenden *und* in den folgenden Perioden erhöhen. Das zeitliche Profil des beabsichtigten Konsums sämtlicher Güter weist daher einen entsprechenden Gleichlauf

---

145 Diese Eigenschaft erhält man z. B., wenn man dem früher erwähnten Vorschlag von Flemming (1976) folgt und die „Adaption" auf wechselnde Charakteristika der zeitlichen Entwicklung der Schätzgröße abstellt (absolute Differenz, Differenz von Zuwachsrate, Differenz der Veränderung von Zuwachsraten etc.).

146 Outputzyklen sind theoretisch denkbar, da der Kapitalbestand fluktuieren kann.

auf und impliziert eine über mehrere Perioden verteilte Reaktion („Persistenz"). Zur Entstehung von Konjunkturzyklen ist natürlich notwendig, daß der tatsächliche Konsum (Freizeit) dem intendierten Reaktionsmuster folgt. Dies wiederum setzt voraus, daß sich aufgrund der Steigerung der Nachfrage nicht nur relative Preise ändern, sondern die Technologie elastisch genug ist, um zumindest teilweise solchen Nachfragewünschen durch entsprechendes Angebot auch real entgegenzukommen. Angesichts vielfältiger intra- und intertemporaler Substitutionsmöglichkeiten kann allerdings ohne weiteres von dem erforderlichen Grad technologischer Flexibilität ausgegangen werden.

Unterliegt die Wirtschaft permanent stochastischen exogenen (auch zeitlich unkorrelierten) Störungen, dann läßt sich das Ergebnis der voranstehenden Argumentation in die Feststellung kleiden, daß auch in einem Walrasianischen Gleichgewichtsmodell ohne weiteres „Konjunkturzyklen" entstehen können. Da es sich um eine *gleichgewichtige* Entwicklung handelt, sind dies Zyklen „freiwillig", d. h. entsprechen exakt den Präferenzen der Individuen bzw. sind effizient. Anders ausgedrückt: der zyklenhafte Charakter des Wirtschaftsprozesses wird offenbar einer „glatten" Entwicklung vorgezogen.

Die Autoren verstehen ihr Modell nicht als vollumfängliche Alternative zu anderen Erklärungsversuchen, eher als systematische Ergänzung. Ergänzt werden kann damit beispielsweise der o. e. zyklenbildende Effekt bestimmter Informationsasymmetrien. Allerdings ist aufgrund einschlägiger empirischer Analysen (s. Barro 1981) zu vermuten, daß die stets von der neuen klassischen Makroökonomik zitierte Asymmetrie von Informationen über Preise tatsächlich vernachlässigenswert gering ist. Insofern ist für die Gleichgewichtstheorie des Konjunkturzyklus von einiger Bedeutung, daß auch realistischere Informationsszenarios zu den „gewünschten" Resultaten führen.

Eine in diesem Zusammenhang relevante Analyse haben Grossman/Weiss (1982) vorgelegt. Sie gehen von der empirisch eher evidenten Annahme asymmetrischer Information von Investoren über die Erfolgschancen einer Investition in der „eigenen" Unternehmung im Vergleich zu einer entsprechenden Investition in einer „fremden" Unternehmung aus. Da sich die Rentabilität außerhalb der eigenen Unternehmung im Entscheidungsprozeß im Ansatz der Kapitalkosten niederschlägt, ist diese Annahme identisch mit der Hypothese, daß die Unternehmer Investitionsentscheidungen bei „symmetrisch" asymmetrisch unvollständiger Information über die korrekte Höhe der realen Kapitalkosten zu treffen haben. Als Lieferant entsprechender Informationen sind die Finanzmärkte nur bedingt tauglich, da für das Kalkül reale Zinssätze benötigt werden, auf die zweifelsfrei nur im Falle völlig fehlender Störungen der Geldnachfrage aus den auf den Finanzmärkten herrschenden (Nominal-)Zinssätzen geschlossen werden kann.

Der Mechanismus, der dann dazu führt, daß sich zufällige Schocks, die das Gesamtsystem treffen, in Schwankungen auswirken, ist im Prinzip wiederum eine Variante der oft erwähnten Insel-Parabel. Angenommen beispielsweise, es tritt ein aggregativ wirksamer positiver Produktivitätsschock auf; der einzelne Investor wird dann diese Störung zunächst nur in ihren Auswirkungen auf die Produktivität in seinem Unternehmen registrieren können und sie – ohne Kenntnis der Tatsache oder gar des Ausmaßes, in dem sich die aggregative, d. h. die Produktivität allgemein erhöht hat – zumindest z. T. als spezifisches Phänomen interpretieren müssen. Das bedeutet: die allgemeine Produktivität und damit die relevanten Kapitalkosten werden unterschätzt und daher mehr investiert als bei vollständiger Information. Da in der Folge auf breiter Front zunehmender Kreditwünsche das allgemeine Zinsniveau steigen wird, wird die erwähnte Verschätzung zumindest z. T. konterkariert: die Kapitalmarktreaktion wird als Indiz für die „Allgemeinheit" des

Schocks verstanden. Abgesehen von der zeitlichen Verzögerung werden allerdings Verschätzungen so lange nicht völlig auszuschließen sein, wie nicht jede Art zufälligen Einflusses in der Geldnachfrage fehlt[147].

4.2 Konjunkturtheorie der „neuen" Keynesianischen Makroökonomik (mengenrationierte Märkte)

4.2.1 Der konjunkturtheoretische Ansatz von Malinvaud (1980)

(a) Modellstruktur

Wie bereits früher erwähnt, steht die systematische Erweiterung des kurzfristigen Rationierungsmodells zu einer entsprechenden mittelfristigen Theorie noch in ihren Anfängen. Neben einer Arbeit von Ito (1980), in der das Rationierungskonzept von vornherein nur auf den Arbeitsmarkt beschränkt ist, existiert bisher (Mitte 1983) nur eine einzige, allerdings höchst instruktive und zukunftsweisende Arbeit; hierbei handelt es sich um die schriftliche Fassung der 1978er „Marshall Lecture" von Malinvaud (1980)[148].

Das mittelfristige Modell von Malinvaud (1980) ist eine unmittelbare Erweiterung seines kurzfristigen Ansatzes (1977) und wie dieser von Malinvaud selbst als sehr spezielle Struktur bezeichnet (Malinvaud 1980, S. VII). Auch im mittelfristigen Modell besteht das ökonomische System nur aus zwei aggregativen Märkten, nämlich Arbeits- und Gütermarkt, wobei Lagerhaltung ausgeschlossen wird. Vereinfachungen betreffen *erstens* Arbeitsangebot und Technologie; unterstellt wird, daß das Arbeitsangebot unelastisch und die Produktionsfunktion linear-limitational ist. Die Arbeitsproduktivität (bei Vollbeschäftigung) soll grundsätzlich nicht geringer sein als der Reallohnsatz, die natürliche Fortschrittsrate Null betragen. Letzteres bedeutet, daß im *steady state*-Gleichgewicht die Nettoinvestitionen Null sind. Die Annahmen an den Reallohnsatz und die Technologie führen zu einer vom kurzfristigen Modell abweichenden Definition klassischer Arbeitslosigkeit; sie liegt hier bei im Verhältnis zum Arbeitsangebot zu kleinem Kapitalstock vor. Vereinfachungen betreffen *zweitens* – und nicht zuletzt als Folge der Annahme an das Angebotsverhalten – die Konsumaktivität. Statt einer mikrotheoretisch expliziten Begründung wird postuliert, daß der (aggregierte) Konsum von der Höhe von Reallohnsatz, Realvermögen und realen Transfers von seiten des Staates abhängig ist und linear mit der Arbeitslosenquote variiert.

Da der kurzfristige Ansatz von Malinvaud einperiodig ist, sind bei seiner Erweiterung zu einem mittelfristigen Modell zunächst Hypothesen über die zwischen zwei temporären Gleichgewichten stattfindenden Korrekturen von Erwartungen einerseits und Preisniveau und realem Lohnsatz andererseits zu formulieren. Bewegungen dieser Variablen wurden

---

147 Ähnliche Vorstellungen liegen einem von Myerson (1979) zur Diskussion gestellten mikroökonomischen Totalmodell zugrunde, in dem Zyklen letztlich durch eine bestimmte zeitliche Interaktion von Fehlbewertungen von Gütern und Faktoren, insbesondere Kapitalgütern, entstehen.

148 Die Seitenangaben in den folgenden Zitaten beziehen sich auf diese Arbeit.

unter 3.2 noch als Bewegung schneller Variablen verstanden und daher bereits im kurzfristigen Ansatz erfaßt[149].

Bezüglich der Korrektur von Erwartungen *erstens* wird im Basismodell mit der von vornherein natürlich gerade im mehrperiodigen Modell problematischen Annahme der Stationarität argumentiert[150]. Für die Veränderung von Preisniveau und Reallohnsatz zwischen zwei temporären Gleichgewichten *zweitens* werden ad hoc-Hypothesen formuliert. Diesen gerade auf dem Hintergrund seiner grundsätzlichen Intentionen etwas überraschenden Verzicht auf mikrotheoretische Fundierung begründet Malinvaud damit, daß jedes mikrotheoretische Modell im Zweifel so speziell ist, daß daraus abgeleitete Verhaltenshypothesen kaum „adäquat" sind (S. 53)[151]. Statt dessen hält es Malinvaud für sinnvoller, Hypothesen zu formulieren, die die „generellen" Resultate ökonometrischer Untersuchungen berücksichtigen. Danach besteht allgemein ein hohes Maß an Interdependenz zwischen der Entwicklung von Löhnen und Preisen. Im einzelnen ist hier die Veränderung des Preisniveaus und neben der erwarteten Inflationsrate[152] das Ausmaß der Überschußnachfrage auf *beiden* Märkten von Bedeutung, wobei die Reaktionen bezüglich positiver und negativer Überschußnachfrage asymmetrisch sind. Die relevante Überschußnachfrage ist natürlich regimespezifisch definiert. Die Annahmen an die Dynamik des Reallohnsatzes sind besonders deutlich asymmetrisch; im Regime Keynesianischer Arbeitslosigkeit bleibt der Reallohnsatz stationär, bei klassischer Arbeitslosigkeit fällt er um so stärker, je höher die Arbeitslosenquote ist, im inflationären Regime steigt er monoton mit dem Umfang der Überschußnachfrage auf dem Gütermarkt.

Entscheidend für die intertemporale Interdependenz ökonomischer Variablen bei mittelfristiger Betrachtungsweise ist naturgemäß das Investitionsverhalten. Die von Malinvaud postulierte Investitionsfunktion ist eine Variante der Kapitalanpassungshypothese. Unter Annahme der Zielsetzung der Maximierung des Erwartungswertes des Gewinns wird der „gewünschte" Kapitalstock entscheidungstheoretisch begründet, d. h. hier: aus der erwarteten Entwicklung der relativen Preise, der Nachfrage und dem zur Verfügung stehenden Arbeitskräftepotential erklärt. Dabei werden relative Preise jeweils mit Sicherheit erwartet, während für Nachfrage und Arbeitskräftepotential von der Existenz einer (subjektiven) Verteilungsfunktion ausgegangen wird, so daß sich Veränderungen von Einschätzungen in Veränderungen dieser Dichtefunktion niederschlagen[153]. Anpassungskosten existieren nicht, so daß die Investition pro Periode identisch ist mit der Differenz zwischen tatsächlichem und gewünschtem Kapitalstock. Die resultierende Entscheidungsregel wird linearisiert und ist damit additiv separabel bezüglich des Einflusses von Rendite und Nachfrage oder – falls geringer – von Arbeitskräftepotential auf die

---

149 Malinvaud (S. 18) ist demgegenüber der Auffassung, daß die Zeitdimension, von der bei einer Erklärung von Bewegungen von Preisniveau und Reallohnsatz auszugehen ist, bereits auch Veränderungen der produktiven Kapazität zu berücksichtigen erfordert. Abgesehen davon, daß es sich hierbei um eine durchaus strittige und nur vage belegte Vermutung handelt (s. S. 13), ist dieser Punkt für die folgende Analyse natürlich nicht mehr relevant, sondern rechtfertigt eher die Beschränkung seines 1977er Modells.

150 Bei Konvergenz zu einem *steady state* bzw. langfristigen Gleichgewicht wird die Umwelt offenbar laufend „sicherer".

151 Diese Einlassung kontrastriert im übrigen mit der o. e. generellen Einschätzung des „Allgemeinheitsanspruchs" der Untersuchung.

152 In der formalen Analyse wird dann grundsätzlich von einer erwarteten Inflationsrate von Null ausgegangen.

153 Da die Erwartungen stationär sind, verändert sich die Dichtefunktion de facto allerdings nicht.

Höhe der Investition[154]. Um der häufig längeren Zeitspanne Rechnung zu tragen, die zwischen der Investitionsentscheidung und ihrer Durchführung liegt, wird schließlich unterstellt, daß die Investition von den Werten der Vorperiode der relevanten Argumente in der Investitionsfunktion abhängt (s. S. 51).

Die zeitliche Entwicklung des ökonomischen Systems bzw. seiner Variablen läßt sich unter den dargelegten Annahmen wie folgt vorstellen. Eine beliebige Ausgangssituation ist gekennzeichnet durch

- in diesem Zeitpunkt vorliegende Werte von Preisniveau, Lohnsatz, Vermögen und Produktionskapazität (mittelfristig endogene Variable);
- in diesem Zeitpunkt gegebenes Arbeitsangebot, verfügbare Technologie und staatliche Aktivität (grundsätzlich exogene Variable);
- Erwartungen über die zukünftige Entwicklung beider Klassen von Variablen.

In einem zeitlos stattfindenden Mengen-Tâtonnement resultiert dann ein entsprechendes temporäres allgemeines Gleichgewicht mit oder – im Ausnahmefall – ohne Rationierung auf Güter- und/oder Arbeitsmarkt. Die Charakteristika dieses Gleichgewichts, d.h. die Überschußnachfrage auf den beiden Märkten (Arbeitslosenquote), Output, Konsum und Investition, bestimmen neben den grundsätzlich exogenen Variablen die Ausgangsbedingungen für das temporäre Gleichgewicht der Folgeperiode.

(b) Systemverhalten und Erklärungswert

Es läßt sich unschwer einsehen, daß unter den voranstehend skizzierten Annahmen – insbesondere an die Preis-Lohn-Dynamik – stationäre *(steady state-)*Gleichgewichte (abgesehen vom Punkt des Walrasianischen Gleichgewichts) nur im Regime Keynesianischer Unterbeschäftigung existieren. Malinvaud (S. 65ff.) zeigt, daß stationäre Keynesianische Gleichgewichte für jede Störung eines anfänglich Walrasianischen Gleichgewichts stabil sind. Das bedeutet konkret, daß jede Situation inflationärer Vollbeschäftigung oder klassischer Unterbeschäftigung – u.U. unter zyklischen Bewegungen (mit dann aber abnehmender Amplitude) von Reallohnsatz und Beschäftigung – in ein stationäres Keynesianisches *(steady state-)*Gleichgewicht mit Arbeitslosigkeit übergeht. Allerdings ist zu beachten, daß

> „... diese Situation nicht eintritt, bevor nicht der Reallohnsatz so stark abgenommen hat, daß die Nettoinvestitionen vorübergehend positiv sind bei allerdings auch vermindertem Konsum; es sei denn, daß die Anpassung der Preise sehr schnell erfolgt und der Realkasseneffekt sehr ausgeprägt ist" (S. 73).

Neben dieser inhärenten Tendenz zur Unterbeschäftigung ist bemerkenswert, daß in einem sich selbst überlassenen System ohne Auftreten exogener Schocks ein persistenter Konjunkturzyklus nicht erklärbar ist. Vordergründig ist dies natürlich Ergebnis von Vereinfachungen, die den ökonomischen Prozeß als lineare Differentialgleichung darzustellen erlauben. Andererseits müßte allerdings auch erst noch gezeigt werden, daß die

---

154 Die Linearisierung geschieht nicht nur zur Vereinfachung. Sie wird von Malinvaud mit Aggregationseffekten erstens und zweitens der grundsätzlichen Absicht gerechtfertigt, nur Bewegungen studieren zu wollen, die in der Nachbarschaft des Walrasianischen Gleichgewichts zu beobachten sind (S. 34).

vernachlässigten Nicht-Linearitäten aus ökonomischen Gründen von einer Art sind, die das Entstehen persistenter Zyklen begünstigt[155]. Entsprechend sieht Malinvaud den Sinn seiner Untersuchung nicht darin, das Entstehen von Konjunkturzyklen zu erklären, und weist auch darauf hin, daß die Modelldynamik allenfalls schwache zyklisch wirkende Komponenten enthält:

„Die Absicht vielmehr ist die Entwicklung eines Modells, das sich als Analyseinstrument für mittelfristige ökonomische Bewegungen eignet. Die ökonometrischen Untersuchungen der letzten Jahrzehnte machen deutlich, daß Zyklizität keine spezifische Eigenschaft dieser Abläufe ist" (S. 11).

Schließlich bliebe darauf hinzuweisen, daß die Analyse von Malinvaud nachdrücklich die auch von anderen Autoren[156] geäußerten Zweifel an der Relevanz der von Leijonhufvud (1973) vertretenen „Korridortheorie" verstärkt, wonach bei nur geringen und zeitweiligen Störungen des Walrasianischen Gleichgewichts eine automatische Rückkehr, bei Störungen größeren Umfangs hingegen mit anhaltender depressiver Entwicklung zu rechnen ist[157]. Malinvaud will ausdrücklich mit seinem Modell nur Bewegungen in einer „kleinen" Umgebung des Walrasianischen Gleichgewichts erklären; für größere Abweichungen ist gerade die kurzfristige Fix-Preis-Annahme (d.h. nur *inter*periodische Preiskorrekturen) problematisch (S. 12).

(c) Kritik

Malinvaud selbst läßt bereits keinen Zweifel daran, daß die den bisher wiedergebenen Modellresultaten zugrundeliegenden Annahmen teilweise sehr speziell sind, und erwähnt in diesem Zusammenhang Aggregationsgrad, Erwartungsbildung, Finanzierungsproblematik und Technologie. Zu den absehbaren Ergebnissen einer Abschwächung der diesbezüglichen Annahmen führt Malinvaud folgendes aus.

Zum Aggregationsgrad: Grundsätzlich kann man vermuten, daß die bei Desaggregation exakter erfaßbare tatsächliche und in der aggregierten Betrachtungsweise systematisch unterschätzte Systemflexibilität zu einem höheren gleichgewichtigen Beschäftigungsgrad führt und die Schwankungen des Beschäftigungsgrads vermutlich weniger stark sind; ob die Dauer der verschiedenen Phasen zu- oder abnimmt, kann nicht gesagt werden (S. 94).

Zur Erwartungsbildung: Ausgehend von der Auffassung, daß rationale Erwartungen keine ernstzunehmende Alternative bieten, wird untersucht, mit welchen Implikationen die Annahme einfacher Lernprozesse bei den Wirtschaftssubjekten verbunden wäre. Malinvaud zeigt für die verschiedenen, auf Erwartungen reagierenden Verhaltenshypothesen, daß sich die qualitativen Eigenschaften des Unterbeschäftigungsgleichgewichts grundsätzlich nicht ändern. Die Wirkungen bestehen i.w. in einer Veränderung des Anpassungspfades (veränderte Anpassungsgeschwindigkeit).

---

155 Im Kaldor-Modell von 1940 ist dies eindeutig nicht der Fall. Vergleiche dazu die Anmerkung von Malinvaud (S. 45).

156 Unter anderem Grossman (1974), Löfgren (1979). Wie Varian (1979) gezeigt hat, läßt sich für das voranstehend erwähnte Kaldor-Modell eine „Korridor-Stabilität" begründen. Dieses Modell ist als reines Mengenmodell weder mit dem hier diskutierten Ansatz noch mit der theoretischen Konzeption von Leijonhufvud vergleichbar.

157 Zu ergänzen ist allerdings, daß Leijonhufvud mit der in diesem Modell nicht vorgesehenen Möglichkeit argumentiert, daß Schocks durch Bestände aller Art absorbiert werden können. Insbesondere sei daran erinnert, daß Lagerhaltung von Malinvaud ausgeschlossen wird.

Zum Finanzierungsproblem: Auch die Erweiterung durch explizite Erfassung von Finanzmärkten mit der Möglichkeit, den Effekt von Finanzierungsbeschränkungen zu untersuchen, dürfte nach Malinvaud nicht zu grundsätzlich anderen Resultaten führen – abgesehen davon, daß sich wiederum die Anpassungsgeschwindigkeit an den nach wie vor Keynesianischen *steady state* verlangsamt.

Zur Technologie: Die Annahme mittelfristiger Komplementarität ist ohne Zweifel in erheblichem Maße unrealistisch und führt zu einer undifferenzierten, sehr „groben" Theorie (S. 105). Eine Abschwächung allerdings ist nur unter Hinnahme eines erheblich höheren modelltheoretischen Komplexitätsgrads möglich. Vermutlich bewirkt die Annahme, daß Kapital und Arbeit substituierbar sind, eine Zunahme der Sensitivität der ökonomischen Entwicklung gegenüber Veränderungen in der Einkommensverteilung. Damit verbunden wären stärkere, möglicherweise allerdings kürzere Fluktuationen (S. 106).

Wie bereits erwähnt, hat Malinvaud mit diesen Überlegungen bereits einige der Haupteinwände gegen seinen Ansatz aufgegriffen. Allerdings dürfte der Diskurs keineswegs schon abschließend sein. Insbesondere gilt dies für die Rolle der Finanzmärkte und den Effekt höherer technologischer Flexibilität; u. a. bleibt der Einfluß auf die tatsächliche *quantitative* Relevanz des Abstands zwischen Walrasianischem Gleichgewicht und Keynesianischem Unterbeschäftigungsgleichgewicht offen. Unerwähnt in Malinvauds eigener Mängelliste schließlich ist das weiterhin ungelöste Problem der Lohn-Preis-Dynamik. Die verwendeten Hypothesen sind – wie ausgeführt – nach wie vor ad hoc, und nach wie vor werden ökonometrische Evidenz für ausreichend bzw. Versuche einer mikrotheoretischen Begründung ausdrücklich für ungeeignet gehalten. Tatsächlich dürfte sich eine mikrotheoretische Begründung allerdings auch in einem Ansatz erübrigen, in dem grundsätzlich von kompetitiven Marktstrukturen ausgegangen wird. Ad hoc und im Zweifel eben zu stark vereinfacht – u. a. durch Verzicht auf den Einfluß von Unsicherheit – ist ferner die Konsumhypothese. Demgegenüber ist die Investitionstätigkeit zwar entscheidungstheoretisch begründet. Hauptmangel in diesem Zusammenhang ist aber der Verzicht auf die Berücksichtigung von Lagerinvestition. Tatsächlich sind Lagerhaltungsaktivitäten sowohl aus empirischer wie aus theoretischer Sicht von erheblicher Bedeutung für konjunkturelle Prozesse; sie liefern einen der de facto entscheidenden Ausbreitungsmechanismen von Zyklen, und für das theoretische Räsonnement gilt, daß ihre „... Berücksichtigung die Struktur eines Großteils der theoretischen Makromodelle in wichtigen Punkten ändert ..." (Blinder 1981, S. 11). Auf Konsumhypothese und Lagerhaltung wird daher im folgenden Abschnitt noch einmal etwas ausführlicher eingegangen.

4.2.2 Erweiterungen und Alternativen

(a) Konsumfunktion und Lagerhaltung

Die Grundlage für eine angemessene Hypothese der aggregierten *Konsumfunktion* ist – wie bereits mehrfach erwähnt – die Lebenszyklusbetrachtung[158]. Für den Mengenrationierungsansatz ist die entsprechend unter 4.1.2 für das NCM-Modell diskutierte einzelwirtschaftliche Entscheidung durch Berücksichtigung von Marktunvollkommenheiten

158 Vgl. zu den Ausführungen zur Konsumfunktion u. a. Ramser (1978b).

einschließlich Rationierung auf Kapital- und Arbeitsmarkt zu erweitern. Grundsätzlich können Marktunvollkommenheiten in Verbindung mit „ungünstigen" Erwartungen den Effekt haben, daß der Konsumpfad mehr oder weniger ausgeprägt dem Einkommenspfad folgt bzw. mit ihm synchronisiert erscheint und damit „Keynesianischen" Charakter (Hypothese des absoluten Einkommens) annimmt. Über die faktische Existenz von Marktunvollkommenheiten verschiedener Art läßt sich kaum streiten; über ihre Relevanz für die Konsumentscheide allerdings gehen die Meinungen teilweise auseinander.

Unvollkommenheiten auf dem Kapitalmarkt zunächst wird i. allg. kein besonderer Erklärungsgehalt für Veränderungen des aggregierten Konsums zugebilligt. Grund für diese Einschätzung sind sowohl empirische Beobachtungen wie theoretische Gesichtspunkte. Nun ist dabei allerdings zu beachten, daß eine Wirksamkeit von Verschuldungsgrenzen keineswegs impliziert, daß sie auch voll ausgenutzt werden. Anders ausgedrückt: die Beobachtung, daß begrenzte Kreditspielräume nicht voll ausgenutzt werden, rechtfertigt nicht unbedingt den Schluß, daß entsprechende Unvollkommenheiten des Kapitalmarktes unwirksam sind. Das gilt bereits unter Annahme sicherer Entscheidungsgrundlagen nicht allgemein, wenn auch die Annahmen an die Eigenschaften der relevanten Funktionen i. d. R. passend gewählt werden. Bei Einführung von Unsicherheit allerdings wird ein risikoaverser Haushalt eine *erwartete* Vollausnutzung seines Kreditspielraums normalerweise nicht als optimal betrachten. Normalerweise heißt hier: bei Inexistenz vollständiger Versicherungsmärkte.

An der Relevanz von Unvollkommenheiten auf dem Arbeitsmarkt – etwa ebenfalls in Form von Rationierung des Angebots, d. h. unfreiwilliger Arbeitslosigkeit – wird i. allg. auch im Falle sicherer Entscheidung nicht gezweifelt. Bei Sicherheit wird eine bindende Arbeitsmarktbeschränkung in der für ein beschränktes Optimierungsproblem üblichen Weise zu einem Argument der deduzierten Verhaltens-, hier: der Konsumhypothese („effektive" Konsumfunktion). Bei gegebenem Lohnsatz kann sie durch die Höhe des entsprechenden und vom Haushalt dann auch realisierten Einkommens[159] repräsentiert werden. Damit entsteht wiederum eine „Keynesianischere" Konsumfunktion – ein Effekt, auf den in statischem Zusammenhang Clower (1965), im Rahmen eines intertemporalen Entscheidungskalküls u. a. Barro/Grossman (1976) und Böhm (1976) Bezug nehmen. Der für die empirische Relevanz allerdings erhebliche *quantitative* Unterschied gegenüber der traditionellen Keynesianischen Sicht wird dabei i. d. R. übersehen[160]. Zufolge der grundsätzlichen Konzeption des Lebenszyklus-Modells kann laufendes Erwerbseinkommen stets nur als Teil des Lebenseinkommens relevant sein. Wenn also durch Rationierung eine Abhängigkeit vom laufenden Einkommen entsteht, so kann die damit verbundene marginale Konsumquote zwangsläufig nur sehr gering sein. Eine andere Situation liegt vor, wenn bekannt ist, daß Mengenrestriktionen grundsätzlich mehrere Perioden betreffen und dem laufenden Einkommen entsprechende Indikatorfunktion zukommt. Unter diesen Umständen wird de facto ja auch ein höherer Anteil des *Lebens*einkommens tangiert.

Ähnlichen Effekt, d. h. eine Verstärkung des quantitativen Einflusses des laufenden Einkommens auf den Konsum, hat man anzunehmen, wenn das individuelle Entschei-

159 Natürlich gilt auch hier der o. e. grundsätzliche Vorbehalt.

160 Grund dafür ist vermutlich, daß der Einfluß von Rationierung auf dem Arbeitsmarkt üblicherweise mit Hilfe eines atemporalen Modells der Wahl zwischen Freizeit und Konsum erläutert wird. Hier ist die marginale Konsumquote natürlich stets gleich Eins.

dungsproblem durch Präsenz von Unsicherheit und unvollständiger Information belastet wird. Unsicherheit für sich genommen[161] wirkt hier insbesondere wiederum im Zusammenhang mit Verschuldungsgrenzen in Richtung einer Konsum-Einkommens-Synchronisierung. Bei Annahme unvollständiger Information – eben auch über Dichtefunktionen unsicherer Entscheidungsdeterminanten – hat man zu berücksichtigen, daß im Prinzip bei jedem „Verfahren" der Erwartungsbildung die in Gegenwart und Vergangenheit gemachten Erfahrungen Informationscharakter haben. Konkret dürften die Erwartungen eines Arbeiters über seine zukünftigen Beschäftigungschancen bzw. den Charakter des Regimes in den künftigen Perioden von seiner Position in der Gegenwart (mit-)bestimmt sein (s.o.). Arbeitslosigkeit heute löst im Zweifel pessimistische Zukunftserwartungen aus, so daß sich der Effekt einer heutigen Mengenrestriktion über die bloße Periodenwirkung hinaus vervielfachen kann. Der „Multiplikator", d.h. das Ausmaß der Signalwirkung hängt einmal davon ab, ob sich das System im Regime Keynesianischer oder neoklassischer Unterbeschäftigung befindet und zum anderen sicher auch vom Ausmaß der Rationierung – repräsentiert etwa durch die aggregierte Arbeitslosenquote. Allgemein hat also bei Existenz von Mengenrestriktionen auf dem Arbeitsmarkt das laufende Einkommen vermutlich deswegen einen auch *quantitativ* bedeutsamen Einfluß, weil eben das *erwartete* permanente resp. Lebenseinkommen von seiner Höhe abhängt.

Von entscheidender Bedeutung für die Formulierung einer erklärungsfähigen Konjunkturtheorie ist nach allen Ausführungen, daß die Stärke des Einflusses der verschiedenen Determinanten des Konsums – technisch: die partiellen Ableitungen der Konsumfunktion nach den einzelnen Argumenten – ihrerseits nicht unabhängig ist von dem Regime, in dem sich das System befindet. Insofern handelt es sich hier um einen Ansatz zu einer oft verlangten „allgemeinen" Theorie des Konsums.

Als zweiter wichtiger Ansatzpunkt einer Revision wurde oben das Fehlen von Lagerhaltungsaktivitäten erwähnt, deren Bedeutung für das Bild konjunktureller Abläufe in jüngster Zeit besonders betont wird – und zwar eben nicht nur für die Phase der konjunkturellen Abschwächung. Für eine sinnvolle Einbeziehung der Lagerhaltung in einen Makrozusammenhang hat man allerdings die verschiedenen Funktionen der Lagerhaltung im Auge zu behalten. Sieht man hier einmal von Lagerhaltung aus spekulativen Gründen (Kapitalgewinne) ab, so handelt es sich dabei im wesentlichen erstens um den auch bei bekannter Nachfrage erforderlichen Ausgleich zeitlicher Unterschiede zwischen Produktion und Absatz, die vorzusehen wegen der Existenz von Transaktions-(Anpassungs-)Kosten ökonomisch ist. Zweitens kommt der Lagerhaltung entscheidende Bedeutung als Puffer, d.h. als Dispositiv gegen unvorhersehbare faktische Nachfrageschwankungen zu. Insofern kann cum grano salis von technologischer vs. absatzmäßiger Motivation der Lagerhaltung gesprochen werden.

Die Puffer- oder Absatzfunktion ist, da Lagerhaltung hier offensichtlich als Reaktion auf Unsicherheit betrieben wird, grundsätzlich nur in einem stochastischen Modellansatz zu erfassen. Bis auf wenige Ausnahmen ist die Standardliteratur zum Rationierungsansatz deterministisch. Lagerhaltung kann unter diesen Umständen nur in ihrer technologischen Funktion berücksichtigt und der Lagerbestand als Input in den Produktionsprozeß interpretiert werden, über dessen Umfang im Rahmen eines intertemporalen Optimierungskalküls zu entscheiden ist. Da bei stationärer Umwelt auch der optimale Lagerbestand stationär sein wird, können bei unveränderter Stabilität des *steady state* Unter-

161 Das heißt: bei Annahme bekannter objektiver Dichtefunktionen.

schiede zum bisher untersuchten Modell nur in einer Übergangsphase entstehen. Hier ist es dann möglich, daß eine Unternehmung gleichzeitig auf beiden Märkten beschränkt ist. Als Konsequenz resultiert ein viertes Regime, das i. d. R. als Unterkonsumtions-Regime bezeichnet wird und dadurch gekennzeichnet ist, daß die unbeschränkte Arbeitsnachfrage das Arbeitsangebot und das unbeschränkte Güterangebot die aggregierte Nachfrage übersteigen. Offen ist dabei, welches der bisherigen Regime damit verkleinert wird; dies ist letztlich abhängig davon, ob der langfristig gewünschte Lagerbestand in der Beobachtungsperiode über- oder unterschritten ist.

Eine Berücksichtigung von Lagerhaltungsaktivitäten führt zwangsläufig zu einer Komplizierung der Analyse. Nimmt man der Einfachheit halber an, daß das langfristige Gleichgewicht unberührt bleibt, so können sich doch seine Stabilitätseigenschaften erheblich ändern; statt – wie früher – zu konvergieren, kann die aggregierte Nachfrage auch zyklisch schwanken, so daß ein permanenter Wechsel von Regimen stattfindet.

Grundsätzlich wird mit der Berücksichtigung von Lagerhaltung die Vielzahl der bereits durch alternative Annahmen z. B. an die Preis-Lohn-Dynamik und die Form der Erwartungsbildung entstehende Vielzahl plausibler Konstellationen und Abläufe noch multipliziert. Dabei ist zu beachten, daß bisher im wesentlichen nur von *einem* Aspekt der Lagerhaltung die Rede war. Eine korrekte Erfassung der Pufferfunktion und nicht zuletzt auch spekulativer Momente verbreitert das Spektrum relevanter Szenarios erneut.

(b) Ein alternatives Makromodell

Bereits das Malinvaud-Modell ist derart komplex, daß eine explizite Lösung außerordentlich schwierig ist[162]; diese Situation wird mit den unter (a) dargelegten Erweiterungen resp. Modifikationen mit Sicherheit nicht vereinfacht. Daher ist es durchaus von Interesse, ergänzend weniger weitgehende Revisionen des (neo-)klassischen langfristigen Modells vorzunehmen und die resultierende Struktur dann aber explizit zu analysieren. Ein entsprechendes Modell ist kürzlich von Ito (1980) zur Diskussion gestellt worden[163]. In seinem Ansatz treten Rationierungsphänomene nur am Arbeitsmarkt auf. Die Veränderungen des Kapitalbestandes werden weiterhin nach neoklassischer Vorstellung von der residualen Ersparnis der Haushalte bestimmt. Damit impliziert die Inexistenz einer unabhängigen Investitionsfunktion *erstens* permanente Räumung des Gütermarktes i. S. unbeschränkter Transaktionen; *zweitens* kann Arbeitslosigkeit stets nur (neo-)klassischer Provenienz sein. Ein Keynesianisches Regime existiert also nicht.

Die gegenüber dem Malinvaud-Modell deutlich einfachere Struktur erlaubt eine weitgehend allgemeine Analyse. Sie ist allerdings nur von begrenztem Interesse. Schuld daran ist nicht die Tatsache, daß nur der Arbeitsmarkt rationiert ist, sondern vielmehr, daß der Gütermarkt wegen der Inexistenz einer eigenständigen Investitionsfunktion, *nicht* zufolge voll flexibler Preise, permanent geräumt ist und damit Keynesianische Arbeitslosigkeit nicht erklärt werden kann. Hinzu kommt, daß eine zyklenmäßige Anpassung an die i. allg. stabilen *steady states* nur unter von Ito selbst als wenig plausibel bezeichneten Annahmen an die aggregierte Konsumfunktion zustande kommen kann.

---

162 Malinvaud (1980) bedient sich daher auch numerischer Simulationen, um denkbare Effekte autonomer (permanenter und temporärer) Störungen sichtbar zu machen.

163 Ito (S. 399) charakterisiert seinen Ansatz als „Kreuzung von neoklassischer Wachstumstheorie und ungleichgewichtigem Makromodell“.

Insgesamt ist das Ito-Modell eher ein abschreckendes Beispiel für die Ergiebigkeit der Analyse vereinfachter Zusammenhänge. Vereinfachungen lassen sich allerdings auch in erheblich sinnvollerer Weise praktizieren. Wir kommen im Abschnitt 4.4 darauf zurück.

4.3 Konjunkturtheorie auf Basis monopolistischer Marktstruktur

Es wurde schon erwähnt, daß eine längerfristige makroökonomische Konzeption auf der Grundlage monopolistischen Gleichgewichts bisher nicht existiert. Grundsätzlich hat es sich dabei um eine passende Erweiterung des kurzfristigen Ansatzes zu handeln, der unter 3.3 diskutiert wurde. In diesem Ansatz wird (wie unter 4.2) weiterhin von der Keynesianischen Grundhypothese Gebrauch gemacht[164], wonach Mengen unbegrenzt schneller reagieren als Preise, so daß die Dynamik des Systems wie folgt charakterisiert werden könnte, wenn man beispielsweise davon ausgeht, daß die Firmen *alle* Preise kontrollieren[165]:

> „Angenommen, alle Firmen haben ihre Preise festgelegt; dann vollziehen sich, möglicherweise unter Auftreten von Multiplikatoreffekten, verschiedene Mengenbewegungen, die sich irgendwann stabilisieren ..., so daß dann Transaktionen tatsächlich stattfinden können. Aufgrund der von ihnen beobachteten Preise und Mengen revidieren die Firmen ihre Schätzung der Nachfragefunktion, passen ihre Preise entsprechend an, etc. ... Monopolistisches Gleichgewicht ist erreicht, wenn kein Monopolist angesichts seiner Beobachtungen Veranlassung sieht, seinen Preis zu ändern“ (Benassy 1976, S. 69).

Eine „monopolistische“ Konjunkturtheorie könnte dann durch Kombination dieses Prozesses[166] mit Elementen des Malinvaud(1980)-Modells entwickelt werden. Hierzu hat man zunächst den anonymen Preis-Lohnbildungs-Komplex von Malinvaud durch die üblichen Preissetzungshypothesen des Modells monopolistischer Konkurrenz zu substituieren, wobei eben – wie erwähnt – von konjekturalen Nachfragefunktionen auszugehen ist. Die weitere wichtige Modifikation hätte eine Revision der Investitionshypothese zu sein. Für ihre Begründung hat vor allem eine Rolle zu spielen, daß Investitionen ein entscheidender strategischer Parameter im Konkurrenzkampf hier nun aktiv auf die Konsumentscheidung Einfluß nehmender Firmen sind. Erstens erhöht steigende Kapazität die Lieferfähigkeit (Verkürzung von Lieferfristen) und verschafft auch bei unveränderter Technologie sehr häufig Kostenvorteile, die den Preisgestaltungsspielraum verbreitern. Darüber hinaus sind zweitens Investitionen „Vehikel“ der Einführung von Prozeß- und Produktinnovationen und daher indirekt ein wichtiges Instrument im Arsenal der Maßnahmen preislichen und nicht-preislichen Wettbewerbs. Unter diesen Umständen verlagern sich oligopolistische Auseinandersetzungen aus der klassischen „Preisebene“ häufig in die Ebene der Investitionen[167] mit dem Ergebnis, daß eine wechselseitige Akzeleration investiver Aktivitäten zwischen Firmen einer Industrie und zwischen ganzen

---

164 Daß diese Hypothese ad hoc bleibt, macht natürlich von vornherein eine der entscheidenden Schwächen dieses Ansatzes aus. Vergleiche zur Begründung Ramser (1983).

165 Grundsätzlich handelt es sich um die Vorstellung eines Non-Tâtonnements. Da aber die Mengenbewegungen „sehr“ schnell sind, können zwischenzeitliche Transaktionen vernachlässigt werden.

166 Verschiedene andere Varianten diskutiert Benassy (1977).

167 Vgl. dazu Heinrich (1976).

Industrien entsteht. Das Resultat kann eine zyklische Entwicklung der Gesamtkapazität einer Wirtschaft sein, die schlimmstenfalls auch in eine „ruinöse“ (Über-)Investitions-Konkurrenz ausarten kann.

Grundsätzlich läßt sich daher vermuten, daß eine aggregative Investitionshypothese, die diesen Prozessen Rechnung trägt, zumindest entfernt Ähnlichkeit mit Varianten der Akzeleratorfunktion hat. Vor allem aber hat man zu erwarten, daß die langfristigen Resultate des Malinvaud(1980)-Modells damit obsolet werden. Mit großer Wahrscheinlichkeit konvergiert das System ceteris paribus und unter plausiblen Annahmen an die Investitionshypothese (u.a. Nicht-Linearität) nicht mehr zu einem stationären *steady state*-Gleichgewicht im Keynesianischen Unterbeschäftigungsbereich, sondern weist permanente Schwankungen auf. Die Analyse der Bedingungen für das Eintreten dieses oder jenes Prozesses – wobei im Vorfeld eine detaillierte einzelwirtschaftliche und partialanalytische Begründung der Investitionstätigkeit zu leisten ist – dürfte wichtige Einsichten in den Mechanismus konjunktureller Phänomene liefern. Man kann sich vorstellen, daß das Ergebnis eine Konjunkturtheorie ist, die teilweise an Intentionen von Kalecki (1978) erinnert: hier wie dort tritt ein im konjunkturellen Ablauf wechselnder, u. U. auch als „Motor“ zu interpretierender Monopolgrad auf; teilweise hat der Ansatz natürlich auch – wie schon angedeutet – Ähnlichkeiten mit Überinvestitionstheorien, die traditionell allerdings nicht auf Konkurrenzgesichtspunkte abstellen (vgl. Vosgerau 1979).

4.4 Operationelle mittelfristige Makroökonomik

Die unter 4.2 und 4.3 mehr oder weniger ausführlich vorgetragenen konjunkturtheoretischen Konzeptionen sind zum einen teilweise höchst komplex und nur mit Mühe in allen Aspekten zu durchschauen; zum anderen scheinen sie zunächst auch derart heterogen, daß hier praktisch nur von einem alternativen Theorienangebot gesprochen werden kann. Für die wirtschaftspolitische Nutzanwendung wären erstens vereinfachte Versionen wünschenswert, zweitens aber sollte man sich auch – und hier liegt ein gewisser Widerspruch – um die Entwicklung einer „allgemeinen“ Theorie bemühen, die die dargestellten „reinen“ Fälle als spezielle Varianten enthält. Denn grundsätzlich wird hier die Auffassung vertreten, daß je nach Datenkonstellation verschiedene Koordinationsmechanismen verschieden hohen Erklärungsgehalt aufweisen: es existieren also u. E. auch verschiedene Regime für verschiedene Koordinationsmechanismen[168].

Da vorläufig diese Forderungen nicht einzulösen sind und wohl auch auf absehbare Zeit Programmatik bleiben werden, andererseits die Wissenschaft in der Zwischenzeit durchaus gefordert ist, soll in diesem Abschnitt untersucht werden, ob sich unter den zahlreichen in der Literatur diskutierten, bisher aus guten Gründen (s. u.) nicht erwähnten Modellen Ansätze ausmachen lassen, die

- in vorliegender Form als akzeptable Approximation an eine „ideale“ Konzeption betrachtet werden könnten oder
- zumindest nach passender Modifikation bzw. Erweiterung diese Rolle übernehmen könnten.

168 In diese Richtung gehen praktisch auch die Überlegungen von Benassy (1977).

Dabei ist klar, daß zur Beantwortung der ersten Frage von vornherein auf eine Durchmusterung mittel- und langfristiger Modellkonzeptionen abzustellen ist. Ferner liegt auf der Hand, daß aus Platzgründen im folgenden nur einige wenige, hoffentlich als typisch für die jeweilige Modellklasse einzuschätzende Literaturvorlagen untersucht und beurteilt werden können.

4.4.1 Zur Relevanz verschiedener konjunkturtheoretischer Lehrbuchmodelle[169]

(a) Standardparadigma der Konjunkturtheorie

Als erster im folgenden zu prüfender Ansatz kann natürlich nur das in den letzten drei Jahrzehnten die theoretische Szene beherrschende *Hicks-Samuelsonsche Konjunkturmodell* in Betracht kommen. Dieses gewissermaßen als „das" Standardparadigma der Konjunkturtheorie zu apostrophierende Modell wird in der Literatur in einer Reihe mehr oder minder verschiedener Varianten vorgetragen. Grundsätzlich handelt es sich dabei um eine mittel- oder langfristige Interpretation des geläufigen Keynesianischen IS/LM-Modells unter Einbeziehung des Arbeitsmarktes. Keynesianisch ist dieser Ansatz insofern, als *erstens* Überschußnachfragefunktionen postuliert werden, in denen in der Hauptsache Transaktionen auftreten bzw. – wenn überhaupt – jedenfalls nicht ausschließlich relative Preise und *zweitens* der Arbeitsmarkt grundsätzlich mengenrationiert ist. Folgende Merkmale sind den verschiedenen Varianten weiterhin gemeinsam:

- auf Einbeziehung des Außenhandels wird verzichtet. Die staatliche Aktivität ist exogen, so daß Steuersätze und Staatsausgaben die Rolle von Instrumentvariablen spielen[170]. Exogen ist ferner die Technologie, die Rate des technischen Fortschritts und die Zuwachsrate der Bevölkerung;
- nach üblicher Interpretation werden der Gütermarkt durch Reaktion von Mengen (Nachfrage oder Output), der Geldmarkt durch Reaktion des Zinssatzes jeweils permanent geräumt[171]. Die Überschußnachfrage auf dem Arbeitsmarkt dagegen ist bei kurzfristig rigidem Lohnsatz normalerweise negativ; dabei werden unelastisches Arbeitsangebot und – als einzige Beziehung im Modell – rein neoklassisch erklärte Arbeitsnachfrage unterstellt. Die Beschäftigung richtet sich dann nach der bei gegebenem Preisniveau, gegebenem Lohnsatz und gegebenem Kapitalstock resultierenden Arbeitsnachfrage („kurze" Seite);
- kurzfristiges totales Gleichgewicht (bei nicht Walrasianisch geräumtem Arbeitsmarkt!) stellt man sich als permanente Räumung eines imaginären „gesamtwirtschaftlichen" Marktes vor, auf dem eine aus dem IS/LM-Komplex resultierende „gesamtwirtschaftliche Nachfrage" und ein aus dem Arbeitsmarkt resultierendes „gesamtwirtschaftliches

169 Die Ausführungen zu (a) sind i. w. aus Ramser (1981b) übernommen.

170 Der in der Budgetrestriktion zum Ausdruck kommende Zusammenhang zwischen Fiskal- und Geldpolitik wird nicht explizit beachtet.

171 Die formale Darstellung ist in dieser Hinsicht nicht eindeutig, da der IS/LM-Komplex bei permanenter Markträumung stets als simultanes Gleichungssystem geschrieben werden muß.

Angebot" aufeinandertreffen; dieser Markt wiederum soll durch Reaktion des Preisniveaus permanent geräumt sein[172];
- im Zeitablauf ändert sich erstens der (kurzfristig rigide) Lohnsatz gemäß einer einfachen Phillips-Kurven-Hypothese nach Maßgabe des Beschäftigungsgrads, zweitens die Höhe des Kapitalstocks nach Maßgabe der vorgenommenen Investitionen.

Im einzelnen differieren die in der Literatur diskutierten Modellvarianten vornehmlich im speziellen Ansatz von Konsum- und Investitionshypothese, wobei allerdings üblicherweise darauf geachtet wird, daß sich der ökonomische Prozeß noch durch eine Finalgleichung handhabbaren Komplexitätsgrads (d.h. eine Differential- oder Differenzengleichung allenfalls zweiter Ordnung) erfassen läßt. Die qualitativen Eigenschaften der Zeitpfade, die die verschiedenen Aggregate beschreiben und damit die Stabilitätseigenschaften des Systems hängen von einer Vielzahl von Parametern und deren spezieller Konstellation ab; dabei handelt es sich i.w. um Parameter, die bestimmte Eigenschaften von Investitionsnachfrage-, Geldnachfrage- und Lohnbildungshypothese beinhalten. Grundsätzlich ist im Rahmen ökonomisch zulässiger Größenordnung dieser Parameter ebenso Stabilität wie Instabilität der verschiedenen Observanz in Verbindung mit verschiedenen Eigenschaften des *steady state*-Gleichgewichts, insbesondere Vollbeschäftigung und Unterbeschäftigung möglich. Eine entscheidungstheoretisch begründete Eingrenzung auf bestimmte Parameterkonstellationen wird nicht vorgenommen. Damit ist jede Aussage darüber, ob das Standardparadigma z.B. Stabilität oder Instabilität des privaten Sektors „ergibt", unbegründet und nicht haltbar[173].

Von untergeordneter Bedeutung für die Beurteilung des Ansatzes sind zunächst die ohnehin bisher stets akzeptierten Annahmen eines geschlossenen Systems bei exogener Staatstätigkeit. Eine „Öffnung" – ob bei fixem oder flexiblem Wechselkurs – ist prinzipiell unproblematisch, so daß also das Problem der internationalen Transmission von Konjunkturimpulsen angemessen diskutiert werden kann (vgl. z.B. Baltensperger 1981). Auch eine Endogenisierung der Staatstätigkeit, d.h. der Geld- und Fiskalpolitik, bereitet keine grundsätzlichen Schwierigkeiten und kann unter verschiedenen Aspekten erfolgen[174]. Schließlich scheint u.E. die gelegentlich kritisierte Annahme exogener natürlicher Fortschrittsrate resp. exogener Ober- und Untergrenzen (*ceilings* und *floors*) für einen mittelfristig orientierten Ansatz nicht gravierend. Davon abgesehen sollte es angesichts einer Reihe neuerer Beiträge zur Theorie des Firmenwachstums (s. Ramser 1976) nicht von vornherein aussichtslos sein, sinnvoll begründete Hypothesen zur Interdependenz von Zyklus und Trend zu formulieren und in das Modell zu integrieren.

Die eigentlichen Mängel des Standardparadigmas liegen allerdings an anderer Stelle. Sie betreffen die mit den Verhaltenshypothesen und der Qualität des Marktmechanismus implizierte Funktionsweise des Systems; sie sind letztlich verantwortlich dafür, daß trotz der Möglichkeit, den Zeitpfad einzelner Aggregate (z.B. Beschäftigung) durch Postulierung geeigneter Lagstrukturen beliebig exakt „nachzubilden", bestimmte „stilisierte"

---

172 Die voranstehende Fußnote gilt entsprechend auch für das totale kurzfristige System.

173 In der Literatur scheint allerdings die Ansicht zu überwiegen, daß das Standardparadigma Instabilität des privaten Sektors impliziert; vgl. z.B. Kromphardt (1978, S. 111) und die von Tichy (1982) vorgenommene Klassifizierung.

174 Eine systematische Diskussion einfacher adaptiver „Reaktionsfunktionen" findet sich z.B. schon bei Burrows/Hitiris (1974, S. 172ff.).

Fakten konjunktureller Abläufe – beispielsweise die prozyklische Entwicklung von Reallohnsatz, die antizyklische Bewegung der Lohnquote – *nicht* erklärt werden können.

Im einzelnen ist zu den unterstellten Marktmechanismen zu bemängeln, daß das Faktum, daß Transaktionen grundsätzlich zu nicht markträumenden Preisen oder außerhalb des Walrasianischen Gleichgewichts stattfinden, nicht systematisch in adäquate makroökonomische Verhaltenshypothesen umgesetzt ist. Das bedeutet konkret, daß die jeweiligen Überschußnachfragefunktionen und die die Lohn-Preis-Bildung beschreibenden Beziehungen nicht angemessen spezifiziert sind. Folglich sind die verwendeten Gleichgewichtskonzepte bzw. die Art und Weise der Markträumung ebenso wie die Annahme über die Hierarchie der Anpassungsgeschwindigkeiten von Mengen und Preisen in den verschiedenen Regimen hochgradig arbiträr. Hinzu kommt, daß die im einzelnen erfolgten Festlegungen nicht einmal plausibel sind. Warum unterscheiden sich etwa die Gleichgewichtskonzepte gerade in der angenommenen Weise für die verschiedenen Märkte, warum unterliegen sie im Konjunkturablauf keinen Änderungen, warum wird trotz im Prinzip Keynesianischer Struktur nicht dem Faktum Rechnung getragen, daß gerade in diesem Regime Mengen nicht nur flexibler sind als Löhne, sondern auch flexibler als Preise?

Unter den Wünschen an die bei einer angemessenen Umformulierung des Standardmodells zu beachtenden Gesichtspunkte ist schließlich eine sinnvolle Behandlung der Erwartungen zu verlangen. Abgesehen davon, daß auch in diesem Zusammenhang nur ad hoc argumentiert wird, ist insbesondere die Inkonsistenz der benutzten Annahmen über die zur Verfügung stehende Informationsmenge problematisch. Bekanntlich ist die ursprüngliche Berücksichtigung von Erwartungen bei der Begründung spekulativer Geldnachfrage unvereinbar mit dem Gleichgewichtskonzept, so daß von vornherein auf den Portfolioansatz zu rekurrieren ist, der seinerseits dann offenbar rationale Erwartungen i.S. von Muth (vollständige Information) impliziert. Dies kontrastiert mit der üblicherweise vorgetragenen Begründung der Lags in der Investitionshypothese. Grundsätzlich hängt die Investitionsnachfrage u. a. von der *erwarteten* Nachfrage ab. Daß sich die Erwartungen ihrerseits an der bisherigen Entwicklung der Nachfrage orientieren (s. Lag-Struktur), kann nur dahingehend interpretiert werden, daß die Investitionsnachfrage auf unvollständiger Information beruht.

Die explizite Erfassung von Erwartungen in den „traditionellen" makroökonomischen Hypothesen erfordert weiter natürlich eine Ergänzung des Modells um zusätzliche Hypothesen zur Erwartungs*bildung*. Im Prinzip wäre wünschenswert, in diesem Zusammenhang sowohl nach verschiedenen Klassen von Akteuren (z.B. Haushalt, Firmen), zu unterscheiden als auch nach verschiedenen Variablen, über die Erwartungen gebildet werden sollen. Ferner kommt beim gegenwärtigen Stand des Wissens keineswegs nur irgendeine Hypothese „zwischen" den polaren Fällen stationärer und rationaler Erwartungen in Betracht[175].

---

175 Unter Rückgriff auf Konzepte der mittlerweile weit entwickelten Lerntheorie lassen sich durchaus überlegenere, weil größere empirische Evidenz aufweisende Hypothesen formulieren (vgl. z.B. Malinvaud 1980). Man darf vermuten, daß sich über eine Verwendung lerntheoretischer Konzepte auch am ehesten Ansatzpunkte ergeben, die Konjunkturindikatoranalyse sinnvoll in das makroökonomische Modell zu integrieren. Bekanntlich wäre eine derartige systematische Verknüpfung beider Konzeptionen unter prognostischen Gesichtspunkten höchst wünschenswert.

Als Fazit aus diesen Überlegungen läßt sich damit nur feststellen, daß das Standarddiagramm ohne sehr weitgehende Überarbeitung kaum als approximativ akzeptables Modell des Konjunkturablaufs gelten kann.

Eine von vornherein überzeugendere Version des Standardparadigmas stellen die von Uzawa (1973, 1974) verschiedentlich diskutierten Keynesianischen Modelle *monetären Wachstums* dar. Ebenso wie im Standardparadigma sind Geld- und Gütermarkt permanent geräumt, der Arbeitsmarkt i. d. S. rationiert, als sich die Beschäftigung bei exogen gegebenem Nominallohnsatz stets nach der Nachfrage richtet. Das kurzfristige oder „schnelle" System bestimmt nach wie vor also Beschäftigung, Preisniveau und Zinssatz. Der eigentliche Unterschied liegt darin, daß Konsum- und Investitionsnachfrage vom erwarteten realen Zinssatz bestimmt sind und dieser ebenfalls als kurzfristig gegeben betrachtet wird. Damit ändert sich zwischen zwei temporären Gleichgewichten nicht nur die Kapitalausstattung, sondern zusätzlich auch der erwartete Realzins und u. U. der Nominallohnsatz[176].

Ähnlich wie im Standardmodell können je nach Größenordnung der Parameter sehr unterschiedliche Abläufe entstehen. Instabilitäten und Schwankungen der ökonomischen Aktivität sind um so eher zu erwarten, je geringer die Substitutionselastizität zwischen Kapital und Arbeit, je höher die Anpassungsgeschwindigkeit der Erwartungen und je höher die Reagibilität von Investitionen und Ersparnis auf Veränderungen des erwarteten Realzinssatzes ist. Im Gegensatz zur früher erwähnten neoklassischen resp. Gleichgewichtsvariante monetären Wachstums spielen für die Systemstabilität Geldmarkteinflüsse keine Rolle, und im *steady state*-Gleichgewicht ist die Zuwachsrate des Systems durch Veränderung der Zuwachsrate der Geldmenge beeinflußbar.

Das Uzawa-Modell ist ohne Zweifel dem Standardparadigma insofern überlegen, als der Einfluß von Erwartungen explizit erfaßt wird. Wenn dies auch auf eine elementare Weise geschieht und auch nur sehr mechanistisch mit einem adaptiven Mechanismus der Erwartungskorrektur argumentiert wird, ist doch der Zuwachs potentieller Erklärungsmöglichkeit instruktiv. Da entscheidende Mängel des Standardparadigmas nicht behoben werden, kann allerdings auch diese Konzeption nicht ohne weiteres bereits als „ausreichend gute" Approximation einer Konjunkturtheorie akzeptiert werden.

(b) Keynes-Wicksell-Modelle

Eine weitere Verbesserung des Standardparadigmas stellt zweifellos die Klasse der sog. Keynes-Wicksell-Modelle dar, wenn man von vornherein auf die Unterbeschäftigungsvariante abhebt[177]. Zur Kennzeichnung der Konzeption führt Nagatani (1978, S. 253) aus:

> „Die Haupteigenschaften der Keynes-Wicksell-Modelle bestehen darin, daß (1) Spar- und Investitionsentscheide unabhängig voneinander und die Investitions- *vor* den Sparentscheiden getroffen werden, daß (2) die Märkte sich nur langsam anpassen, und daß (3) Preisänderungen durch Gütermarktungleichgewicht erklärt sind."

---

176 Die Änderung des Nominallohnsatzes wird von Uzawa mit Null angenommen. Hier könnte natürlich wieder eine Phillips-Kurve benutzt werden.

177 Der Terminus sowie die Grundkonzeption stammen von Stein (1966, 1971). Die Berücksichtigung von Unterbeschäftigungskonstellationen geht auf einen Beitrag von Nagatani (1969) zurück.

Einer der entscheidenden Mängel des Standardparadigmas wurde unter (a) darin gesehen, daß ohne ersichtliche Begründung Preisreaktionen im Gegensatz zu Bewegungen des Lohnsatzes als genügend schnell angenommen sind, um von permanent preisgeräumtem Gütermarkt ausgehen zu können. Dieser Vorwurf, der auch das Uzawa-Modell trifft, ist hier offenkundig gegenstandslos. Beibehalten wird dagegen die Annahme, daß der Geldmarkt stets im klassischen Sinn geräumt ist. Sieht man einmal von diesem Einwand ab, dann gilt aber nach wie vor auch hier die Feststellung, daß die verschiedenen Verhaltenshypothesen angesichts der Tatsache, daß Transaktionen hier nun auf Güter- *und* Faktormarkt zu nicht markträumenden Preisen stattfinden, nicht korrekt spezifiziert sind; kurz gesagt, werden sämtliche, Restriktionen auf dritten Märkten anzeigende Mengensignale *(spillovers)* unterschlagen. Grundsätzlich sind Mengensignale bzw. die Rückwirkung bindender Mengenrestriktionen eines Marktes auf das Verhalten der betroffenen Wirtschaftssubjekte auf anderen Märkten wesentliche Determinanten der *qualitativen* Systemeigenschaften. Ihre Vernachlässigung hat im Zweifel den Effekt, daß sich die resultierenden Zeitpfade der Variablen in wesentlicher Form von ihrem „korrekten“ Verlauf unterscheiden. Im Zusammenhang damit steht eine weitere Schwierigkeit, die bei Nachfragerationierung auf dem Gütermarkt entsteht. In diesem Falle nämlich muß darüber entschieden werden, in welchem Verhältnis nicht nur verschiedene Individuen rationiert, sondern allgemeiner: in welchem Verhältnis Konsumnachfrage einerseits und Investitionsnachfrage andererseits befriedigt werden. Burmeister/Dobell (1970, S. 166) bezeichnen die im einzelnen verwendeten, für den Wachstumsprozeß natürlich höchst bedeutsamen Annahmen als im höchsten Grade unplausibel. Eine ökonomische Erklärung kann grundsätzlich nur unter Verwendung eines geeigneten desaggregierten Modells, d.h. zumindest eines Zwei-Sektoren-Modells, gegeben werden (s. Woglom 1977)[178]. Sofern in einem Ein-Sektor-Ansatz argumentiert wird, scheint noch am ehesten vertretbar, mit Nagatani (1969, S. 200) davon auszugehen, daß sich die Investoren vollumfänglich durchzusetzen vermögen.

Zu den Modellresultaten kann einmal mehr nur mit Dixit (1976b, S. 174) konstatiert werden, daß

> „... die Menge der Möglichkeiten, zwischen denen man wählen kann, Legion ist, und häufig scheinbar geringfügige Änderungen in den Annahmen zu erheblichen Unterschieden in den Modellergebnissen führen.“

Dabei sind insbesondere die Reaktionsgeschwindigkeiten von Löhnen und Preisen von ausschlaggebender Bedeutung für die Stabilität und den im einzelnen beschriebenen Zeitpfad der ökonomischen Variablen. Um so wichtiger ist der Versuch, durch „mehr Mikroökonomik“ die Menge vernünftiger Annahmen zu begrenzen. Genau hier liegen die Mängel sämtlicher bisher diskutierten Ansätze.

(c) Sonstige langfristige Keynesianische Makromodelle

Im Zusammenhang mit der Frage langfristiger Wirksamkeit der Fiskalpolitik (sog. *crowding out*-Debatte) ist in den letzten Jahren von Keynesianisch orientierten Ökonomen mit einem Modelltyp argumentiert worden, den man – wie das Standardparadigma –

---

178 Die Bemerkung von Stein (1971, S. 63), wonach die „institutionelle Struktur“ entscheidend sei, geht am Problem vorbei.

ebenfalls als längerfristige Version des IS/LM-Modells zu bezeichnen hat[179]. Die gegenüber der kurzfristigen Analyse damit endogenisierten Variablen sind u. a. das Arbeitskräftepotential, Bestände verschiedener Vermögenstitel einschließlich Sachkapital, Lohnsätze und Zukunftserwartungen. Dabei liegt auf der Hand, daß

> „... die Mechanismen einer Endogenisierung der kurzfristig exogenen, aber langfristig endogenen Variablen häufig bereits in der Spezifizierung des kurzfristigen Ansatzes enthalten sind: die Investitionsfunktion bestimmt die Zuwachsrate des Kapitalbestandes; der Staat finanziert seinen positiven oder negativen Budgetsaldo durch Kombination von Kreditaufnahme und Veränderung der Geldmenge. Die Entwicklung anderer langfristig endogener Variablen, z. B. der Erwartungen, ist nicht unbedingt schon mit dem kurzfristigen Modell festgelegt“ (Buiter 1977, S. 340f.).

Der damit abgesteckte Zeithorizont macht das Modell grundsätzlich passend auch für die Behandlung allgemeiner konjunkturtheoretischer Fragestellungen. Da „konsequent“ Keynesianisch orientierte Ansätze – wie eben das Malinvaud(1980)-Modell – noch zu wenig operationell, auch wohl noch zu „neu“ sind, ist es gleichzeitig praktisch das einzige *längerfristig* orientierte Modell, mit dem etwa eine zur Gleichgewichtstheorie des Konjunkturzyklus alternative Position in formal einfacher Weise begründet werden kann.

Unter den verschiedenen, in den letzten Jahren publizierten Konzeptionen ist vermutlich das von Turnovsky (1980) vorgeschlagene Modell am detailliertesten[180] und vermeidet sicher eine Reihe von Schwierigkeiten der Blinder/Solow-Analyse. Eine nur flüchtige Inspektion der formalen Struktur allerdings genügt, um zu erkennen, daß sich auch hier die aus unserer Sicht entscheidenden Mängel des Standardparadigmas wiederfinden. Nach wie vor wird von permanent in Walrasianischem Sinn geräumten Güter- und Finanzmärkten („zeitlose“ Preisreaktion) einerseits, andererseits aber von rationiertem Arbeitsmarkt und verzögerter Lohnbildung (Phillips-Kurve) ausgegangen. Dabei wird – wie leider üblich – von mikrotheoretischer Begründung abgesehen und nicht einmal auf der Ebene bloßer Plausibilität wenigstens konsequent dem Rationierungsaspekt Rechnung getragen. Dies betrifft i. w. die Konsumfunktion. Die Investitionshypothese dagegen, die aufgrund der Annahme permanent geräumten Gütermarktes grundsätzlich „neoklassischen“ Charakter haben sollte, basiert auf einer Kapazitätsanpassungsfunktion bei ausschließlich vom realen Zinssatz abhängigem gewünschten Kapitalbestand.

Das Modell von Turnovsky (1980, S. 162) läßt sich auf vier unabhängige Differentialgleichungen reduzieren. Bei „akkommodierender“ Geldpolitik *(pure bond financing)* sind die entsprechenden Variablen: Realvermögen (Anzahl Aktien), Kapitalbestand, Staatsschuld (real) und erwartete Inflationsrate. Für konjunkturtheoretische Analysen kann eine dieser Variablen ohne weiteres durch den Beschäftigungsgrad substituiert werden. Die Stabilitätseigenschaften lassen sich – wenn überhaupt – nur unter beträchtlichen Schwierigkeiten mit Hilfe der üblichen Verfahren überprüfen. Schwierigkeiten resultieren insbesondere daraus, daß für Modelle des vorliegenden Typs grundsätzlich von der Existenz mehrerer Gleichgewichte auszugehen ist. Bei Existenz mehrerer Gleichgewichte kann aber nicht jedes Gleichgewicht auch stabil sein. Naheliegender Ausweg aus diesem Dilemma bleibt – ähnlich wie im Fall des Malinvaud-Modells – nur die Möglichkeit numerischer Simulation mit plausiblen Vorgaben für die Parameter. Turnovsky (1980)

---

179 Eine für die Entwicklung dieser Ansätze wichtige Rolle haben die Arbeiten von Blinder/Solow (1973) und Tobin/Buiter (1976) gespielt.

180 Andere Beispiele sind neben den o. e. Arbeiten die Beiträge Buiter (1977) und Hayakawa (1979).

selbst beschränkt sich auf eine Analyse der *steady state*-Eigenschaften. Die o. e. grundsätzlichen Vorbehalte gegenüber der Konzeption des Modells machen den Aufwand zusätzlicher Simulationen allerdings auch nicht sonderlich attraktiv.

4.4.2 Erweiterungsfähige kurzfristige Ansätze

Da keines der in der Literatur vorgeschlagenen mittelfristigen Modelle den oben formulierten Ansprüchen an eine ausreichend begründete, aber immer noch übersichtliche und operationelle nicht-Walrasianische Makroökonomik genügt, wäre in Erwägung zu ziehen, eine mittelfristige Konzeption auf der Grundlage der unter 3.4 diskutierten kurzfristigen Ansätze zu entwickeln. Dafür bietet sich insbesondere eine Erweiterung der Modellklasse an, für die das Solow/Stiglitz (1968)-Konzept typisch ist. Die erforderlichen Verallgemeinerungen betreffen allgemein eine Berücksichtigung der Wirkung von Veränderungen relevanter Bestände; hierbei handelt es sich um Bestände von Faktoren, d. h. Kapital und Arbeit, sowie Vermögensbestände bei den Haushalten. Ferner ist sinnvoll, Finanzmärkte (Geld- oder Kreditmarkt) explizit darzustellen, um Effekte unterschiedlicher Kombinationen von Geld- und Fiskalpolitik[181] diskutieren zu können.

Ohne die Realität zu verkürzen, kann das Entscheidungsproblem eines (repräsentativen) *Haushalts* durch Separabilitätsannahmen vereinfacht werden. So ist durchaus realistisch, wenn von vornherein unelastisches Arbeitsangebot unterstellt wird. Ferner dürfte vertretbar sein, Trennbarkeit von Sparentscheidung und Vermögensdisposition (Portfolioentscheidung) derart anzunehmen, daß die Ersparnisse vom laufenden Einkommen und der Höhe des Gesamtvermögens (real) bestimmt und die Vermögensanlageentscheidung mit Hilfe einer üblichen Geldnachfragefunktion darstellbar ist. Auf eine in kurzfristigen Modellen häufig verwendete Unterscheidung einkommensspezifischer Sparquote kann ohne Not verzichtet werden[182].

Das Entscheidungsproblem der (repräsentativen) *Firma* bezieht sich in der einfachen Modellwelt auf zwei ebenfalls trennbare Aspekte: *erstens* ist über die Höhe des laufenden Faktoreinsatzes und damit die Höhe der laufenden Produktion, *zweitens* über das Ausmaß der Veränderung des Kapitalbestands zu befinden. Die Entscheidung über den laufenden Faktoreinsatz und die Höhe der Produktion hängt wie im kurzfristigen Modell von den relativen Preisen, der Höhe des Kapitalbestands und dem relevanten Regime, d. h. eventuellen Beschränkungen auf Arbeits- und/oder Gütermarkt ab. Die Investitionsentscheidung ist allgemein von den Erwartungen über die zukünftige Entwicklung relativer Preise und Absatzmöglichkeiten bestimmt. Diese Erwartungen wiederum sind – wie früher bereits ausgeführt – sicher nicht unabhängig von der Situation in der Gegenwart. Dennoch können natürlich momentan ungünstige Absatzmöglichkeiten i. S. eines Käufermarktes (Angebotsüberschuß auf dem Gütermarkt) ohne weiteres durch entsprechend günstige Prognosen für die Folgeperioden – angesichts der zeitlichen Verzögerungen bei der Kapazitätsausweitung – überkompensiert werden. Für den „ersten Entwurf“ eines Makromodells genügt es – nicht zuletzt, um zunächst einmal die Zusammenhänge verstehen zu lernen – u. E. vollauf, von statischen Erwartungen auszugehen. Tatsächlich

181 Beispielsweise Analyse der von Turnovsky (1980) unterschiedenen Strategien.

182 Im Prinzip dient diese Hypothese nur dazu, trotz ausschließlich Keynesianischer Motivation der „Einzel“-Konsume einen Einfluß des Reallohnsatzes sichtbar zu machen; dieser entsteht zufolge der Gewichtung mit den Faktoranteilen.

widerspricht es nicht empirischer Evidenz, wenn den laufenden Erfahrungen ein relativ großes Gewicht eingeräumt wird.

Die übrigen unter 3.4 vorgeschlagenen Modellannahmen, insbesondere an den Preis-Lohn-Komplex bedürfen keiner Korrektur. Im Interesse größtmöglicher Vereinfachung kann in Erwägung gezogen werden, den zeitlichen Abstand zwischen Output- und Beschäftigungsanpassung zu vernachlässigen. Damit würden die als sinnvoll erkannten grundsätzlichen Annahmen über die Hierarchie der Anpassungsgeschwindigkeiten nicht verfälscht, sondern allenfalls akzentuiert. Unter diesen Umständen läßt sich das Modell bei linear-homogener Produktionsfunktion – technisch ausgedrückt – auf zwei simultane (nicht-lineare) Differentialgleichungen erster Ordnung, gültig jeweils für bestimmte Bereiche (Regime), reduzieren. Sie erlauben noch eine sowohl grafische wie analytische Auswertung.

Schon eine nur oberflächliche Analyse des Modells zeigt einmal mehr die verwirrende Vielfalt von Möglichkeiten, die sich je nach Annahmenkomplex für die zeitliche Entwicklung der ökonomischen Aktivität ergeben können. Es wurde im Verlauf unseres Tour d'horizon mehrfach auf dieses für makroökonomische Räsonnements offenbar typische Erscheinungsbild hingewiesen. Es wurde aber auch ausdrücklich erwähnt, daß gerade in diesem Zusammenhang mit „mehr Mikroökonomik" Abhilfe i. S. einer Begrenzung relevanter Annahmenkomplexe zu schaffen ist. Eine sinnvolle Argumentation mit Hilfe des vorgeschlagenen einfachen Modells – auch und insbesondere unter wirtschaftspolitischem Aspekt – verlangt also eine Reihe zusätzlicher, aus mikrotheoretischer Perspektive angestellter Überlegungen zu einer Begrenzung akzeptabler Szenarios.

Um Möglichkeiten plausibler Erklärung realer Abläufe exemplarisch zu demonstrieren, nehme man an, die Wirtschaft befinde sich in einem Keynesianischen (temporären) Gleichgewicht mit allgemeinem Überschußangebot, die Individuen hegen bezüglich Reallohnsatz und Output statische Erwartungen und der reale Zinssatz werde „mit Sicherheit" prognostiziert. Die Investitionsentscheidung könne durch eine Kapitalanpassungshypothese ausreichend gut beschrieben werden, d. h. die Nettoinvestitionen schließen pro Periode nur einen gewissen Teil der Lücke zwischen „gewünschtem" und tatsächlichem Kapitalbestand. Der „gewünschte" Kapitalbestand seinerseits wird von einem kostenminimierenden Unternehmen grundsätzlich – d. h. unabhängig vom herrschenden Regime – so gewählt, daß die zugehörige Kapitalintensität die Bedingung erfüllt, daß das Verhältnis der Grenzprodukte von Arbeit und Kapital der Lohn-Zins-Relation entspricht. Dann errechnet sich der gewünschte Kapitalbestand unter den o. e. Annahmen als Produkt aus aggregiertem Output und der Relation zwischen gewünschter Kapitalintensität und daraus folgender durchschnittlicher Arbeitsproduktivität[183].

Wenn nun ein temporäres Gleichgewicht bei allgemeinem Überschußangebot herrschen soll, dann ist offenbar der (mit Sicherheit erwartete) reale Zinssatz zu hoch, so daß die Unternehmungen an einem Abbau ihres Kapitalbestands interessiert sind. Damit sinkt die Angebotsfunktion; da die Preise weniger stark sinken, sinken Reallohn und Beschäftigung. Das wiederum reduziert den gewünschten Kapitalbestand erneut etc. Mit anderen Worten wird hier ein kumulativer Prozeß sinkender Beschäftigung erklärbar, ohne daß auf irgendwelche arbiträren Mechanismen – etwa exogene Schocks bestimmter Stärke und Sequenz und/oder „passende" Lag-Strukturen in den relevanten Verhaltenshypothesen – zurückgegriffen werden müßte.

---

183 Die Produktionsfunktion wird – wie erwähnt – als linear-homogen angenommen.

5. Fazit und Ausblick

Der Versuch der Neuformulierung einer leistungsfähigen kurz- und mittelfristigen Makroökonomik kann grundsätzlich nur darauf abzielen, eine Theorie zu entwickeln, die insofern allgemein ist, als sie „Gleichgewichts"- und „Rationierungs"- einschließlich Konzeptionen monopolistischen Gleichgewichts eine datenspezifisch komplementäre Rolle zuweist. Da der Gleichgewichtsansatz im Zweifel auch bei großzügiger approximativer Akzeptanz nur in einem verhältnismäßig begrenzten Bereich erklärungsfähig ist, dürfte wohl festzustellen sein, daß – ohne hier Einzelheiten wiederholen zu wollen – der Erfolg aller Bemühungen davon abhängt, ob es gelingt, eine überzeugende und systematische kurz- und mittelfristige nicht-Walrasianische, d.h. Keynesianische Makroökonomik zu entwickeln. Konstitutiv dafür ist die Durchführung von Transaktionen außerhalb des Walrasianischen (Vollbeschäftigungs-)Gleichgewichts; dabei ist natürlich auch ein allgemeines Gleichgewicht auf Basis nicht-kompetitiver Marktstruktur ein in diesem Sinne nicht-Walrasianisches Gleichgewicht. Ein weiterer wesentlicher Aspekt, den der nicht-Walrasianische mit dem Walrasianischen Ansatz teilt, ist die zentrale Rolle, die dem Prozeß der Erwartungsbildung zukommt. Sie ist bei sämtlichen behandelten Gleichgewichtsmodellen relevant, da sämtliche Ansätze von der grundlegenden Idee temporären Gleichgewichts bei Unsicherheit und unvollständiger Information ausgehen; d.h. es wird grundsätzlich von der Annahme der Existenz in jeder Hinsicht vollständiger Märkte Abstand genommen. Der Prozeß der Erwartungsbildung ist insbesondere für die mittlere Periode von hervorragender Bedeutung. Auch Keynes (1936) hat bekanntlich Problemen der Erwartungsbildung gerade im Zusammenhang mit der Behandlung der Investitionsneigung ein ganzes Kapitel seines Buches gewidmet (Book IV, Ch. 12).

Deutlich geworden sind ferner Probleme, die sich aus der zunehmenden Komplexität der Theorie ergeben. Eine auch formal einheitliche Theorie läßt sich möglicherweise niederschreiben; sie ist aber auf jeden Fall inoperationell, und zwar auch unter ökonometrischen Aspekten. Man wird auf Dauer nicht umhin können, auch den großen Bereich nicht-Walrasianischer Gleichgewichte passend zu zerlegen und bereichsspezifische Theorien zu konzipieren und zu akzeptieren. Diese Zerlegung sollte allerdings möglichst restriktiv gehandhabt werden. So scheint etwa mit Hilfe neuerer analytischer Methoden wie der Katastrophentheorie (vgl. Varian 1976, Ursprung 1982) in gewissen Grenzen möglich, Übergänge von einem Regime in ein anderes, d.h. prinzipiell: Strukturbrüche als stetigen Prozeß zu erfassen. Dies würde gleichzeitig einen Zuwachs an Erklärungsgehalt verschaffen, da nicht zuletzt aus Gründen der Heterogenität aggregierter Märkte Regimegrenzen immer nur fließend sein können.

Diese Bemerkung führt zu einigen abschließenden Hinweisen auf bisher nicht in Frage gestellte mehr oder weniger implizite Annahmen. Zunächst ist grundsätzlich davon ausgegangen worden, daß eine einsektorale Makroökonomik ausreichend erklärungsfähig sein kann. Eine Reihe von Untersuchungen lassen daran zweifeln. Diese Zweifel beziehen sich nicht nur auf makroökonomische Gleichgewichtskonzeptionen (vgl. u.a. Woglom 1977, Smith/Starnes 1979), sondern insbesondere auf „Keynesianische" Ansätze, d.h. Gleichgewichte bei Mengenrationierung. So ist in diesem Zusammenhang kürzlich von Fourgeaud/Lenclud/Michel (1981) überzeugend dargelegt worden, daß die Konsequenzen wirtschaftspolitischer Maßnahmen extreme Unterschiede danach aufweisen, in welchem Sektor sie ansetzen und welches Regime in diesem Sektor herrscht[184].

Mängel an Erklärungsgehalt können aber ferner auch mit der Beschränkung auf die mittlere Frist verbunden sein, d.h. damit, daß auf Versuche einer Endogenisierung des technischen Fortschritts und folglich auch eine Endogenisierung des Strukturwandels der Wirtschaft verzichtet wird. Schon vor einigen Jahren ist in einem u.E. zu wenig beachteten Beitrag von Akerlof/Stiglitz (1969) etwa die Rolle der Lohnpolitik für das Problem einer zyklenhaften Entwicklung struktureller Arbeitslosigkeit eingehend untersucht worden. Letztlich sind nur über eine angemessene Berücksichtigung struktureller Veränderungen vor allem auch säkulare Veränderungen der Investitionsneigung erklärbar und damit Möglichkeiten langfristiger Wirtschaftspolitik sinnvoll diskutierbar. Einmal mehr stellt sich nach manchen Fehlschlägen kurzfristig angesetzter wirtschaftspolitischer Aktivität die Frage, ob nicht Wachstumspolitik eben doch die beste Konjunkturpolitik ist.

Schließlich darf bei allem nicht außer acht gelassen werden, daß eine u.U. höchst bedeutsame Verkürzung der Gesamtproblematik durch eine Beschränkung auf eine geschlossene Wirtschaft in Kauf genommen wurde. Diese Beschränkung ist unter bestimmten, in einem System flexibler Wechselkurse nicht von vornherein unrealistischen Annahmen vertretbar[185]. Gleichwohl gehört eine systematische Einbeziehung möglicher Abweichungen zu den unverzichtbaren Desiderata der weiteren Forschung.

---

184 Vgl. dazu auch bereits Malinvaud (1977, S. 110f.)

185 Vgl. dazu auch Baltensperger (1981).

Literaturverzeichnis

Akerlof, G.A., Stiglitz, J.E.: 1969, Capital, Wages and Structural Unemployment. Economic Journal, Vol. 79, 269–281

Alchian, A.A.: 1970, Information Costs, Pricing, and Resource Unemployment. In: E.S. Phelps et al., a.a.O., 27–52

Allen, R.G.D.: 1967, Macroeconomic Theory. London et al.

Arrow, K.J.: 1959, Towards a Theory of Price Adjustment. In: A. Abramowitz, ed., The Allocation of Economic Resources, Stanford

Arrow, K. J.: 1971, The Firm in General Equilibrium Theory. In: R. Marris, A. Wood, eds., The Corporate Economy. London

Azariadis, C.: 1978, Escalator Clauses and the Allocation of Cyclical Risks. Journal of Economic Theory, Vol. 18, 119–155

Baltensperger, E.: 1981, Die internationale Konjunkturübertragung bei flexiblen Wechselkursen. In: G. Bombach et al., Hrsg., Zur Theorie und Politik internationaler Wirtschaftsbeziehungen, Tübingen, 299–352

Barro, R.J.: 1981, Money, Expectations, and Business Cycles. Essays in Macroeconomics. New York, London et al.

Barro, R.J., Grossman, H.I.: 1971, A General Disequilibrium Model of Income and Employment. American Economic Review, Vol. 61, 82–93

Barro, R.J., Grossman H.I.: 1976, Money, Employment, and Inflation. Cambridge

Benassy, J.-P.: 1975, Neo-Keynesian Disequilibrium Theory in a Monetary Economy. Review of Economic Studies, Vol. 42, 503–524

Benassy, J.-P.: 1976, The Disequilibrium Approach to Monopolistic Price Setting and General Monopolistic Equilibrium. Review of Economic Studies, Vol. 43, 69–81

Benassy, J.-P.: 1977, A Neokeynesian Model of Price and Quantity Determination in Disequilibrium. In: G. Schwödiauer, ed., a.a.O., 511–544

Bergstrom, A.R.: 1962, A Model of Technical Progress, the Production Function, and Cyclial Growth. Economica N.S., Vol. 29, 357–370

Berninghaus, S., Ramser, H.J.: 1981, Projektwahl bei unvollständiger Information. Schmalenbachs Zeitschrift für betriebswirtschaftliche Forschung, 33. Jg., 93–116

Birch, E.M., Siebert, C.D.: 1976, Uncertainty, Permanent Demand, and Investment Behavior. American Economic Review, Vol. 66, 15–28

Blinder, A.S.: 1981, Inventories and the Structure of Macro Models. American Economic Review, Vol. 71, Pap. and Proc., 11–16

Blinder, A.S., Solow, R.M.: 1973, Does Fiscal Policy Matter? Journal of Public Economics, Vol. 2., 319–337

Block, M.K., Heineke, J.M.: 1975, Factor Allocations under Uncertainty. An Extension. Southern Economic Journal, Vol. 41, 526–530

Böhm, V.: 1978, Disequilibrium Dynamics in a Simple Macroeconomic Model. Journal of Economic Theory, Vol. 17, 179–199

Böhm, V.: 1980, Preise, Löhne und Beschäftigung. Tübingen

Brechling, F. P. R.: 1975, Investment and Employment Decisions. Manchester

Bruno, M.: 1979, Price and output adjustment: Micro foundations and aggregation. Journal of Monetary Economics, Vol. 5, 187–212

Buiter, W.H.: 1977, An Integration of Short Run Neo-Keynesian Analysis and Growth Theory. De Economist, Vol. 125, 340–359

Buiter, W. H.: 1980, The Macroeconomics of Dr Pangloss – A Critical Survey of the New Classical Macroeconomics. Economic Journal, Vol. 90, 34–50

Burdett, K., Mortensen, D.T.: 1980, Search, Layoffs, and Labor Market Equilibrium. Journal of Political Economy, Vol. 88, 652–672

Burmeister, E., Dobell, A.R.: 1970, Mathematical Theories of Economic Growth. London

Burrows, P., Hitiris, T.: 1974, Macroeconomic Theory, London et al.

Clower, R.W.: 1965, The Keynesian Counter-Revolution: A Theoretical Appraisal. In: F.H. Hahn, F.P.R. Brechling, eds., The Theory of Interest Rates. London, 103–125

Coddington, A.: 1976, Keynesian Economics: The Search for First Principles. Journal of Economic Literature, Vol. 14, 1258–1273

Debreu, G.: 1959, Theory of Value. New York

DeCanio, S.: 1979, Rational Expectations and Learning from Experience. Quarterly Journal of Economics, Vol. 44, 47–57

Dixit, A. K.: 1976a,Optimization in Economic Theory. Oxford

Dixit, A. K.: 1976b, The Theory of Equilibrium Growth. Oxford

Doeringer, P. B., Piore, M. J.: Internal Labor Markets and Manpower Analysis. Lexington

Dornbusch, R., Fischer, S.: 1978, Macroeconomics. New York et al.

Drazen, A.: 1980, Recent Developments in Macroeconomic Disequilibrium Theory. Econometrica, Vol. 48, 283–306

Drèze, J.: 1975, Existence of an Equilibrium under Price Rigidity and Quantity Rationing. International Economic Review, Vol 16, 301–320

Fels, R.: 1977, What Causes Busniness Cycles? Social Science Quarterly, Vol. 58, 88–95

Fischer, S.: 1972, Keynes-Wicksell and Neoclassical Models of Money and Growth. American Economic Review, Vol. 62, 880–890

Fischer, S.: 1975, Recent Developments in Monetary Theory. American Economic Review, Vol. 55, Pap. and Proc., 157–166

Fischer, S., ed.: 1980, Rational Expectations and Economic Policy. Chicago, London

Fisher, F. M.: 1978, Quantity Constraints, Spillovers, and the Hahn Process. Review of Economic Studies, Vol. 45, 19–31

Flemming, J.: 1976, Inflation. Oxford

Fourgeaud, C., Lenclud, B., Michel, P.: 1981, Two-Sector Model with Quantity Rationing, Journal of Economic Theory, Vol. 24, 413–436

Friedman, B.: 1978, Discussion. In: Federal Reserve Bank of Boston, ed., After the Phillips Curve: Persistence of High Inflation and High Unemployment. Boston, 73–80

Friedman, M.: 1968, The role of monetary policy. American Economic Review, Vol. 58, 1–17

Friedman, M.: 1970, A Theoretical Framework for Monetary Analysis. Journal of Political Economy, Vol. 78, 193–238

Futia, C.: 1977, Excess Demand Equilibria. Journal of Economic Theory, Vol. 14, 200–220

Gordon, R. J.: 1978, Macroeconomics. Boston, Toronto

Grandmont, J. M.: 1977, Temporary General Equilibrium Theory. Econometrica, Vol. 45, 535–573

Grossman, H. I.: 1974, Effective Demand Failures. A Comment. Swedish Journal of Economics, Vol. 76, 358–365

Grossman, H. I.: 1978, Risk Shifting, Layoffs, and Seniority. Journal of Monetary Economics, Vol. 4, 661–686

Grossman, H. I.: 1979a, Employment Fluctuations and the Mitigation of Risk. Economic Inquiry, Vol. 17, 344–359

Grossman, H. I.: 1979b, Why Does Aggregate Employment Fluctuate? American Economic Review, Vol. 69, Pap. and Proc., 64–69

Grossman, S. J., Weiss, L.: 1982, Heterogeneous Information and the Theory of the Business Cycle. Journal of Political Economy, Vol. 90, 699–727

Hahn, F. H.: 1970, Some Adjustment Problems. Econometrica, Vol. 38, 1–17

Hahn, F. H.: 1977, Exercises in Conjectural Equilibria. Scandinavian Journal of Economics, Vol. 79, 210–226

Hahn, F. H.: 1978, On Non-Walrasian Equilibria. Review of Economic Studies, Vol. 45, 1–17

Hahn, F. H.: 1980a, Monetarism and Economic Theory. Economica, N. S., Vol. 47, 1–17

Hahn, F. H.: 1980b, Unemployment from a Theoretical Viewpoint. Economica, N. S., Vol. 47, 285–298

Hall, R. E.: 1975, The Ridigity of Wages and the Persistence of Unemployment. Brookings Papers. Vol. 2, 301–335

Hall, R. E., Lilien, D. M.: 1979, Efficient Wage Bargains under Uncertain Supply and Demand. American Economic Review, Vol. 69, 868–879

Hansen, B.: 1951, A Study in the Theory of Inflation. London

Hansen, B.: 1970, Excess Demand, Unemployment, Vacancies, and Wages. Quarterly Journal of Economics, Vol. 84, 1–23

Hartman, R.: 1972, The Effect of Price and Cost Uncertainty on Investment. Journal of Economic Theory, Vol. 5, 258–266
Hayakawa, H.: 1979, Does Fiscal Policy Really Matter in the Context of Variable Prices? Journal of Macroeconomics, Vol. 1, 321–346
Heinrich, J.: 1976, Preis- und Investitionskonkurrenz im homogenen Dyopol mit Kapazitätsbeschränkung. Jahrbücher für Nationalökonomie und Statistik, Bd. 191, 311–330
Heller, W.P., Starr, R.M.: 1979, Unemployment Equilibrium with Myopic Complete Information. Review of Economic Studies, Vol. 46, 339–359
Hey, J.D.: 1981, Economics in Disequilibrium. Oxford
Hicks, J.: 1946, Value and Capital. 2nd ed. Oxford
Hildenbrand, K., Hildenbrand, W.: 1978, On Keynesian Equilibria with Unemployment and Quantity Rationing. Journal of Economic Theory, Vol. 18, 255–277
Honkapohja, S.: 1979, On the Dynamics of Disequilibria in a Macro Model with Flexible Wages and Prices. In: M. Aoki, A. Marzollo, eds., New Trends in Dynamic System Theory and Economics. New York et al., 303–336
Honkapohja, S., Ito, T.: 1980, Inventory Dynamics in a Simple Disequilibrium Macroeconomic Model. Scandinavian Journal of Economics, Vol. 82, 184–198
Howitt, P.: 1981, Activist Monetary Policy under Rational Expectations. Journal of Political Economy, Vol. 89, 249–269
Intriligator, M. D.: 1971, Mathematical Optimization and Economic Theory. Englewood Cliffs
Ito, T.: 1980, Disequilibrium Growth Theory. Journal of Economic Theory, Vol. 23, 380–409
Kaldor, N.: 1940, A Model of the Trade Cycle. Economic Journal, Vol. 50, 78–92
Kalecki, M.: 1968, Theory of Economic Dynamics. New York, London
Karni, E.: 1980, A Note on Lucas's Equilibrium of the Business Cycle. Journal of Political Economy, Vol. 88, 1231–1236
Keynes, J.M.: 1936, The General Theory of Employment, Interest and Money. London
King, J., Regan, P.: 1976, Relative Income Shares. London, Basingstoke
Korliras, P.G.: 1975, A Disequilibrium Macroeconomic Model. Quarterly Journal of Economics, Vol. 89, 56–80
Korliras, P. G.: 1978, Non-Tâtonnement and Disequilibrium Adjustment in Macroeconomic Models. In: G. Schwödiauer, ed., a.a.O., 463–495
Korliras, P.G.: 1980, Disequilibrium Theories and their Policy Implications: Towards a Synthetic Disequilibrium Approach. Kyklos, Vol. 33, 449–474
Korliras, P.G., Thorn, R.S., eds.: 1979, Modern Macroeconomics. New York etc.
Kromphardt, J.: 1977, Wachstum und Konjunktur. Göttingen
Kromphardt, J.: 1978, Über den heutigen Stand der Konjunkturtheorie. Jahrbücher für Nationalökonomie und Statistik. Bd. 193, 97–114
Kydland, F., Prescott, E.C.: 1980, A Competitive Theory of Fluctuations and the Feasibility and Desirability of Stabilization Theory. In: S. Fischer, ed., Rational Expectations and Economic Policy. Chicago, London, 169–187
Leijonhufvud, A.: 1968, On Keynesian Economics and the Economics of Keynes. Oxford
Leijonhufvud, A.: 1973, Effective Demand Failures. Swedish Journal of Economics, Vol. 75, 27–48
Löfgren, K.G.: 1979, The Corridor and Local Stability of the Effective Demand Hypothesis: A Result. Scandinavian Journal of Economics. Vol. 81, 30–47
Long, J.B., Plosser, C.I.: 1983, Real Business Cycles. Journal of Political Economy, Vol. 91, 39–69
Lorie, H.R.: 1978, Price-Quantity Adjustments in a Macro-Disequilibrium Model. Economic Inquiry, Vol. 16, 265–287
Lucas, R. E.: 1975, An Equilibrium Model of the Business Cycle. Journal of Political Economy, Vol. 83, 1113–1144
Lucas, R. E.: 1977, Understanding Business Cycles. In: K. Brunner, A. Meltzer, eds., Stabilization of the Domestic and International Economy. Amsterdam, 7–29
Lucas, R.E.: 1978, Unemployment Policy. American Economic Review, Vol. 68, Pap. and Proc., 353–357
Lucas, R. E.: 1980, Methods and Problems in Business Cycle Theory. Journal of Money, Credit, and Banking, Vol. 12, 696–715
Lucas, R.E., Prescott, E.C.: 1971, Investment under Uncertainty. Econometrica, Vol. 39 (5), 659–681

Lucas, R.E., Rapping, L.A.: 1969, Real Wages, Employment and Inflation. Journal of Political Economy, Vol. 77, 721–754
Lucas, R.E., Sargent, T.J.: 1978, After Keynesian Macroeconomics. In: Federal Reserve Bank of Boston, ed., After the Phillips Curve: Persistence of High Inflation and High Unemployment. Boston. 49–72
Malinvaud, E.: 1977, The Theory of Unemployment Reconsidered. Oxford
Malinvaud, E.: 1980, Profitability and Unemployment. Cambridge
McCall, J.J.: 1965, The Economics of Information and Optimal Stopping Rules. Journal of Business, Vol. 38, 310–317
McCallum, B.T.: 1980, Rational Expectations and Macroeconomic Stabilization Policy: An Overview. Journal of Money, Credit and Banking, Vol. 12, 716–762
McCallum, B.T., Whitaker, J.K.: 1979, The effectiveness of fiscal feedback rules and automatic stabilizers under rational expectations. Journal of Monetary Economics, Vol. 5, 171–186
Moore, G.H.: 1977, Business Cycles: Partly Exogenous Mostly Endogenous. Social Science Quarterly, Vol. 58, 96–103
Mortensen, D.T.: 1970, A Theory of Wages and Employment Dynamics. In: E.S. Phelps et al., a.a.O., 167–211
Muellbauer, L., Portes, R.: 1978, Macroeconomic Models with Quantity Rationing. Economic Journal, Vol. 88, 788–821
Mussa, M.: 1976, A Study in Macroeconomics. Amsterdam, New York, Oxford
Mussa, M.: 1977, External and Internal Adjustment Costs and the Theory of Aggregate and Firm Investment. Economica, Vol. 44, 163–178
Muth, J.F.: 1961, Rational expectations and the theory of price movements. Econometrica, Vol. 29, 315–335
Myerson, R.B.: 1979, A Simple Model of the Dynamic Economy. Discussion Paper No. 381: Graduate School of Management, Northwestern University, Evanston
Nagatani, K.: 1969, A Monetary Growth Model with Variable Employment. Journal of Money, Credit, and Banking, Vol. 1, 188–206
Nagatani, K.: 1972, Life Cycle Saving: Theory and Fact. American Economic Review, Vol. 62, 344–353
Nagatani, K.: 1978, Monetary Theory. Amsterdam, New York, Oxford
Nagatani, K.: 1981, Macroeconomic Dynamics. Cambridge et al.
Negishi, T.: 1960/1, Monopolistic Competition and General Equilibrium. Review of Economic Studies, Vol. 28, 196–201
Negishi, T.: 1972, General Equilibrium Theory and International Trade. Amsterdam
Negishi, T.: 1974, Involuntary Unemployment and Market Imperfection. Economic Studies Quarterly. Vol. 25, 32–41
Negishi, T.: 1978, Existence of Underemployment Equilibria. In: G. Schwödiauer, ed., a.a.O., 497–510
Negishi, T.: 1979, Microeconomic Foundations of Keynesian Macroeconomics. Amsterdam, New York, Oxford
Nelson, P.: 1970, Information and Consumer Behavior. Journal of Political Economy, Vol. 78, 311–329
Nickell, S.J.: 1978, The Investment Decisions of Firms. Oxford
Nikaido, H.: 1975, Monopolistic Competition and Effective Demand. Princeton
Okun, A.M.: 1981, Prices and Quantities: A Macroeconomic Analysis. Washington, D.C.
Patinkin, D.: 1956, Money, Interest, and Prices. New York
Phelps, E.S.: 1970, Introduction: The New Microeconomics and Inflation Theory. In: E.S. Phelps et al., a.a.O., 1–26
Phelps, E.S.: 1981, Okun's Micro-Macro System: A Review Article. Journal of Economic Literature, Vol. 19, 1065–1073
Phelps, E.S., et al.: 1970, Microeconomic Foundations of Employment and Inflation Theory. New York
Phelps, E.S., Winter, S.G.: 1970, Optimal Price Policy under Atomistic Competition. In: E.S. Phelps et al., a.a.O., 309–337
Phillips, A.W.: 1961, A Simple Model of Employment, Money and Prices in a Growing Economy. Economica, N.S., Vol. 28, 360–370

Ramser, H.J.: 1976a, Phillips-Kurve und Bargaining-Theorie. Zeitschrift für Nationalökonomie, Bd. 36, 9–20

Ramser, H.J.: 1976b, Wettbewerbspolitische Implikationen neuerer Ansätze in der Theorie der Firma. In: G. Bombach et al., Hrsg., Probleme der Wettbewerbstheorie und -politik. Tübingen, 299–335

Ramser, H.J.: 1978a, Rationale Erwartungen und Wirtschaftspolitik. Zeitschrift für die gesamte Staatswissenschaft, Bd. 134, 57–72

Ramser, H.J.: 1978b, Lebenszyklus-Theorie des Sparens: Zum Stand der Theorie. In: G. Bombach et al., Hrsg., Neuere Entwicklungen in der Theorie des Konsumentenverhaltens. Tübingen, 373–431

Ramser, H.J.: 1979a, Krisenbekämpfung aus der Sicht verschiedener zeitgenössischer Lehrmeinungen. In: W. Petwaidic, Hrsg., Wirtschafts- und Gesellschaftspolitik in schwierigen Zeiten, Festschrift zum 80. Geburtstag von Heinrich Dräger. Frankfurt, 69–88

Ramser, H.J.: 1979b, Die Kontrakttheorie als Beitrag zu einer ökonomischen Theorie des Arbeitsmarktes. Zeitschrift für die gesamte Staatswissenschaft, Bd. 134, 628–659

Ramser, H.J.: 1980, Investitionen, Unsicherheit und unvollständige Information. In: G. Bombach et al., Hrsg., Neuere Entwicklungen in der Investitionstheorie und -politik. Tübingen, 207–257

Ramser, H.J.: 1981a, Arbeitslosigkeit aufgrund unvollständiger Information. Zeitschrift für die gesamte Staatswissenschaft, Bd. 137, 163–186

Ramser, H.J.: 1981b, Stand und Entwicklungsperspektiven der Konjunkturtheorie. In: M. Timmermann, Hrsg., Nationalökonomik morgen. Stuttgart, 27–58

Ramser, H.J.: 1982, Theoretische und politische Aspekte makroökonomischer Ungleichgewichtskonzeptionen. DIW-Vierteljahreshefte

Ramser, H.J.: 1983, Preis-Lohn-Dynamik im Modell der „neuen" Keynesianischen Makroökonomik. In: G. Bombach et al., Hrsg., Neue Makroökonomik. Tübingen

Rau, N.: 1974, Trade Cycles: Theory and Evidence. London

Richter, R., Schlieper, U., Friedmann, W.: 1981, Makroökonomik – Eine Einführung. 4. Aufl. Berlin, Heidelberg, New York

Salop, S. C.: 1973, Wage Differentials in a Dynamic Theory of the Firm. Journal of Economic Theory, Vol. 6, 321–344

Salop, S. C.: 1979, A model of the natural rate of unemployment. American Economic Review. Vol. 69, 117–125

Sargent, T.J.: 1979, Macroeconomic Theory. New York, San Francisco, London

Sargent, T.J.: 1981, Interpreting Economic Time Series. Journal of Political Economy, Vol. 89, 213–248

Scarfe, B.L.: 1977, Cycles, Growth, and Inflation. New York et al.

Schwödiauer, G., ed.: 1978, Equilibrium and Disequilibrium in Economic Theory. Dordrecht, Boston

Siven, C.-H.: 1979, A Study in the Theory of Inflation and Unemployment. Amsterdam, New York, Oxford

Smith, G., Starnes, W.: 1979, A Short Run Two-Sector Model with Immobile Capital. Journal of Money, Credit, and Banking, Vol. 11, 47–67

Solow, R.M., Stiglitz, J.E.: 1968, Output, Employment and Wages in the Short Run. Quarterly Journal of Economics, Vol. 82, 537–560

Sondermann, D.: 1980, Keynesian Unemployment as Non-Walrasian Equilibria. Paper presented at the 4th World Congress of the Economic Society, August 1980, in Aix-en-Provence

Stein, J.L.: 1966, Money and Capacity Growth. Journal of Political Economy, Vol. 74, 451–465

Stein, J.L.: 1971, Money and Capacity Growth. New York, London

Stein, J.L.: 1974, Unemployment, inflation and monetarism. American Economic Review, Vol. 64, 867–887

Stiglitz, J.E.: 1979, Equilibrium in product markets with imperfect information. American Economic Review, Pap. and Proc., Vol. 69, 339–345

Takayama, A.: 1974, Mathematical Economics. Hinsdale

Tichy, G.: 1982, Neuere Entwicklungen in der Konjunkturtheorie. IFO-Studien, 28. Jg., 213–238

Tobin, J.: 1965, Money and Economic Growth. Econometrica, Vol. 33, 671–684

Tobin, J.: 1975, Keynesian Models of Recession and Depression. American Economic Review, Vol. 65, Pap. and Proc., 195–202

Tobin, J.: 1980a, Asset Accumulation and Economic Activity. Oxford

Tobin, J.: 1980b, Are New Classical Models Plausible Enough to Guide Policy? Journal of Money, Credit, and Banking, Vol. 12, 788–799

Tobin, J., Buiter, W.H.: 1976, Long-Run Effects of Fiscal and Monetary Policy on Aggregate Demand. In: J. Stein, ed., Monetarism. Amsterdam, 273–309

Tobin, J., Buiter, W.H.: 1980, Fiscal and monetary policies, capital formation and economic activity. In: G. v. Fürstenberg, ed., The Government and Capital Formation. Cambridge

Turnovsky, S.J.: 1980, Monetary and Fiscal Policy in a Long-Run Macroeconomic Model. Economic Record, Vol. 56, 158–170

Ursprung, H.W.: 1982, Die elementare Katastrophentheorie: Eine Darstellung aus der Sicht der Ökonomie. Berlin, Heidelberg, New York

Uzawa, H.: 1973, Towards a Keynesian Model of Monetary Growth. In: J.B. Mirrlees, N.H. Stern, eds., Models of Economic Growth. Edinburgh, 53–70

Uzawa, H.: 1974, On the Dynamic Stability of Economic Growth: The Neoclassical versus Keynesian Approaches. In: G. Horwich, P.A. Samuelson, eds., Trade, Stability, and Macroeconomics. New York, London, 523–553

Varian, H.: 1976, Keynesian Models of Unemployment. MIT Working Paper

Varian, H.: 1977, Non-Walrasian Equilibria. Econometrica, Vol. 45, 573–590

Varian, H.: 1979, Catastrophe Theory and Business Cycle. Economic Inquiry, Vol. 17, 14–28

Vosgerau, H.-J.: 1979, Konjunkturtheorie. In: HdWW. Stuttgart et al., 478–507

Woglom, C.: 1977, Two-Sector Aggregative Models and the Investment Demand Function. American Economic Review, Vol. 67, 723–727

Teil II

Löhne, Preise, Einkommen und Beschäftigung in der offenen Volkswirtschaft

Von Oliver Landmann

1. Einleitung: Die Stagflation als zentrales Problem der Theorie und Politik*

Die 70er Jahre waren ein Jahrzehnt der stabilisierungspolitischen Ernüchterung. Die Hoffnung, daß sich der Konjunkturzyklus mit den Instrumenten der keynesianischen Theorie der Globalsteuerung besiegen lasse, erwies sich als verfrüht. Die relative Stabilität der 50er und 60er Jahre ging wieder verloren – und zwar betrifft der Stabilitätsverlust sowohl das Niveau als auch die Variabilität der beiden zentralen Zielgrößen der Stabilisierungspolitik, Inflation und Beschäftigung. Teuerungs- und Arbeitslosenraten, die noch 1970 als in höchstem Grade alarmierend angesehen worden wären, gehören 10 Jahre später zur Tagesordnung. Wer einmal davon gesprochen hatte, 5% Inflation seien immer noch besser als 5% Arbeitslose, mußte bald darauf froh sein, wenn er nicht beides hatte. Der Verlust an Stetigkeit hat sich am markantesten im weltweiten Konjunktureinbruch der Jahre 1974/76, und erneut 1980/82, manifestiert. Viele Beobachter hätten Rückschläge solchen Ausmaßes in der „Aera von Keynes“ kaum mehr für möglich gehalten.

Wie konnte das alles geschehen? War die scheinbar so gesicherte und erfolgreiche Theorie der Globalsteuerung falsch? Oder war sie unvollständig? Oder wurde sie nicht befolgt? Oder war sie auf Bedingungen zugeschnitten, die nicht mehr der Wirklichkeit entsprechen? Vertreter der wirtschaftspolitischen Praxis neigen i. allg. dazu, die letzte dieser Fragen zu bejahen und der Wissenschaft vorzuwerfen, sie habe wenig zu bieten, was auf die spezifischen Probleme von heute anzuwenden sei. Umgekehrt wird seitens der Wissenschaft eingewandt, daß ein guter Teil dieser Probleme durch vermeidbare konjunkturpolitische Fehlgriffe verschärft worden sei. Beides ist nicht ganz falsch. So wenig sich bestreiten läßt, daß sich mit dem Wissen der 60er Jahre in den 70er Jahren einiges hätte besser machen lassen, so gewiß ist auch, daß die Hauptfragestellungen der 70er Jahre in Bereichen aufgetreten sind, denen die Theorie der Stabilisierungspolitik zuvor nicht hinreichende Aufmerksamkeit geschenkt hatte.

Es liegt mittlerweile eine ganze Reihe von Arbeiten vor, die sich kritisch mit dem Verhalten der Stabilisierungspolitik in verschiedenen Ländern seit 1970 auseinandersetzen (z. B. McCracken et al. 1977; Blinder 1979; Borner/Friedmann 1979). Der vorliegende Beitrag klammert diese Thematik aus und konzentriert sich auf die Lernprozesse, die die jüngeren Erfahrungen in der Wissenschaft ausgelöst haben. Den Ausgangspunkt bilden dabei zwei Feststellungen über den Stand der herrschenden makroökonomischen Theorie der 60er Jahre:

- Sie war – in der Tradition von J.M. Keynes – im wesentlichen als eine Theorie der *effektiven Gesamtnachfrage* nach Gütern und Dienstleistungen konzipiert. Stabilisierungspolitik war gleichbedeutend mit Nachfragepolitik. Angebotsseitige Momente, insbesondere die Vorgänge auf dem Arbeitsmarkt und die Lohn- und Preisbildung, waren in den Hintergrund gedrängt.

* Die vorliegende Arbeit entstand während eines vom Schweizerischen Nationalfonds ermöglichten Forschungsaufenthalts an der Stanford University.

– Sie bildete – ebenfalls in der Tradition von Keynes – im wesentlichen die Zusammenhänge innerhalb der nationalen, geschlossenen Volkswirtschaft ab. Die Berücksichtigung der internationalen Verflechtung blieb auf partielle Aspekte beschränkt.

In beiden Hinsichten zwangen die Ereignisse der 70er Jahre zu einer Revision und Komplettierung der Theorie und zu einem Überdenken der wirtschaftspolitischen Handlungsmöglichkeiten. Der Rest dieses Einleitungsabschnitts befaßt sich mit dem ersten der beiden genannten Aspekte und schafft damit die Voraussetzungen für einen systematischen Überblick über die nachfrage- *und* angebotsseitigen Wirkungskanäle, die eine nationale Volkswirtschaft mit der Weltwirtschaft verbinden.

Daß eine makroökonomische Theorie heute mehr sein muß als nur eine Theorie der Gesamtnachfrage, folgt allein schon aus der Beobachtung, daß die nominelle Gesamtnachfrage in der Nachkriegszeit noch nie so kräftig gestiegen ist wie in den 70er Jahren und die realen Wachstums- und Beschäftigungsziffern trotzdem noch nie so enttäuschend ausgefallen sind wie gerade in diesem Zeitraum. Tabelle 1.1 illustriert diesen Tatbestand anhand der sieben „Großen" der OECD. In allen sieben Ländern hat sich das reale Wachstum im Vergleich der Perioden 1966–1973 und 1973–1980 verlangsamt, während sich das Wachstum der nominellen Gesamtnachfrage mit der Ausnahme Japans und Deutschlands überall beschleunigt hat. Es müssen eo ipso angebotsseitige Faktoren gewesen sein, die verhindert haben, daß nominelle und reale Entwicklung parallel gelaufen sind. Man könnte versucht sein zu folgern, daß das beschleunigte Nachfragewachstum angesichts eines aus welchen Gründen auch immer verringerten realen Wachstumspotentials die produktiven Ressourcen überstrapaziert hat und sich deshalb in einem beschleunigten Preisauftrieb niederschlagen mußte. Aber so einfach liegen die Dinge offenbar nicht. Denn der Auslastungsgrad der Ressourcen, gemessen durch die Arbeitslosenrate, hat im Vergleich der beiden Perioden ja in allen sieben Ländern abgenommen.

Tabelle 1.1. Gesamtnachfrage, Realwachstum und Beschäftigung in den größten OECD-Ländern

	Durchschnittliches jährliches Wachstum der nominellen Gesamtnachfrage[1]		Durchschnittliches jährliches Wachstum des realen Bruttosozialprodukts		Durchschnittliche Arbeitslosenquote	
	1966–73	1973–80	1966–73	1973–80	1966–73	1973–80
USA	8,4	10,2	3,5	2,4	4,4	6,5
Japan	16,8	11,2	9,7	3,8	1,2	1,9
Deutschland	9,5	7,2	4,5	2,4	0,9	2,9
Frankreich	11,4	13,8	5,5	2,8	2,4	4,5
Großbritannien	9,9	17,0	3,2	0,9	3,3	5,4
Italien	12,4	20,8	5,1	2,8	5,7	6,6
Kanada	10,4	12,9	5,4	2,7	4,9	7,0

1 Gemessen durch das Wachstum des nominellen Bruttosozialprodukts
Quelle: International Financial Statistics, Yearbook 1981, und OECD, Economic Outlook, July 1982.

Eine mögliche Erklärung für dieses Phänomen, die in jüngster Zeit intensiv diskutiert worden ist (z.B. Sachs 1979), behauptet ein Mißverhältnis zwischen Produktivitäts- und Reallohnwachstum. Hierauf wird im folgenden unter dem Stichwort „klassische Arbeitslosigkeit" näher eingegangen. Auf einer allgemeineren Ebene, aber unmittelbar daran anknüpfend, stellt sich die Frage, welche Faktoren denn überhaupt die Aufspaltung des nominellen Sozialproduktwachstums in Preis- und Mengenänderungen bestimmen. Ansatzpunkte zur Beantwortung dieser allgemeineren Fragestellung bietet das anschließend zu erläuternde aggregative Modell von Angebot und Nachfrage.

Keynesianische vs. klassische Arbeitslosigkeit

Unter dem Eindruck der geschilderten Erfahrungen ist in der Wissenschaft, vielerorts aber auch in der tagespolitischen Diskussion, eine Kontroverse neu ausgebrochen, die zu Beginn der 30er Jahre schon einmal geführt worden war und damals den entstehenden Keynesianismus maßgeblich geprägt hatte, danach aber für längere Zeit eingeschlafen schien. Auf ihren Kern reduziert, dreht sie sich um die Frage, ob gesamtwirtschaftliche Beschäftigungsprobleme ein spezifisches Arbeitsmarktversagen signalisieren, dessen Überwindung Änderungen im Verhalten der Tarifparteien erfordert, oder ob nicht vielmehr das Symptom eines tieferliegenden Systemversagens vorliegt, das nur durch zentralisiertes Gegensteuern wirksam korrigiert werden kann. Den beiden konträren Standpunkten liegen zwei fundamental verschiedene Interpretationen der auf dem Arbeitsmarkt beobachteten Situation zugrunde. Sie lassen sich mit Hilfe von Abb. 1.1 illustrieren. Was auf dem Arbeitsmarkt im Falle von Arbeitslosigkeit beobachtbar ist, stellt Fig. 1.1a dar: Beim herrschenden Reallohn $(\frac{w}{p})_0$ übersteigt das Angebot an Arbeitskräften (N^S) die Zahl der Arbeitsplätze. Die Höhe der Beschäftigung (N) ist offenbar durch die Nachfrage der Unternehmungen nach Arbeitskraft (N^D) limitiert. Der nächstliegende Schluß, den jeder markttheoretisch geschulte Ökonom spontan aus einer solchen Ungleichgewichtssituation ziehen würde, lautet, daß auf diesem Markt allem Anschein nach der Preis zu hoch liegt. Dies ist die in Abb. 1.1b abgebildete *klassische* Interpretation der Arbeitslosigkeit. Es folgt unmittelbar, daß eine Reduktion des Marktpreises – in diesem Falle also des Reallohns – auf das Gleichgewichtsniveau $(\frac{w}{p})^*$ das Problem lösen würde. Demgegenüber legt die *keynesianische* Interpretation das Gewicht auf die Feststellung, daß die nur aus Ertragsgesetz und Gewinnmaximierung abgeleitete Arbeitsnachfragefunktion – $N_D(\frac{w}{p})$ in Abb. 1.1b – keine Schlüsse auf die Wirklichkeit zuläßt, wenn die Unternehmungen auf ihren Absatzmärkten mit bindenden Mengenrestriktionen konfrontiert sind. Denn in diesem Falle ist es die absetzbare Produktionsmenge, die das Beschäftigungsvolumen limitiert. Die Abbildungen 1.1c bis 1.1e veranschaulichen den angesprochenen Wirkungszusammenhang: Geld- und Gütermarkt determinieren nach Maßgabe des IS-LM-Modells[1] die effektive Gesamtnachfrage nach laufend produziertem Output (Abb. 1.1.d); die aggregierte Produktionsfunktion zeigt an, wieviel Arbeitskraft zur Produktion dieser Menge benötigt wird (Abb. 1.1.e), und hieraus erklärt sich die auf dem Arbeitsmarkt beobachtete Unterbeschäftigungssituation (Abb. 1.1c). Nach dieser Interpretation hat das Beschäftigungsproblem offenkundig nichts mit der Lohnhöhe zu tun. Der Reallohn könnte sogar ohne weiteres vollbeschäftigungskonform sein (wie in Abb. 1.1c, wo $(\frac{w}{p})_0 = (\frac{w}{p})^*$). Wirtschaftspolitisch folgt, daß eine Erhöhung des Beschäftigungsgrades nur durch eine Expansion der Güternachfrage herbeigeführt

1 Die Grundlagen des keynesianischen IS-LM-Modells werden hier als bekannt vorausgesetzt; vgl. jedes Makro-Lehrbuch oder den Beitrag des Verfassers in „Keynesianismus I" (1976).

werden kann. Änderungen des Reallohns können prima facie nichts an der Beschäftigungslage ändern[2].

Diese zweite, keynesianische Betrachtungsweise hat – zumindest als implizite Prämisse – nahezu der gesamten makroökonomischen Diskussion der Nachkriegszeit zugrundegelegen. Beschäftigungstheorie war Nachfragetheorie, und Beschäftigungspolitik war Nachfragepolitik. Angesichts der Tatsache, daß das Nachfragewachstum der 70er Jahre im wesentlichen nicht Beschäftigung, sondern Inflation produziert hat, wird nun aber – wie erwähnt – vermehrt die Frage diskutiert, ob die Beschäftigungsprobleme der jüngeren Vergangenheit in einigen Ländern nicht doch mehr klassischer als keynesianischer Natur seien, und ob nicht infolgedessen anstelle von Nachfrageexpansion vorab Reallohnmäßigung angezeigt sei.

Empirisch ist die Frage vorderhand nicht beantwortet. Es wäre auch illusorisch, zumal auf rein aggregativer Ebene, zwischen klassischer und keynesianischer Arbeitslosigkeit operationell diskriminieren zu wollen. Mangelnde Nachfrage und mangelnde Rentabilität können sich als beschäftigungshemmende Faktoren jederzeit überlagern. Soweit die Frage bisher überhaupt empirisch angegangen worden ist, sind es vorwiegend internationale Quervergleiche, die eine kausale Rolle der Reallohnentwicklung für die Beschäftigung nahelegen. Sowohl Sachs (1979) als auch Branson/Rotemberg (1980) haben festgestellt, daß die Arbeitnehmer in den USA und in Kanada eine weit größere Bereitschaft gezeigt haben, die realen Konsequenzen der Produktivitäts- und Terms-of-Trade-Rückschläge der 70er Jahre zu tragen als ihre Kollegen in den anderen großen OECD-Ländern. Entsprechend kräftig konnte sich die reale Produktion in den beiden nordamerikanischen Ländern nach der Rezession von 1974/75 wieder erholen. Demgegenüber waren in den übrigen Ländern die Grenzen des Aufschwungs infolge eines überhöhten Reallohnniveaus enger gesteckt, so daß sich das Wachstum der nominellen Gesamtnachfrage in einer beschleunigten Inflation entlud (England, Italien) bzw. von den Trägern der Globalsteuerung von vornherein nicht so stark forciert wurde (Deutschland, Japan).

Mit der Unterscheidung zwischen keynesianischer und klassischer Arbeitslosigkeit haben Malinvaud (1977) und andere Vertreter der modernen Theorie der Rationierungsgleichgewichte den Gegensatz zwischen angebots- und nachfrageseitigen Determinanten der Beschäftigung stärker betont, als es in der langen Tradition der „Keynes vs. die Klassik"-Literatur je zuvor geschah. Obwohl die Güternachfrage immer im Zentrum des keynesianischen Ansatzes stand, waren Reallohn und Arbeitsproduktivität nie ganz aus der Betrachtung verbannt. Bekanntlich hat ja Keynes selbst vorbehaltlos akzeptiert, was er das „zweite Postulat" der klassischen Theorie nannte, nämlich daß Reallohn und Beschäftigung durch Ertragsgesetz und Grenzproduktivitätslohnbedingung in eine inverse Beziehung zueinander gebracht würden. Diese scheinbare Konzession an die Klassik hat in der Keynesianismus-Diskussion allerdings einige Verwirrung angerichtet. Insbesondere hat sie zum Mißverständnis geführt, daß Keynes mit der Grenzproduktivitätslohnbedingung auch die klassische Arbeitsnachfragefunktion übernommen habe (vgl. z.B. Grossman 1972), und daß er sich von der Klassik folglich nur in der Therapie, nicht aber in der Erklärung der Arbeitslosigkeit unterschieden habe: Statt ein überhöhtes Reallohnniveau

---

2 Die Tatsache, daß das Überschußangebot im Falle eines preiselastischen Arbeitsangebots optisch gegen Null geht, wenn der Reallohn auf das Niveau $(w/p)_2$ absinkt (Punkt C in Abb. 1.1c), ändert an der Dimension des Beschäftigungsproblems natürlich nichts; vgl. hierzu die Analyse von Barro/Grossman (1971).

Notation

N: Beschäftigung

N^D: Arbeitsnachfrage

– $N^D(\frac{w}{p})$: Arbeitsnachfragefunktion in Abwesenheit von Mengenbeschränkungen

– $N^{D'}(Y^D)$: Arbeitsnachfragefunktion, wenn die Güterproduktion durch die auf dem Gütermarkt absetzbare Menge beschränkt ist.

N^S: Arbeitsangebot

– $N^S(\frac{w}{p})$: Arbeitsangebotsfunktion

r: Zins

w/p: Reallohn

Y: Output

– Y^D: effektive Güternachfrage

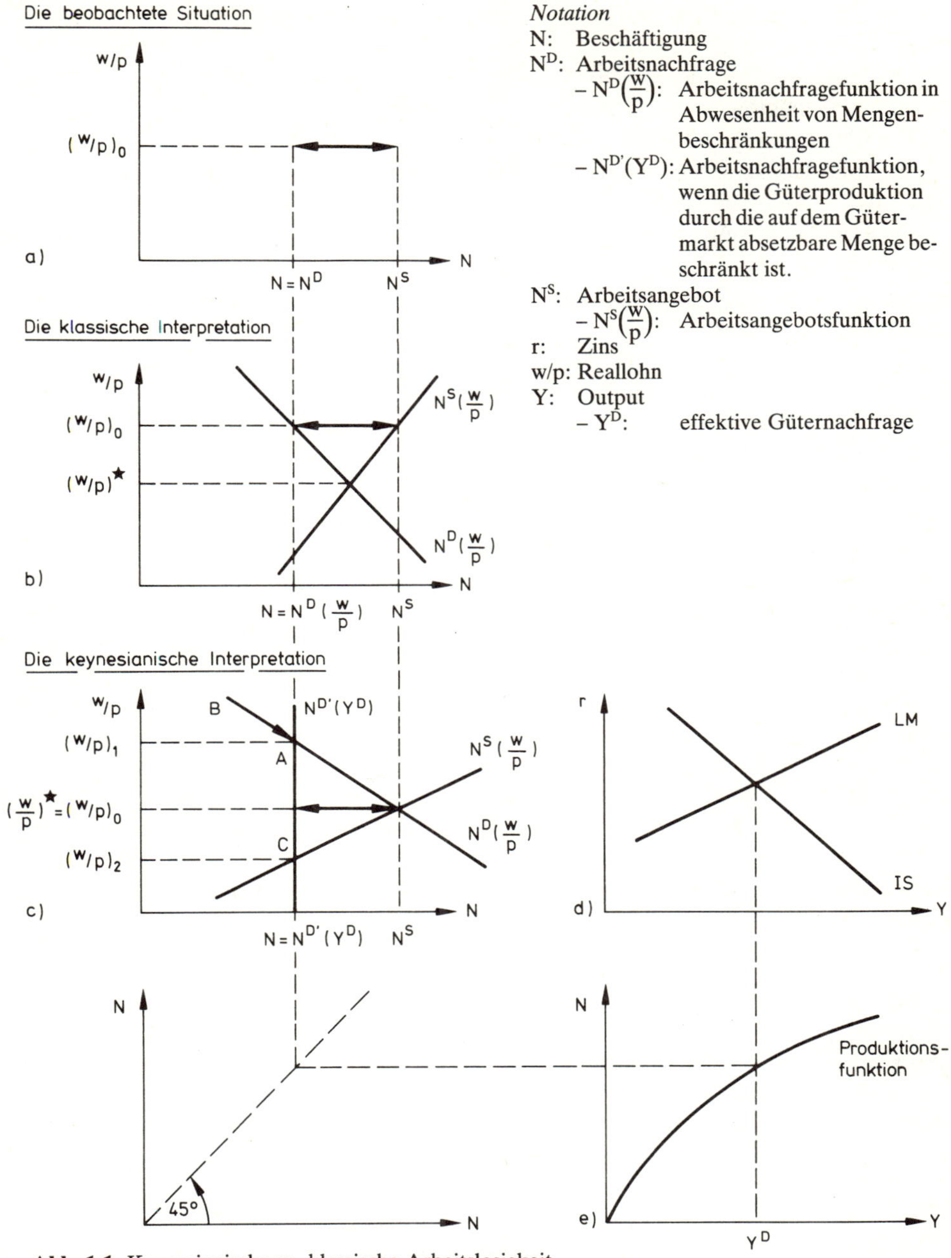

Abb. 1.1. Keynesianische vs. klassische Arbeitslosigkeit

direkt durch Nominallohnsenkungen abzubauen, sei es einfacher, durch Nachfrageexpansion einen Preisanstieg herbeizuführen, der den Realwert der Löhne indirekt herabsetze. Diese Interpretation verkennt, daß Keynes die von der klassischen Arbeitsnachfragefunktion implizierte Beziehung zwischen Reallohn und Beschäftigung zwar akzeptiert, aber kausal ausdrücklich umgekehrt interpretiert hat: Die von der Gesamtnachfrage abhängige

Beschäftigung bestimmt ihrerseits den Reallohn bzw. – bei vorgegebenem Nominallohnsatz – das Preisniveau[3].

Wie aus Abb. 1.1c hervorgeht, läßt die keynesianische Erklärung der Beschäftigung einen Unbestimmtheitsbereich zwischen $(\frac{w}{p})_1$ und $(\frac{w}{p})_2$ offen, innerhalb dessen sich der Reallohn bei unveränderter Beschäftigung bewegen kann. Diesen Freiheitsgrad schloß Keynes mit dem „zweiten Postulat" der klassischen Theorie, d.h. er nahm an, daß das Preisniveau unter dem Druck des allgemeinen Überangebots sinkt, bis der Reallohn bei vorbestimmtem Nominallohnsatz auf $(\frac{w}{p})_1$ gestiegen ist. Das Gleichgewicht, das hieraus resultiert, ist in Abb. 1.1c durch Punkt A gekennzeichnet, wo die Beschäftigung weiterhin durch die effektive Gesamtnachfrage limitiert ist, der Angebotsüberhang auf dem Gütermarkt aber durch die sinkenden Preise zum Verschwinden gebracht worden ist. Insofern ist zu Recht angemerkt worden, daß die keynesianischen Gleichgewichte der modernen Fix-Preis-Literatur „keynesianischer als Keynes selbst" seien.

Die Problematik der Keynesschen Reallohntheorie liegt darin, daß sie nicht den Fakten entspricht. Wenn der Reallohn durch den Schnittpunkt der „Beschäftigungsfunktion" $N^{D'}(Y^D)$[4] mit der Grenzproduktivitätsfunktion $N^D(\frac{w}{p})$ gegeben sein soll, so impliziert dies, daß im Zuge des Konjunkturzyklus – wenigstens, soweit es sich um einen Nachfragezyklus handelt – ein antizyklisches Verhalten der Reallöhne zu beobachten sein müßte, was aber nicht der Fall ist[5]. So gesehen, ist es sogar eher als Vorzug denn als Schwäche der neo-keynesianischen Fix-Preis-Interpretation zu bewerten, daß sie den Reallohn unbestimmt läßt (vgl. Grossman 1973). Während wenig dafür spricht, daß der Reallohn in einer Situation keynesianischer Arbeitslosigkeit rasch gegen den Grenzwert $(\frac{w}{p})_1$ konvergiert, ist der Anpassungsdruck bei klassischer Arbeitslosigkeit ungleich größer (Punkt B in Abb. 1.1c). Denn in diesem Fall sind Nominallohn und Preisniveau entgegengesetzten Kräften ausgesetzt. Eine Konstellation, in der die Unternehmungen wegen ungenügender Rentabilität mit ihrer Produktions- und Beschäftigungsmenge weder die Güternachfrage noch den Bedarf an Arbeitsplätzen befriedigen können, kann nicht lange Bestand haben, ohne daß ein steigendes Preisniveau den Nachfrageüberhang auf dem Gütermarkt beseitigt und die effektive Güternachfrage wieder zu einem bindenden Engpaßfaktor macht (wie in Punkt A in Abb. 1.1c)[6].

Angebot und Nachfrage im aggregativen Modell

Die geschilderten Wechselbeziehungen zwischen Preisniveau, Beschäftigungsgrad und Güternachfrage lassen sich am leichtesten nachvollziehen, wenn die Grenzproduktivitätsfunktion $N^D(\frac{w}{p})$ und die Keynessche Beschäftigungsfunktion $N^{D'}(Y^D)$ aus Abb. 1.1c direkt als aggregierte Angebots- bzw. Nachfragefunktion interpretiert und in den Preis-Output-

3 In Keynes' eigenen Worten: „Konsumneigung und Neuinvestitionen bestimmen miteinander das Beschäftigungsvolumen, und dem Beschäftigungsvolumen wiederum ist ein bestimmtes Niveau der Reallöhne zugeordnet – *nicht umgekehrt*" (Keynes 1936, S. 31; Hervorhebung hinzugefügt).

4 Die vertikale $N^{D'}(Y^D)$-Funktion in Abb. 1.1c ist genau das, was Keynes in der „General Theory" mit dem Begriff der „Employment Function" umschrieben hat.

5 Siehe hierzu neuerdings Geary/Kennan (1982).

6 Dieses Argument hat gelegentlich zur Frage Anlaß gegeben, ob der Begriff der klassischen Arbeitslosigkeit überhaupt ein sinnvolles Konzept sei (Kahn 1978). Malinvaud (1980) hat der geschilderten Asymmetrie in der dynamischen Spezifikation seines mittelfristig orientierten Rationierungsmodells Rechnung getragen.

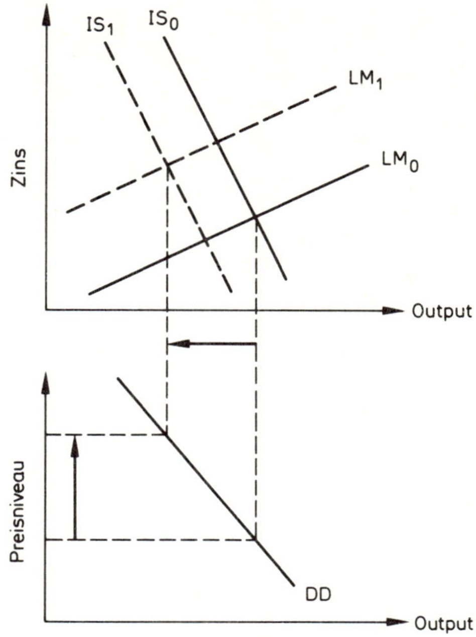

Abb. 1.2. Gesamtnachfrage und Preisniveau

Raum übertragen werden. Sowohl die Gesamtnachfrage (DD in Abb. 1.2) als auch das Gesamtangebot (SS in Abb. 1.3) sind als Funktion des Preisniveaus darstellbar.

Gleich wie die $N^{D'}(Y^D)$-Funktion in Abb. 1.1c reflektiert auch die DD-Kurve in Abb. 1.2 die Gleichgewichtslösung des IS-LM-Modells. Während das IS-LM-Modell das Preisniveau als exogenen Parameter voraussetzt und die reale Gesamtnachfrage bzw. den Output für einen gegebenen Wert dieses Parameters erklärt, zeigt die DD-Kurve, wie das so bestimmte Nachfragevolumen auf Änderungen des Preisniveaus reagiert. Die negative Steigung der DD-Kurve ist auf mehrere Gründe zurückzuführen. Unmittelbar einsichtig ist, daß bei gegebenem nominellen Geldangebot die reale Geldmenge invers mit dem Preisniveau korreliert ist. Das heißt ein Anstieg des Preisniveaus senkt die reale Geldmenge und damit über den Zins auch die Gesamtnachfrage (sog. Keynes-Effekt). Während das IS-LM-Modell diesen Vorgang durch eine Linksverschiebung der LM-Kurve zum Ausdruck bringt ($LM_0 \rightarrow LM_1$), trägt in der unteren Hälfte von Abb. 1.2 derselbe Zusammenhang zum fallenden Verlauf der DD-Kurve bei. Aber auch Faktoren auf der IS-Seite des Modells haben Einfluß auf den Verlauf der DD-Kurve. Ein Anstieg des Preisniveaus dämpft die Konsumnachfrage, weil einerseits das Finanzvermögen der Haushalte, soweit es in Nominaleinheiten fixiert ist, entwertet wird und andererseits das verfügbare Einkommen infolge der kalten Progression zurückgeht. Ein weiterer Gesichtspunkt auf den noch ausführlicher zurückzukommen sein wird, ist, daß ein steigendes Preisniveau ceteris paribus die internationale Wettbewerbsfähigkeit eines Landes auf dem Export- wie auf dem Binnenmarkt beeinträchtigt. Alle diese direkten Wirkungen des Preisniveaus auf die einzelnen Ausgabenkategorien lassen sich durch eine Verschiebung der IS-Kurve abbilden ($IS_0 \rightarrow IS_1$). Was die Steigung der DD-Kurve zum Ausdruck bringt, ist der kumulierte Nachfrageeffekt, den eine Änderung des Preisniveaus durch Verschiebung der IS- und der LM-Kurve erzeugt. Alle anderen Faktoren, die einen Einfluß auf die

Gesamtnachfrage haben, also Geldpolitik, Fiskalpolitik und Ausgabenneigung des privaten Sektors, finden ihren Niederschlag in der räumlichen Lage der DD-Kurve.

Offenkundig noch nicht beantwortet ist mit dem IS-LM-Modell die Frage nach der Aufspaltung der Güternachfrage – bzw. ihrer Änderungen – in Preise und Mengen. „Es fehlt eine Gleichung", wie Friedman (1970) das Problem treffend charakterisiert hat. Diese fehlende Gleichung ist die in Abb. 1.3 abgebildete aggregierte Angebotsfunktion, die den von der $N^D(\frac{w}{p})$-Funktion in Abb. 1.1c dargestellten Zusammenhang in den Preis-

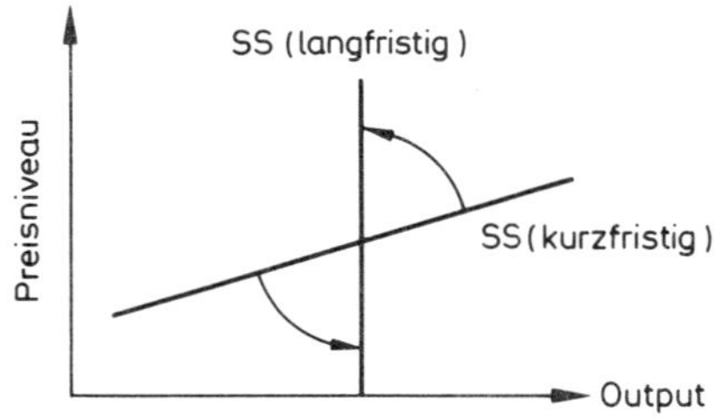

Abb. 1.3. Kurz- und langfristige Angebotsfunktion

Output-Raum übersetzt. Die Frage, die sie beantwortet, lautet: Welche reale Produktionsmenge stellen die Unternehmungen insgesamt bei einem gegebenen Preisniveau her, wenn sie auf dem Gütermarkt nicht mit Mengenrestriktionen konfrontiert sind? Die Antwort hängt entscheidend vom betrachteten Zeithorizont ab. Kurzfristig, d.h. bevor die Nominallöhne reagieren können, sind Änderungen des Preisniveaus gleichbedeutend mit (inversen) Änderungen des Reallohns und induzieren nach Maßgabe der Grenzproduktivitätsfunktion Änderungen des Output- und Beschäftigungsvolumens, das die Unternehmer maximal anzubieten bereit sind. Je länger der betrachtete Zeitraum wird, desto steiler verläuft die Angebotsfunktion, weil die Reaktion der Nominallöhne den Reallohneffekt der Preisänderungen wieder neutralisiert. Langfristig, d.h. wenn alle Anpassungsprozesse auf dem Arbeitsmarkt abgeschlossen sind, verläuft die Angebotsfunktion annäherungsweise vertikal und bestimmt den Trend- oder Normal-Output unabhängig vom Preisniveau als Funktion des realen Lohn- und Produktivitätsniveaus.

Was „kurzfristig" und „langfristig" konkret bedeuten, läßt sich nicht generell in Kalenderzeit angeben, sondern ist offenkundig auch in hohem Maße eine Frage der institutionellen Formen der Lohnbildung. Kontrakte, die die Nominallohnentwicklung auf einen längeren Zeitraum hinaus festlegen, führen dazu, daß Änderungen des Preisniveaus langanhaltende Reallohneffekte erzeugen. Je vollständiger die Löhne dagegen indexiert, d.h. in Kaufkrafteinheiten fixiert sind, desto rascher konvergiert die aggregierte Angebotsfunktion gegen ihre langfristige, vertikale Gleichgewichtsposition. Außer vom Nominallohnniveau hängt die räumliche Lage der Funktion auch von allen anderen Faktoren ab, die die Rentabilität der Produktion tangieren – insbesondere von den Kosten komplementärer Produktionsfaktoren (Kapital, Rohstoffe), von der steuerlichen Belastung und von der Produktivitätsentwicklung.

Werden nun die DD-Kurve und die SS-Kurve übereinandergelegt, so ergibt sich ein hochaggregiertes Modell von Angebot und Nachfrage, das sich in der Literatur großer Beliebtheit erfreut, weil es einen bequemen Zugang zur Analyse simultaner Preis- und Mengenbewegungen eröffnet. Argumentiert wird dabei überwiegend mit dem *Schnittpunkt* der beiden Funktionen, d.h. mit der Annahme eines permanent geräumten Gütermarktes. Diese Annahme hat oben den Grenzfall zwischen keynesianischer und klassischer Arbeitslosigkeit charakterisiert (Punkt A in Abb. 1.1c) und unterliegt deshalb allen Vorbehalten, die an jener Stelle in bezug auf die erforderliche Flexibilität des Preisniveaus anzubringen waren. Wie noch deutlich werden wird, birgt die Argumentation mit dem permanent geräumten Gütermarkt insbesondere die Gefahr in sich, daß die Output- und Beschäftigungskosten einer nachfrageseitig ansetzenden Antiinflationspolitik erheblich unterschätzt werden[7]. Wird diese Einschränkung im Auge behalten, so bildet das aggregierte Angebots-Nachfrage-Modell jedoch einen durchaus ergiebigen Ausgangspunkt für die Erklärung der Zusammenhänge zwischen Gesamtnachfrage, Lohnbildung, Beschäftigung und Inflation.

Ein Hauptverdienst des Modelles ist, daß es die verbreitete Behauptung widerlegt, die moderne makroökonomische Theorie versage angesichts des Phänomens der *Stagflation,* könne also nicht erklären, wie es zu Situationen kommen kann, in denen ein rückläufiger Beschäftigungsgrad mit hohen oder gar steigenden Inflationsraten einhergeht. Die Vorstellung, Preis- und Mengenwachstum müßten im Konjunkturablauf positiv miteinander korreliert sein – wie dies etwa von der Phillips-Kurve suggeriert worden war –, basiert auf der Voraussetzung, daß konjunkturelle Schwankungen durch Bewegungen der Gesamtnachfragefunktion entlang einer relativ stabilen Angebotsfunktion zustandekommen. Dieser Fall ist in Abb. 1.4 dargestellt[8], und er entspricht dem empirischen Bild bis in die zweite Hälfte der 60er Jahre hinein recht gut. Danach aber haben wiederholte

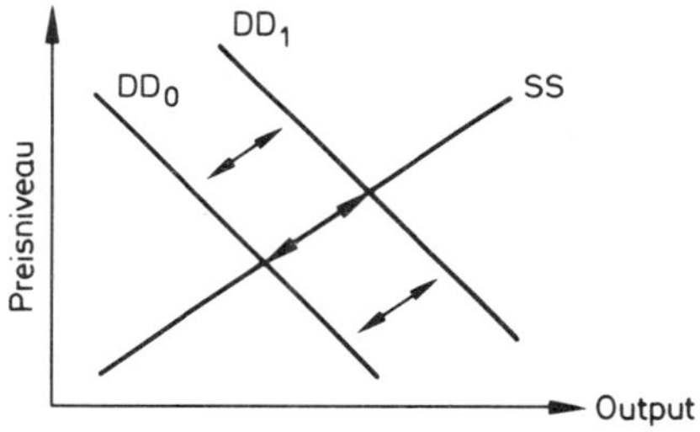

Abb. 1.4. Preise und Mengen im Nachfragezyklus

Angebots-Schocks die Aufspaltung der Gesamtnachfrage in Preise und Mengen in ungünstiger Weise beeinflußt. Der erste Schock war – in den Worten von Nordhaus (1972) – „die weltweite Lohnexplosion" der Jahre 1968/70. Weitere markante Preisschübe hatten ihren Ursprung vor allem im Rohstoff-Sektor. Dazu kamen verschiedene länderspezifische Faktoren wie Mindestlohngesetzgebung und steigende indirekte Steuersätze, die ebenfalls einen unmittelbaren Niveaueffekt auf die Preise hatten. Alle diese Ereignisse bewirkten eine mehrmalige Verschiebung der aggregierten Angebotskurve nach oben;

7 Ausführlicher über die Rolle der Preisflexibilität im aggregierten Angebots-Nachfrage-Modell ist Landmann (1982).

8 Das Angebots-Nachfrage-Diagramm, wie es hier abgebildet ist, bezieht sich immer auf das *Preisniveau,* während in Wirklichkeit häufiger das Verhalten der *Inflationsrate* interessiert. Der scheinbare Widerspruch löst sich sofort auf, wenn in Betracht gezogen wird, daß das zyklische Verhalten des Preisniveaus – wie dasjenige des Realeinkommens auch – von einem aufwärts gerichteten Trend überlagert ist. Einfachheitshalber wird im folgenden durchwegs von diesem Trend abstrahiert.

und wie Abb. 1.5 deutlich macht, bedeutete dies jedesmal, daß die Beschleunigung des Preisauftriebs im Gegensatz zu früheren Preisschüben von einer Verlangsamung des Mengenwachstums und somit von einem Anstieg der Arbeitslosigkeit begleitet war. Dies soll keineswegs heißen, daß die außerordentliche Amplitude der konjunkturellen Ausschläge in der jüngeren Vergangenheit ausschließlich angebotsseitig bedingt gewesen wären. Auch die Nachfrage war instabil. Vielfach ist der rezessive Effekt von Angebots-Schocks dadurch verstärkt worden, daß Geld- und/oder Fiskalpolitik dem plötzlich beschleunigten Preisauftrieb durch eine striktere Kontrolle des Nachfragewachstums entgegenzuwirken versuchten, wodurch der Gütermarkt gewissermaßen einem kombinierten Angebots- und Nachfrageschock ausgesetzt wurde (vgl. hierzu Abschnitt 5).

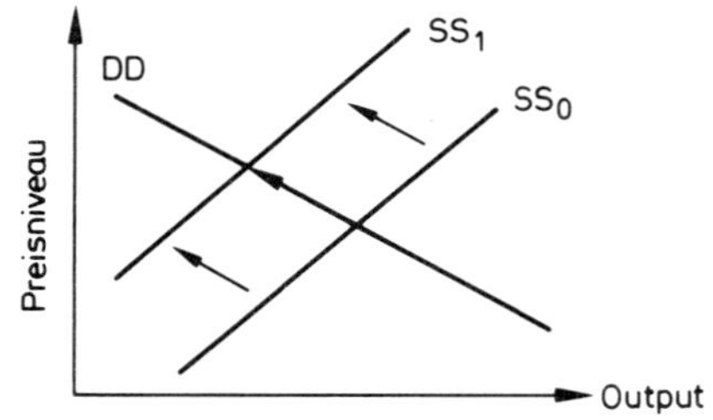

Abb. 1.5. Angebots-Schock

Reallohnresistenz

Wie oben angedeutet, ist der Verlauf der aggregierten Angebotskurve nicht nur eine Frage des betrachteten Zeithorizonts, sondern hängt – für einen gegebenen Zeithorizont – auch von der Reagibilität der Nominallöhne in bezug auf Änderungen des Preisniveaus ab. Das Ausmaß, in dem Preissteigerungen zu Reallohnsenkungen führen, wird gelegentlich mit dem Ausmaß von „Geldillusion" auf seiten der Arbeitnehmer gleichgesetzt. Aber es gibt natürlich auch andere Gründe – etwa im Bereich der Arbeitsmarktinstitutionen –, die eine unvollständige Anpassung der Nominallöhne erklären können, ohne daß unterstellt werden muß, die Arbeitnehmer würden den Umverteilungsprozeß nicht durchschauen. Nach Jahren anhaltender Inflation fällt es schwer zu glauben, daß wörtliche Geldillusion noch ein ins Gewicht fallendes Phänomen ist. Das Realwertbewußtsein ist geschärft, und es findet seinen Ausdruck in einer zunehmenden Verbreitung von Indexklauseln. In einigen Ländern beherrscht das Denken in realen Kategorien den Arbeitsmarkt schon in einem solchen Maße, daß an die Stelle der traditionellen Keynesschen Nominallohnrigidität eher eine Reallohnrigidität oder – in den Worten von Hicks (1975) – *Reallohnresistenz* getreten ist.

Ob in formellen Indexklauseln verankert oder von den Gewerkschaften am Verhandlungstisch jedesmal neu durchgesetzt, bedeutet Reallohnresistenz allemal nicht nur Wahrung des Besitzstandes für die Arbeitnehmer, sondern auch Inelastizität des gesamtwirtschaftlichen Angebots. Preiserhöhungen sind – im Aggregat genommen – kein Mittel mehr zur Senkung der realen Lohnkosten. Dadurch wird, wie aus Abb. 1.6 hervorgeht, die Angebotsfunktion bereits kurzfristig zu einer Vertikalen. Die Y^S-Funktion in Abb. 1.6a bildet in Abhängigkeit vom Reallohn dasjenige Outputangebot ab, das die Unternehmungen nach Maßgabe der klassischen Arbeitsnachfragefunktion – $N^D(\frac{w}{p})$ in Abb. 1.1b und

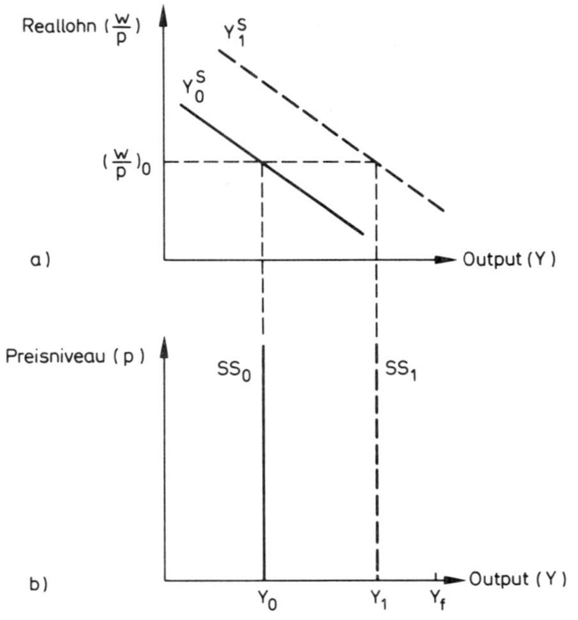

Abb. 1.6. Die gesamtwirtschaftliche Angebotsfunktion bei Reallohnresistenz

1.1c – zu produzieren bereit sind. Einem gegebenen Reallohnniveau $(\frac{w}{p})_0$ ist ein Outputangebot Y_0 zugeordnet, und wenn der Reallohn gegen Preisänderungen abgesichert ist, so reagiert das Angebot überhaupt nicht mehr auf das Preisniveau (SS_0 in Abb. 1.6b). Y_0 stellt eine Schranke dar, die durch Nachfrageexpansion nicht – oder nur unter ultra-kurzfristiger Ausnützung eines allfälligen Anpassungs-Lag – überschritten werden kann. Für ein genügend hohes Reallohnniveau kann dieser Grenzwert sehr wohl unterhalb des bei Vollbeschäftigung produzierbaren Output Y_f liegen, so daß klassische Arbeitslosigkeit im Ausmaß Y_0Y_f vorliegt[9]. Ein Anstieg der Beschäftigung ist in einer solchen Situation nur dann zu erreichen, wenn entweder die Gewerkschaften durch Lohnzurückhaltung oder die Unternehmer durch Hinnahme schmalerer Gewinnspannen einen Verteilungsverzicht leisten. Man könnte von einem Verteilungskonflikt zwischen Arbeitnehmern und Arbeitgebern zu Lasten der Arbeitslosen sprechen. Es sind neben dem Anspruchsverhalten der Tarifparteien vor allem drei Faktoren, die einen Einfluß auf das Ausmaß des Konflikts und der von ihm verursachten Beschäftigungsprobleme haben[10]:

Das Produktivitätswachstum. Wird ein Verteilungskonflikt nicht durch Verzichte beigelegt, so kann er wenigstens durch Vergrößerung der Verteilungsmasse entschärft werden. Insofern trägt eine Beschleunigung des Produktivitätswachstums dazu bei, gegebene Reallohnansprüche mit einem höheren Produktionsvolumen kompatibel zu machen. In Abb. 1.6 äußert sich eine Zunahme der Produktivität in einer Verlagerung der

9 Da zusätzliche Nachfrage jenseits von Y_0 nur noch Inflation erzeugt, sprechen Modigliani/Padoa-Schioppa (1978) von Y_0 als der „NIRO" (Non-Inflationary Rate of Output). Ähnlich ist die Terminologie bei Meade (1982), der die mit Y_0 und Y_f assoziierten Beschäftigungsgrade als NAIRU (Non-Accelerating-Inflation Rate of Unemployment) bzw. als FERU (Full Employment Rate of Unemployment) bezeichnet.

10 Vergleiche hierzu auch Modigliani/Padoa-Schioppa (1978).

Y^S-Funktion nach rechts ($Y^S{}_1$), so daß sich das Angebot bei unverändertem Reallohn $(\frac{w}{p})_0$ auf Y_1 erhöht. Voraussetzung ist natürlich, daß sich die Lohnforderungen nicht im gleichen Grade an das Produktivitätswachstum anhängen wie an die Inflation. Nicht zu vergessen ist, daß der Zusammenhang auch umgekehrt spielt: Geht das Wachstum oder gar das absolute Niveau der Arbeitsproduktivität zurück, ohne daß dem die Reallohnentwicklung Rechnung trägt, so verringert sich der realisierbare Beschäftigungsgrad.

Die Lohnstruktur. Neben dem Verteilungskonflikt zwischen Lohn- und Kapitaleinkommen sind auch die Auseinandersetzungen innerhalb der Arbeitnehmer um relative Positionen in der Lohnhierarchie von Belang. Bombach (1978) vermutet, daß ein großer Teil der nicht-zyklischen Arbeitslosigkeit weniger auf ein überhöhtes Niveau als auf eine verzerrte Struktur der Reallöhne zurückzuführen ist. Das ist insofern kein Widerspruch, als es für jede Lohnstruktur ein genügend niedriges reales Niveau des Durchschnittslohnes gibt, das Vollbeschäftigung zuläßt. Voraussetzung ist nur, daß die Differentialrenten, die in den Betrieben bzw. Branchen mit den niedrigsten realen Lohnstückkosten anfallen, akzeptiert werden. Je weiter sich die Lohnstruktur durch Nivellierungsbestrebungen oder durch Festhalten an antiquierten Einkommensrelationen vom Produktivitätsgefälle entfernt, desto geringer ist der durchschnittliche Reallohnsatz, der mit Vollbeschäftigung kompatibel ist (desto weiter links verläuft die Y^S-Kurve in Abb. 1.6a bzw. die SS-Kurve in Abb. 1.6b).

Die Fiskalpolitik. Mitbeteiligt am Kampf um die Einkommensverteilung ist neben den Tarifparteien auch der Fiskus, der in Form von Lohnsummen- und Mehrwert- (bzw. Umsatz)steuern einen Keil zwischen Lohnkosten und Lohneinkommen treibt. Steht ein überhöhtes Reallohnniveau der Vollbeschäftigung im Wege, so bleibt bei gegebener Arbeitsproduktivität und Lohnstruktur immer noch der Ausweg, daß die öffentliche Hand das erforderliche Verteilungsopfer auf sich nimmt. Durch Senkung von Umsatz- oder Lohnsummensteuern läßt sich die Rentabilität der Produktion verbessern, ohne daß die Kaufkraft der Löhne darunter leiden muß. Es gibt auch Beispiele für direkte einkommenspolitische Vereinbarungen zwischen Regierung und Gewerkschaften über Reallohnkonzessionen im Austausch gegen reduzierte Sätze bei der Einkommenssteuer. Alle diese fiskalischen Kunstgriffe zielen darauf ab, die verteilungspolitische Manövriermasse der Tarifparteien anzureichern und dadurch zu verhindern, daß sich die ganzen Konsequenzen des Verteilungskonfliktes in der Beschäftigungslage niederschlagen.

Die einzige Variable, auf die das Outputangebot bei rigiden Reallöhnen mit Sicherheit nicht anspricht, ist das Preisniveau bzw. die Inflationsrate. Es ist eine naheliegende Frage, ob sich die Wirtschaftspolitik diese Neutralitätseigenschaft des Angebots nicht auch zunutze machen kann. In der Tat: Daß die Angebotsfunktion mit zunehmender Abschirmung der Reallöhne gegen Preissteigerungen steiler wird, ist die Grundlage der vor allem von Friedman (1974) und Giersch (1974) vorgetragenen Meinung, eine möglichst umfassende Indexierung der Löhne sei als Voraussetzung für eine schmerzlose Inflationsbekämpfung zu befürworten. Das Argument ist sehr einfach: Wenn die Aufblähung der nominellen Gesamtnachfrage entlang einer vertikalen Angebotsfunktion nur Inflation und keine Mehrproduktion erzeugt, so muß es umgekehrt auch möglich sein, durch Nachfragekontraktion – also etwa durch eine Bremsung des Geldmengenwachstums – die Inflation zu brechen, ohne eine Stabilisierungskrise zu provozieren:

"If wage contracts with escalator clauses are permitted and are in use, the reduction of the rate of inflation will not result in unintended rises in real wages that would bring about losses in employment. This is so because in this case collective bargaining agreements provide for a rise in real wages at a specific rate, namely, the rate that conforms to productivity... If the escalator clause operates symmetrically, that is, downward as well as upward, then even an outright decrease in the price level will not result in any loss of employment" (Giersch 1974, S. 6).

Gierschs Beweisführung illustriert, wie gefährlich die Argumentation mit der Schnittpunktlösung des aggregierten Angebots-Nachfrage-Modells sein kann. Die stillschweigende Voraussetzung ist, daß die von der Angebotsfunktion verkörperte Rentabilitätsbedingung das Outputniveau jederzeit als bindende Restriktion determiniert. Durch nichts ist aber sichergestellt, daß eine monetäre Kontraktion, die die Nachfragekurve in Abb. 1.7

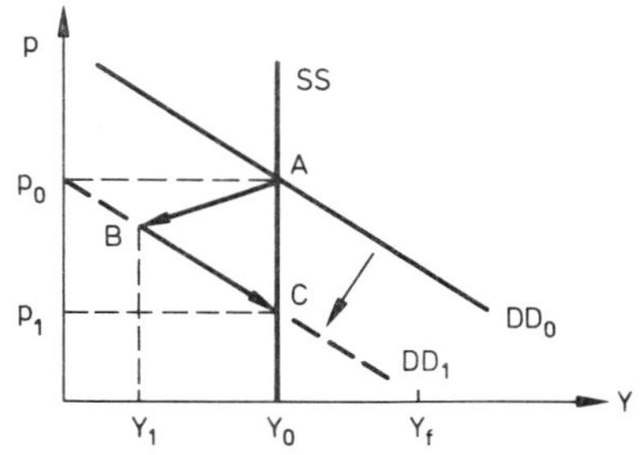

Abb. 1.7. Stabilisierungskrise trotz Totalindexierung

von DD_0 nach DD_1 verschiebt, das Preisniveau wirklich entlang der vertikalen SS-Kurve von p_0 nach p_1 senkt (A→C). Die Koppelung der Löhne an das Preisniveau hilft wenig, wenn die Preise ihrerseits nur träge auf den Rückgang der Nachfrage reagieren und einen sich hinziehenden Anpassungsprozeß entlang der neuen Nachfragekurve DD_1 erzwingen (A→B→C). Trotz Totalindexierung kommt es zu einem Beschäftigungseinbruch: Keynesianische Arbeitslosigkeit (Y_1Y_0) überlagert die allenfalls schon bestehende klassische Arbeitslosigkeit (Y_0Y_f). Daß eine Geldmengenkontraktion zu einer Stabilisierungskrise führt, liegt nicht an einer gestörten Relation zwischen Lohnniveau und Preisniveau, wie von Friedman und Giersch suggeriert, sondern an einer gestörten Relation zwischen Lohn- und Preisniveau einerseits und der Geldmenge bzw. der nominellen Gesamtnachfrage andererseits.

Ausblick auf die weiteren Abschnitte

Die Aussagekraft des aggregierten SS-DD-Modells ist gelegentlich mit dem Argument in Zweifel gezogen worden, daß Angebot und Nachfrage auf gesamtwirtschaftlicher Ebene nicht als voneinander unabhängige Konzepte angesehen werden könnten (z.B. Brems 1981, S. 117). Es sind in der Tat eine ganze Reihe von Variablen vorstellbar, die sich sowohl auf die Rentabilität der Produktion als auch auf das Volumen der Absatzmärkte auswirken (z.B. Löhne, Steuern) und entsprechend auf beide Aspekte hin analysiert werden müssen. Aber das Modell wird dadurch keineswegs vor unlösbare Probleme gestellt, sondern ist im Gegenteil das geeignete Instrument, die bestehenden Interdependenzen simultan zu erfassen. Damit ist denn auch der konzeptionelle Rahmen gegeben, innerhalb dessen die Diskussion in den folgenden Abschnitten organisiert ist. Alle drei Bausteine des Modells – die Angebotsfunktion und die beiden Gleichgewichtsbedingungen des IS-LM-Modells, aus denen die DD-Funktion abgeleitet ist – werden im einzelnen darauf hin anzusehen sein, wie sie von der außenwirtschaftlichen Verflechtung der Märkte tangiert werden.

Daß sich die Entwicklung der makroökonomischen Theorie seit Keynes über weite Strecken auf den Modellfall der geschlossenen Volkswirtschaft konzentriert hat, geht, wie erwähnt, zurück auf Keynes selbst. Obwohl weltwirtschaftliche Verwicklungen entscheidend an den Ereignissen beteiligt waren, die den Anstoß zur keynesianischen Revolution gaben, sind sie bekanntlich nicht in die Analyse der „General Theory“ integriert – wahrscheinlich weil sie keine zusätzlichen fundamentalen Einsichten zu versprechen schienen. Erste Erweiterungen wurden jedoch sehr bald von anderen Autoren angebracht (z.B. Machlup 1943; Meade 1951). Im Mittelpunkt stand dabei zunächst der direkte Einfluß des internationalen Handels auf den Güterkreislauf einer Volkswirtschaft, d.h. auf die IS-Gleichung des keynesianischen Modells. Dies dürfte einerseits eine Folge davon gewesen sein, daß Keynes das Stabilitätsproblem der Marktwirtschaft primär als ein Kreislaufproblem formuliert hat, spiegelte zum anderen aber auch den Erfahrungshintergrund der Zwischenkriegsjahre, als der Kollaps des Weltexportvolumens katastrophale Rückwirkungen auf die nationalen Gütermärkte hatte. Schließlich war in der unmittelbaren Nachkriegszeit eine Beschränkung auf die Kreislaufzusammenhänge auch deshalb gerechtfertigt, weil die nationalen Finanzmärkte damals durch inkonvertible Währungen noch weitgehend voneinander abgeschottet waren. Die IS-Seite der offenen Volkswirtschaft ist Gegenstand von Abschnitt 2.

Mit zunehmender Kapitalmobilität ab Ende der 50er Jahre und ganz besonders mit den Ereignissen unmittelbar vor und nach dem Zusammenbruch des Währungssystems von Bretton Woods 1973 hat sich die Aufmerksamkeit der Theorie vermehrt der Rolle der Finanzmärkte bei der Erzeugung und internationalen Transmission konjunktureller Störungen zugewandt. Es stellte sich die Frage, wie die Gleichgewichtsbedingung für die Finanzmärkte – die im Hicksschen IS-LM-Modell auf die LM-Gleichung reduziert ist – unter den Voraussetzungen einer offenen Volkswirtschaft formuliert werden sollte. Mit dieser Frage befaßt sich Abschnitt 3.

Gegenstand von Abschnitt 4 ist die Rolle der außenwirtschaftlichen Verflechtung auf die Angebotsseite einer Volkswirtschaft. Angesichts der voluminösen Phillips-Kurven-Literatur, die sich seit 1958 angesammelt hat, mag es überraschen, wie wenig sich bis in die jüngere Vergangenheit Modelle offener Volkswirtschaften mit der Spezifikation der „fehlenden Gleichung“ beschäftigt haben. Unter dem Eindruck der Stagflation und der vielfach sehr direkten Rückwirkungen der Terms of Trade auf Löhne und Preise hat sich dies im Laufe der 70er Jahre allerdings zu ändern begonnen. Die wohl am stärksten beachtete und auch umstrittene Quelle konjunktureller Instabilität war in den letzten 10 Jahren der Rohstoffsektor. Massive Verschiebungen im Preisgefüge, wie sie vor allem die beiden Ölpreis-Schocks von 1973/74 und 1979/80 mit sich brachten, haben die Stabilisierungspolitik in den rohstoffimportierenden Ländern vor zusätzliche, bisher nicht gekannte Probleme gestellt. Abschnitt 5 wird diese Thematik aufgreifen und anhand des aggregierten Angebots-Nachfrage-Modells versuchen, die verschiedenartigen Effekte solcher Schocks zu isolieren und ihre kombinierte Wirkung sichtbar zu machen.

2. Kreislaufzusammenhänge

Die einfache Kreislaufgleichung der geschlossenen Volkswirtschaft setzt das Sozialprodukt gleich der Summe der drei Verwendungskomponenten Konsum, Investitionen und Regierungsausgaben. In einer offenen Volkswirtschaft werden Teile aller drei Verwendungskategorien aus dem Ausland bezogen und müssen daher als Importe subtrahiert werden. Umgekehrt bilden die Lieferungen an das Ausland, die Exporte, eine zusätzliche Nachfragequelle. Die Gesamtproduktion Y setzt sich somit zusammen aus der Inlandsnachfrage A (oft auch als „Absorption" bezeichnet) und dem Leistungsbilanzsaldo T (Exporte minus Importe, oft auch als „Außenbeitrag" bezeichnet):

$$\text{Sozialprodukt (Y)} = \left\{ \begin{array}{l} \left.\begin{array}{l}\text{Konsum + Investitionen}\\ \text{+ Regierungsausgaben}\end{array}\right\} \\[1ex] \left.\text{+ Exporte – Importe}\right\} \end{array} \right. = \begin{array}{l}\text{Inlandsnachfrage (A)}\\[1ex] \text{+ Saldo der Leistungsbilanz (T)}\end{array}$$

Gemessen am Gewicht des Außenhandels im Güterkreislauf hat die weltwirtschaftliche Verflechtung in der Nachkriegszeit stark zugenommen. Wie die nachstehende Tabelle verdeutlicht, sind die Außenhandelsströme insbesondere für sehr kleine und offene Volkswirtschaften, wie z. B. die Niederlande oder die Schweiz, heute ein bestimmender Faktor der wirtschaftlichen Aktivität. Selbst die Vereinigten Staaten, die immer als Prototyp einer so gut wie geschlossenen Volkswirtschaft gegolten haben, und auf die denn auch ein Großteil der makroökonomischen Theorie zugeschnitten ist, haben in den letzten Jahren einen Außenhandelsanteil erreicht, der nicht mehr vernachlässigbar klein ist.

Tabelle 2.1. Exporte in Prozent des Bruttosozialprodukts 1980

USA	9,9
Japan	15,1
Großbritannien	28,0
BR Deutschland	28,9
Schweiz	35,4
Niederlande	55,7

Quelle: International Financial Statistics, Januar 1982

Einige Einsichten in die Kreislaufeffekte des Außenhandels lassen sich gewinnen, wenn die oben geschilderten Zusammenhänge nicht als statistische Definitionen der Ex-Post-Analyse, sondern als Bedingung für das Kreislaufgleichgewicht der Ex-Ante-Größen aufgefaßt werden. Es stellt sich dann nämlich die Frage, welches der Mechanismus ist, der dieses Gleichgewicht herstellt. Macht man sich die Betrachtungsweise der keynesianischen Einkommen-Ausgaben-Theorie zu eigen, so fällt die Rolle des equilibrierenden Faktors dem realen Sozialprodukt (bzw. Volkseinkommen) zu. Es resultiert ein Multiplikator-Modell der Einkommensbestimmung, dessen wichtigste Eigenschaften sich anhand von Abb. 2.1 erläutern lassen. Dargestellt sind zwei einkommensabhängige Funktionen, von denen die eine, die (Y-A)-Kurve, die Differenz zwischen Einkommen und Absorption mißt. Ihre Steigung spiegelt wider, was Keynes (1936) als „fundamentales psychologisches Gesetz“ bezeichnet hat, nämlich daß die marginale Ausgabenneigung kleiner als Eins (aber größer als Null) ist, und daß deshalb der Überschuß des Einkommens über die Absorption mit steigendem Einkommen zunimmt. Demgegenüber mißt die T-Kurve den Außenbeitrag und hat einen fallenden Verlauf. Dies reflektiert das Verhalten der Importnachfrage, die mit steigendem Einkommen zunimmt und so die Leistungsbilanz

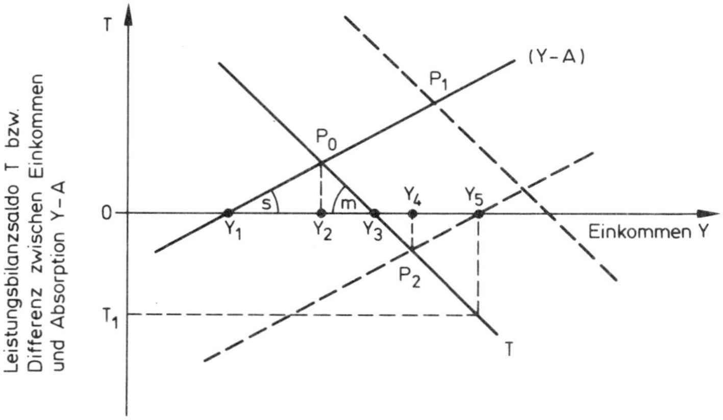

Abb. 2.1. Das Kreislaufgleichgewicht der offenen Volkswirtschaft. m: marginale Importneigung, s: marginale Sparneigung

verschlechtert. Im Schnittpunkt der beiden Kurven gilt T = Y − A, und auf den Achsen lassen sich die mit dem Kreislaufgleichgewicht kompatiblen Werte des Einkommens und der Leistungsbilanz ablesen. So rudimentär dieses Modell noch ist, erlaubt es doch schon einige elementare Einsichten:

Die Hebelwirkung der Auslandskonjunktur auf das Inland

Die Auslandskonjunktur schlägt über die Exportnachfrage auf den inländischen Produktionssektor durch. Für eine kleine Volkswirtschaft mit einer hohen Exportquote kann das eine dominierende Einflußgröße der Binnenkonjunktur sein. In Abb. 2.1 kommen Bewegungen der Auslandskonjunktur durch Verschiebungen der T-Kurve zum Ausdruck. So führt etwa eine Belebung der Konjunktur im Ausland zu einer erhöhten Nachfrage nach inländischen Exportprodukten und folglich für jedes gegebene Inlandseinkommen – d.h. für jedes gegebene Importvolumen – zu einer Verbesserung der Leistungsbilanz. Entsprechend verschiebt sich die T-Kurve nach oben, und das Kreislaufgleichgewicht des Inlands verlagert sich entlang der (Y-A)-Kurve, z.B. von P_0 nach P_1. Zwei Dinge verdienen festgehalten zu werden: Erstens ist der hier abgebildete internationale Konjunkturzusammenhang *positiv,* d.h. Inlands- und Auslandskonjunktur laufen parallel. Zweitens wird deutlich, daß exportinduzierte Bewegungen des inländischen Einkommens mit *prozyklischen* Veränderungen der Leistungsbilanz einhergehen.

Verringerte Multiplikatorwirkung interner Nachfrage-Impulse

In einer offenen Volkswirtschaft vermindert sich die Multiplikatorwirkung eines autonomen Nachfragestoßes in dem Grade, wie die zusätzliche Nachfrage über Importe ins Ausland abfließt. Diese Quelle von Sickerverlusten tritt zu den ohnehin schon bestehenden internen Bremseffekten (Sparneigung, Steuersystem, crowding out) hinzu und ist offensichtlich um so bedeutsamer, je größer die Importquote ist. In Abb. 2.1 schlagen sich hausgemachte Konjunkturimpulse in Bewegungen der (Y-A)-Kurve nieder. Zusätzliche Investitionen oder Regierungsausgaben vergrößern die Absorption A, so daß sich die Differenz Y-A für jedes gegebene Einkommensniveau verringert und sich die (Y-A)-Kurve mithin nach unten verlagert. Entsprechend verschiebt sich das Kreislaufgleichgewicht entlang der T-Kurve, z.B. von P_0 nach P_2. Das Einkommen steigt und die Leistungsbilanz verschlechtert sich. Das Ausmaß des durch den Importsog verursachten Sickerverlustes wird durch einen Vergleich der Strecken Y_1Y_5 und Y_2Y_4 deutlich. Ohne Außenhandel würde die Gleichgewichtsbedingung $Y - A = 0$ lauten, so daß das Volkseinkommen durch den Abszissenschnittpunkt der (Y-A)-Kurve gegeben wäre. Der in Abb. 2.1 abgebildete hausgemachte Nachfrageimpuls müßte somit zu einer Einkommensexpansion Y_1Y_5 führen. Dieser Expansionseffekt verringert sich in der offenen Volkswirtschaft nach Maßgabe des Importanteils auf Y_2Y_4. Wiederum bleiben zwei Punkte festzuhalten: Erstens wirkt die Leistungsbilanz, ähnlich wie der Staatshaushalt, als automatischer Stabilisator, indem sie die Sekundärwirkungen autonomer Nachfrageänderungen abschwächt. Derselbe Mechanismus, der das Inland den Wechselfällen der Weltkonjunktur aussetzt, dient somit auch als Ventil für intern erzeugte Turbulenzen. Ob die Binnenkonjunktur dadurch per Saldo stabilisiert oder destabilisiert wird, hängt nicht nur von der relativen Variabilität der Inlands- und der Auslandsnachfrage ab, sondern wesentlich auch vom Grad ihrer Synchronisation. Zweitens zeigt sich, daß Änderungen der Inlandsnachfrage im Gegensatz zu exportinduzierten Nachfrageänderungen ein *antizyklisches* Verhalten der Leistungsbilanz erzeugen. Häufig anzutreffende a-priori-Aussagen über das zu erwartende Vorzeichen der Beziehung zwischen Volkseinkommen und Leistungsbilanz – z. B. „schnell wachsende Wirtschaften neigen zu Leistungsbilanzdefiziten“ – sind deshalb ohne Kenntnis der auslösenden exogenen Impulse unsinnig.

Der Konflikt zwischen internem und externem Gleichgewicht

Die Tatsache, daß das Kreislaufgleichgewicht der offenen Volkswirtschaft simultan das Volkseinkommen und den Saldo der Leistungsbilanz bestimmt, stellt die Wirtschaftspolitik vor einen potentiellen Konflikt zwischen dem angestrebten Einkommens- und Beschäftigungsziel („internes Gleichgewicht“) und einem allfälligen Ziel für die Leistungsbilanz („externes Gleichgewicht“). Eine Veränderung der autonomen Inlandsnachfrage induziert ja, wie soeben erläutert, eine inverse – und möglicherweise unerwünschte – Reaktion der Leistungsbilanz. In besonders scharfer Form ist dieser Konflikt immer dann aufgetreten, wenn ein in feste Wechselkurse eingebundenes und mit begrenzten Währungsreserven ausgestattetes Land sich gleichzeitig mit Unterbeschäftigung und mit einer defizitären Leistungsbilanz konfrontiert sah. Versuchen die Behörden in einer solchen Situation mit dem Mittel der Nachfragesteuerung das eine Problem zu bekämpfen, so verschlimmern sie zwangsläufig das andere. Dieses Dilemma wird in Abb. 2.1 z. B. durch

Punkt P_2 illustriert, wenn $T = 0$ das äußere und Y_5 das innere Gleichgewicht darstellen. Priorität für das Beschäftigungziel würde dann eine Nachfrageexpansion erfordern, wodurch sich das Leistungsbilanzdefizit auf T_1 vergrößern würde, während umgekehrt eine deflationäre Nachfragepolitik die Leistungsbilanz nur auf Kosten eines auf Y_3 sinkenden Beschäftigungsgrades im Gleichgewicht halten könnte.

Einen Ausweg aus diesem Dilemma kann es offenkundig nur geben, wenn die beiden Ziele mit zwei unabhängigen Instrumenten verfolgt werden können. Im besonderen ist zusätzlich zur Globalsteuerung ein Instrument gefragt, das spezifisch auf die Leistungsbilanz einwirkt, d.h. – mit Abb. 2.1 gesprochen – die T-Kurve verschiebt. Naheliegende Strategien für ein Land, das sich in der beschriebenen Situation befindet, sind deshalb die Manipulation seines Wechselkurses oder die Errichtung protektionistischer Handelsbarrieren zur Verringerung seiner Importe. Beides ist zwar geeignet, die eigene T-Kurve nach oben zu verschieben, d.h. die Leistungsbilanz für jedes gegebene Einkommensniveau zu verbessern und so den Zielkonflikt zu entschärfen, bewirkt aber bei den Handelspartnern natürlich das exakte Gegenteil. Das Dilemma ist nicht beseitigt, sondern ins Ausland abgeschoben – *beggar-thy-neighbor-policy*. Die Gefahr ist dann groß, daß es zu Vergeltungsmaßnahmen kommt, und daß sich am Ende alle Länder durch eskalierenden Protektionismus und kompetitive Abwertungen gegenseitig ihrer Exportmärkte berauben und den Welthandel zum Einsturz bringen, wie es in der Weltwirtschaftskrise der 30er Jahre geschehen ist.

Wechselkurs und Leistungsbilanz: Die J-Kurve

Die soeben angestellten Überlegungen basieren auf der Annahme, daß ein Land mit dem Instrument der Wechselkurspolitik unmittelbar Einfluß auf seine Leistungsbilanz nehmen kann. Aber reagiert diese tatsächlich in der vorausgesagten Art und Weise? Es besteht einiger Grund, daran zu zweifeln. Das empirische Bild läßt jedenfalls nicht auf eine klare Wirkung schließen. So hat Miles (1979) 16 Abwertungen verschiedener Länder in den 60er Jahren studiert und vergeblich nach einem systematischen Reaktionsmuster der Leistungsbilanzen gesucht. Der Übergang zu flexiblen Wechselkursen 1973 scheint daran wenig geändert zu haben. Trotz erheblicher Aufwertung ihrer Währungen haben Länder wie Japan, Deutschland oder die Schweiz ihre Überschüsse beibehalten. Zur Erklärung dieser Beobachtungen ist auf zwei Faktoren zu verweisen:

1. Kurzfristig geringe Preiselastizität der Handelsströme. Alle Erfahrungen deuten darauf hin, daß Import- und Exportmengen kurzfristig nur schwach auf Verschiebungen der relativen Preise reagieren. Wenn die Güterpreise, wie es vor allem bei industriellen Produkten überwiegend der Fall ist, in der Währung des Exportlandes fixiert sind und Änderungen der nominellen Wechselkurse nicht sofort kompensieren[11], reagiert die

11 Modelle in der Tradition des „monetären Ansatzes der Zahlungsbilanztheorie" pflegen für international gehandelte Güter das „Gesetz des einen Preises" zu unterstellen, wonach eine Abwertung den relativen Preis von Importen und Exporten nicht tangiert, weil sich die Exporteure auf den Weltmärkten als Mengenanpasser verhalten. Da die Abwertung das inländische Preisniveau erhöht, kommt es aufgrund eines Realkasseneffektes dennoch zu einem eindeutigen, wenn auch vorübergehenden Effekt auf die Leistungsbilanz (z.B. Dornbusch 1973). Empirisch besteht allerdings kein Zweifel, daß nominelle Wechselkursbewegungen einen bedeutenden Einfluß auf die relativen Preise ausüben (Dornbusch/Krugman 1976).

Leistungsbilanz pervers. Eine Abwertung verteuert die Importe und *verschlechtert* so die Leistungsbilanz. Erst wenn in der Folge die Importnachfrage ab- und die Exportnachfrage zunimmt, kann es zu einer Umkehr kommen. Schätzungen von Elastizitäten im Außenhandel führen übereinstimmend zum Schluß, daß die Bedingung für die Kompensation des Importverteuerungseffektes durch die Mengeneffekte – die sog. *Marshall-Lerner-Bedingung* – für Zeiträume von mehr als 1–1½ Jahren in der Mehrzahl aller Fälle erfüllt ist (Artus/Young 1979), so daß sich die „normale“ Reaktion der Leistungsbilanz schließlich durchsetzt. Dieses Reaktionsmuster, für sich allein genommen, wird durch die sogenannte J-Kurve zum Ausdruck gebracht:

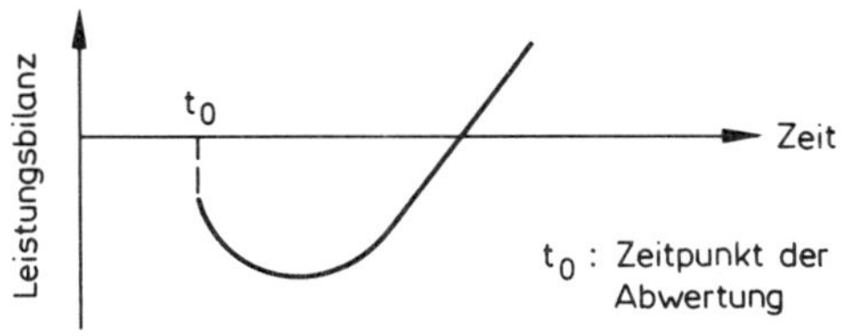

Abb. 2.2. Der J-Kurven-Effekt

2. *Wechselkurseffekte auf die Inlandsnachfrage.* Es ist eine in keynesianischen Modellen übliche Vereinfachung, zu unterstellen, daß der relative Preis von Binnen- und Importgütern zwar die Allokation, nicht aber das (in Binnengütereinheiten gemessene) Volumen der Inlandsausgaben beeinflußt. Diese Voraussetzung ist weder für den Konsum noch für die Investitionen ganz gerechtfertigt. Was den Konsum angeht, haben Laursen/Metzler (1950) schon früh darauf aufmerksam gemacht, daß eine Abwertung die reale Kaufkraft der Konsumenten schmälert, daß dieser Einkommensverlust aber zumindest kurzfristig nicht voll auf die Konsumausgaben durchschlägt, sondern einen partiell kompensierenden Rückgang der Sparquote bewirkt. Die Folge der Abwertung ist somit, daß die Konsumnachfrage, ausgedrückt in Binnengütereinheiten, zunimmt[12]. Der Laursen-Metzler-Effekt ist selten direkt gemessen worden[13]. Aber seine analytische Grundlage, nämlich daß die kurzfristige Realeinkommenselastizität der Konsumfunktion kleiner als Eins ist, scheint theoretisch und empirisch robust. In die entgegengesetzte Richtung wirkt der vom monetären Ansatz der Zahlungsbilanztheorie betonte Realkasseneffekt, der sich in dem Ausmaß einstellt, wie Wechselkursänderungen auf das Preisniveau und folglich auch auf die reale Geldmenge durchschlagen. Solange jedoch die Preise der

12 Eine einfache formale Herleitung gibt Dornbusch (1980a), S. 78–81.

13 Eine indirekte Überprüfung der Laursen-Metzler-Hypothese haben Deardorff/Stern (1978) anhand desaggregierter Ausgabengleichungen aus verschiedenen ökonometrischen Prognosemodellen versucht. Ihre Ergebnisse sprechen nicht für eine große Relevanz des Effektes, sind aber von zweifelhafter Aussagekraft. Denn die Preisindizes jener Nachfragekategorien, für die der Nachweis des von Laursen/Metzler postulierten Zusammenhanges mißlingt, weisen mehrheitlich gar keine Importkomponente auf. Dadurch sind die betreffenden Gleichungen der Fragestellung gar nicht zugänglich.

Inlandsgüter, wie oben angenommen, nur träge auf den Wechselkurs ansprechen, bleibt die Bedeutung des Realkasseneffektes beschränkt[14].

Einen bedeutenden Einfluß dürften die realen Wechselkurse außerdem auf die Investitionsnachfrage ausüben (Bombach et al. 1977/78, S. 192f.; McKinnon 1980). Denn die relativen Preise bestimmen die relative Wettbewerbsfähigkeit eines Landes und damit seine Attraktivität als industrieller Standort. Besonders deutlich hat sich dieser Effekt in der Reaktion der Direktinvestitionsströme auf die Beseitigung der vom Bretton-Woods-System geschaffenen Wechselkursverzerrungen manifestiert. Die Tatsache, daß hier die Veränderung der Kostenrelationen als permanent antizipiert werden konnte, hat den Effekt zweifellos verstärkt. Aber mit der zunehmenden Bedeutung multinationaler Investoren sind selbst als vorübergehend eingestufte Ausschläge der realen Wechselkurse ein nicht zu unterschätzender Faktor. Auch wenn nämlich die relativen *Produktions*kosten längerfristig im Einklang mit der Kaufkraftparitätentheorie stabil bleiben sollten, besteht immer noch ein Anreiz, sich kurzfristige Verschiebungen der relativen *Investitions*kosten zunutzezumachen. Eine Investitionskomponente, die besonders sensibel und auch rasch auf Wechselkursbewegungen ansprechen kann, ist die *Lagerakkumulation.* So war im Falle der englischen Stabilisierungskrise 1979/81, die von einer scharfen realen Aufwertung des Pfund Sterling begleitet war, der Produktionsrückgang überwiegend einem Abbau der Läger zuzurechnen. Die Exportwirtschaft reagierte auf den Verlust ihrer Wettbewerbsfähigkeit zwar mit einer Verringerung der Produktion, versuchte aber eine Weile mit Erfolg, ihre Märkte auf Kosten der Gewinnmargen und der Lagerbestände zu bewahren, so daß sich der Aufwertungsschock statistisch nicht in der Leistungsbilanz, sondern in der Investitionsnachfrage niederschlug[15].

Diese Überlegungen sprechen dafür, daß der Wechselkurs mit einem positiven Vorzeichen in die aggregierte Inlandsnachfragefunktion eingeht. Was hieraus für die Auswirkungen einer Wechselkursänderung auf Leistungsbilanz und Volkseinkommen folgt, illustriert Abb. 2.3:

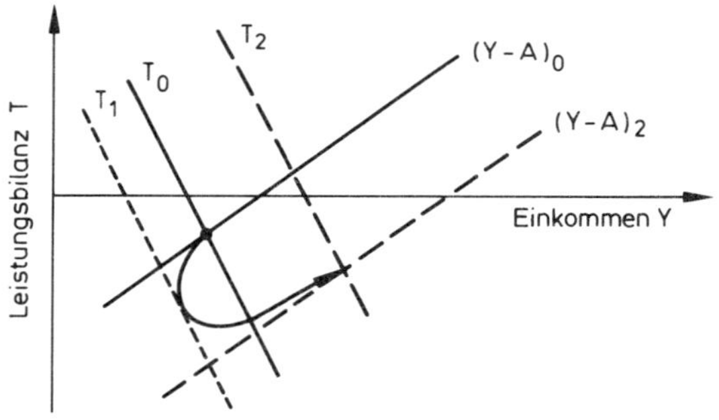

Abb. 2.3. J-Kurven-Effekt und Absorptionseffekt einer Abwertung

14 Dasselbe gilt auch für die verschiedenen kontraktiven Effekte, die von Krugman/Taylor (1978) diskutiert werden. Vollends zweifelhaft ist die Bedeutung des Realkasseneffektes unter flexiblen Wechselkursen. Wenn deren Bewegungen nämlich durch Geldangebots- und Geldnachfrageverschiebungen ausgelöst werden, wie es der monetäre Ansatz impliziert, kann der totale Realkasseneffekt schwerlich von den induzierten Preisniveauänderungen dominiert sein.

15 Vergleiche hierzu die ausführliche Analyse von Buiter/Miller (1981).

Dargestellt ist die Reaktion auf eine Abwertung, beginnend bei einem Ausgangsgleichgewicht $T_0 = (Y - A)_0$. Was oben als „J-Kurve" beschrieben war, schlägt sich in der Bewegung der T-Kurve nieder: Nach einer Übergangsphase, in der sich die Mengen noch nicht an die veränderten relativen Preise angepaßt haben (T_1), verschiebt sich die Kurve über ihre Ausgangslage hinaus nach rechts (T_2). Gleichzeitig steigt aber auch die autonome Inlandsnachfrage an, so daß am Ende ein neues Gleichgewicht $T_2 = (Y - A)_2$ erreicht wird. Als Ergebnis bleibt festzuhalten:

- Der Übergang vom alten zum neuen Gleichgewicht reproduziert das Grundmuster des J-Kurven-Verlaufs von Abb.2.2. Allerdings wird deutlich, daß sich die Leistungsbilanz selbst dann, wenn die Marshall-Lerner-Bedingung erfüllt ist, nicht notwendigerweise verbessert, weil die parallel zunehmende Inlandsnachfrage neue Importe induziert.
- Die Reaktion des Einkommens auf eine Abwertung kann kurzfristig vom J-Kurven-Effekt dominiert sein, so daß es zunächst zu einer Kontraktion kommt. Im neuen Gleichgewicht überwiegen allerdings die expansiven Kräfte, und zwar auch dann, wenn sich die Leistungsbilanz nicht verbessert hat.
- Da im Ausland die spiegelbildliche Entwicklung ausgelöst wird, ändert die Unbestimmtheit des Leistungsbilanzeffektes nichts am beggar-thy-neighbor-Charakter einer Abwertung.

Die Quintessenz der vorangehenden Überlegungen ist, daß Schlüsse von Export- und Importfunktionen auf die Leistungsbilanz nur zulässig sind, wenn sämtliche Kreislaufrückwirkungen in die Betrachtung eingehen. Schon früh hat diese Einsicht zum Argument geführt, daß die Auswirkungen einer Abwertung auf die Leistungsbilanz am besten überhaupt nicht in Kategorien von Außenhandelselastizitäten analysiert werden sollten, sondern daß die Relation zwischen Einkommen und Absorption bzw. zwischen Sparen und Investieren den Ausgangspunkt bilden sollte (*Absorptions-Ansatz,* begründet von Alexander 1952).

Es ist natürlich eine reine Kreislauftautologie, ableitbar aus den oben (S. 117) erläuterten Zusammenhängen zwischen den Aggregaten der volkswirtschaftlichen Gesamtrechnung, daß sich die Leistungsbilanz wahlweise als Differenz zwischen Exporten und Importen oder als Differenz zwischen Volkseinkommen und Absorption schreiben läßt. Dennoch ist die Diskussion darüber, welche Schreibweise sich zu Erklärungszwecken am besten eignet, bis heute nie ganz zur Ruhe gekommen. Gerade in jüngster Zeit ist der Absorptions-Ansatz wiederholt als analytisch überlegen hervorgestellt worden – sowohl im Hinblick auf die Auswirkungen der Erdölpreiserhöhungen (Sachs 1981) als auch im Zusammenhang mit Wechselkursbewegungen (McKinnon 1980, 1981). Aber die Gegensätze werden gerne überbetont. Im Rahmen eines logisch konsistenten Modelles, das die Kreislaufzusammenhänge vollständig abbildet – selbst wenn es so simpel ist wie in Abb.2.3 –, kann es für die Erklärung der Leistungsbilanz keinen Unterschied machen, welche Definition im Mittelpunkt steht. Viel bedeutsamer ist der Einkommensbildungsprozeß, der einer solchen Analyse zugrundeliegt. Während das keynesianische Multiplikatormodell unterstellt, daß das Einkommen durch die effektive Güternachfrage limitiert wird, ist der Absorptions-Ansatz mit Vorliebe in Vollbeschäftigungsmodelle mit angebotsseitig limitiertem Einkommen eingebaut worden. Hierfür ist er auch besonders gut geeignet. Sobald nämlich das Einkommen in der Kreislaufbetrachtung exogen vorgegeben ist – sei es wegen Vollbeschäftigung oder „klassischer" Arbeitslosigkeit –, wird die Leistungsbilanz zum bloßen Spiegelbild der Inlandsnachfrage[16].

Schlüsse aus absorptionstheoretischen Betrachtungen, die den Mechanismus der Einkommensbildung nicht explizit in Betracht ziehen, sind allerdings mit nicht weniger Vorsicht aufzunehmen als partialanalytische Resultate aus Elastizitäten-Modellen. So diskutiert etwa Craig (1981) ein „monetäres" Modell der Leistungsbilanz, das einen positiven Einfluß des Volkseinkommens auf die Leistungsbilanz postuliert, weil bei einer Ausgabenneigung von kleiner als Eins jeder Einkommenszuwachs die Differenz zwischen Einkommen und Absorption vergrößern sollte. Die Unhaltbarkeit dieser Argumentation offenbart sich sofort, wenn – wie oben in Abb. 2.1 – die Endogenität der Einkommensbildung in Rechnung gestellt wird.

Ähnliche Warnungen sind anzubringen, wenn der Absorptions-Ansatz anstelle der Wechselkurspolitik die Fiskalpolitik als „direktestes" Instrument zur Beeinflussung der Leistungsbilanz in den Vordergrund rückt (McKinnon 1980). Wiederum ist es eine rein tautologische Operation, wenn die Leistungsbilanz als gesamtwirtschaftlicher Sparüberschuß in den Sparüberschuß des privaten Sektors und den Sparüberschuß des öffentlichen Sektors aufgespalten wird und infolgedessen bei gegebenem Konsum- und Investitionsverhalten des privaten Sektors nur noch das Finanzgebaren der öffentlichen Haushalte zum Ausdruck zu bringen scheint. Eine Regierung, die ein Leistungsbilanzdefizit beseitigen will, so lautet der naheliegende Schluß, muß ihr Haushaltsdefizit abbauen. Aber die Tautologie verrät nicht, was die Kosten einer solchen Politik sind. Wenn nicht vollkommen flexible Preise und Löhne für permanente Vollbeschäftigung sorgen, ist es das *reale Volkseinkommen,* das die Last der Anpassung trägt und über einen kontraktiven Multiplikatorprozeß das Kreislaufgleichgewicht auf tieferem Niveau wiederherstellt. Die Leistungsbilanz verbessert sich zu Lasten des Beschäftigungsgrades, wie es das oben beschriebene Dilemma-Modell nicht anders erwarten ließe.

Abschirmung durch flexible Wechselkurse?

Was ändert sich an den bisher beschriebenen Zusammenhängen, wenn der Wechselkurs nicht eine von außen – oder von der „Wechselkurspolitik" – vorgegebene Konstante ist, sondern auf dem Devisenmarkt dem freien Spiel von Angebot und Nachfrage überlassen wird? Frühe keynesianische Zahlungsbilanzmodelle der 40er und 50er Jahre legten den Schluß nahe, daß unter diesen Bedingungen die internationale Konjunkturtransmission unterbunden würde. Die Argumentation ging von der wesentlichen Voraussetzung aus, daß Güterimporte und -exporte die einzige Quelle von Devisenmarkttransaktionen sind. Dies war nicht einfach nur eine willkürliche Modellabstraktion, sondern paßte, wie oben erwähnt, auf eine Periode, in der die internationalen Kapitalströme einschneidenden Beschränkungen unterlagen. Der Ausgleich von Devisenangebot und -nachfrage durch einen frei beweglichen Wechselkurs impliziert in Abwesenheit von Kapitalbewegungen den Ausgleich der Leistungsbilanz. Die Kreislaufgleichgewichtsbedingung $Y = A + T$ wird somit ergänzt durch die Devisenmarktgleichgewichtsbedingung $T = 0$. Der Wechselkurs ist nun nicht mehr exogen, sondern wird gemeinsam mit dem Einkommen durch die

16 Ein naheliegendes Beispiel ist die monetäre Theorie des internationalen Anpassungsprozesses (vgl. z. B. Dornbusch 1980a, Kap. 7).

beiden Gleichgewichtsbedingungen endogen bestimmt. Verhindert der Devisenmarkt jeglichen Export- oder Importüberschuß, so reduziert sich die Kreislaufgleichgewichtsbedingung Y = A + T auf Y = A. Es gilt mithin dasselbe, was das keynesianische Multiplikator-Modell schon für die geschlossene Volkswirtschaft postulierte: Das Einkommen ist allein durch die Höhe der *Inlandsnachfrage* bestimmt. Aus diesem Grunde hat man geglaubt, daß flexible Wechselkurse eine offene Volkswirtschaft gegen jegliche Impulse von außen abschirmen und ihr vollkommene konjunkturpolitische Autonomie gewähren[17]. Einzig der Laursen/Metzler-Effekt schien die Insulierung zu qualifizieren und ein Moment *negativer* internationaler Konjunkturtransmission zu begründen.

Aber das Modell beschreibt weder die Periode flexibler Wechselkurse während der Zwischenkriegszeit noch die Erfahrungen seit 1973 in adäquater Weise. Beide Male haben Kapitalbewegungen eine zentrale Rolle gespielt. Sobald Devisen nicht nur für Gütermarkt-, sondern auch für Finanzmarkttransaktionen angeboten und nachgefragt werden, braucht das Devisenmarktgleichgewicht natürlich nicht mehr gleichbedeutend mit dem Ausgleich der Leistungsbilanz zu sein. Es sind nicht mehr ausschließlich Export- und Importnachfrage, die den Wechselkurs bestimmen. Im Gegenteil, nach heute vorherrschender Meinung ist der Wechselkurs kurzfristig ein reiner Finanzmarktpreis, der von den laufenden Gütertransaktionen nur indirekt beeinflußt wird (vgl. unten, Abschnitt 3.2). Deshalb bleibt die Leistungsbilanz auch unter flexiblen Wechselkursen ein wichtiger Kanal der internationalen Konjunkturtransmission, und die Vorstellung, daß flexible Wechselkurse den Trägern der Wirtschaftspolitik die Sorge über außenwirtschaftliche Ungleichgewichte abnehmen, verliert ihre Grundlage. Aus demselben Grund hat sich auch die optimistische Erwartung, daß beschäftigungspolitisch motivierte Handelshemmnisse unter flexiblen Wechselkursen obsolet würden (Friedman 1969), nicht bestätigt – der Hang zu beggar-thy-neighbor-Verhaltensweisen ist seit 1973 gewiß kein kleineres Problem geworden.

Internationale Koordination der Konjunkturpolitik

Jede Beschäftigungskrise, die weltweite Dimensionen annimmt, trägt den Keim internationaler Handelskonflikte in sich. Das nationale Eigeninteresse verlockt dazu, Zielkonflikte auf Kosten der Handelspartner zu lösen. Das kollektive internationale Interesse kann in einer solchen Situation nur noch durch kollektives, koordiniertes Handeln geschützt werden. An entsprechenden Appellen hat es schon 1930 nicht gefehlt: Insbesondere *Keynes* in England und *Woytinski* in Deutschland haben die Notwendigkeit einer international abgestimmten Expansionspolitik hervorgehoben und speziell die Gläubigernationen dazu aufgerufen, die Initiative zu ergreifen[18]. Einen ähnlichen Vorschlag, wenn

---

17 Das Kreislaufmodell war nicht das einzige Modell, das zu diesem Schluß führte. Weitere Argumente werden in den Abschnitten 3 und 4 zur Sprache kommen.

18 Vergleiche hierzu Landmann (1981). Diese Tatsache sollte vor allem jenen Kritikern in Erinnerung gerufen werden, die sich an Keynes' zeitweiligem Eintreten für eine protektionistische Politik stoßen. Seine Empfehlung, England solle seine Beschäftigungslage durch Einfuhrzölle und Exportsubventionen stützen, zielte einerseits darauf ab, eine Kompensation für die fatalen Folgen der 1925 von Churchill eingeleiteten Währungspolitik zu schaffen, war andererseits aber auch von der Einsicht motiviert, daß die unbestrittenermaßen vorzuziehende und von ihm wiederholt geforderte Alternative einer international koordinierten Krisenbekämpfung politisch keine Chance hatte.

auch unter weniger dramatischen Voraussetzungen, hat 1976/77 die OECD in die Diskussion gebracht[19], als sich die Weltwirtschaft nur langsam von der vorangegangenen Rezession erholte und die USA als am frühesten wieder expandierendes Land in ein hohes Leistungsbilanzdefizit hineinrutschte, während die Globalsteuerung in den Überschußländern den Wiederaufschwung weit weniger dezidiert stützte.

Die Intention der OECD-Empfehlung, die als *Lokomotiv-Theorie* bekannt wurde, läßt sich leicht mit Hilfe von Abb. 2.1 illustrieren: Wenn ein einzelnes Land im Alleingang Maßnahmen zur Belebung seiner Konjunktur ergreift (seine (Y-A)-Kurve nach rechts verschiebt), verliert es aufgrund des Importsogs einen Teil des Impulses ans Ausland und belastet seine Leistungsbilanz. Wenn dagegen alle gemeinsam expandieren, kommt jedes Land in den Genuß expandierender Exportmärkte (d.h. die T-Kurve verschiebt sich ebenfalls nach rechts). Die Multiplikatorwirkung eines gegebenen Impulses wird für alle größer. Gleichzeitig lassen sich Leistungsbilanzungleichgewichte verringern, wenn die Überschußländer als „Lokomotiven" vorangehen. Die quantitative Bedeutung der gegenseitig induzierten Exporte hängt natürlich von der Intensität der Handelsbeziehungen zwischen den involvierten Ländern ab. Berechnungen der OECD (1979), gestützt auf das „International Linkage Model", lassen das Potential einer international gleichgeschalteten Nachfragepolitik als recht erheblich erscheinen: Während die Multiplikatorwirkung einer autonomen Nachfrageänderung unter Berücksichtigung des Sickerverlustes durch die Importe zwischen den Extremen von 0,75 (Niederlande) und 1,5 (USA) liegt, beträgt der Multiplikator eines in allen OECD-Ländern simultan verabreichten Impulses für den ganzen OECD-Raum 2,0 – und für die kleinen, exportorientierten Nationen deutlich mehr.

Verursachen Überschußländer im Rest der Welt Arbeitslosigkeit? Die OECD argumentierte, daß Leistungsbilanzüberschüsse in einer Welt des Nachfragemangels wie hohe Sparquoten wirken, die dem Weltkreislauf Nachfrage entziehen. Mit ihrer Weigerung, die Lokomotiven-Rolle zu spielen (oder sie aktiver zu spielen), betrieben die Überschußländer zwar keine beggar-thy-neighbor-Politik im oben definierten Sinne, aber dennoch bewirkten sie, daß die Absatzmärkte der Handelspartner begrenzt blieben. Als *Keynes* in den 30er Jahren die Haushalte dazu aufrief, ihre Sparquoten zu senken und so die Schrumpfung der Absatzmärkte aufzuhalten, wurde ihm von *Hayek, Robbins* u.a. entgegnet, es sei „äußerst gefährlich, irgend etwas zu sagen, was die Spargewohnheit der Privaten schwächen könnte"[20], weil die Ersparnisse den Kapitalmarkt beleben würden; und dies sei eine notwendige Voraussetzung für eine Überwindung der Depression. Spätestens seit der „General Theory" ist klar, warum dieses Gegenargument falsch war. Genau dasselbe Argument wurde nun auch wieder gegen die Lokomotiv-Theorie vorgebracht: Die Netto-Ersparnisse der Überschußländer stünden der restlichen Welt auf den internationalen Finanzmärkten als Kapitalexporte zur Verfügung und würden es den zahlungsbilanzschwachen Ländern erlauben, eine expansivere Politik zu verfolgen, als es ohne diese Finanzierungsquelle möglich gewesen wäre[21]. Nicht einzusehen bleibt, warum

19 Vergleiche Economic Outlook, July 1976, December 1976, July 1977.

20 Zitiert nach dem „Deutschen Volkswirt", 7. Jg., Nr. 4, 1932, abgedruckt in Landmann (1981).

21 Siehe z.B. Wood/Jianakoplos (1978), die, gestützt auf dieses Argument, so weit gehen, die Lokomotiv-Theorie auf den Kopf zu stellen: „By *not* undertaking expansionary policies, the proposed locomotive countries can be viewed as *supporting* the weaker countries, rather than contributing to unemployment in the non-locomotives as alleged by some analysts." (Hervorhebungen v. Verf.).

es die Defizitländer vorziehen sollten, ihre Defizite mit Krediten zu finanzieren, statt sie auf expandierenden Exportmärkten abzubauen.

Wenn es legitime Zweifel am Sinn einer koordinierten Expansion gab, so betrafen sie vielmehr die Frage, wie groß denn der Spielraum für eine solche Expansion überhaupt war, und welche Engpässe in den angesprochenen Ländern die Zunahme der Produktion und der Beschäftigung limitierten. Wenn die Grenzen nicht durch die effektive Nachfrage, sondern durch das Niveau der realen Faktorkosten gesteckt waren, mußten natürlich auch die Erfolgsaussichten einer rein nachfrageseitig operierenden Expansionspolitik gering erscheinen. Ob mit Recht, werden die Überlegungen zum „magischen Dreieck“ in Abschnitt 4 erhellen.

3. Geldmenge, Zins und Wechselkurs

3.1 Kapitalmobilität und IS-LM-Modell: Die traditionelle Sicht

Mit der Analyse der Kreislaufzusammenhänge allein bleibt noch vieles ungeklärt. Es sind Freiheitsgrade offengeblieben, die nur durch Einbezug der Finanzmärkte geschlossen werden können. Die keynesianische Makroökonomik löst diese Aufgabe mit dem *IS-LM-Modell,* das die simultane Bestimmung eines Kreislaufgleichgewichts auf dem Gütermarkt (IS) und eines Bestandesgleichgewichts auf dem Geld- und Kapitalmarkt (LM) erlaubt. Die Darstellung des finanziellen Sektors reduziert das Spektrum der Anlagemöglichkeiten im einfachsten Fall auf zwei Aktiva, Geld und ein repräsentatives Wertpapier. Deren relativer Preis, der Zinssatz, findet sein Gleichgewicht dort, wo die Wirtschaftssubjekte die existierenden Bestände an Geld und Wertpapieren zu halten bereit sind und keinen Anreiz verspüren, das eine für das andere zu substituieren. Etwas komplizierter wird diese Gleichgewichtsbedingung in einer offenen Volkswirtschaft. Sofern die Offenheit nicht nur auf den Handel mit Gütern und Dienstleistungen beschränkt ist, sondern auch grenzüberschreitende Kapitaltransaktionen einschließt, haben die Anleger nämlich die Möglichkeit, eine zusätzliche Kategorie von Aktiva in ihr Portefeuille aufzunehmen: Guthaben in Fremdwährungen.

Der traditionelle Weg, die internationale Verflechtung der Finanzmärkte abzubilden, geht zurück auf Mundell (1961) und Fleming (1962), die das IS-LM-Modell um eine Gleichung erweitert und die internationalen *Kapitalströme* als Funktion des internationalen *Zinsgefälles* erklärt haben. Die Zinsreagibilität dieser Ströme ist zu einem entscheidenden Parameter des Modells geworden. Die möglichen Extremwerte sind Null, in welchem Falle das heimische Zinsniveau von den Finanzmärkten des Auslands vollständig abgekoppelt ist, und Unendlich, was gleichbedeutend mit perfekter Zinsarbitrage zwischen In- und Ausland ist. Dieser zweite Fall, gleichsam ein Idealtypus der internationalen Kapitalmobilität, ist im Rahmen des Mundell/Fleming-Ansatzes besonders gut dazu geeignet, die Konsequenzen weltweit eng verflochtener Finanzmärkte für das interne makroökonomische Gleichgewicht eines Landes zu verdeutlichen. Unter der später noch zu qualifizierenden Voraussetzung statischer Wechselkurserwartungen sowie unter der Annahme, daß der inländische Kapitalmarkt nicht groß genug ist, um die internationalen Zinssätze zu beeinflussen, impliziert ein perfekter Arbitragemechanismus, daß das inländische Zinsniveau auf dem vom Ausland exogen vorgegebenen Niveau fixiert ist.

Neben den oben beschriebenen Kreislaufzusammenhängen ist damit ein zweiter Kanal gegeben, über den die Wirtschaftsentwicklung im Ausland das Einkommen und die Beschäftigung im Inland beeinflussen kann. Beide Kanäle sind leicht in ein modifiziertes IS-LM-Modell zu integrieren, dessen Kreislaufgleichgewichtsbedingung (IS-Kurve) die oben anhand von Abb. 2.1 erläuterte Abhängigkeit der Güternachfrage vom Wechselkurs und von der Auslandskonjunktur berücksichtigt, während Investitions- und Geldnachfrage aufgrund der perfekten internationalen Zinsarbitrage direkt mit dem Weltmarktzins in Beziehung gesetzt sind. Das so erweiterte IS-LM-Modell konstituiert – auf den kürzesten Nenner gebracht – jenes Paradigma, das bis in die 70er Jahre hinein die Literatur über die Makroökonomik der offenen Volkswirtschaft beherrscht hat und insbesondere auch in der Debatte um feste versus flexible Wechselkurse eine wichtige Rolle gespielt hat.

Im Hinblick auf die kurzfristigen Belange der Stabilisierungspolitik sind zwei Implikationen des Modells zentral:

1. Unter *festen* Wechselkursen besitzt die Geldpolitik keine Kontrolle über die Geldmenge. Als Instrument der Globalsteuerung steht damit nur noch die Fiskalpolitik zur Verfügung.

2. Unter *flexiblen* Wechselkursen ist die Geldmenge kontrollierbar und wird zu einem äußerst wirksamen Instrument der Globalsteuerung. Dagegen bleiben Impulse, die ihren Ursprung im Güterkreislauf haben – autonome Änderungen der Investitionen, des Konsums, der Regierungsausgaben, der Exporte, kurz: *IS-Schocks* – ohne Auswirkungen auf das Volkseinkommen und die Beschäftigung. Dies bedeutet einerseits, daß die Binnenkonjunktur von der Weltkonjunktur, soweit sie sich in der Exportnachfrage niederschlägt, abgekoppelt ist, andererseits aber auch, daß die Fiskalpolitik jede Kontrolle über die Gesamtnachfrage verliert[22].

Diese beiden Implikationen waren eine wesentliche Grundlage für die Hoffnungen, die eine überwiegende Mehrheit der akademischen Fachwelt in flexible Wechselkurse setzte, als die Schwächen des Fixkurs-Systems von Bretton Woods zunehmend sichtbar wurden. Man versprach sich nicht nur Abschirmung vor den Folgen einer instabilen Auslandsnachfrage, sondern auch eine größere Effizienz der antizyklischen Globalsteuerung, wenn die Hauptverantwortung von der schwerfälligen Fiskalpolitik zur flexibleren Geldpolitik überginge.

Der vom Mundell/Fleming-Modell behauptete Kontrast zwischen festen und flexiblen Wechselkursen läßt sich anhand von Abb. 3.1 erklären. Die linke Hälfte des Diagramms (Abb. 3.1a und 3.1b) illustriert die Aussagen des Modells für den Fall fester Wechselkurse, während die rechte Hälfte (Abb. 3.1c und 3.1d) den entgegengesetzten Extremfall eines reinen Floating abbildet. Unter festen Wechselkursen ist das reale Volkseinkommen Y die einzige Größe, die für die Aufrechterhaltung des Kreislaufgleichgewichts sorgen kann. Die Zinshöhe ist durch den Weltmarktsatz vorgegeben, der Wechselkurs durch das Währungssystem, und Regierungsausgaben sowie Auslandskonjunktur gehören ebenfalls zum exogenen Datenkranz. Diese Rahmenbedingungen bestimmen die räumliche Lage der IS-Kurve zwischen der Zins- und der Einkommens-Achse (Abb. 3.1a), so daß das Volkseinkommen bei gegebenem Weltmarktzins r_0^* das Kreislaufgleichgewicht herstellt (Y_0). Änderungen in den autonomen Ausgabenkomponenten und insbesondere auch in der Auslandsnachfrage verschieben die IS-Kurve entlang der horizontalen Zinsarbitragebedingungen ($r_0 = r_0^*$) und entfalten somit ihre volle, von „crowding-out"-Effekten unbeeinträchtigte Multiplikatorwirkung. Insofern schafft die perfekte internationale Kapitalmobilität für IS-Schocks Wirkungsvoraussetzungen, die dem Lehrbuchfall der „Liquiditätsfalle" gleichen. Während es dort aber die Geld*nachfrage* ist, welche die Einkommensänderungen voll akkommodiert, ist es hier das Geld*angebot,* das sich dem vom Gütermarkt vorgegebenen Bedarf an Transaktionskasse anpassen muß. Diese Endogenität der Geldmenge unter festen Wechselkursen ist in Abb. 3.1b illustriert, wo die

22 Daß flexible Wechselkurse die über den Außenhandel laufende internationale Konjunkturtransmission unterbinden, war schon eine Implikation des oben in Abschnitt 2 erläuterten keynesianischen Modells *ohne* Kapitalmobilität. Dieses Resultat des Mundell/Fleming-Modells ist denn auch unabhängig von der Zinselastizität der Kapitalströme. Der Multiplikator der Fiskalpolitik hängt dagegen kritisch vom Grad der Kapitalmobilität ab und wird nur im Grenzfall der perfekten Zinsarbitrage Null; vgl. Mundell (1968).

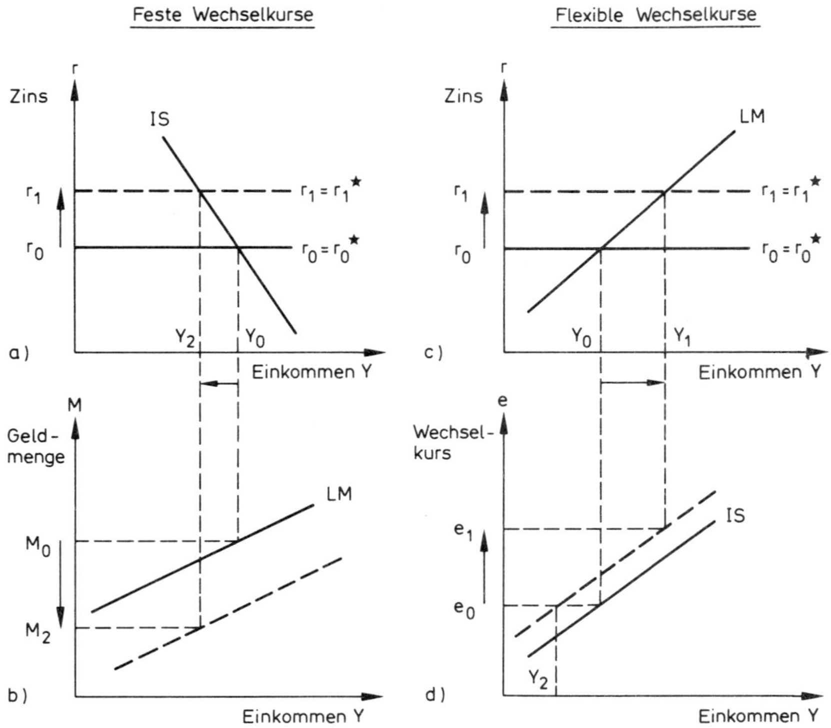

Abb. 3.1. Das Mundell/Fleming-Modell mit perfekter Kapitalmobilität (Gleichgewichtslösung und Effekt einer Änderung des Weltmarktzinses r*)[23]

LM-Bedingung bei gegebenem Weltmarktzins r* auf einen positiven Zusammenhang zwischen Einkommen und Geldmenge reduziert ist. Hält sich die Zentralbank an die Spielregeln des Fixkurs-Systems, so muß sie jenes Geldangebot bereitstellen, das bei gegebenem Gleichgewichtseinkommen Y_0 die LM-Bedingung befriedigt (M_0). Die Geldpolitik besitzt keinerlei Autonomie mehr, sondern ist vollständig der Stabilisierung des Wechselkurses untergeordnet und nimmt nur noch die hierfür notwendigen Devisenmarktinterventionen vor.

Unter flexiblen Wechselkursen dagegen ist die Zentralbank – wenigstens im Prinzip – von dieser Fessel befreit und kann die Geldmenge als frei verfügbares Kontrollinstrument nach ihrem Gutdünken steuern, während der Wechselkurs den Marktkräften überlassen bleibt. Die Exogenität der Geldmenge bedeutet, mit dem IS-LM-Modell gesprochen, daß die Zentralbank die räumliche Lage der LM-Kurve im Zins-Einkommens-Quadranten bestimmen kann (Abb. 3.1c). Da gleichzeitig der Zinssatz durch die Arbitragebedingung $r = r^*$ vom Weltmarkt vorgegeben ist, folgt, daß die LM-Bedingung das Realeinkommen allein als Funktion der Geldmenge und des Weltmarktzinses, also völlig *unabhängig* von den autonomen Ausgabenkomponenten des Güterkreislaufs festlegt (Y_0 in Abb. 3.1c) –

23 Der Wechselkurs e in Abb. 3.1d) bezeichnet den Preis ausländischer Devisen in Einheiten der inländischen Währung. Ein *Anstieg* von e entspricht somit einer *Abwertung* der inländischen Währung, wogegen eine *Aufwertung* durch ein *sinkendes* e zum Ausdruck gebracht wird.

ein „monetaristisches“ Resultat, gewissermaßen. Wenn das Einkommen in solcher Weise durch die monetären Rahmenbedingungen determiniert wird, bleibt nur noch eine Größe übrig, die das Kreislaufgleichgewicht auf dem Gütermarkt sicherstellen kann: der Wechselkurs. Diesen Punkt verdeutlicht Abb. 3.1d, wo die Kreislaufgleichgewichtsbedingung durch eine *steigende* IS-Kurve im Wechselkurs-Einkommens-Quadranten abgebildet ist. Der steigende Verlauf der IS-Kurve rührt daher, daß ein zunehmendes Einkommen die Lücke zwischen Einkommen und Inlandsnachfrage algebraisch vergrößert (vgl. oben Abschnitt 2), was bei gegebenen autonomen Ausgaben und gegebenem Weltmarktzins nur durch eine Zunahme der wechselkursempfindlichen Nachfragekomponenten kompensiert werden kann und deshalb einen Wechselkursanstieg, d.h. eine Abwertung, erfordert. Gegeben die IS-Kurve und das monetär bestimmte Einkommen Y_0 (aus Abb. 3.1c), gibt es nur einen Wechselkurs (e_0 in Abb. 3.1d), der mit einem Kreislaufgleichgewicht kompatibel ist. In diesem Sinne behandelt das Mundell/Fleming-Modell den Wechselkurs immer noch als einen Gütermarkt- und nicht als einen Finanzmarktpreis.

Die relative Wirksamkeit der Geld- und Fiskalpolitik ist gegenüber dem Regime der festen Wechselkurse genau umgekehrt. Änderungen der Geldmenge verschieben die LM-Kurve in Abb. 3.1c entlang der horizontalen ($r = r^*$)-Bedingung und erzwingen damit entsprechende Änderungen des Volkseinkommens. Da der inländische Zins nicht manipuliert werden kann, läuft die monetäre Transmission über den *Wechselkurs:* Zum Beispiel erzeugt eine Erhöhung des Geldangebots eine anfängliche Zinssenkungstendenz, die von den Arbitrageuren unmittelbar mit einem Kapitalabfluß ins Ausland beantwortet wird. Als Folge davon bleibt zwar der Zinssatz konstant, aber die inländische Währung wertet sich ab und induziert damit die zusätzliche Güternachfrage und das zusätzliche Einkommen, das die Geldnachfrage mit dem gestiegenen Geldangebot wieder in Einklang bringt.

Demgegenüber besitzt die Fiskalpolitik unter flexiblen Wechselkursen und perfekter Zinsarbitrage keine Kontrolle über das Volkseinkommen mehr. Zusätzliche Regierungsausgaben verdrängen private Ausgaben gleichen Umfangs. Dabei spielt wiederum das Verhalten des Wechselkurses die Schlüsselrolle: Im Gegensatz zur traditionellen „crowding-out“-Debatte, die sich auf den Fall konzentriert hat, daß die Fiskalpolitik über den Kapitalmarkt Investitionen verdrängt, zeigt das Mundell/Fleming-Modell, wie über den Devisenmarkt Exporte verdrängt werden[24]. Der Mechanismus läßt sich anhand von Abb. 3.1c und 3.1d illustrieren: Eine Änderung der Regierungsausgaben verschiebt die IS-Kurve in Abb. 3.1d. Zins und Einkommen sind aber eine Funktion der unveränderten monetären Rahmenbedingungen in Abb. 3.1c, so daß sich der Wechselkurs anpassen muß, bis das Kreislaufgleichgewicht wieder hergestellt ist. Das einzige, was sich geändert hat, ist die *Struktur* der Güternachfrage.

Ein wichtiges Resultat des Mundell/Fleming-Modells betrifft die internationale Konjunkturtransmission: Unter den vereinfachenden Prämissen des Modells verhindern flexible Wechselkurse zwar, daß eine instabile Auslandsnachfrage über die Leistungsbilanz die Binnenkonjunktur destabilisiert, sie bieten aber keinen Schutz vor Turbulenzen, die ihren Ursprung auf den *Finanzmärkten* des Auslands haben. Diese Einsicht, die auch in moderneren Weiterentwicklungen des Modells gültig bleibt, ist in Abb. 3.1c und 3.1d

---

24 In dem Grade, wie auch Konsum- und Investitionsnachfrage auf den Wechselkurs ansprechen (vgl. oben, Abschnitt 2), braucht sich der Verdrängungseffekt natürlich nicht auf die Exporte zu beschränken.

am Beispiel einer Erhöhung des ausländischen Zinsniveaus von r_0^* auf r_1^* illustriert. Der Zinsanstieg senkt die Geldnachfrage, so daß das Einkommen bei unveränderter Geldmenge von Y_0 auf Y_1 steigt (Abb. 3.1c). Die ganze Last der Anpassung ruht auf dem Wechselkurs. Da die Investitionen wegen der höheren Zinsen zurückgehen (Linksverschiebung der IS-Kurve in Abb. 3.1d), bleibt die Währung des Inlands so lange unter Abwertungsdruck, bis genügend Mehrnachfrage entstanden ist, um sowohl die ausgefallenen Investitionen zu kompensieren als auch den Einkommensanstieg auf Y_1 zu alimentieren (Wechselkurs e_1 in Abb. 3.1d). Wenn die Zentralbank auf dem Devisenmarkt interveniert und den Wechselkurs konstant hält, bleibt nur der Zinseffekt auf die Investitionsnachfrage, so daß das Einkommen von Y_0 auf Y_2 *sinkt* (Abb. 3.1a und 3.1d). Die Geldmenge fällt durch die Stützungskäufe auf M_2 (Abb. 3.1b).

In den Anpassungsprozessen, die sich mit dem Modell beschreiben lassen, spielen Wechselkursänderungen offenkundig eine zentrale Rolle. Insbesondere werden sie zum dominierenden Transmissionskanal der Geldpolitik. Aber gerade dadurch wird die geldpolitische Autonomie, die man sich von flexiblen Wechselkursen versprochen hat, bedeutend relativiert. Kleine offene Volkswirtschaften mit einem stark ins Gewicht fallenden Außenhandelssektor haben die Erfahrung gemacht, daß man die Geldpolitik nicht einfach in den Dienst aggregativer Stabilisierungsziele stellen kann, ohne Rücksicht auf die u. U. tiefgreifenden strukturellen Spannungen zu nehmen, die durch die induzierten Wechselkursbewegungen entstehen können. Es kommt dazu, daß die internationale monetäre Interdependenz unter flexiblen Wechselkursen nicht etwa aufgehoben ist, sondern sich einfach in neuer Form manifestiert. Schon früh hat Tobin (1974) darauf aufmerksam gemacht, daß eine Geldpolitik, die ihre Wirkung im wesentlichen über den Wechselkurs entfaltet, zu einer „beggar-thy-neighbor-policy" wird, und daß unter diesen Voraussetzungen die geldpolitische Autonomie gegebenenfalls nicht größer ist, als es der Nachbar zuläßt. Ob ein Land durch eine expansive Geldpolitik Arbeitslosigkeit exportiert, oder ob es durch eine restriktive Geldpolitik hohe Zinssätze und Inflationsimpulse exportiert: In jedem Falle muß es damit rechnen, an die Toleranzgrenze anderer Länder zu stoßen. Die harte amerikanische Geldpolitik der Jahre 1980–82 – und die ungehaltenen europäischen Reaktionen darauf – haben gezeigt, daß Tobins Warnungen nicht aus der Luft gegriffen waren:

> "We can hardly imagine that the Common Market will passively allow the U. S. to manipulate the dollar exchange rate in the interests of U. S. domestic stabilization. Nor can we expect the reverse. International coordination of interest rate policies will be essential in a regime of floating exchange rates, no less than in a fixed-parity regime" (Tobin 1974, S. 91/92).

Zwei Dinge sind im Mundell/Fleming-Modell unbefriedigend gelöst:

1. Die internationale Verflechtung der Finanzmärkte ist durch ein *Stromgleichgewicht* abgebildet, das die Nettokapitalbewegungen als Funktion des internationalen Zinsgefälles bestimmt. In Verbindung mit dem IS-LM-Modell führt dies zu einem merkwürdigen Widerspruch in der Beschreibung der Finanzmärkte. Während die LM-Bedingung impliziert, daß die Vermögensbesitzer jedes Ungleichgewicht in der Zusammensetzung ihrer Bestände an Geld und inländischen Wertpapieren augenblicklich korrigieren, ist eine zinsabhängige Nettokapitalimportfunktion offenbar Ausdruck eines anhaltenden Anpassungsprozesses. Warum aber sollte das Portefeuille der Vermögensbesitzer jederzeit den optimalen Mix in bezug auf Geld und inländische Wertpapiere, nicht aber in bezug auf die Auslandsposition aufweisen? Nur im Falle der perfekten Zinsarbitrage stellen die

Kapitalströme ein augenblickliches Gleichgewicht der Bestände her. Insofern tangiert dieser Einwand die in Abb. 3.1 beschriebene Version des Mundell/Fleming-Modells nicht. Es ist heute jedoch unbestritten, daß eine allgemeinere Theorie, die auch variable Grade der Substituierbarkeit zwischen in- und ausländischen Aktiva zu analysieren erlaubt, die Logik des IS-LM-Modells konsequent auf die offene Volkswirtschaft übertragen und die Finanzmärkte mit einem Portfoliogleichgewichtsmodell abbilden sollte.

2. Der zweite Mangel des Mundell/Fleming-Modells ist, daß es nicht auf die Rolle der *Wechselkurserwartungen* aufmerksam macht, sondern stillschweigend statische Erwartungen voraussetzt. Diese Voraussetzung läßt sich allenfalls für ein System fester Wechselkurse rechtfertigen, sofern der Markt wirklich an die Dauerhaftigkeit der bestehenden Paritäten glaubt. Unter flexiblen Wechselkursen hingegen können erwartete Wechselkursänderungen nicht mehr vernachlässigt werden. Denn sie bestimmen maßgeblich die relativen (ex-ante-)Ertragsraten in- und ausländischer Aktiva. Wer Anlagen in Fremdwährungen hält, wird bei der Zusammensetzung seines Portefeuilles nicht nur auf das nominelle Zinsdifferential zwischen In- und Ausland abstellen, sondern auch Kursgewinne bzw. Kursverluste aus zu erwartenden Wechselkursänderungen in Betracht ziehen.

Diese beiden Modifikationen des Mundell/Fleming-Modells haben weitreichende Konsequenzen für die Rolle der Geldpolitik unter flexiblen Wechselkursen. Im folgenden werden zwei – eng miteinander zusammenhängende – Aspekte herausgegriffen. Abschnitt 3.2 befaßt sich mit den seit 1973 beobachteten, unerwartet heftigen Wechselkursschwankungen und erläutert einen Erklärungsansatz, der das Zusammenwirken von Geldpolitik und Wechselkurserwartungen in den Vordergrund stellt. Anschließend stehen in Abschnitt 3.3 die Konsequenzen internationaler Portfolio-Umlagerungen für die Stabilität der Geldnachfrage zur Diskussion. Abschnitt 3.4 zieht einige Schlußfolgerungen hinsichtlich der Wechselwirkungen zwischen Güter- und Finanzmärkten.

3.2 Kaufkraftparität und überschießende Wechselkurse

Das Mundell/Fleming-Modell würdigt die Selbständigkeit und Effektivität, die die Geldpolitik unter flexiblen Wechselkursen erhält, primär unter dem Gesichtspunkt der kurzfristigen Beschäftigungspolitik. Aber auf einen längeren Zeithorizont hinaus bedeutet Kontrolle der Geldmenge auch Kontrolle des Preisniveaus. Anstelle des Zwangs, jeden importierten Inflationsimpuls durch Devisenmarktinterventionen akkommodieren zu müssen, versprachen flexible Wechselkurse jedem Land die Freiheit, sein eigenes Geldmengenwachstum und damit auch seine eigene Inflationsrate auszuwählen. Die *langfristigen* Zusammenhänge zwischen Geldmenge, Preisniveau und Wechselkurs sind Inhalt zweier grundlegender Theoreme: der *Quantitätstheorie* und der *Kaufkraftparitätentheorie.*

Die Quantitätstheorie postuliert für die lange Frist einen approximativ proportionalen Zusammenhang zwischen der Geldmenge und dem Preisniveau. Internationale Inflationsdifferentiale reflektieren folglich unterschiedliche Wachstumsraten der Geldmenge im In- und Ausland. Inhalt der Kaufkraftparitätentheorie ist demgegenüber, daß Innenwert und Außenwert einer Währung sich entsprechen müssen. In dem Grade, wie der Inflationstrend des Inlands von demjenigen des Auslands abweicht, muß sich demnach der Wechselkurs auf dem Devisenmarkt anpassen; d. h. dieselbe Kaufkrafteinbuße, die eine

Währung durch die Inflation auf dem Binnenmarkt erleidet, erleidet sie auch vis-à-vis ausländischen Gütern – *unabhängig* davon, wie hoch die Inflationsrate im Ausland ist. Solange von Änderungen der relativen Gleichgewichtspreise und von Unterschieden der realen Wachstumsraten abstrahiert werden kann, lassen sich die beiden Theorien wie folgt verketten:

	Quantitätstheorie		Kaufkraftparitätentheorie	
Unterschied zwischen in- und ausländischem Geldmengenwachstum	=	Internationales Inflationsdifferential	=	Änderungsrate des Wechselkurses

Unter *festen* Wechselkursen ist obiger Ausdruck von rechts nach links zu lesen: Gemäß den Spielregeln dieses Währungssystems ist die Änderungsrate des Wechselkurses null und impliziert mithin das Verschwinden jedes internationalen Inflationsdifferentials. Für eine kleine offene Volkswirtschaft, die keinen Einfluß auf das Geldmengenwachstum und die Inflationsrate des Auslands ausübt, bedeutet dies, daß ein endogenes inländisches Geldangebot jede von außen vorgegebene Inflationsrate akkommodieren muß. Unter *flexiblen Kursen* kehrt sich die Sequenz um: Die Zentralbank kann das inländische Geldmengenwachstum und damit auch die inländische Inflationsrate selbst bestimmen. Das hieraus resultierende Inflationsdifferential zum Ausland bestimmt seinerseits den Trend der Wechselkursentwicklung. Es kann nicht genug betont werden, daß sich diese Kausalinterpretation ausdrücklich auf die langfristigen Trends bezieht. Die Mechanismen der Übergangsprozesse können durchaus auch Elemente der zirkulären Kausalität aufweisen (vgl. unten; auch Abschnitt 4).

Die westlichen Industrieländer haben seit dem Übergang zu flexiblen Wechselkursen von der Freiheit, ihren eigenen Preistrend zu wählen, ausgiebig Gebrauch gemacht. Die Dispersion der Inflationsraten hat ab 1973 schlagartig zugenommen. Nur ein Teil davon ist auf das allgemein gestiegene Inflationstempo zurückzuführen. Denn auch relativ zum Durchschnitt hat die Streuung zugenommen[25]. Die eigentliche Überraschung war das Ausmaß der von den divergierenden monetären Expansionsraten induzierten Schwankungen der Wechselkurse, die sich sowohl von den relativen Geldmengen- als auch von den relativen Preistrends weit entfernten. Durch die keynesianische Theorie war man zwar darauf vorbereitet, daß das Preisniveau kurzfristig nicht in einer engen Beziehung zur Geldmenge steht. Aber auf das erratische Verhalten der Wechselkurse war man nicht vorbereitet, obwohl entsprechende Erfahrungen schon in früheren Epochen gemacht worden sind und denn auch beim Klassiker der Kaufkraftparitätentheorie, Gustav Cassel (1921), schon ausdrücklich als Quelle ernsthafter Handelsstörungen beschrieben sind.

Das typische Erscheinungsbild der Wechselkursbewegungen ist durch ein *Überschießen* der Kaufkraftparitäten charakterisiert. Während sich die Inflationsrate verzögert und mehr oder weniger monoton an eine veränderte Wachstumsrate der Geldmenge anpaßt, reagiert der Wechselkurs sehr rasch und überproportional auf eine Geldmengenänderung und kehrt erst allmählich wieder in die Nähe seines neuen Gleichgewichtes zurück. Die

25 Berechnet auf der Basis der Konsumentenpreisindizes von 11 Ländern (Zehnergruppe und die Schweiz), ist die Standardabweichung der jährlichen Inflationsraten im Vergleich der Perioden 1966–1973 und 1974–1981 von durchschnittlich 1,5 auf 4,3 Prozentpunkte angestiegen. Der Variationskoeffizient stieg im Mittel von 32% auf 45% (Datenquelle: International Financial Statistics, verschiedene Ausgaben).

Konsequenz dieses Ablaufs ist, daß eine offene Volkswirtschaft, die ihre Inflation durch Bremsung des Geldmengenwachstums bekämpfen will, anfänglich nicht nur einen Rückgang der realen Geldmenge[26], sondern in viel stärkerem Maße auch eine Aufwertung des realen Wechselkurses[27] in Kauf nehmen muß, ehe nach Abschluß der Anpassungsprozesse alle realen Größen approximativ wieder bei ihren Ausgangswerten angelangt sind. Die in der Übergangszeit andauernde Verzerrung der relativen Preise und deren Rückwirkungen auf die internationale Wettbewerbsfähigkeit einer Volkswirtschaft können durchaus so krasse Formen annehmen, daß die Zentralbank – wie im Falle der Schweiz 1978 – sich gezwungen sieht, darauf zu reagieren und ihre restriktive Geldmengenpolitik zumindest vorübergehend preiszugeben.

Das Erscheinungsbild des Überschießens ist in Abb. 3.2 am Beispiel des Schweizer Franken/US Dollar-Kurses von 1975 bis 1981 dargestellt. Die amerikanische Geldpolitik hat auf die tiefe Rezession zu Beginn dieser Periode, von der beide Länder betroffen waren, betont expansiv reagiert und damit bewirkt, daß sich die amerikanische Wirtschaft rascher und kräftiger erholte als die mehr auf Preisstabilität bedachten Länder wie die Schweiz. Die unterschiedlichen konjunkturpolitischen Präferenzen führten naturgemäß dazu, daß sich die Inflationsraten auseinanderentwickelten. Kumuliert über die sechs Jahre, beläuft sich das Inflationsdifferential auf 40%. Demgegenüber wertete sich der Schweizer Franken gegenüber dem Dollar allein in den ersten drei Jahren dieses Zeitraums um über 60% auf, bevor er sich – gefördert von der Interventionspolitik der Schweizerischen Nationalbank und dem restriktiveren Kurs des Federal Reserve – auf den Stand von Ende 1981 zurückbildete. Von der *realen* Aufwertung, die in den drei Jahren seit Ende 1975 nicht weniger als 37% erreicht hatte, sind im Dezember 1981 nur gerade noch knappe 4% übriggeblieben[28].

Ein Versuch, das Phänomen des Überschießens theoretisch zu erklären, geht auf *Dornbusch* (1976) zurück. Im Vordergrund stehen dabei *Wechselkurserwartungen* sowie das Anpassungsverhalten der *Gütermärkte.* Eine interessante Implikation dieses Ansatzes ist, daß die träge Reaktion des Preisniveaus auf monetäre Schocks die Heftigkeit der Wechselkursreaktion maßgeblich mitverursacht. Der Gedankengang läßt sich entlang den drei einfachen Verhaltensbeziehungen nachvollziehen, die in Abb. 3.3 dargestellt sind. Oben links, in Abb. 3.3a, bildet die keynesianische Liquiditätspräferenzfunktion den aus bekannten Gründen negativen Zusammenhang zwischen der realen Geldmenge und dem Zinsniveau ab. Bedingt durch die Offenheit der Volkswirtschaft, steht das Zinsniveau aber nicht nur in einer Beziehung zur realen Geldmenge, sondern auch zum Weltmarktzins, der hier als exogen vorgegeben angenommen ist. Die Interdependenz der Finanzmärkte ist wiederum durch den Fall der perfekten Kapitalmobilität repräsentiert, so daß der Wettbewerb die ex ante erwarteten Erträge in- und ausländischer Aktiva vollständig einebnet – eine Bedingung, die dann erfüllt ist, wenn das internationale Zinsdifferential durch erwartete Wechselkursänderungen gerade kompensiert wird. Diese sog. *Zinsparitäts-Bedingung* ist in Abb. 3.3b dargestellt. Liegt der Inlandszins unter dem Weltmarktzins r^*, so setzt dies die Existenz von Aufwertungserwartungen voraus, die den Besitzer

26 *Reale Geldmenge:* Nominelle Geldmenge, bereinigt um Änderungen des Preisniveaus.

27 *Realer Wechselkurs:* Nomineller Wechselkurs, bereinigt um Änderungen in der Relation zwischen in- und ausländischem Preisniveau.

28 Die Wahl des Jahres 1975 als Bezugsjahr soll keineswegs suggerieren, daß der damalige – und 1981 ungefähr wieder erreichte – reale Wechselkurs in irgend einem Sinne gerade das „richtige" Kaufkraftgleichgewicht repräsentiert.

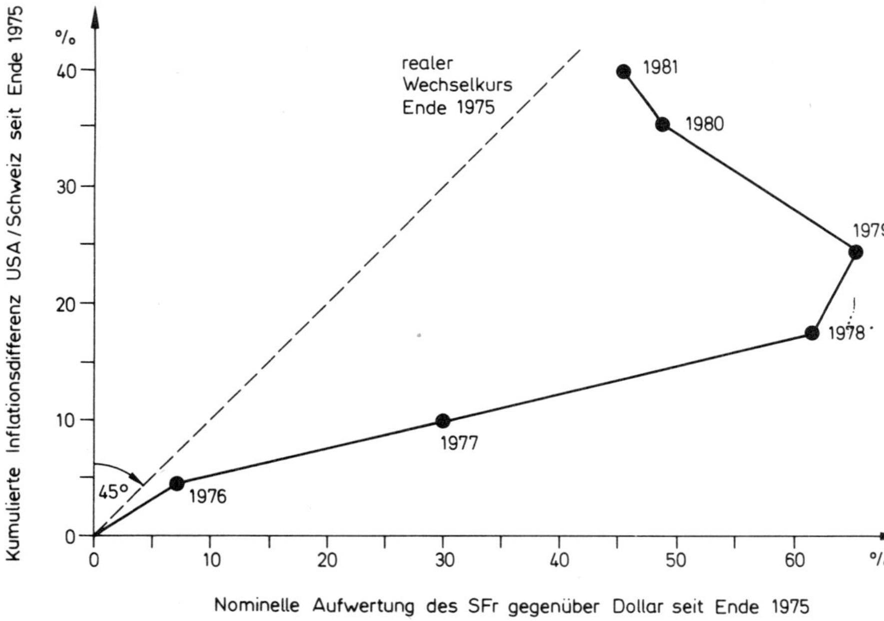

Abb. 3.2. Inflationsdifferential und Wechselkurs Schweiz/USA 1975–81[29]

inländischer Wertpapiere veranlassen, die geringere Nominalverzinsung in Kauf zu nehmen. Umgekehrt müssen Abwertungserwartungen gegeben sein, wenn ein Zinsgefälle zugunsten des Inlands besteht und Forderungen in Fremdwährungen dennoch willentlich gehalten werden.

Die dritte Hypothese des Modells schließlich betrifft die Bildung der *Wechselkurserwartungen* und ist in Abb. 3.3c durch die x-Kurve abgebildet. Sie besagt, daß jede Abweichung des Wechselkurses von seinem langfristigen Kaufkraftparitätengleichgewicht die Antizipation eines sukzessiven Abbaus des Ungleichgewichts erzeugt. Wenn E_0 in Abb. 3.3c den langfristigen Gleichgewichtswert verkörpert, so bewirkt eine Überbewertung der inländischen Währung, d.h. ein Wechselkurs links von E_0, daß sich Abwertungserwartungen bilden, während umgekehrt eine zunehmende Unterbewertung der Währung (rechts von E_0) mit zunehmenden Aufwertungserwartungen einhergehen muß[30].

Anhand dieser Zusammenhänge zwischen Geldnachfrage, Zinsparität und Wechselkurserwartungen erlaubt es Abb. 3.3 jetzt, die Grundzüge des Anpassungsprozesses zu

29 Eingetragen sind in Abb. 5 jeweils Jahresendwerte. Das Inflationsdifferential ist auf der Basis der Verbraucherpreise berechnet. Quelle: Monatsberichte der Schweizerischen Nationalbank und International Financial Statistics, verschiedene Ausgaben.

30 Der regressive Charakter der Erwartungen braucht mit dem Prinzip der rationalen Erwartungsbildung keineswegs unvereinbar zu sein; vgl. Dornbusch (1980a), Chap. 11. Jeder Erwartungsbildungsprozeß, der beobachtete Wechselkurs*änderungen* in die Zukunft extrapoliert, führt fast zwangsläufig zu explosiver Instabilität. Modelle mit genügend feiner dynamischer Struktur sind jedoch durchaus in der Lage, temporäre „spekulative Wellen" abzubilden, während derer kurzfristige Erwartungen vom langfristig erwarteten Gleichgewicht wegführen; siehe Driskill (1981a).

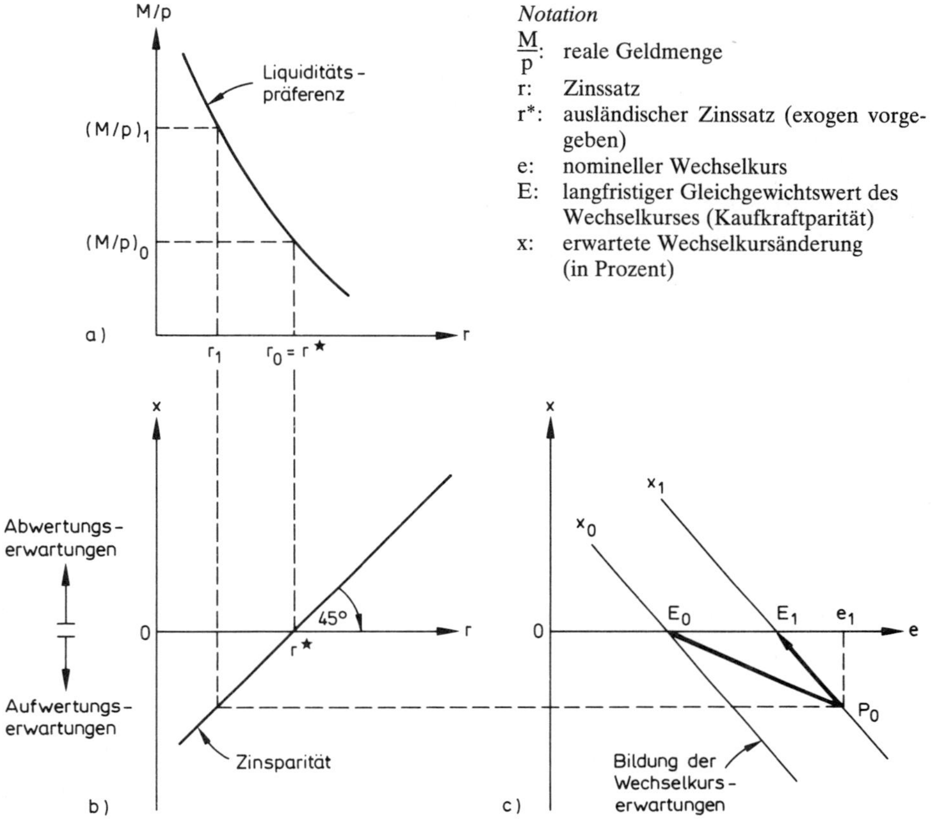

Abb. 3.3. Das Überschießen des Wechselkurses im theoretischen Modell

skizzieren, den eine einmalige, nicht antizipierte[31] Erhöhung des Geldangebots auslöst. Dabei ist durchwegs unterstellt, daß sich im Ausland weder Geldmenge, Preisniveau noch Zinssätze ändern. Den Ausgangspunkt bilde eine Situation langfristigen Gleichgewichts, in dem der Wechselkurs mit dem Kaufkraftparitätsniveau E_0 übereinstimmt, so daß keine Auf- oder Abwertungserwartungen bestehen (Abb. 3.3c), Inlands- und Auslandszins einander gleich sind ($r = r^*$ in Abb. 3.3b) und die reale Geldmenge durch das resultierende Geldmarktgleichgewicht determiniert ist [$(M/p)_0$ in Abb. 3.3a]. Eine Expansion der Geldmenge bewirkt nun zweierlei: Erstens erhöht sich die reale Geldmenge, weil die Güterpreise kurzfristig nur schwach oder gar nicht reagieren [$(M/p)_0 \rightarrow (M/p)_1$ in Abb. 3.3a]. Zweitens erhöht sich der langfristige Gleichgewichtswert des nominellen Wechselkurses (von E_0 nach E_1 in Abb. 3.3c). Denn langfristig bleibt ja die Relation zwischen Geldmenge und Wechselkurs gemäß Quantitäts- und Kaufkraftparitätentheorie unverändert. Die Erwartungsbildung auf dem Devisenmarkt stellt sich auf den neuen Orientie-

31 Ist der Impuls antizipiert, so führt schon die bloße Erwartung zu einem Anstieg von E und damit zu einer Störung des monetären Gleichgewichts. Die Folge sind Wechselkursbewegungen, die keiner beobachtbaren Ursache zugerechnet werden können bzw. ihrer Ursache scheinbar vorauseilen.

rungswert E_1 ein, so daß es jetzt die x_1-Kurve ist, welche die erwartete Änderungsrate des Wechselkurses bestimmt.

Was geschieht mit dem Wechselkurs? Die Erhöhung der realen Geldmenge senkt den Inlandszins entlang der Liquiditätspräferenzfunktion unter den Weltmarktzins ($r_0 \rightarrow r_1$ in Abb. 3.3a) und droht dadurch die Zinsparitätsbedingung zu verletzen. Die Vermögensbesitzer erhalten einen Anreiz, in Fremdwährungsanlagen umzusteigen und lösen dadurch einen Abwertungsschub aus, der erst zum Stillstand kommt, wenn die Währung relativ zum langfristigen Gleichgewichtswert E_1 so stark unterbewertet ist, daß die zu erwartenden Kursgewinne aus der nun notwendig gewordenen Wiederaufwertung das Zinsdifferential zum Ausland wettmachen. Dieser Punkt ist in Abb. 3.3c mit P_0 bezeichnet. Der Wechselkurs *überschießt* sein neues Gleichgewicht um die Strecke E_1e_1. Erst wenn in der Folge das Preisniveau unter dem Druck des entstandenen Gütermarktungleichgewichts mitzieht, sinkt die reale Geldmenge wieder gegen ihren Ausgangswert $(M/p)_0$ zurück, so daß auch der Zinssatz wieder ansteigt und der Wechselkurs entlang der Strecke P_0E_1 (in Abb. 3.3c) gegen seinen langfristigen Gleichgewichtswert konvergiert.

In Abb. 3.3 nicht berücksichtigt, aber für den Anpassungsprozeß zwischen dem alten und dem neuen Gleichgewicht ebenfalls von Bedeutung sind die direkten Rückwirkungen der Wechselkursbewegungen auf den Gütermarkt. So beschleunigt sich der Anpassungsprozeß in dem Grade, wie die Abwertung über die Importpreise direkt auf das Preisniveau durchschlägt und schon vor Einsetzen des nachfrageseitigen Preissteigerungsdrucks den Anstieg der realen Geldmenge dämpft (Basevi/DeGrauwe 1977). Aber nicht nur das Verhalten der Preise, sondern auch die Reaktion der Mengen wirkt auf die Wechselkursdynamik zurück. Gegeben die rasche und überproportionale Abwertung, die auf die monetäre Expansion folgt, kann die unmittelbare Reaktion der Güternachfrage sehr wohl vom J-Kurven-Effekt dominiert sein, so daß das reale Sozialprodukt kurzfristig pervers reagiert und fällt. Dies macht nicht nur die Eignung der Geldpolitik als Instrument der kurzfristigen Beschäftigungspolitik suspekt, sondern *verstärkt* auch das Ausmaß des Überschießens (Niehans 1975). Denn ein fallendes Produktionsvolumen bedeutet eine fallende Transaktionsnachfrage nach Geld, was den Zinssenkungseffekt der gestiegenen realen Geldmenge noch zusätzlich verstärkt. Um so kräftiger muß mithin auch der anfängliche Abwertungsschub ausfallen. Erst wenn die Mengenwirkungen der Abwertung, unterstützt vom Stimulus des gefallenen Zinssatzes, die Nachfrage zu dominieren beginnen, kehrt sich dieser Effekt um: Die Einkommensexpansion begünstigt den Wiederanstieg des Zinsniveaus und beschleunigt entsprechend auch den Abbau der Unterbewertung der Währung. Es läßt sich zeigen, daß der J-Kurven-Effekt und die spätere Rückkehr der realen Produktion zu ihrem Trendwert im Anschluß an einen monetären Impuls leicht auch zu *Oszillationen* des Wechselkurses führen können[32].

32 Ein explizites Modell oszillierender Wechselkurse hat Driskill (1981a, 1981b) entwickelt. Er argumentiert allerdings nicht mit dem J-Kurven-Effekt, sondern leitet die dynamischen Eigenschaften des Anpassungsprozesses aus einer detailliert spezifizierten Finanzmarktstruktur mit endlichen Substitutionselastizitäten und rationalen Erwartungen her.

3.3 Geldpolitik und spekulative Kapitalbewegungen

Die heftigen Ausschläge der Wechselkurse haben die Geldpolitik vor allem der kleinen und eng mit dem Ausland verflochtenen Volkswirtschaften seit 1973 wesentlich schwieriger gemacht als vom Mundell/Fleming-Modell vorausgesagt. Die Vorstellung, daß die Geldpolitik den Wechselkurs dem Devisenmarkt überlassen kann und dadurch die Hände für Beschäftigungs- oder Preisniveauziele freibekommt, war zu einfach. Allein schon die höchst ungleichmäßige Wirkungsweise, die die ganze Last der Anpassung den zins- und wechselkursempfindlichen Sektoren auflädt, setzt Grenzen (Prachowny 1981). Aber auch in bezug auf die rein aggregativen Zusammenhänge war man nicht hinreichend vorbereitet. Insbesondere wurden die Auswirkungen der mitlerweile stark gewachsenen Integration der internationalen Finanzmärkte auf die binnenwirtschaftlichen Wechselwirkungen zwischen Finanz- und Gütersektor unterschätzt. Die praktische Relevanz dieses Punktes hat sich in jenen Ländern am stärksten manifestiert, die die neu gewonnene Kontrolle über ihre monetäre Basis dazu genutzt haben, die *Friedman-Regel* zu erproben und die Geldmenge mit einer festen, im voraus angekündigten Rate wachsen zu lassen. Das Argument zugunsten der Friedman-Regel ruht wesentlich auf dem Glauben an die *Stabilität der Geldnachfrage*. Ist diese Voraussetzung nicht erfüllt, so wird eine unabhängig von anderen makroökonomischen Indikatoren fixierte Geldmenge selbst zu einer Ursache konjunktureller Instabilität. Abbildung 3.4 illustriert diese Überlegung in Anlehnung an Poole (1970) mit Hilfe eines IS-LM-Modells für den Fall der geschlossenen Volkswirtschaft.

Die Vorteile einer fixen Geldmengenregel lassen sich anhand von Abb. 3.4a demonstrieren: Gegeben eine stabile Geldnachfragefunktion und eine stabile Geldmenge, führen autonome Nachfrageschwankungen – d.h. Bewegungen der IS-Kurve – zu Einkommensschwankungen im Ausmaß von Y_2Y_3. Eine akkommodierende Geldpolitik, die den Zinssatz stabilisiert, vergrößert die Amplitude dagegen auf Y_1Y_4. In einer deterministischen Welt würde man die Amplitude durch Feinsteuerung vielleicht auf Null reduzieren wollen. Aber wenn Gleichgewichtsstörungen – wie *Friedman* argumentiert –

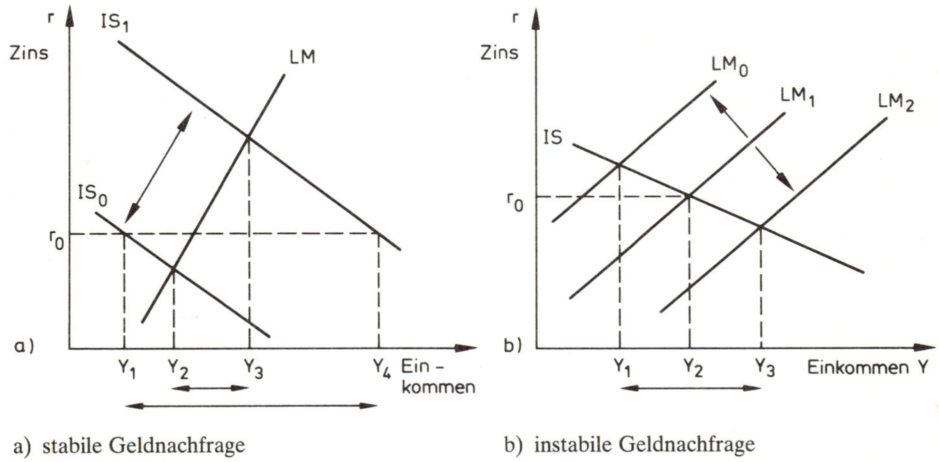

a) stabile Geldnachfrage b) instabile Geldnachfrage

Abb. 3.4. Geldmengenpolitik vs. Zinspolitik

schwer voraussehbar sind und die Geldpolitik mit langen, unberechenbaren Lags wirkt, so mag die Stabilisierung der Geldmenge, bzw. des Geldmengenwachstums, sehr wohl die optimale Politik sein.

Ist die Geldnachfrage jedoch keine stabile Funktion des Zinses und des Einkommens (Abb. 3.4b), so ist die Stabilisierung der Geldmenge gleichbedeutend mit einer Destabiliserung der LM-Kurve und führt zu entsprechenden Auswirkungen auf den Gütermarkt (Y_1Y_3 in Abb. 3.4b). Eine Geldpolitik die das Zinsniveau konstant hält, hat unter diesen Bedingungen den Vorzug, daß sie jede Instabilität der Geldnachfrage automatisch kompensiert, d.h. die LM-Kurve im (r,Y)-Raum stabilisiert (LM_1 in Abb. 3.4b) und dadurch die Transmission der Finanzmarkt-Turbulenzen auf den Gütermarkt unterbindet.

Völlig analoge Überlegungen treffen auch auf die offene Volkswirtschaft zu (Boyer 1978). Allerdings gilt es jetzt zusätzlich zu klären, in welcher Weise die Geldnachfrage von internationalen Kapitalbewegungen tangiert wird, und welche Optionen die Geldpolitik hat, wenn sie nicht nur um Geldmenge und Zinssatz, sondern allenfalls auch um den Wechselkurs besorgt zu sein hat. Einen leichten Einstieg in diese Fragestellung bietet das oben erwähnte *Portfoliogleichgewichtsmodell,* dessen einfachste Variante[33] sich vom IS-LM-Modell nur dadurch unterscheidet, daß das finanzielle Spektrum um ein Aktivum erweitert ist: Neben Geld und einem repräsentativen inländischen Wertpapier halten die Wirtschaftssubjekte auch ein festverzinsliches ausländisches Wertpapier[34]. Die Finanzmärkte sind dann im Gleichgewicht, wenn die Nachfrage nach den drei Aktiva den tatsächlich gegebenen Beständen entspricht. Alle Implikationen des Modells hängen davon ab, was über die Determinanten der Nachfrage nach den einzelnen Aktiva unterstellt wird. Im Vordergrund stehen drei Faktoren:

1. *Die relativen Ertragsraten.* Es wird angenommen, daß die drei Aktiva Substitute – wenn auch nicht perfekte Substitute – sind. Jedes der Aktiva wird folglich um so stärker gefragt, je höher sein eigener Ertrag ist, und je geringer die Erträge der beiden Alternativen sind. Konkret bedeutet dies, daß ein steigendes Zinsniveau im Inland die Nachfrage nach inländischen Wertpapieren zu Lasten der Geldnachfrage und der Nachfrage nach Fremdwährungsanlagen erhöht, während eine Erhöhung des ausländischen Zinsniveaus eine Umlagerung der Nachfrage von Inlandsanlagen (inkl. Kassehaltung) auf ausländische Wertpapiere bewirkt. Dabei ist wiederum zu beachten, daß sich der Ertrag ausländischer Wertpapiere aus deren Nominalverzinsung *und* der erwarteten Veränderung des Wechselkurses zusammensetzt. Bezüglich der Bildung der Wechselkurserwartungen schließen wir uns im folgenden dem Vorgehen von Henderson (1977) und Isard (1978) an und unterstellen *unelastische* – oder auch: *regressive* – Erwartungen. Änderungen des tatsächlichen Wechselkurses führen nach dieser Hypothese höchstens zu einer unterproportionalen Anpassung des erwarteten Wechselkurses. Dies bedeutet, daß die relativen Ertragsraten auch vom jeweiligen *Niveau* des Wechselkurses abhängen. Ein Anstieg des Wechselkurses, d.h. eine Höherbewertung der ausländischen Währung, bewirkt, daß die Anleger geringere Kursgewinne (bzw. höhere Kursverluste) auf Fremdwährungsanlagen erwarten und folglich einen größeren Anteil ihrer Portefeuilles in

---

33 Siehe z.B. die Darstellung bei Henderson (1977) oder Isard (1978).

34 In einer anderen Gruppe von Modellen steht die Substitutionsbeziehung zwischen in- und ausländischem Geld im Vordergrund („currency substitution"); vgl. Calvo/Rodriguez (1977), Miles (1978).

einheimischer Währung, sei es in Form von Geld oder von Wertpapieren, zu halten wünschen[35]. Das Resultat ist dasselbe, das schon Friedman (1953, S. 159) – seinerzeit noch ohne Bezugnahme auf eine Portfoliotheorie – formuliert hat: Je teurer eine Währung, desto geringer die Nachfrage nach dieser Währung.

2. *Die Höhe des Finanzvermögens.* Die Nachfrage nach allen drei Aktiva zusammen hat einer Vermögensrestriktion zu gehorchen. Ein Anstieg des vom privaten Sektor gehaltenen Finanzvermögens lockert diese Restriktion und erhöht dadurch die Nachfrage nach jedem der Aktiva.

3. *Das Volkseinkommen.* Steigt das Volkseinkommen, so steigt auch die Geldnachfrage wegen des erhöhten Transaktionsbedarfs. Die hierfür benötigten Mittel können angesichts der unveränderten Vermögensrestriktion nur dadurch freigesetzt werden, daß die Nachfrage nach in- und ausländischen Wertpapieren entsprechend zurückgeht.

Ein Bestandsgleichgewicht auf den Finanzmärkten ist dann gegeben, wenn sich die relativen Ertragsraten so eingependelt haben, daß die gewünschte Zusammensetzung der Portefeuilles mit den zu jedem Zeitpunkt vorgegebenen Beständen der einzelnen Aktiva übereinstimmt. Da das Modell drei Aktiva unterscheidet, determiniert die Gleichgewichtsbedingung zwei unabhängige relative Preise: den inländischen Zinssatz und – bei exogen fixiertem Auslandszins – den Wechselkurs. Eine einfache graphische Interpretation läßt sich anhand von Abb. 3.5 geben[36], wo die MM-Kurve die Zins-Wechselkurs-Konstellationen abbildet, bei denen Geldangebot und Geldnachfrage übereinstimmen, während entlang der BB-Kurve der Markt für inländische Wertpapiere im Gleichgewicht ist. Die Steigungseigenschaften reflektieren den Einfluß des Zinses und des Wechselkurses in den beiden Nachfragefunktionen. Wie oben erläutert, erhöht sich die Nachfrage nach beiden Inlandsaktiva mit steigendem Wechselkurs (d. h. mit rückläufiger Bewertung der inländischen Währung auf dem Devisenmarkt). Während diese zusätzliche Nachfrage im Falle des Geldes durch einen Zins*anstieg* kompensiert werden muß, wenn das Gleichgewicht aufrechterhalten bleiben soll, erfordert eine konstante Nachfrage nach inländischen Wertpapieren bei höherem Wechselkurs einen *niedrigeren* Zinssatz. Änderungen in anderen Determinanten der Geld- oder Wertpapiernachfrage lassen sich ebenso

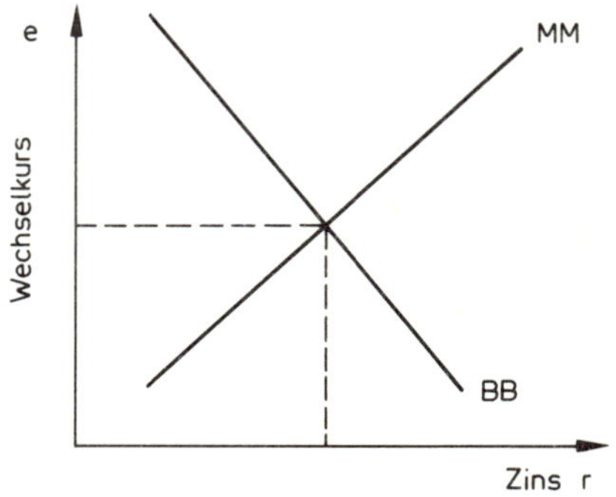

Abb. 3.5. Zins und Wechselkurs als Finanzmarktpreise

35 In einem Modell von Branson (1979) beruht der Einfluß des Wechselkurses auf einem Bewertungseffekt, der allerdings voraussetzt, daß sich das Inland gegenüber dem Ausland in einer Nettogläubigerposition befindet.

36 Eine formale Lösung des Modells ist im Anhang entwickelt.

wie Änderungen in den angebotenen Beständen dadurch zum Ausdruck bringen, daß sich die beiden Kurven verschieben. Nicht eingezeichnet ist die Gleichgewichtsbedingung für den dritten Markt (ausländische Wertpapiere). Denn diese läßt sich angesichts der globalen Vermögensrestriktion aus der MM- und der BB-Kurve herleiten und besitzt darum keinen zusätzlichen Informationsgehalt mehr.

Abbildung 3.5 ist eine *Momentaufnahme* des Finanzmarktgleichgewichts für gegebene Werte aller Bestimmungsgrößen – logisch vergleichbar mit der Partialsicht eines keynesianischen Liquiditätspräferenz-Modells, das die Höhe des Einkommens parametrisch vorgibt und den Zinssatz sodann aus dem Zusammenwirken von Geldangebot und Geldnachfrage erklärt. Obwohl die vollen Wechselwirkungen zwischen Finanz- und Gütermarkt erst sichtbar werden, wenn das Modell um eine Bedingung für das Kreislaufgleichgewicht auf dem Gütermarkt ergänzt wird, läßt schon das Partialgleichgewicht der MM- und der BB-Bedingung in Abb. 3.5 einige interessante Schlüsse über die Auswirkungen internationaler Kapitalbewegungen zu[37].

Abbildung 3.6 illustriert den Fall einer spekulativen Kapitalflucht. Auslösendes Moment könnte etwa sein, daß im Ausland eine restriktivere Geldpolitik eingeleitet – oder auch nur erwartet – wird. Als Folge davon steigt sowohl das ausländische Zinsniveau als auch der auf lange Sicht erwartete Gleichgewichtswert des Wechselkurses. Beides veranlaßt die Finanzwelt, ihre Portefeuilles zugunsten ausländischer Wertschriften umzuschichten. Da jedoch kurzfristig die Bestände unverändert vorgegeben sind, muß eine Anpassung der Ertragsraten die ursprünglichen Nachfragemengen wiederherstellen. Im vorliegenden Beispiel muß sich die inländische Währung so weit abwerten, bis alle Inlandsaktiva wieder freiwillig gehalten werden. Entsprechend den oben angestellten Überlegungen kann die hierfür erforderliche Abwertung durchaus über das längerfristig gerechtfertigte Maß hinausgehen. Abbildung 3.6 bringt den geschilderten Vorgang dadurch zum Ausdruck, daß sich sowohl die MM- als auch die BB-Kurve nach oben verschieben ($MM_0 \rightarrow MM_1$ und $BB_0 \rightarrow BB_1$). Das Finanzmarktgleichgewicht verlagert sich von Punkt A zu Punkt B. Im Gegensatz zum Wechselkurseffekt ist dabei der Effekt auf das

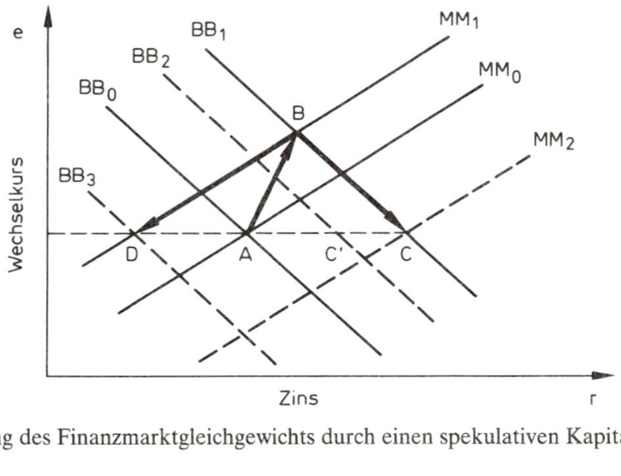

Abb. 3.6. Störung des Finanzmarktgleichgewichts durch einen spekulativen Kapitalabfluß

37 Die Betrachtung bleibt durchweg auf den Fall beschränkt, daß vom Inland keine Rückwirkungen auf die Finanzmärkte des Auslands ausgehen; vgl. jedoch die 2-Länder-Modelle von Girton/Henderson (1976) und Marston (1980).

inländische Zinsniveau nicht qualitativ eindeutig bestimmbar, solange in- und ausländische Wertpapiere nicht perfekte Substitute sind.

Welche Handlungsmöglichkeiten stehen in dieser Situation der Geldpolitik offen? Wenn Güter- und Arbeitsmarkt im Ausgangspunkt A im Gleichgewicht waren und nicht gleichzeitig von anderen Schocks betroffen werden, ist das Festhalten an einer im voraus festgelegten Politik für das Wachstum und/oder die Zusammensetzung der monetären Basis offensichtlich nicht die optimale Reaktion. Denn diese Politik würde bedeuten, daß alle realwirtschaftlichen Verzerrungen, die der von kurzfristigen Anpassungszwängen auf den Finanzmärkten dominierte Wechselkurs verursacht, passiv hingenommen werden. Es bestätigt sich das Resultat aus *Pooles* Analyse, daß angesichts eines instabilen finanziellen Sektors eine strikt durchgehaltene Geldmengenregel den realen Sektor *destabilisiert*. Aus diesem Grunde herrscht heute weitgehend Einigkeit darüber, daß eine kleine offene Volkswirtschaft, deren Währung starken Schwankungen der internationalen Portfolionachfrage ausgesetzt ist, ihren Wechselkurs durch akkommodierende Devisenmarktinterventionen vor den Konsequenzen solcher Schwankungen abschirmen sollte (Niehans 1979; Frenkel/Mussa 1981; McKinnon 1981).

Weniger klar scheint hingegen zu sein, in welchem Grade die Zentralbank die Geldmengeneffekte ihrer Interventionen hinnehmen soll. Aus der Perspektive des *monetären* Modells der Wechselkursbestimmung, das unter Vernachlässigung eines weiteren Spektrums von Aktiva den Wechselkurs nur als den relativen Preis von in- und ausländischem *Geld* auffaßt (Mussa 1976; Bilson 1979), liegt es nahe zu argumentieren, daß jede Sterilisierung der Devisenmarktinterventionen durch kompensierende Offenmarktoperationen kontraproduktiv wäre, weil spekulative Kapitalabflüsse Ausdruck einer rückläufigen Geldnachfrage seien und deshalb nur durch ein akkommodierendes Geldangebot neutralisiert werden könnten (McKinnon 1980). Der allgemeinere Portfolio-Ansatz geht demgegenüber einen Schritt weiter und betont, daß im Inland nicht nur die Geldnachfrage, sondern auch die Nachfrage nach Wertschriften sinkt, wenn Fremdwährungsanlagen attraktiver werden. Deshalb ist eine Geldpolitik, die den Wechselkurs *nur* durch Kontraktion der Geldmenge stabilisiert, nicht die richtige Antwort. Abbildung 3.6 verdeutlicht dies anhand von Punkt C. Da Devisenmarktinterventionen ohne begleitende Offenmarktoperationen den Bestand an inländischen Wertpapieren in den Händen des Publikums unverändert lassen, bleibt die BB-Kurve stationär (BB_1), während der Liquiditätsentzug die MM-Kurve von MM_1 nach MM_2 und das Finanzmarktgleichgewicht von B nach C verschiebt[38]. Das Ergebnis ist offenkundig: Wenn der Zinssatz durch den anfänglichen Kapitalabfluß noch nicht angestiegen ist, dann ist er es sicher durch die Stützungskäufe der Zentralbank. Das Bemühen, die Wechselkurseffekte der hohen ausländischen Zinssätze in Schranken zu halten, schafft somit ein hohes Zinsniveau im eigenen Lande und setzt die Binnenwirtschaft gewissermaßen dem Deflationsdiktat der ausländischen Geldpolitik aus. Bekanntlich spielte dieser Aspekt der internationalen monetären Interdependenz 1981/82 eine Hauptrolle im europäisch-amerikanischen Disput über die Zinspolitik.

Gelegentlich ist als optimale Isolierungsstrategie vorgeschlagen worden, den Wechselkurs durch Devisenmarktinterventionen zu stabilisieren, aber mit Hilfe von Offenmarkt-

---

38 Um die Diskussion nicht unnötig zu komplizieren, werden monetäre Basis und Geldmenge hier als Synonyme behandelt; d.h. Erwägungen, die das Verhalten des Geldmultiplikators betreffen, bleiben ausgeklammert.

operationen sicherzustellen, daß die Geldmenge dennoch im geplanten Rahmen bleibt (Argy 1981, Kap. 23). Eine solche Politik, die nur die *Zusammensetzung* der monetären Basis tangiert und den vom privaten Sektor zu haltenden Bestand an inländischen Wertpapieren senkt, ist in Abb. 3.6 durch die Verlagerung der BB-Kurve von BB_1 nach BB_3 dargestellt, die das Finanzmarktgleichgewicht bei konstanter Geldmenge von B nach D verschiebt. Die Folge ist, daß der Zinssatz sinkt. Auch diese Strategie ist offensichtlich fragwürdig. Einerseits verstärkt sie den Anreiz zum Kapitalexport und macht einen entsprechend massiveren Einsatz von Devisenreserven nötig; und andererseits verfehlt sie ebenfalls das Ziel, die Instabilität der Finanzmärkte vom Gütermarkt fernzuhalten.

Wenn in Betracht gezogen wird, daß das Kreislaufgleichgewicht des Gütermarkts das Volkseinkommen in Abhängigkeit von zins- und wechselkursempfindlichen Nachfragekomponenten bestimmt, so lassen sich Niveau und Struktur des Volkseinkommens offenkundig nur dadurch gegen Finanzmarkt-Turbulenzen abschirmen, daß die Geldpolitik durch eine geeignete Mischung von Devisenmarkt- und Offenmarktoperationen *Zins und Wechselkurs* konstant hält (vgl. Henderson 1979). Im Beispiel von Abb. 3.6 bedeutet diese Politik, daß die MM-Kurve und die BB-Kurve durch Wertschriftenkäufe und Devisenverkäufe der Zentralbank nach MM_0 bzw. BB_0 zurückverschoben werden. Im neuen (und alten) Gleichgewicht A sind die vom privaten Sektor gehaltenen Bestände an Geld und inländischen Wertschriften genau im Ausmaß der gesunkenen Nachfrage reduziert, so daß Zins und Wechselkurs trotz Abwertungserwartungen und höherem ausländischem Zinsniveau konstant bleiben. Diese Strategie ist mithin nichts anderes als eine Verallgemeinerung der aus *Pooles* Analyse abgeleiteten Akkommodationsregel von der Geldnachfrage auf die Nachfrage nach Finanzaktiva generell.

Voraussetzung dafür, daß die Geldpolitik mit dem Wechselkurs und dem Zins zwei Variablen gleichzeitig steuern kann, ist natürlich, daß Offenmarkt- und Devisenmarktoperationen wirklich als unabhängige und unterschiedlich wirkende Instrumente zur Verfügung stehen. Die technische Bedingung lautet, daß in- und ausländische Wertpapiere *unvollkommene* Substitute sind. Ist diese Bedingung nicht erfüllt, so haben sterilisierte Devisenmarktinterventionen (= Änderungen in der Zusammensetzung der monetären Basis) keinerlei Auswirkungen auf das Finanzmarktgleichgewicht. Vollkommene Substituierbarkeit bedeutet, daß die Zentralbank in Wirklichkeit über ein Instrument weniger verfügt. Sie kann keine unterschiedlichen Wirkungen mehr damit erzielen, daß sie Geld entweder gegen inländische oder gegen ausländische Wertpapiere eintauscht. Das Publikum ist zwischen diesen beiden Kategorien von Aktiva indifferent[39].

Empirische Schätzungen der Substitutionselastizitäten sind schwierig, weil Wechselkurserwartungen keine direkt beobachtbare Größe sind. Soweit indirekte Evidenz vorliegt, spricht sie dafür, daß vor allem jene Titel, die überwiegend auf Binnenmärkten gehandelt werden, keine vollkommenen Substitute sind (Dooley/Isard 1980; Obstfeld 1982). Was solche Aktiva voneinander unterscheidet, ist nicht nur die Währungseinheit, auf die sie lauten, sondern auch das mit Wechselkursschwankungen, möglichen Kapitalkontrollen und anderen politischen Faktoren verbundene *Risiko*. Administrative Behinderungen des Kapitalverkehrs – etwa in Form einer „Tobin-Steuer" (Tobin 1978) – erscheinen vor diesem Hintergrund als naheliegendes Instrument zur Herabsetzung der

39 Ein analoges Problem beschreibt das keynesianische Lehrbuchmodell der geschlossenen Volkswirtschaft, wo die Geldpolitik ihre Wirksamkeit durch die Indifferenz des Publikums zwischen Geld- und Wertpapieren einbüßen kann (Liquiditätsfalle!).

Substituierbarkeit in- und ausländischer Aktiva. Dabei kommt es gar nicht darauf an, internationale Kapitalbewegungen zu unterbinden; es kommt nur darauf an, der Geldpolitik ihre beiden Freiheitsgrade zu erhalten.

Unvollkommene Substituierbarkeit der Aktiva ist eine notwendige, aber noch keine hinreichende Bedingung dafür, daß die Geldpolitik mehr als eine Zielvariable steuern kann. Weitere Voraussetzungen sind, daß überhaupt ein genügend ausgebauter Geld- und Kapitalmarkt existiert, auf dem die Zentralbank Sterilisierungsoperationen vornehmen kann, und daß die entsprechenden institutionellen Grundlagen gegeben sind[40]. Auch die Verfügbarkeit von Währungsreserven kann Grenzen setzen. Denn in dem Grade, wie die Zentralbank durch Offenmarktoperationen den Zinseffekten ihrer Devisenmarktinterventionen entgegenwirkt, nimmt der erforderliche Umfang der Interventionen zu. Nicht zu unterschätzen ist schließlich auch die *Signalwirkung* dessen, was die Zentralbank tut (vgl. Genberg 1981). Verschiedene Versuche, Finanzmarktmodelle des Wechselkurses empirisch zu verifizieren, haben gezeigt, daß Wechselkursbewegungen nicht von Änderungen der verschiedenen Vermögensbestände oder der Zinsdifferentiale dominiert sind, sondern von Änderungen der *Erwartungen.* Dies deutet darauf hin, daß die Geldpolitik durch Beeinflussung der Vermögenszusammensetzung im privaten Sektor keine großen Wechselkurseffekte erzielen kann, wenn sie nicht gleichzeitig auch die Erwartung erzeugen kann, daß sie eine Linie verfolgt, die mit dem angestrebten Wechselkursziel kompatibel ist. Ein solches klares Signal wird eher gesetzt, wenn ein allfälliges Geldmengenziel ausdrücklich suspendiert wird und sich die Devisenmarktinterventionen voll in der monetären Basis niederschlagen, als wenn mit Offenmarktoperationen zur selben Zeit Zins- und Liquiditätsziele verfolgt werden, die dem Wechselkursziel offenkundig zuwiderlaufen[41].

Im Lichte dieser Einschränkungen mag der Handlungsspielraum der Geldpolitik etwas enger erscheinen als vom Portfoliomodell zunächst suggeriert. Aber das Modell macht immerhin klar, unter welchen Bedingungen die realen Konsequenzen destabilisierender Kapitalbewegungen minimiert werden können:

1. Die Wechselkurspolitik muß öffentlich bekannt und glaubwürdig sein. So wichtig es unter monetaristischen Modellvoraussetzungen sein mag, daß das Publikum ein Geldmengenziel kennt und glaubt, so wichtig ist angesichts instabiler Finanzmärkte die Gewißheit, daß die Zins- und Wechselkurspolitik dem Geldmengenziel *nicht* untergeordnet wird[42]. Die Bedeutung des Erwartungseffektes geht aus Abb. 3.6 unmittelbar hervor:

---

40 Beispielsweise hat die Schweizerische Nationalbank erst in jüngster Vergangenheit begonnen, ihr fast ausschließlich aus Währungsreserven bestehendes Portefeuille in Richtung inländischer Forderungen zu diversifizieren. Siehe hierzu den Monatsbericht der Schweizerischen Nationalbank, Januar 1982.

41 Es ist die Dominanz der Erwartungseffekte – d. h. die Instabilität der Zusammenhänge zwischen direkt beobachtbaren Variablen – in empirischen Anwendungen des Portfolio-Ansatzes, die sowohl Genberg (1981) als auch Obstfeld (1982) daran zweifeln lassen, daß die Wirkungen sterilisierter Devisenmarktinterventionen signifikant und berechenbar sind. Es ist allerdings fraglich, ob dieser Pessimismus auf der Grundlage der verfügbaren Evidenz zu rechtfertigen ist. In einem Szenario mit unvollkommener Substituierbarkeit der Aktiva und mit rationalen Erwartungen ist schwer einzusehen, warum die Zentralbank kurzfristig nicht unabhängige Geldmengen- und Wechselkursziele haben sollte, die sie dem Markt glaubhaft machen und mithin auch realisieren kann.

42 Artis/Currie (1981) diskutieren in diesem Zusammehang das Konzept eines „bedingten Geldmengenzieles“.

Je besser es gelingt, die Abwertungserwartungen zu dämpfen, desto weiter unten verläuft die BB-Kurve (BB_2 statt BB_1), und desto geringer ist folglich der Zinseffekt stabilisierender Devisenmarktinterventionen (Punkt C' statt C) bzw. der Umfang der wünschbaren Sterilisierungsoperationen.

2. Die institutionellen Grundlagen der Geldpolitik sollten so ausgestaltet werden, daß sie einer partiellen Sterilisierung von Devisenmarktinterventionen nicht im Wege stehen. Hier liegt auch ein erhebliches Potential für die internationale Kooperation, indem die Behörden etwa durch wechselseitige Verschuldung in Fremdwährungen die Akkommodation instabiler privater Währungspräferenzen erleichtern können. Ein Anfang waren die auf SFr und DM lautenden „Carter Bonds", welche die amerikanische Regierung im Rahmen ihrer Dollarstabilisierungsbemühungen 1978/79 herausgab.

Im Zeitraum von 1977–1981 haben akkommodierende Devisenmarktinterventionen in den Geldmengenaggregaten jener Länder, die von der Spekulation für und gegen den Dollar am meisten betroffen waren, deutliche Spuren hinterlassen. Ist daraus zu schließen, daß die offenen, wechselkursempfindlichen Volkswirtschaften trotz flexiblen Wechselkursen doch wieder dem Inflations- bzw. Deflationsdiktat der amerikanischen Geldpolitik ausgesetzt sind? Diesen Schluß allein auf der Basis der Geldmengenzahlen zu ziehen, wäre voreilig und ein Mißbrauch der Quantitätstheorie. Denn eine Geldmengenexpansion führt ja nur deshalb zur Inflation, weil sie das Geldangebot über die Geldnachfrage hinaus anhebt und dadurch auf Finanz- und Gütermärkten Anpassungsprozesse in Gang setzt, in deren Verlauf das Preisniveau ansteigen muß. Wenn jedoch Aufwertungserwartungen oder ein fallendes ausländisches Zinsniveau die Geldnachfrage erhöhen und die Zentralbank die Mehrnachfrage befriedigt, entsteht ja kein Überschußangebot an Geld, und es ist nicht einzusehen, warum davon irgendwelche Auswirkungen auf die Güternachfrage und das Preisniveau ausgehen sollten[43]. Ist die monetäre Akkommodation eines spekulativen Kapitalzuflusses von einem Anstieg der Inflationsrate gefolgt, so kann dies daran liegen,

- daß die Zinswirkungen des Kapitalzuflusses und der Devisenmarktinterventionen nicht neutralisiert werden konnten;
- daß die Geldmenge bei Umkehr der spekulativen Bewegung nicht symmetrisch zurückgeht;
- daß die Wechselkurspolitik keine Rücksicht auf internationale Inflationsunterschiede nimmt; oder schließlich
- daß der Gütermarkt von autonomen Angebots- oder Nachfrageschocks getroffen wird.

Die letzten beiden Punkte deuten bereits an, daß eine akkommodierende Geldpolitik – in der offenen wie in der geschlossenen Volkswirtschaft – zwar die richtige Antwort auf Finanzmarkt-Schocks ist, nicht aber auf „reale" Schocks. Dieser Grundsatz wird im folgenden anhand der Komparativ-Statik des simultanen Finanz- und Gütermarktgleichgewichts zu präzisieren sein.

3.4 Portfoliogleichgewicht und Kreislaufgleichgewicht

Das Portfoliogleichgewicht, wie es in Abb. 3.5 dargestellt ist, bestimmt den Zins und den Wechselkurs für jedes gegebene Niveau des Volkseinkommens und der übrigen exogenen

43 Diesen Punkt verkennen sowohl die Überlegungen von Lehment (1981) als auch ein Modell von Niehans (1981).

Variablen. Das Volkseinkommen seinerseits variiert mit einer zins- und wechselkursempfindlichen Güternachfrage. Deshalb erfordert ein vollständiges Bild der Zusammenhänge zwischen Finanzmärkten und Güterkreislauf offensichtlich eine *simultane* Gleichgewichtslösung für alle Märkte – wie sie das IS-LM-Gleichgewicht für die geschlossene Volkswirtschaft darstellt. Die formale Lösung des kompletten Gleichgewichtssystems ist im Anhang skizziert. Da nun simultan drei Variablen zu bestimmen sind, gibt es keine einfachen, intuitiv einleuchtenden graphischen Lösungen mehr. Ein notdürftiger Behelf ist Abb. 3.7, die einige wichtige Punkte zu illustrieren hilft. Abgebildet sind jene Konstellationen von Wechselkurs und Volkseinkommen, die mit einem simultanen Gleichgewicht auf dem Güter- und auf dem Wertpapiermarkt einerseits (IS-BB) und mit einem simultanen Gleichgewicht auf dem Geld- und auf dem Wertpapiermarkt andererseits (MM-BB) kompatibel sind. Der Zinssatz ist nicht vorgegeben, sondern simultan bestimmt, wenn auch in der Graphik nicht sichtbar[44].

Eine erste Einsicht, die Abb. 3.7 vermittelt, lautet, daß zwischen Wechselkurs und Volkseinkommen keine einfachen, invarianten Korrelationen erwartet werden dürfen. Eine entscheidende Rolle spielt, welcher Art von exogenen Schocks das System ausgesetzt ist. Falls das zyklische Verhalten des Volkseinkommens von IS-Schocks, d.h. von autonomen Änderungen der Güternachfrage dominiert ist, so verschiebt sich die IS-BB-Kurve und der Wechselkurs e verhält sich tendenziell antizyklisch (Aufwertung im Aufschwung, Abwertung im Abschwung). Wird dagegen die Nachfrageentwicklung von der Geldpolitik dominiert, so ist das gegenteilige Muster zu erwarten – besonders wenn die Wachstumsrate der Geldmenge vorwiegend durch die Devisenkäufe und -verkäufe der Zentralbank bestimmt ist.

Ein zweiter Punkt ist, daß flexible Wechselkurse im Unterschied zu dem bekannten Resultat des Mundell/Fleming-Modells die internationale Konjunkturtransmission über die Leistungsbilanz *nicht* unterbinden. Der simple keynesianische Kreislaufmechanismus, der einen Konjunkturaufschwung im Ausland über die Exportnachfrage auf die Binnenkonjunktur überträgt, wird durch die endogene Reaktion des Wechselkurses zwar abgeschwächt, aber nicht völlig erstickt. Wie jeder andere Kreislaufimpuls verschiebt eine Belebung der Auslandskonjunktur die IS-BB-Kurve in Abb. 3.7 nach rechts und bewirkt

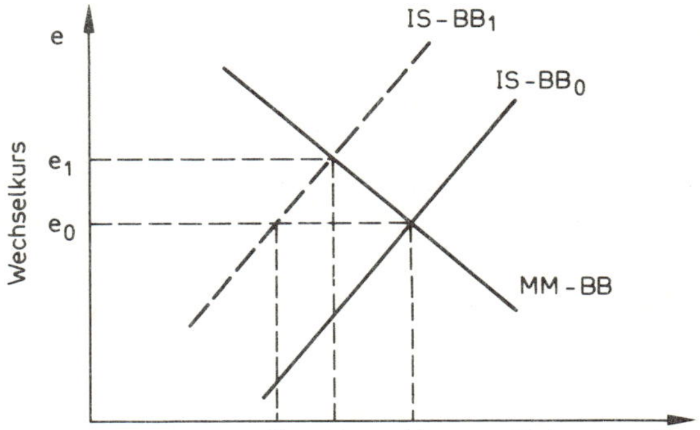

Abb. 3.7. Wechselkurs und Volkseinkommen im allgemeinen Gleichgewicht

---

44 Die formale Konstruktion der beiden Kurven ist im Anhang erläutert.

damit zwar eine Aufwertung, aber dennoch auch einen Einkommensanstieg im Inland. Dieser Transmissionskanal darf nicht außer acht gelassen werden, wenn die angemessene Reaktion der einheimischen Geldpolitik auf größere Änderungen in der Geldpolitik des Auslands zur Diskussion steht. Oben hat sich am Beispiel einer plötzlichen Verlangsamung des ausländischen Geldmengenwachstums gezeigt, wie eine akkommodierende Geldpolitik im Inland die Finanzmarkt-Konsequenzen der veränderten Situation neutralisieren kann. Aber die Schockwellen breiten sich nicht nur über die Finanz-, sondern auch über die Gütermärkte aus. Die monetäre Kontraktion führt im Ausland sowohl zu einer Rezession als auch zu einer Verlangsamung des Lohn- und Preisauftriebs. Beides ist der Nachfrage nach Inlandsprodukten auf den Weltmärkten abträglich und wirkt damit als kontraktiver Impuls auf den Güterkreislauf ($IS\text{-}BB_0 \rightarrow IS\text{-}BB_1$ in Abb. 3.7). Entsprechend dem Prinzip, daß Kreislaufimpulse durch monetäre Akkommodation verstärkt werden, führt die Stabilisierung des Wechselkurses auf dem Niveau e_0 in dieser Situation zu einem stärkeren Einkommensrückgang, als wenn die Zentralbank eine Abwertung zuläßt und den Wechselkurs auf e_1 ansteigen läßt (Y_0Y_2 vs. Y_0Y_1).

Als Fazit drängt sich der Schluß auf, daß es in einer offenen Volkswirtschaft, die jederzeit einer Vielzahl von verschiedenartigen Schocks ausgesetzt ist, keine simplen Faustregeln für die Geldpolitik geben kann. Hält eine Zentralbank an einem rigiden monetaristischen Geldmengenziel fest, so transformiert sie jede Instabilität der Geldnachfrage in eine Störung des realwirtschaftlichen Gleichgewichts. Auf entsprechende Erfahrungen hin ist angeregt worden, die Geldpolitik solle anstelle der Geldmenge den Wechselkurs als Indikator benützen[45]. Aber wie Abb. 3.7 klarmacht, beschwört jede Form von Wechselkurs-Regel die Gefahr herauf, daß die in den finanziellen Sektor eingebauten Stabilisatoren, die den Effekt von importierten wie hausgemachten IS-Schocks limitieren, ihrer Wirkung beraubt werden. Nichts spricht dafür, daß die Geldpolitik die Kontrolle über ihre eigentlichen Stabilisierungsziele einer willkürlichen Regelbindung opfert, die sie ein für allemal und ungeachtet wechselnder Voraussetzungen auf ein bestimmtes Zwischenziel verpflichtet.

Ein dritter Punkt: Der Portfolio-Ansatz zeigt, wie die Geldpolitik ihre Wirkungen erzielt, indem sie die Zusammensetzung des vom Publikum gehaltenen Finanzvermögens verändert. Aber die Vermögenspositionen ändern sich nicht nur durch die Operationen der Zentralbank, sondern auch durch laufende Akkumulation. Das kurzfristige, statische IS-LM-Modell pflegt solche Effekte unter Hinweis auf die minime quantitative Bedeutung der laufenden Zuwächse im Vergleich zu den schon existierenden Beständen zu vernachlässigen[46]. Erst beim Übergang zur langfristigen Perspektive der Wachstumstheorie gehen Änderungen des Realkapitalbestandes als Reflex der laufenden Investitionstätigkeit explizit in die Analyse ein. Die Berücksichtigung von Bestandes-Effekten wird jedoch auch in der kurz- bis mittelfristigen Betrachtung erforderlich, sobald der finanzielle Sektor des IS-LM-Modells stärker desaggregiert wird (Tobin 1980) oder auch nur die Netto-Auslandsguthaben als separates Aktivum dazukommen. Im Vordergrund stehen zwei Wirkungskanäle: einerseits die Zunahme der Inlandsaktiva durch die Defizite der öffentlichen Haushalte und andererseits die Veränderung der Auslandsposition durch

45 Einen guten Überblick über den Stand der Diskussion gibt der Konferenzband von Williamson (1981).

46 Auszunehmen ist allerdings die Literatur zu den Stock/Flow-Implikationen des Budget-Constraints der Regierung (Blinder/Solow 1974).

Ertragsbilanzungleichgewichte. Daß diese Ströme im Vergleich zu den Beständen keineswegs mehr vernachlässigbar klein zu sein brauchen, verdeutlicht etwa die Tatsache, daß der Auslandsvermögensstatus der Bundesrepublik Deutschland durch das Rekorddefizit der deutschen Leistungsbilanz von 1980 um nahezu einen Drittel zurückgegangen ist[47].

Nach der Logik des Portfoliogleichgewichtsmodells versuchen die Vermögensbesitzer, die Einbuße an Auslandsguthaben, die ein Leistungsbilanzdefizit mit sich bringt, auf alle Aktiva zu verteilen und ihre Portefeuilles durch Substitution ausländischer für inländische Aktiva wieder ins Gleichgewicht zu bringen. Da die Bestände aber unelastisch vorgegeben sind, muß dieser Versuch zu einer Abwertung führen – es sei denn, die Zentralbank stelle die gewünschten Devisen durch Stützungsinterventionen zur Verfügung. Zusätzlich verstärkt wird der Effekt durch Wechselkurserwartungen, die sich sowohl aufgrund antizipierter als auch tatsächlich beobachteter Ertragsbilanzungleichgewichte bilden. In dieser Weise bestätigt das Portfoliogleichgewichtsmodell die traditionelle Vorstellung, daß ein Leistungsbilanzdefizit zu einer Abwertung und ein Überschuß zu einer Aufwertung führt, obwohl das Finanzmarktgleichgewicht, das den Wechselkurs bestimmt, auf den ersten Blick keinen Raum für Export- und Importströme zu lassen scheint[48].

Fassen wir zusammen: Seit der Ära des Elastizitäten-Ansatzes, als Devisenangebot und -nachfrage ausschließlich mit dem Bedarf von Exporteuren und Importeuren erklärt wurden, haben sich die Vorstellungen von der Wechselkursbildung in der ökonomischen Theorie grundlegend gewandelt. Das Portfoliogleichgewichtsmodell hat für die Wechselkurstheorie das nachgeholt, was *Keynes* (1936) für die Zinstheorie geleistet hatte, als er das gängige Stromgrößenmodell (loanable funds theory) durch sein monetäres Modell ersetzte. So wie Keynes den Zins nicht mit Sparen und Investieren, sondern mit dem Grad der Liquiditätspräferenz erklärte, so erklärt das Portfoliogleichgewichtsmodell den Wechselkurs nicht mehr mit Exporten und Importen, sondern mit der „Währungspräferenz" der Vermögensbesitzer. Die Parallele ist in mehrfacher Hinsicht lehrreich. So hat ja schon Keynes ausführlich beschrieben, wie Preisbewegungen auf Finanzmärkten von instabilen Erwartungen dominiert werden. In Übereinstimmung mit dieser Beobachtung finden empirische Anwendungen von Finanzmarktmodellen auf die Erklärung kurzfristiger Wechselkursfluktuationen keinen nennenswerten Einfluß der statistisch meßbaren exogenen Variablen, sondern müssen nahezu die ganze Streuung einer Residualgröße zuschreiben, die sich nur als Reflex instabiler Erwartungen oder „neuer" Information interpretieren läßt (Dornbusch 1980b; Frenkel 1981).

Daß Keynes den Zins in polemischer Übertreibung als „rein monetäres" Phänomen bezeichnete, hatte heftige Kontroversen ausgelöst, die bis hin zum Vorwurf führten, die Liquiditätspräferenztheorie sei logisch defekt. Der Kontrast zur neoklassischen Realtheorie schien um so schärfer, als die nachher vom *Hicks*schen IS-LM-Apparat betonte Interdependenz des monetären und des realen Sektors in der „General Theory" noch

---

47 Vergleiche Deutsche Bundesbank, Monatsbericht, Mai 1981. Zu diesem Beispiel bleibt allerdings hinzuzufügen, daß der Einfluß der Leistungsbilanz auf den Auslandsvermögensstatus des *privaten Sektors* praktisch vollständig durch die Devisenmarktinterventionen der Bundesbank kompensiert wurde.

48 Der Wechselkurseffekt eines Ertragsbilanzungleichgewichts ist im Anhang als de/dB^* hergeleitet. Dornbusch/Fischer (1980) und Kouri (1981) haben formale dynamische Modelle entwickelt, die den Anpassungsprozeß der Bestände, der Ertragsbilanz und des Wechselkurses simultan beschreiben.

keineswegs stark im Vordergrund stand. Erst spätere theoretische Entwicklungen haben eine befriedigendere Synthese zwischen der Momentaufnahme der monetären Zinstheorie und dem langfristig orientierten neoklassischen Paradigma von Produktivität und Sparsamkeit gebracht. Auch die Vertreter des Finanzmarkt-Ansatzes der Wechselkurstheorie haben die Rolle realer Faktoren gelegentlich mehr als nötig heruntergespielt[49]. Generell läßt sich aber sagen, daß die moderne Wechselkurstheorie von Anfang an stärker in den langfristigen Gesetzmäßigkeiten verankert war und mehr Rücksicht auf systemweite Interdependenzen nahm als seinerzeit Keynes' Liquiditätspräferenztheorie. Wie vor allem Dornbuschs Modell des überschießenden Wechselkurses gezeigt hat, haben Finanzmarktgleichgewicht und Kaufkraftparität ohne weiteres im gleichen Gedankengebäude Platz, wenn den Charakteristika der Anpassungsprozesse auf verschiedenen Märkten angemessen Rechnung getragen wird. Auch läßt sich leicht zeigen, wie die Stromgrößen des Güterkreislaufs auf die Bestandesmärkte zurückwirken, sobald die Rolle des Einkommens in den Nachfragefunktionen für Finanzaktiva sowie die Akkumulation der Vermögensbestände im Zeitablauf in die Betrachtung einbezogen werden. Die Vielfalt der Wechselwirkungen und Transmissionskanäle mag es in einigen Fällen schwer machen, eindeutige qualitative Resultate abzuleiten; aber dafür herrscht heute anstelle der Kontroversen, wie sie die Liquiditätspräferenztheorie ausgelöst hatte, ein breiter Konsens über die allgemeinen analytischen Methoden der Zins- und Wechselkurserklärung.

Anhang: Die formale Struktur des Portfolio-Ansatzes

I. Die Momentaufnahme des Finanzmarktgleichgewichts

Das Finanzmarktgleichgewicht ist charakterisiert durch je eine Gleichgewichtsbedingung für die Bestände an Geld, inländischen Wertpapieren und ausländischen Wertpapieren[50]:

A.3.1 $$M = M^d(r, r^*, e, pY, W)$$

A.3.2 $$B = B^d(r, r^*, e, pY, W)$$

A.3.3 $$eB^* = B^{*d}(r, r^*, e, pY, W)$$

Die Vermögensrestriktion lautet:

A.3.4 $$W = M + B + eB^*$$

Durch Substitution der Vermögensrestriktion in A.3.1 und A.3.2 und durch Differentiation resultieren die beiden Gleichgewichtsbedingungen, die im Text in Abb. 3.5 abgebildet sind:

49 So schreibt z. B. Mussa (1976, S. 51): "From the perspective of the monetary approach, however, all of this discussion of elasticities ist fundamentally irrelevant ..."

50 Ein Verzeichnis der Variablen findet sich auf S. 213.

$$\begin{matrix} \text{A.3.5 (MM)} \\ \text{A.3.6 (BB)} \end{matrix} \quad \begin{bmatrix} m_1 & -m_2 \\ b_1 & b_2 \end{bmatrix} \begin{bmatrix} de \\ dr \end{bmatrix} = \begin{bmatrix} m_3 & -m_4 & -m_5 & -m_5 & 1-m_5 \\ b_3 & b_4 & 1-b_5 & -b_5 & -b_5 \end{bmatrix} \begin{bmatrix} dr^* \\ d(pY) \\ dB \\ edB^* \\ dM \end{bmatrix}$$

Die dritte Gleichgewichtsbedingung ist aufgrund der Vermögensrestriktion redundant. Alle qualitativen Resultate basieren auf

A.3.7 $\qquad m_i, b_i > 0 \qquad i = 1,2 \ldots 5$

Zusätzliche Restriktionen der Parameter folgen aus der Vermögensrestriktion A.3.4:

A.3.8
$$b_2 > m_2$$
$$b_4 < m_4$$
$$b_5 + m_5 < 1$$

Änderungen im ausländischen Zinsniveau r^*, im nominellen Volkseinkommen pY sowie in den Beständen M, B und B^* bedingen Zins- und Wechselkursanpassungen, wenn das Finanzmarktgleichgewicht aufrechterhalten bleiben soll. Die Richtung dieser Effekte läßt sich bestimmen, wenn A.3.5 und A.3.6 nach dr (Zinseffekte) und de (Wechselkurseffekte) aufgelöst werden. Tabelle A.1 gibt einen Überblick über die Resultate:

Tabelle A.1

Endogen → ↓ Exogen	Wechselkurseffekte de		Zinseffekte dr	
Ausländisches Zinsniveau dr^*	$\frac{1}{D}(b_3m_2 + b_2m_3)$	> 0	$\frac{1}{D}(b_3m_1 - b_1m_3)$	$\gtreqless 0$
Nominaleinkommen $d(pY)$	$\frac{1}{D}(b_4m_2 - b_2m_4)$	< 0	$\frac{1}{D}(b_4m_1 + b_1m_4)$	> 0
Geldmenge dM	$\frac{1}{D}(b_2(1 - m_5) - b_5m_2)$	> 0	$-\frac{1}{D}(b_1(1 - m_5) + b_5m_1)$	< 0
Inländische Wertpapiere dB	$\frac{1}{D}(m_2(1 - b_5) - b_2m_5)$	$\gtreqless 0$	$\frac{1}{D}(m_1(1 - b_5) + b_1m_5)$	> 0
Ausländische Wertpapiere dB^*	$-\frac{e}{D}(b_2m_5 + b_5m_2)$	< 0	$\frac{e}{D}(b_1m_5 - b_5m_1)$	$\gtreqless 0$
Devisenmarktintervention der Zentralbank $dM = -edB^*$	$\frac{1}{D} \cdot b_2$	> 0	$-\frac{1}{D} \cdot b_1$	< 0
Sterilisierte Devisenmarktintervention der Zentralbank $dB = -edB^*$	$\frac{1}{D} \cdot m_2$	> 0	$\frac{1}{D} \cdot m_1$	> 0
Offenmarktoperation der Zentralbank $dM = -dB$	$\frac{1}{D}(b_2 - m_2)$	> 0	$-\frac{1}{D}(b_1 + m_1)$	< 0

wo $D = b_2m_1 + b_1m_2 > 0$

Die letzten drei Zeilen von Tabelle A.1 zeigen, wie die Geldpolitik bei begrenzter Substituierbarkeit der Aktiva mit alternativen Instrumenten differenzierte Wirkungen erzielen kann. Zwar führt jede Zunahme der Geldmenge sowohl zu einer Abwertung als auch zu einer Zinsreduktion. Im Falle einer Devisenmarktintervention ist jedoch der Wechselkurseffekt relativ zum Zinseffekt offensichtlich stärker als im Falle einer Offenmarktoperation. Dies ist denn auch der Grund, warum sterilisierte Devisenmarktinterventionen – d.h. Devisenmarktinterventionen, deren Geldmengenwirkung durch Offenmarktoperationen neutralisiert wird – den Wechselkurs beeinflussen können. Mit zunehmender Substituierbarkeit zinstragender Inlands- und Auslandsaktiva geht dieser Freiheitsgrad zusehends verloren. Im Grenzfall der perfekten Substituierbarkeit degeneriert die Gleichgewichtsbedingung A.3.6 zur Zinsparitätsbedingung $r = r^* + x$. Wie aus A.3.5 sodann leicht zu ersehen ist, erzeugen Devisenmarktinterventionen und Offenmarktoperationen unter diesen Bedingungen identische Wirkungen. Sterilisierte Devisenmarktinterventionen bleiben deshalb völlig wirkungslos.

II. Die Synthese von Finanzmarktgleichgewicht und Kreislaufgleichgewicht

Zins, Wechselkurs und Volkseinkommen werden simultan bestimmbar, wenn die beiden Finanzmarktgleichgewichtsbedingungen A.3.5 und A.3.6 um eine Gleichung ergänzt werden, welche die Gleichgewichtsbedingung für den Güterkreislauf zum Ausdruck bringt. Wenn die reale Güternachfrage Y eine Funktion des realen Wechselkurses ep^*/p, des Zinssatzes r und einer autonomen Nachfragekomponente F ist, so resultiert als IS-Bedingung

A.3.9 $$dY = k_1 d(ep^*/p) - k_2 dr + k_3 dF \quad (k_i > 0,\ i = 1, 2, 3)$$

Wird A.3.6 nach dr aufgelöst und in A.3.5 und A.3.9 substituiert, so lassen sich bei vorderhand noch konstant gehaltenem inländischem Preisniveau p die beiden Gleichgewichtsbedingungen in de und dY gewinnen, die im Text in Abb. 3.7 abgebildet sind[51]:

A.3.10 (IS–BB)

A.3.11 (MM–BB)

$$\begin{bmatrix} -(b_1 k_2 + k_1) & (b_2 + b_4 k_2) \\ (b_1 m_2 + b_2 m_1) & (b_2 m_4 - b_4 m_2) \end{bmatrix} \begin{bmatrix} de \\ dY \end{bmatrix} =$$

$$= \begin{bmatrix} -b_3 k_2 & b_2 k_1 & b_2 k_3 & b_5 k_2 & k_2(1 - b_5) & b_5 k_2 \\ (b_2 m_3 + b_3 m_2) & 0 & 0 & b_2(1 - m_5) + b_5 m_2 & m_2(1 - b_5) - b_2 m_5 & -(b_2 m_5 + b_5 m_2) \end{bmatrix}$$

$$\begin{bmatrix} dr^* \\ dp^* \\ dF \\ dM \\ dB \\ edB^* \end{bmatrix}$$

51 Die Anfangswerte aller nominellen Preise sind auf Eins normiert.

A.3.10, A.3.11 und A.3.6 erlauben es jetzt, die Wirkungsweise der exogenen Variablen einschließlich der alternativen geldpolitischen Instrumente auf den Wechselkurs, den Zinssatz und das reale Volkseinkommen simultan zu bestimmen. Tabelle A.2 faßt die qualitativen Resultate zusammen:

Tabelle A.2

Endogen→ ↓ Exogen	Wechselkurs de	Zins dr	Realeinkommen dY
Kreislaufimpulse dF, dp*	−	+	+
Ausländisches Zinsniveau dr*	+	?	?
Bestand an inländischen Wertpapieren dB	?	+	?
Geldmenge dM	?	?	+
Bestand an ausländischen Wertpapieren dB*	−	?	?
Devisenmarktintervention $dM = -edB^*$	+	?	+
sterilisierte Devisenmarkt-intervention $dB = -edB^*$	+	+	?
Offenmarktoperation $dM = -dB$	?	−	+

Einige der Aussagen des partiellen Finanzmarktmodells (Tabelle A.1) verlieren im allgemeinen Finanz- und Gütermarktgleichgewicht ihren qualitativ eindeutigen Charakter. Während z.B. das Partialmodell als Folge einer expansiven Offenmarktoperation nicht nur einen Zinsrückgang, sondern auch eine Abwertung voraussagt, ist der Wechselkurseffekt im allgemeinen Gleichgewicht nicht mehr eindeutig bestimmbar, weil die induzierte Einkommensexpansion die Geldnachfrage erhöht und so einen kompensierenden Aufwertungsdruck erzeugt.

4. Löhne, Preise und Terms of Trade

Die Diskussion der beiden vorangegangenen Abschnitte bezog sich insofern auf eine „ultra-keynesianische“ Welt, als das Preisniveau konstant vorgegeben war und Änderungen der Güternachfrage mit Änderungen des realen Sozialprodukts gleichgesetzt wurden. Die Modellogik war dieselbe wie jene des IS-LM-Modells für die geschlossene Volkswirtschaft, d.h. die Frage nach der Aufspaltung von Nachfrageimpulsen in Preis- und Mengeneffekte blieb ausgespart. Von den beiden Komponenten des in Abschnitt 1 erörterten aggregierten Angebots-Nachfrage-Modells war es mithin nur die Nachfragefunktion DD, die bisher zur Diskussion stand. Was in der komparativ-statischen Analyse als „Outputänderung“ bezeichnet wurde, war in Wirklichkeit eine Verschiebung der DD-Funktion, evaluiert entlang der horizontalen Achse (entlang der Linie $p = p_0$ in Abb. 4.1).

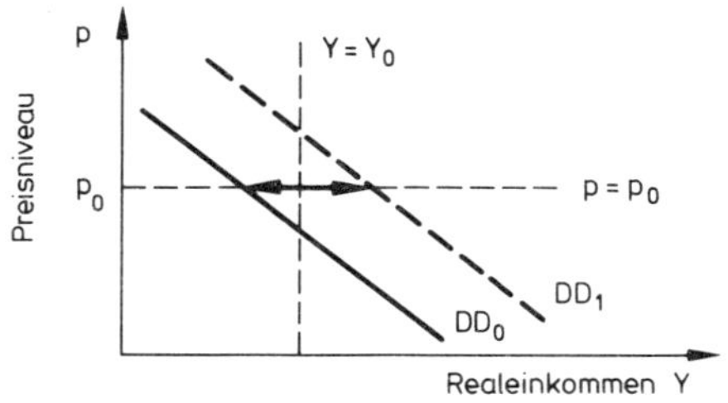

Abb. 4.1. Finanz- und Gütermarktgleichgewicht im Preis-Output-Raum

Man möchte auf den ersten Blick meinen, es brauche nicht viel Phantasie, sich die Preis- und Mengeneffekte entlang einer nicht-horizontalen Angebotsfunktion vorzustellen. So laden Tobin/DeMacedo (1980), nachdem sie ein IS-LM-Modell einer offenen Volkswirtschaft entwickelt haben – und in Antizipation der Kritik an ihrer Fix-Preis-Annahme –, den Leser dazu ein, anstelle der Outputvariable das Preisniveau in die Formeln einzusetzen und die Analyse im übrigen praktisch unverändert zu repetieren. Verschiebungen der DD-Funktion würden einfach entlang der vertikalen statt der horizontalen Achse evaluiert ($Y = Y_0$ in Abb. 4.1). Verschiedentlich ist auch das traditionelle Mundell-Fleming-Modell um eine positiv geneigte Angebotsfunktion ergänzt worden, ohne daß sich an seinen qualitativen Eigenschaften das Geringste geändert hätte (z.B. Krueger 1965; Takayama 1972).

Die Schließung des vom Nachfragemodell offengelassenen Preis-Mengen-Freiheitsgrades ist jedoch nur dann eine so triviale Angelegenheit, wenn die räumliche Lage der „fehlenden Gleichung“, d.h. der Angebotskurve, unabhängig von der Nachfrageseite bestimmbar ist. Wie schon weiter oben erwähnt, mag diese Voraussetzung bereits in Modellen für geschlossene Volkswirtschaften nicht durchweg erfüllt sein. Mit Sicherheit nicht erfüllt ist sie in einer offenen Volkswirtschaft unter flexiblen Wechselkursen. Denn jetzt werden die Zusammenhänge auf der Angebotsseite von der Entwicklung der *Importpreise* und damit auch des Wechselkurses beeinflußt. Je nachdem, welches der auslösende Impuls ist, kann eine Änderung der Gesamtnachfrage ja mit einer Aufwertung oder Abwertung des Wechselkurses einhergehen und entsprechend ganz verschiedene

Auswirkungen auf das Preisniveau haben. Dies bedeutet nicht, daß das Instrumentarium des Angebots-Nachfrage-Modelles unbrauchbar wird, wohl aber, daß jeder Nachfrageimpuls auf seine Konsequenzen für Nachfrage- *und* Angebotsfunktion hin analysiert werden muß, bevor qualitative Aussagen über Preis- und Mengeneffekte möglich sind.

Es sind zwei Kanäle, über die sich die Importpreise auf die Angebotsfunktion auswirken: Einerseits gehen Importe als Roh- und Zwischenprodukte direkt in den Produktionsprozeß ein, so daß die Importpreise neben den Löhnen einen zusätzlichen Kostenfaktor darstellen, der die Höhe der Angebotspreise mit bestimmt. Zweitens wirken die Importpreise im Ausmaß des Außenhandelsanteils auf die Konsumentenpreise ein, was indirekt auf die Produktionskosten durchschlägt, wenn die Löhne ganz oder teilweise an den Konsumentenpreisindex gekoppelt sind. Im folgenden steht der zweite Aspekt im Vordergrund, während die Rolle der Rohstoffpreise Gegenstand von Abschnitt 5 sein wird.

Abschnitt 4.1 illustriert die Wechselwirkungen zwischen Terms of Trade, Lohnkosten und Outputangebot und stellt einen Zusammenhang zwischen dem Phänomen der Reallohnresistenz und dem „magischen Dreieck“ der Stabilisierungspolitik her. In 4.2 wird es darum gehen, das oben in Abschnitt 3.4 entwickelte simultane Finanz- und Gütermarktmodell um eine Angebotsfunktion zu erweitern und die Rolle der Lohnbildung für das Verhalten der Preise und Mengen sichtbar zu machen. Im Lichte der dabei gewonnenen Ergebnisse wird anschließend sowohl die Frage nach den Grundlagen der umstrittenen „Teufelskreis-Hypothese“ als auch die Frage nach den Schockabsorptions-Eigenschaften flexibler Wechselkurse aufgegriffen werden.

4.1 Reallohnresistenz und magisches Dreieck

In Abschnitt 1 hatte sich gezeigt, daß in einer geschlossenen Volkswirtschaft das Outputangebot nicht auf Änderungen des Preisniveaus anspricht, wenn auf dem Arbeitsmarkt die Löhne in realen Kaufkrafteinheiten fixiert sind. Die Angebotsfunktion verläuft vertikal und markiert ein Einkommens- und Beschäftigungsniveau, das zwar nicht mit der Vollbeschäftigung des Arbeitskräftepotentials kompatibel zu sein braucht, durch keynesianische Nachfragepolitik aber jedenfalls nicht beeinflußbar ist. Bei gegebener Arbeitsproduktivität und Lohnstruktur kann dieses Niveau nur durch eine kooperative Lösung des Verteilungsproblems – unter den Tarifparteien allein oder unter Beteiligung des Staates – erhöht werden.

Eine zusätzliche Dimension erhält der Verteilungskonflikt in der offenen Volkswirtschaft, indem das Nullsummenspiel um das Sozialprodukt durch die Möglichkeit der *internationalen* wie der *intertemporalen* Umverteilung erweitert wird. So wie das Steuersystem einen Keil zwischen Lohnkosten und Lohneinkommen treibt, beeinflussen auch Änderungen der relativen Preise im Außenhandel, der Terms of Trade, die Relation zwischen dem Reallohn, wie er von den Produzenten wahrgenommen wird, und dem Reallohn, wie er von den konsumierenden Arbeitnehmern wahrgenommen wird. Denn die Unternehmer bemessen die reale Last ihrer Lohnkosten an ihren Absatzpreisen, während die Lohnempfänger den Realwert ihres Einkommens auf der Basis der Verbraucherpreise evaluieren, die im Gegensatz zum Preisindex der Inlandsproduktion auch eine *Importpreiskomponente* enthalten.

Eine Verbesserung der Terms of Trade bedeutet, daß der Preisindex der Inlandsproduktion relativ zum Preisindex des Konsums zunimmt. Dadurch können entweder die realen Lohnkosten der Unternehmungen sinken, ohne daß die Kaufkraft der Löhne ebenfalls sinkt, oder es kann umgekehrt die Kaufkraft der Löhne steigen, ohne daß deswegen die Kostenbelastung der Unternehmungen zunimmt. Ähnlich wie ein Anstieg der Arbeitsproduktivität vergrößert die relative Verbilligung der Importe die im Inland verteilbare reale Kaufkraft und entschärft damit den Verteilungskampf. Genau das Gegenteil gilt natürlich für eine Verschlechterung der Terms of Trade.

Dieser Zusammenhang zwischen Terms of Trade, Lohnkosten und Lohnkaufkraft wirft ein neues Licht auf das in Abschnitt 1 diskutierte Phänomen der Reallohnresistenz. Im Unterschied zu Abb. 1.6 (vgl. oben, S. 113), wo ein gegebenes reales Anspruchsniveau der Arbeitnehmer die maximal angebotene Outputmenge unabhängig vom Preisniveau fixiert, zeigt Abb. 4.2, wie das aggregierte Angebot in einer offenen Volkswirtschaft zu einer Funktion der Terms of Trade wird. Abb. 4.2a reproduziert die Y^s-Kurve aus Abb. 1.6, die den Zusammenhang zwischen den realen Kosten einer Arbeitsstunde (w/p) und dem Outputangebot Y^s abbildet: Dem Kostenniveau $(w/p)_0$ ist ein Outputangebot Y_0 zugeordnet. Verschlechtern sich jetzt – etwa infolge steigender Importpreise – die Terms of Trade ($t_0 \rightarrow t_1$ in Abb. 4.2b), und sind die Löhne durch Indexklauseln gegen Kaufkraftverlust abgesichert, so müssen die Unternehmungen einen höheren Nominallohn bezahlen, und die realen Lohnkosten, gemessen in Einheiten des Inlandsprodukts, steigen an [von $(w/p)_0$ nach $(w/p)_1$ in Abb. 4.2a]. Entsprechend gehen Outputangebot und Beschäftigung zurück. Diesen Terms-Of-Trade-Effekt bildet die $Y^{s'}$-Funktion in Abb. 4.2b ab, entlang welcher die Unternehmungen jede Nachfrage zu befriedigen bereit sind, ohne daß ein Anreiz zu Preis- oder Mengenänderungen besteht. Da Konstellationen rechts der $Y^{s'}$-Kurve einen inflationären Nachfrageüberhang auf dem Gütermarkt verkörpern, stellt die Funktion eine notwendige Bedingung der Preisstabilität dar. Ihre Steigung reflektiert die

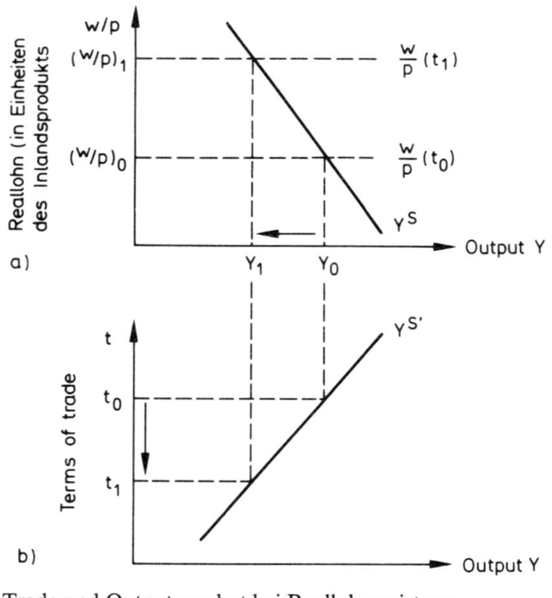

Abb. 4.2. Terms of Trade und Outputangebot bei Reallohnresistenz

Technologie und die Offenheit der Volkswirtschaft. Je geringer der Anteil der Importe an der Inlandsnachfrage, desto weniger fällt der Terms-of-Trade-Effekt ins Gewicht, und desto mehr nähert sich die Funktion der für die geschlossene Volkswirtschaft abgeleiteten vertikalen Angebotskurve an. Die räumliche Lage der Funktion wird von denselben Faktoren bestimmt, die schon oben im Zusammenhang mit Abb. 1.6 zur Diskussion standen: Arbeitsproduktivität, Steuersätze, Lohnstruktur sowie das Niveau, auf dem der Indexautomatismus die Lohnkaufkraft eingefroren hat.

Es ist leicht ersichtlich, daß es immer ein Niveau der Terms of Trade geben muß, das hoch genug ist, um die Verteilungsansprüche beider Tarifparteien bei Vollbeschäftigung zu erfüllen. Dieses Niveau ist in Abb. 4.3 durch t_A gekennzeichnet, während $Y = Y_f$ die Vollbeschäftigungsbedingung markiert. Auf wessen Kosten die Verteilungsansprüche erfüllt werden, hilft die dritte Linie in Abb. 4.3 klären, welche die Bedingung für den Ausgleich der Leistungsbilanz T verkörpert. Wie in Abschnitt 2 erläutert, ist die

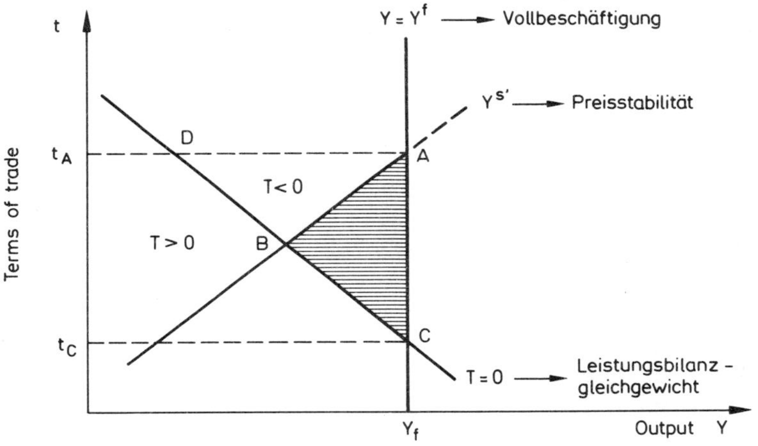

Abb. 4.3. Das magische Dreieck[52]

Leistungsbilanz sowohl mit den Terms of Trade (Marshall-Lerner-Bedingung) als auch mit dem inländischen Volkseinkommen (Importsog) *negativ* korreliert. Daher der fallende Verlauf der (T = 0)-Kurve: Ein Anstieg des realen Sozialprodukts muß durch einen Rückgang der Terms of Trade – oder was dasselbe ist: durch eine reale Abwertung – kompensiert werden, wenn die Leistungsbilanz ausgeglichen bleiben soll. Es wäre reiner Zufall, wenn die (T = 0)-Funktion die ($Y = Y_f$)-Linie gerade im Punkt A schneiden würde. Abgebildet ist vielmehr der Fall eines Zielkonflikts zwischen Vollbeschäftigung, Leistungsbilanzgleichgewicht und Preisstabilität. Dieser Zielkonflikt, oft als „magisches Dreieck" bezeichnet, kommt in Abb. 4.3 durch das schraffierte Dreieck ABC zum Ausdruck.

Abbildung 4.3 macht klar, womit der Einkommensanstieg, den eine Verbesserung der Terms of Trade entlang der $Y^{S'}$-Funktion möglich macht, erkauft ist: mit einem wachsenden Defizit der Leistungsbilanz. Dies ist – entsprechend den in Abschnitt 2

52 Die Darstellung geht zurück auf Modigliani/Padoa-Schioppa (1978).

erläuterten Kreislauftautologien – gleichbedeutend mit einem wachsenden Überschuß der Inlandsnachfrage über das Sozialprodukt, d.h. die Volkswirtschaft lebt zunehmend „über ihre Verhältnisse". Der Verteilungskonflikt, der bei niedrigeren Terms of Trade einer Einkommensexpansion im Wege steht, wird faktisch dadurch gelöst, daß auf die Produktionsleistung des Auslands zurückgegriffen und mithin mehr verteilt als im Inland produziert wird. Es wäre falsch daraus zu schließen, daß der notwendige Verteilungsverzicht einfach auf das Ausland abgewälzt wird. Denn dies trifft nur in dem Grade zu, wie das Inland durch die Verbesserung der Terms of Trade eine größere Menge von Importgütern pro Exporteinheit einhandelt. Das gleichzeitig wachsende Außenhandelsdefizit bedeutet darüber hinaus, daß das Inland durch Abbau seiner Nettoauslandsposition *entspart* und auf diese Weise zukünftiges Konsumpotential in die Gegenwart transferiert und verzehrt. So gesehen, eröffnet die Außenbilanz einer offenen Volkswirtschaft die Möglichkeit, ungelöste Verteilungskonflikte in die Zukunft zu verschieben.

Abbildung 4.3 sagt noch gar nichts über das Verhalten der einzelnen Variablen aus, sondern beschreibt einfach den Zielkonflikt, mit dem die Stabilisierungspolitik konfrontiert ist – und zwar unabhängig von dem Wechselkurs-Regime, unter dem sie operiert. Eine wichtige Implikation des Modells lautet, daß bei Vorliegen von Reallohnresistenz keine Möglichkeit mehr besteht, einem Konflikt zwischen innerem und äußerem Gleichgewicht durch eine „beggar-thy-neighbor"-Politik zu entgehen. Man stelle sich ein Land unter festen (aber anpaßbaren) Wechselkursen vor, das eine Vollbeschäftigungspolitik betrieben hat und dadurch in ein Leistungsbilanzdefizit hineingeraten ist (Punkt A in Abb. 4.3). Würde dieses Land die Instrumente der Nachfragesteuerung nun in den Dienst des äußeren Gleichgewichts stellen, so müßte es einen Beschäftigungsrückgang hinnehmen, der um so gravierender ausfällt, je schwächer das interne Preisniveau darauf reagiert (AD bei vollkommen rigiden Preisen, AB bei vollkommener Preisflexibilität). Warum also nicht abwerten, die Terms of Trade auf t_C senken und ein neues Vollbeschäftigungs- und Leistungsbilanzgleichgewicht in Punkt C herstellen? Ein solcher Schritt würde nicht nur die Leistungsbilanz wegen des J-Kurven-Effektes vorübergehend verschlechtern, sondern auch die Kaufkraft der Löhne herabsetzen – also nicht „beggar-thy-neighbor", sondern „beggar-thy-worker". Bei Reallohnresistenz der Arbeitnehmer würde augenblicklich eine Lohn-Preis-Spirale in Gang gesetzt, welche die Terms of Trade wieder ansteigen läßt und erst zum Stillstand kommt, wenn wieder eine auf der $Y^{S'}$-Kurve liegende Variablenkonstellation erreicht ist, was je nach Grad der nachfrageseitigen Akkommodation bei Vollbeschäftigung (Punkt A) oder auch auf einem tieferen Beschäftigungsniveau der Fall sein kann. Wenn es nicht gelingt, die im Anschluß an die Abwertung einsetzenden Lohnforderungen zu begrenzen, so ist wenig mehr erreicht als eine einmalige Drehung der Inflationsspirale.

Die Dimension des vom magischen Dreieck abgesteckten Zielkonfliktes läßt sich bei Reallohnresistenz also weder durch Nachfrage- noch durch Wechselkurspolitik manipulieren, sondern reagiert nur auf Faktoren, die – mit Abb. 4.3 gesprochen – die räumliche Lage der drei das Dreieck begrenzenden Funktionen tangieren. Gegeben das Arbeitskräftepotential, das die Vollbeschäftigungsschwelle definiert, und gegeben die Außenhandelsparameter, aus denen die Bedingung für den Ausgleich der Leistungsbilanz folgt, bleibt praktisch nur noch ein Ansatzpunkt für die Milderung des Zielkonflikts übrig, nämlich das Anspruchsverhalten der Arbeitnehmer, das die räumliche Lage der $Y^{S'}$-Funktion determiniert. Ein Reallohnverzicht würde diese Funktion nach rechts verschieben und so das magische Dreieck verkleinern, d.h. den Zielkonflikt entschärfen. Geht man davon aus, daß ein äußeres Ungleichgewicht, wie es in Punkt A in Abb. 4.3 besteht, nicht beliebig lange andauern kann, so läßt die Rigidität der Reallöhne den Behörden früher oder später keine andere Wahl als eine restriktivere Nachfragepolitik. Der direkte Effekt einer solchen Politik ist ein Einkommensrückgang, der die Importnachfrage senkt und dadurch die Leistungsbilanz verbessert. Der indirekte Effekt ist, daß die von der Nachfragesenkung hervorgerufene Arbeitslosigkeit am Ende jene Reallohnkonzessionen erzwingen wird, die auf dem weniger kostspieligen Wege der Abwertung nicht zu erreichen waren.

Eine wichtige Bestimmungsgröße des magischen Dreiecks, die eine kleine offene Volkswirtschaft freilich als nicht beeinflußbares Datum hinnehmen muß, ist die wirtschaftliche Aktivität im Ausland. Steigt das Volkseinkommen der Handelspartner, so steigen die Exporte, und die (T = 0)-Bedingung in Abb. 4.3 verlagert sich nach rechts: Je größer das Exportvolumen, desto größer das einheimische Volkseinkommen, das mit einer ausgeglichenen Leistungsbilanz vereinbar ist. Als Folge davon schmilzt das magische Dreieck zusammen, und das Dilemma der Wirtschaftspolitik wird entsprechend kleiner. Insofern bleibt auch unter den Bedingungen der Reallohnresistenz und der damit verbundenen klassischen Arbeitslosigkeit gültig, was der Grundgedanke der „Lokomotivtheorie“ war, nämlich daß die Expansion seitens einer ausländischen „Lokomotive“ im Inland den Konflikt zwischen innerem und äußerem Gleichgewicht mildert und so die Aufgabe der Beschäftigungspolitik leichter macht. Im Unterschied zum keynesianischen Szenario erfordert nun ein Anstieg der Beschäftigung nicht nur zusätzliche Nachfrage, sondern auch einen Anstieg des Nominallohn- und Preisniveaus zur Verbesserung der Terms of Trade[53], was die Leistungsbilanz ebenfalls belastet.

Ein grundlegender Unterschied zwischen keynesianischem Nachfragedefizit und klassischer Hochlohnarbeitslosigkeit wird sichtbar, wenn die Frage der internationalen Koordination nicht aus der Froschperspektive der individuellen kleinen Volkswirtschaft betrachtet wird, sondern aus der Perspektive einer Gruppe von Ländern, die alle vor demselben Problem stehen. Im keynesianischen Fall bewirkt eine koordinierte Expansionspolitik eine gegenseitige Verstärkung der Multiplikatorwirkung und verhindert, daß außenwirtschaftliche Ungleichgewichte entstehen. Ist der Beschäftigungsgrad dagegen in allen beteiligten Ländern durch ein überhöhtes Reallohnniveau limitiert, so gibt es keine nachfrageseitige Politik, die die internationale Beschäftigungslage insgesamt verbessert. Denn was des einen Landes Terms of Trade verbessert, muß zwangsläufig die Terms of Trade seiner Nachbarn verschlechtern. Unterschiede der nationalen Inflationsraten und Änderungen der Wechselkurse beeinflussen unter diesen Umständen nur noch die Allokation der Arbeitslosigkeit auf die einzelnen Länder, aber nicht das Volumen der Arbeitslosigkeit insgesamt[54]. Der wesentliche Punkt ist, daß sich die Beziehung zwischen Terms of Trade und Beschäftigung gegenüber dem traditionell-keynesianischen Fall einer „beggar-thy-neighbor“-Politik umkehrt: Während keynesianische Arbeitslosigkeit durch

53 Der Mechanismus besteht darin, daß der Anstieg der inländischen Produktionspreise den Anstieg der Löhne übersteigen muß, um die Unternehmer zu einer Ausdehnung der Produktion zu bewegen. Die Löhne ihrerseits müssen wegen der Reallohnresistenz mit dem Anstieg der Konsumentenpreise Schritt halten. Beides ist gleichzeitig möglich, weil die Wachstumsrate der Konsumentenpreise bei konstanten Importpreisen nach Maßgabe des Importgüteranteils im Warenkorb der Konsumenten hinter der Wachstumsrate der Binnengüterpreise zurückbleibt.

54 Ein formales Modell dieser Zusammenhänge präsentieren Bruno/Sachs (1979b), S. 30–33.

eine *Senkung* der Terms of Trade exportiert werden kann, wird klassische Arbeitslosigkeit durch eine *Verbesserung* der Terms of Trade ins Ausland abgewälzt (und vice versa).

Diese Zusammehänge haben interessante Konsequenzen für die internationale Konjunkturtransmission zwischen Ländern mit unterschiedlichen Graden der Reallohnresistenz. Wie schon weiter oben erwähnt, haben internationale Quervergleiche der Lohnbildung für viele europäische Länder (und Japan) eine ungleich höhere Elastizität der Nominallöhne in bezug auf das Preisniveau – also mehr Reallohnresistenz – zutagegefördert als für die USA und Kanada (Sachs 1979; Branson/Rotemberg 1980). Angesichts der in den 70er Jahren weltweit eingetretenen Verschlechterung der angebotsseitigen Rahmenbedingungen (Energiepreis-Schocks, abgeschwächtes Produktivitätswachstum) liegt somit die Vermutung nahe, daß die klassische Komponente der Arbeitslosigkeit in den beiden Episoden 1974/76 und 1980/82 in Europa eine wesentlich größere Rolle gespielt hat als in den beiden nordamerikanischen Volkswirtschaften. Unter diesen Bedingungen erzeugen Änderungen der Terms of Trade zwischen den beiden Wirtschaftsräumen tendenziell *gleichgerichtete* Beschäftigungseffekte und bewirken also nicht eine bloße Reallokation der Arbeitslosigkeit, wie es das keynesianische „beggar-thy-neighbor"-Modell oder – in umgekehrter Richtung – das soeben beschriebene Modell der klassischen Arbeitslosigkeit erwarten ließe.

Angewandt auf die Geschehnisse der vergangenen Jahre bedeutet dies, daß die scharfe reale Abwertung des U. S. Dollars gegenüber den meisten europäischen Währungen und dem japanischen Yen im Zeitraum 1976–1979 die Erholung von der vorangegangenen Rezession innerhalb und außerhalb der USA gleichermaßen begünstigt hat: In den USA aus den traditionellen keynesianischen Gründen, in Europa und Japan dagegen dank dem Umstand, daß der Terms-of-Trade-Bonus nebst der Verbilligung der Energieeinfuhr den Konflikt zwischen den Reallohnansprüchen der Arbeitnehmer und der erforderlichen Rentabilität der Produktion entschärft hat. Der umgekehrte Prozeß hat 1980–1982 gespielt, als der Dollar an den Devisenmärkten wieder stark höher bewertet wurde. In den Vereinigten Staaten beschleunigte dies den Anstieg der Arbeitslosigkeit, weil die Nachfrage nach Exporten und Importsubstituten litt (vgl. Bergsten 1982). In Europa verschlechterte die Wechselkursentwicklung die Beschäftigungslage ebenfalls, weil sie den Effekt des zweiten Ölpreis-Schocks verstärkte und zum Anstieg der Arbeitskosten beitrug. Die Devisenmarktinterventionen der europäischen Zentralbanken steuerten diesem Effekt zwar entgegen, schufen durch ihre Zinswirkungen aber ein neues, diesmal nachfrageseitiges Problem[55]. Immerhin haben die schlechten Erfahrungen mit resistenten Reallöhnen bei sich verschlechternden Terms of Trade unverkennbare Lernprozesse in Gang gesetzt. Verwiesen sei auf Japan, wo die Gewerkschaften 1979/80 angesichts des Terms-of-Trade-Rückschlags Hand zu einem Reallohnverzicht geboten haben[56], und auf Belgien, das die vormals strikte Indexbindung der Löhne außer Kraft setzte, bevor es seine Währung im Februar 1982 abwertete.

55 Siehe oben, Abschnitt 3.3, Erläuterungen zu Abb. 3.6.

56 Vergleiche Economic Panning Agency, Japanese Government: Survey of Japan 1980/81. Tokyo 1981.

4.2 Output und Preisniveau unter flexiblen Wechselkursen

Was unter einem Wechselkurs-Regime vom Bretton-Woods-Typ für eine Auf- oder Abwertung gilt, gilt unter flexiblen Wechselkursen für jene Instrumente der Stabilisierungspolitik, die – wie die Geldpolitik – ihre Wirkung in hohem Grade über den Wechselkurs entfalten: Die Konsequenzen für Output, Beschäftigung und Preisniveau hängen entscheidend davon ab, wie eng die Löhne an die Konsumentenpreise gekoppelt sind[57]. Die Zusammenhänge lassen sich wiederum am einfachsten anhand des in Abschnitt 1 entwickelten aggregierten Angebots-Nachfrage-Modells illustrieren, das die kurzfristigen Wechselwirkungen zwischen Outputangebot, Outputnachfrage und Finanzmarktgleichgewicht zu erfassen erlaubt. Daß die graphische Darstellung des Modells in Abb. 4.4 optisch gleich aussieht wie jene in Abschnitt 1 (vgl. oben, Abb. 1.4/1.5), darf nicht darüber hinwegtäuschen, daß bei der Anwendung des Modells auf eine offene Volkswirtschaft und auf flexible Wechselkurse eine ungleich größere Anzahl von Transmissionskanälen zwischen Gütermarkt und Finanzmärkten in die Analyse einzubeziehen ist als im einfachen Lehrbuch-Modell der geschlossenen Volkswirtschaft.

Die Nachfragefunktion (DD-Kurve in Abb. 4.4) zeigt, wie das in Abschnitt 3.4 vom simultanen Portfolio- und Kreislaufgleichgewicht bestimmte Outputniveau mit dem Preisniveau variiert. Zum fallenden Verlauf der Funktion tragen neben den aus dem Lehrbuch vertrauten Keynes- und Realkasseneffekten zwei weitere Wirkungszusammenhänge bei. In einer offenen Volkswirtschaft senkt ein Anstieg des Preisniveaus die Gesamtnachfrage nämlich auch durch eine direkte und indirekte Aufwertung des realen Wechselkurses. Direkt, weil das höhere Preisniveau schon für sich allein genommen die Wettbewerbsfähigkeit der inländischen Produzenten auf dem Weltmarkt verschlechtert. Indirekt, weil das höhere Preisniveau das Nominaleinkommen aufbläht[58] und dadurch über einen Anstieg der nominellen Geldnachfrage nicht nur höhere Zinssätze herbeiführt, sondern auch eine Aufwertung des nominellen Wechselkurses[59]. So summieren sich das gestiegene Preisniveau und der nominelle Aufwertungseffekt zu einer kumulierten realen Aufwertung. Je stärker dieser Effekt ist, und je stärker die Güternachfrage darauf reagiert, desto flacher verläuft die DD-Kurve. Die räumliche Lage der Funktion wird von allen jenen Faktoren bestimmt, die in Abschnitt 3 als Determinanten des simultanen Portfolio- und Kreislaufgleichgewichts identifiziert wurden[60].

Die Angebotsfunktion (SS-Kurve in Abb. 4.4) zeigt, wie hoch das Preisniveau sein muß, damit die Unternehmungen ein gegebenes Outputvolumen zu produzieren bereit sind. In einer offenen Volkswirtschaft, in der die Nominallöhne durch Indexklauseln auch nur partiell an die Konsumentenpreise gebunden sind, wird diese Rentabilitätsbedingung

---

57 Die Analyse dieser Fragestellung geht zurück auf Casas (1975, 1977). Siehe auch Argy/Salop (1979), Sachs (1980) und Sauernheimer (1981).

58 Voraussetzung hierfür ist, daß die Preiselastizität der Güternachfrage in der IS-Funktion absolut kleiner als Eins ist – eine Bedingung, die selbst in Gegenwart von Vermögenseffekten plausiblerweise als erfüllt angenommen werden kann.

59 Dieser Aufwertungseffekt läßt sich der zweiten Zeile von Tabelle A.I, S. 151, entnehmen.

60 In welche Richtung Änderungen der exogenen Variablen die DD-Kurve verschieben, läßt sich aus den Output-Effekten ableiten, die in der dritten Kolonne von Tabelle A.II, S. 153 zusammengestellt sind. Einflüsse, die dort als outputsteigernd angegeben sind, verschieben die DD-Kurve nach rechts.

stark vom Verhalten der *Importpreise* beeinflußt: Jede Änderung des ausländischen Preisniveaus oder des Wechselkurses schlägt über die Löhne auf das Kostenniveau und damit auf die Angebotspreise durch. Dies bedeutet, daß die Vorgänge auf den Finanzmärkten nicht nur – wie im Rahmen des IS-LM-Modells seit jeher üblich – bei der Bestimmung der Güternachfrage in Betracht bezogen werden müssen, sondern wegen ihres Einflusses auf den Wechselkurs auch bei der Behandlung der Angebotsseite. Deshalb bildet die SS-Kurve in Abb. 4.4 Preis-Output-Konstellationen ab, die nicht nur mit dem Optimierungskalkül der Unternehmer, sondern auch mit einem permanenten Gleichgewicht auf den Finanzmärkten kompatibel sind[61]. Wenn zum Beispiel Preisniveau und Output entlang der Angebotsfunktion zunehmen, so ist zu berücksichtigen, daß der hieraus resultierende Anstieg des Nominaleinkommens den Wechselkurs aufwertet und mithin kostenentlastend wirkt. Je offener eine Volkswirtschaft, gemessen an ihrer Importquote, ist, desto stärker fällt dieser Kosteneffekt ins Gewicht, desto geringer ist der für eine Ausdehnung der Angebotsmenge erforderliche Preisanstieg und desto flacher verläuft die SS-Kurve[62]. Es kommt dazu, daß alle exogenen Impulse, die ihren Ursprung auf den Finanzmärkten haben (Änderungen des ausländischen Zinssatzes, autonome Portfolioumschichtungen, Geldpolitik) außer der Nachfragekurve auch die Angebotskurve verschieben – nach oben oder nach unten, je nachdem, ob ein Impuls zu einer Abwertung oder zu einer Aufwertung führt.

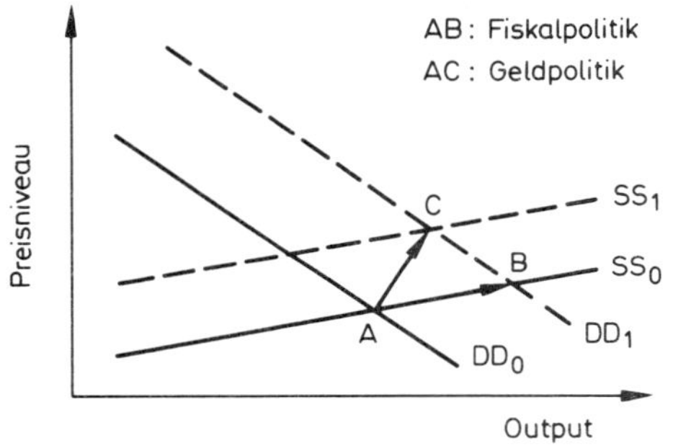

Abb. 4.4. Geld- und Fiskalpolitik unter flexiblen Wechselkursen

Unter Berücksichtigung aller dieser Interdependenzen lassen sich die Auswirkungen beliebiger exogener Einflüsse und wirtschaftspolitischer Instrumente auf Output, Preisniveau, Wechselkurs, Terms of Trade und Zinssatz nachvollziehen. Die qualitativen Resultate – errechnet aus dem im Anhang wiedergegebenen Gleichungssystem – sind in Tabelle 4.1 zusammengefaßt. Dabei zeigt sich, daß das Verhalten der einzelnen Größen maßgeblich von einem zentralen Parameter abhängt, dem *Indexierungsgrad der Löhne.* Zwei Extremfälle begrenzen das Spektrum der Möglichkeiten: Auf der einen Seite der „keynesianische" Modellfall der *vollständigen Nominallohnrigidität.* Der Indexierungs-

61 Die formale Struktur des Modells ist im Anhang skizziert.

62 Wie die formale Herleitung im Anhang zeigt, läßt sich nicht einmal mit Sicherheit sagen, ob die Steigung der SS-Funktion überhaupt noch positiv bleibt. In den Abbildungen dieses Abschnitts ist allerdings unterstellt, daß dies der Fall ist.

grad ist null, die Nominallöhne sprechen nicht auf Änderungen der Verbraucherpreise an. In diesem Fall gibt es keine Transmission von den Importpreisen zum Outputangebot mehr[63], so daß sich alle Resultate replizieren lassen, die in Abschnitt 3 unter der Annahme eines exogenen Preisniveaus gewonnen wurden. Im entgegengesetzten Extremfall der *vollständigen Reallohnresistenz* ist der Indexierungsgrad 100%, was zur Konsequenz hat, daß sich das Outputangebot, wie oben anhand von Abb. 4.2 erläutert, auf eine Funktion der Terms of Trade reduziert.

Tabelle 4.1 Kurzfristige komparativ-statistische Resultate für die offene Volkswirtschaft unter flexiblen Wechselkursen

Endogene Variable → Exogene Variable ↓	Output	Preisniveau	Wechselkurs[5]	Terms of Trade	Zins
Kreislaufimpulse (Regierungsausgaben, wirtschaftliche Aktivität im Ausland)	+	?[1]	–	+	+
Geldmengenexpansion durch Devisenmarktinterventionen	?[1]	+	+	?	?
Sterilisierte Devisenmarktinterventionen (Devisenkäufe der Zentralbank)	?[2]	?	+	–	+
Geldmengenexpansion durch Offenmarktoperationen	+	?[1]	?	?[3]	–
Finanzmarkt-Schocks (Anstieg des Auslandszinses, autonome Portfolioumlagerung von Inlands- in Auslandsaktiva)	?	?	+	?	?
Angebots-Schocks (autonome Lohnerhöhung, Produktivitätsrückschlag)	–	+	–[4]	+	+[4]
Anstieg des ausländischen Preisniveaus	?[1,2]	+	–	–	?[1]

Wo nichts anderes vermerkt ist, gelten die Resultate für beliebige Indexierungsgrade der Löhne (zwischen 0% und 100%).

1 Positiver Zusammenhang im Falle vollständiger Nominallohnrigidität.

2 Negativer Zusammenhang im Falle vollständiger Reallohnresistenz.

3 Positiver Zusammenhang im Falle vollständiger Reallohnresistenz.

4 Unterstellt, daß die Elastizität der Güternachfrage in bezug auf Änderungen des realen Wechselkurses unter Eins liegt – in der Notation des Anhangs: $k_1/Y < 1$.

5 „Minus“ bezeichnet Aufwertung, „Plus“ bezeichnet Abwertung.

63 Das ändert sich in dem Moment, wo importierte Roh- und Zwischenprodukte in den Produktionsprozeß eingehen, so daß Importpreisänderungen auch bei vollständiger Nominallohnrigidität noch Angebotseffekte hervorrufen; vgl. z. B. Herberg et al. (1982), sowie unten, Abschnitt 5.

4.3 Geld- vs. Fiskalpolitik

Es ist jetzt unmittelbar einsichtig, daß die Auswirkungen eines Nachfrageimpulses auf Output und Preisniveau entscheidend davon abhängen, ob es sich um einen Kreislaufimpuls (Fiskalpolitik, Auslandskonjunktur) oder um einen Finanzmarktimpuls (Geldpolitik) handelt. Hierdurch erscheint die alte Debatte um die relative Wirksamkeit von Geld- und Fiskalpolitik, die sich totgelaufen hatte, weil Änderungen der Staatsausgaben und der Geldmenge nicht auf einen ökonomisch sinnvollen gemeinsamen Nenner zu bringen waren, in einem neuen Licht. Ein gemeinsamer Nenner läßt sich jetzt dadurch finden, daß beide Instrumente auf denselben Nachfrageeffekt normiert werden ($DD_0 \rightarrow DD_1$ in Abb. 4.4). Dabei zeigt sich, daß die Geldpolitik im Vergleich zur Fiskalpolitik ein gegebenes Nachfragewachstum mit mehr Preisanstieg und weniger Mengenwachstum ausfüllt. Während die Erhöhung der Geldmenge einen Abwertungsdruck erzeugt und das Preisniveau dadurch gleichzeitig einem Nachfragesog und einem Kostendruck aussetzt[64], führt jede Zunahme der Regierungs- oder anderer autonomer Ausgaben zu einer Aufwertung des Wechselkurses und damit zu einer Kostenentlastung im Inland, die den nachfrageseitigen Expansionseffekt auf Output und Beschäftigung verstärkt. Es trifft unter flexiblen Wechselkursen offensichtlich nicht zu, daß die Stabilisierungspolitik mit einer für sie unbeeinflußbaren Angebotskurve konfrontiert ist, der entlang sie sich „ein Preisniveau, ein Beschäftigungsziel oder eine binnenwirtschaftlich realisierbare Kombination davon" (Tobin/DeMacedo 1980) aussuchen muß.

Angesichts der unterschiedlichen Wirkungsweise von Geld- und Fiskalpolitik würde es eigentlich naheliegen, zwischen den beiden Instrumenten eine einfache Aufgabenteilung vorzunehmen. Hatte Mundells (1968) „effective market classification" unter festen Wechselkursen die Geldpolitik dem äußeren und die Fiskalpolitik dem inneren Gleichgewicht zugeordnet, so könnte Abb. 4.4 schließen lassen, daß unter flexiblen Wechselkursen die Geldpolitik in den Dienst der Preisstabilität und die Fiskalpolitik in den Dienst der Vollbeschäftigung gestellt werden sollte. Jedes Instrument wäre dann demjenigen Ziel zugeordnet, bei dessen Verfolgung es einen komparativen Vorteil besitzt. Da diese Strategie darauf hinausläuft, daß die Gesamtnachfrage ausgedehnt wird, bis Vollbeschäftigung erreicht ist, während der resultierende Preisauftrieb einfach durch eine genügend starke Aufwertung des Wechselkurses erstickt wird, sind im Lichte der bisher angestellten Überlegungen mindestens die folgenden drei Einschränkungen vorzubringen:

- Es handelt sich, erstens, um eine „egoistische" Strategie, die über den Wechselkurs den im eigenen Lande unerwünschten Preisauftrieb exportiert und für die Weltwirtschaft als ganzes somit nicht gangbar ist, sondern höchstens einen internationalen Wettlauf der Hochzinspolitik provoziert.
- Zweitens bedeutet – wie das Modell des magischen Dreiecks gezeigt hat – die Kombination von Aufwertung und Nachfrageexpansion, daß die binnenwirtschaftlichen Ziele zu Lasten des äußeren Gleichgewichts angestrebt werden;

---

64 Die formale Analyse zeigt, daß sich die SS-Funktion stärker nach oben verschiebt, wenn die Zentralbank die Geldmenge durch Devisenkäufe ausdehnt, als wenn sie inländische Wertpapiere ankauft. Im ersten Fall läßt sich nicht einmal a priori mit Sicherheit sagen, ob der Output-Effekt positiv bleibt. Im Falle der Offenmarktoperation ist zwar der Outputeffekt eindeutig positiv, wegen der unbestimmten Steigung der SS-Kurve aber der Preisniveau-Effekt ambivalent. Vergleiche Tabelle 4.1, S. 163.

– und drittens führt Inflationsbekämpfung über den Wechselkurs zu Strukturverzerrungen zu Lasten jener Sektoren, die auf dem Weltmarkt konkurrieren müssen. Im Zweifelsfalle werden produktive Arbeitsplätze in der Exportindustrie durch unproduktive Arbeitsplätze im öffentlichen Sektor substituiert[65].

Aber dies ändert natürlich nichts daran, daß die angebotsseitigen Wirkungen, die die Geldpolitik über den Wechselkurs entfaltet, die Schlußfolgerungen des rein nachfrageseitig argumentierenden Mundell-Fleming-Modells bezüglich der beschäftigungspolitischen Potenz der Geldpolitik unter flexiblen Wechselkursen entscheidend relativieren. Erste Zweifel an der kurzfristigen Wirksamkeit der Geldpolitik bestanden ja bereits aufgrund des J-Kurven-Effekts (Niehans 1975). Es läßt sich somit sagen, daß der Anwendungsbereich des Mundell-Fleming-Modells nur gerade auf dasjenige Zeitintervall beschränkt ist, während dessen der J-Kurven-Effekt bereits ausgestanden ist, die wechselkursinduzierte Lohn-Preis-Spirale aber noch nicht eingesetzt hat. In vielen Fällen dürfte diese Spanne, wenn sie überhaupt existiert, so kurz geworden sein, daß die Stabilisierungspolitik nicht mehr sinnvollerweise auf die Mechanismen des Mundell-Fleming-Modells setzen kann – zumindest nicht ohne gleichzeitigen Eingriff in den Lohnbildungsprozeß (vgl. Thygesen 1978, S. 310/311).

4.4 Abwertung und Inflation: ein Teufelskreis?

Die Beobachtung, daß Bewegungen des Wechselkurses die Wirkung der Geldpolitik auf das Preisniveau akzentuieren und beschleunigen, hat ihren Niederschlag in der sogenannten *Teufelskreis-Hypothese* gefunden, wonach Weichwährungsländer mit permissiver Geldpolitik in einem kumulativen Prozeß sich gegenseitig verstärkender Abwertung und Inflation gefangen sind, aus dem es schwierig ist auszubrechen. Umgekehrt haben nach dieser Hypothese die Hartwährungsländer bei ihrem Bemühen um Preisstabilität von einem analogen „Tugendkreis" profitiert. Die Brisanz der Hypothese liegt darin, daß sie dem System des reinen Floating ein Element inhärenter dynamischer Instabilität zuschreibt und insbesondere eine unkontrollierbare Eigendynamik des Inflationsprozesses suggeriert. Kritiker wie Haberler (1980) haben demgegenüber eingewandt, Inflation und Abwertung würden sich nicht gegenseitig verursachen, sondern seien nur die gemeinsame Wirkung eines zu raschen Geldmengenwachstums. Es gebe daher nichts, was einen Teufelskreis zum unentrinnbaren Schicksal mache, nachdem die Geldpolitik einmal aufgehört habe, ihn zu alimentieren.

Die Argumente klingen offenkundig sehr ähnlich wie bei der sehr viel älteren Streifrage, ob die Inflation durch die Lohn-Preis-Spirale erklärt werden kann oder „immer und überall ein monetäres Phänomen ist" (Friedman). Tatsächlich läßt sich in mancher Hinsicht auf die Teufelskreis-Hypothese übertragen, was für die Beziehung zwischen Lohn-Preis-Spirale und Geldpolitik gilt. In einem wesentlichen Punkt allerdings versagt die Analogie: Während es zwischen Löhnen und Preisen ein Element der *positiven* Rückkoppelung gibt, wenn die Unternehmer die Lohnkosten auf die Preise und die

---

65 Der öffentliche Sektor wird gewissermaßen in die Rolle des „employer of the last resort" gedrängt. Vergleiche hierzu die instruktive Analyse von Söderström/Viotti (1979); ebenso das 2-Sektoren-Modell von Helpman (1976).

Gewerkschaften die Lebenshaltungskosten auf ihre Lohnforderungen überwälzen, ist die Rückkoppelung zwischen Preisniveau und Wechselkurs via Güter- und Finanzmärkte *negativ*. Eine Abwertung des Wechselkurses verstärkt über die Importpreise zwar die Inflation, aber die höheren Preise ihrerseits führen nicht zu einer weiteren Verstärkung der Abwertung, sondern zu einem Anstieg der nominellen Geldnachfrage und damit zu einer Abschwächung der anfänglichen Abwertung. Die Logik der Zusammenhänge geht aus den Abbildungen 4.5 und 4.6 hervor, in denen Richtung und Vorzeichen der Beziehungen zwischen den relevanten Variablen skizziert sind.

In der linken Hälfte des Pfeildiagramms 4.5 ist die Rückkoppelung zwischen Löhnen und Preisen dargestellt. Es kann offenbar leicht zu kumulativen Prozessen kommen, wie sie z.B. Ackley (1961) in seinem Modell der „mark up inflation" beschrieben hat. Wie groß der Spielraum für einen solchen Prozeß ist, hängt von den realen Rückwirkungen ab. Bleibt die nominelle Geldmenge konstant, so kommt es zu einem Einkommens- und Beschäftigungsrückgang, der die Lohn-Preis-Spirale früher oder später zum Stillstand bringen muß. Nur wenn die Geldpolitik der Kontraktion der wirtschaftlichen Aktivität entgegenwirkt (gestrichelter Pfeil in Abb. 4.5) und die reale Geldmenge konstant hält, kann sich die Lohn-Preis-Spirale unbeschränkt weiterdrehen[66].

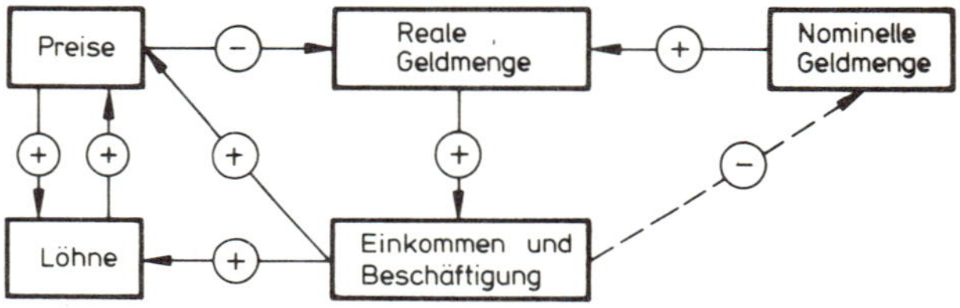

Abb. 4.5. Lohn-Preis-Spirale und Geldpolitik

Etwas anders liegen die Dinge bezüglich der Teufelskreis-Hypothese. Wie Abb. 4.6 deutlich macht, sind der Wechselkurs und das Preisniveau nicht direkt, sondern nur über die reale Geldmenge miteinander rückgekoppelt[67], und zwar negativ. Solange die nominelle Geldmenge nicht in den Regelkreis eingeschaltet ist, kann es offenkundig keine kumulativen Prozesse geben. Anders als im Fall der Lohn-Preis-Spirale existieren zwischen Preisniveau und Wechselkurs keine von der Geldpolitik unabhängigen Selbstverstärkungseffekte. Erst wenn die Entwicklung der nominellen Geldmenge durch eine Reaktionsfunktion (gestrichelter Pfeil in Abb. 4.6) endogenisiert wird[68], werden kumulative Prozesse vorstellbar. Verfolgt etwa die Geldpolitik ein Output- oder Beschäftigungsziel – und ein solches kann sie ja nur über die reale Geldmenge (→ Zinseffekte) und den realen Wechselkurs ansteuern –, so werden ihre expansiven Anstrengungen immer wieder durch den Wechselkurs-Preisniveau-Feedback frustriert. Je stärker die Reaktion des

66 Ob der dynamische Prozeß explosiv ist oder konvergiert, hängt natürlich von der Parameterkonstellation in den Reaktionsfunktionen für die Löhne und Preise ab.

67 Es ist gegenüber dem in Abschnitt 3 diskutierten Portfolio-Ansatz zwar stark vereinfacht, die für den Wechselkurs relevanten Finanzmarktvariablen in der realen Geldmenge zu kondensieren. Die qualitativen Implikationen von Abb. 4.6 sind hiergegen jedoch robust.

68 Vergleiche z.B. die Modelle von Bilson (1979) und Wallich/Gray (1980).

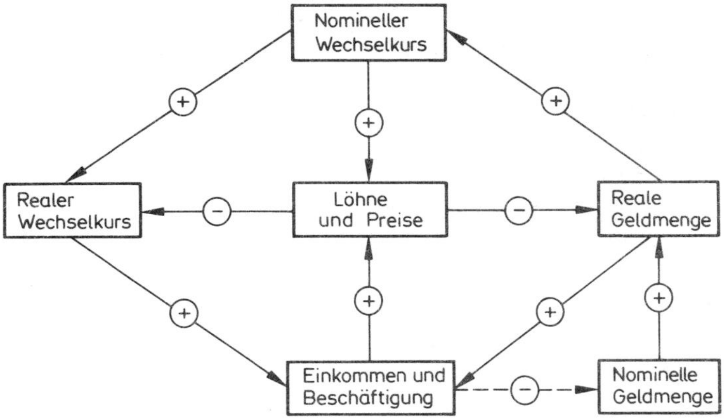

Abb. 4.6. Teufelskreis-Hypothese und Geldpolitik

Preisniveaus auf die Wechselkursabwertung ausfällt, desto vollständiger werden die anfänglichen Mengeneffekte der nominellen Geldmengenexpansion wieder neutralisiert, und desto größer ist der Anreiz, mit einer neuen Expansionsrunde nachzustoßen. Zusätzlich verschärft wird das Problem, wenn das System einem Angebotsschock oder einem kontraktiven Kreislaufimpuls ausgesetzt wird, den die Geldpolitik ebenfalls zu kompensieren sucht.

Daß kein Land mit einem Teufelskreis zu leben hat, wenn es nur die Disziplin aufbringt, den monetären Antriebsmotor des Prozesses abzustellen, ist trivial, aber „als Aussage über Wirtschaftspolitik fundamental irrelevant" (Dornbusch 1978). Denn die Tatsache, daß eine starke Reaktion des Preisniveaus auf Wechselkursänderungen die realen Wirkungen einer Geldmengenexpansion schwach und kurzlebig werden läßt, bedeutet nicht, daß die realen Kosten, die mit dem Ausbruch aus einem Teufelskreis – oder dem Eintritt in einen „Tugendkreis" – verbunden sind, nicht trotzdem hoch und von längerer Dauer sein können. Der Grund liegt in derselben Asymmetrie, derentwegen das Friedman-Giersch-Argument einer kostenlosen Inflationsbekämpfung bei indexierten Löhnen so fragwürdig ist (vgl. Abschnitt 1, Abb. 1.7)[69]. Das interne Lohn- und Preisniveau reagiert auf einen plötzlichen Nachfragerückgang und allenfalls auch auf sinkende Importpreise nicht mit derselben Leichtigkeit nach unten, wie es im Falle eines simultanen Nachfrage- und Kostenstoßes nach oben schießt. Die Folge ist, daß eine monetäre Kontraktion nicht mit demselben steilen Preis-Output-Trade Off konfrontiert ist, wie eine monetäre Expansion (AC in Abb. 4.4), sondern einen länger anhaltenden

---

69 Mit der asymmetrischen Reaktion des internen Preisniveaus auf Änderungen der Importpreise ist die sogenannte Mundell-Laffer-Hypothese angesprochen, wonach Wechselkursschwankungen wegen eines Sperrklinken-Effekts die Weltinflationsrate erhöhen: Die Preise steigen in den Weichwährungsländern, ohne in den Hartwährungsländern entsprechend zu sinken. Goldstein (1977) findet mit dem Deflator des Bruttoinlandsprodukts als abhängiger Variable zwar nicht viel Evidenz für den Effekt. Aber auch wenn kein langfristiger inflationärer Bias existiert, kann es zu asymmetrischen Effekten der Geldpolitik kommen, sofern das *Tempo* der Anpassung nach oben und unten unterschiedlich groß ist. Frappierend ist das Bild für die Schweiz von 1975–1978, als sich der Importpreisindex wechselkursbedingt um 15% zurückbildete, der Preisrückgang auf dem Weg zum Konsumenten aber vollständig versickerte (vgl. Bombach et al. 1978/79, S. 17ff.).

Effekt auf die reale Geldmenge ausübt und dementsprechend ein keynesianisches Beschäftigungsproblem (abseits der SS-Funktion) erzeugt.

Als Parade-Beispiel einer erfolgreichen „Tugendkreis"-Politik wird gerne die Schweiz zitiert. Nur selten werden auch die Kosten des schweizerischen Experiments erwähnt. Nachdem die Expansion der Geldmenge M_1 in der Schweiz von durchschnittlich 12% jährlichem Wachstum zwischen 1970 und 1972 auf 3% von 1973–1975 zurückgenommen worden war, fiel die Inflationsrate, gemessen an den Verbraucherpreisen, innerhalb zweier Jahre von 9,8% (1974) auf 1,8% (1976), wozu der in der gleichen Periode um 26% gestiegene Außenwert des Schweizer Frankens maßgeblich beitrug. Aber die realen Konsequenzen des Bremsmanövers waren nicht weniger dramatisch: 1976 lag das reale Bruttoinlandsprodukt um 8,6% unter dem Niveau von 1974 – ein Rückschlag, der erst 1980 wieder wettgemacht war.

4.5 Wechselkursflexibilität als Substitut für Lohn-Preis-Flexibilität?

> „Unter der Haut jedes Außenwirtschaftsspezialisten steckt ein tiefsitzender Glaube an die eine oder andere Form der Kaufkraftparitätentheorie."
> (Dornbusch/Krugman 1976, S. 540)

Neben den im Zusammenhang mit dem Mundell-Fleming-Modell erörterten Gesichtspunkten war dieser „tiefsitzende Glaube" mit ein Hauptgrund für die Popularität flexibler Wechselkurse im theoretischen Schrifttum der 50er und 60er Jahre. Die Vorstellung war, daß die Terms of Trade unter flexiblen Wechselkursen nur noch von den realen Faktoren tangiert werden, die das Gefüge der relativen Preise bestimmen, nicht aber von den nominellen Aggregaten der Makro-Sphäre. Insbesondere Friedman (1953) hat flexible Wechselkurse gleichsam als Substitut für flexible Löhne und Preise propagiert. Englands Währungspolitik unter Churchill in den 20er Jahren und viele andere Beispiele haben gezeigt, wie kostspielig es sein kann, das interne Lohn- und Preisniveau eines Landes zwingen zu wollen, sich nach alter Goldstandard-Spielregel an das Niveau des Auslands anzupassen. Ungleich einfacher wäre es, statt dessen den Wechselkurs sich anpassen zu lassen. Der Effekt auf die Terms of Trade wäre derselbe; aber der Wirtschaft würden die Kosten des internen Deflations- (oder auch Inflations-)prozesses erspart[70].

Mittlerweile hat die Erfahrung gezeigt, daß es auch unter flexiblen Wechselkursen zu kostspieligen Abweichungen der relativen Preise vom Kaufkraftparitäten-Gleichgewicht kommen kann. Im Prinzip gut verstanden ist heute die Reaktion der Wechselkurse auf Schocks, die der Wirtschaft seitens der Geldpolitik verabreicht werden. Das Stichwort lautet hier „Überschießen der Kaufkraftparitäten" (siehe oben, Abschnitt 3.2.1). Aber wie wirken sich Gleichgewichtsstörungen aus, die ihren Ursprung im Lohn-Preis-Sektor

70 Berühmt geworden ist Friedmans Vergleich der Wechselkursflexibilität mit der Sommerzeit. Statt daß die ganze Bevölkerung individuell ihren Tagesrhythmus umstellen muß, wird einfach die Uhr eine Stunde vorgestellt. Und statt daß sich alle individuellen Löhne und Preise an die Weltmarktbedingungen anpassen müssen, paßt sich einfach der Wechselkurs an, wodurch die notwendige Korrektur der relativen Preise gerade für das ganze Lohn- und Preisgefüge pauschal besorgt ist.

haben? Oder konkreter: Trifft es zu, daß flexible Wechselkurse die Anpassung der Mengenwelt an Niveauverschiebungen der in- und ausländischen Preise und Löhne erleichtern? Eine Antwort auf diese Frage ist von besonderer Tragweite für die Beurteilung der Lohnpolitik. In den alten und immer wiederkehrenden Auseinandersetzungen um die Beschäftigungswirkungen der Lohnpolitik behielt das Kostenargument gegenüber dem Kaufkraftargument jeweils in einem Punkt die Oberhand: Lohnerhöhungen verschlechtern die Konkurrenzfähigkeit der einheimischen Industrie auf den Weltmärkten. Unanfechtbar ist die Logik dieses Arguments unter festen Wechselkursen. Unter flexiblen Wechselkursen dagegen stellt sich die Frage, ob und in welchem Grade Wechselkursreaktionen kompensierend wirken[71].

Wird das in diesem Abschnitt entwickelte Angebots-Nachfrage-Modell nach den Wirkungen der aggregativen Lohnpolitik befragt, so ergeben sich keine Anhaltspunkte dafür, daß der Beschäftigungseffekt von Lohnerhöhungen auch nur partiell durch eine Abwertung aufgefangen wird. Im Gegenteil, solange die Geldpolitik nicht akkommodierend gegensteuert, wertet sich der Wechselkurs sogar auf (vgl. Tabelle 4.1, S. 163). Denn jede Erhöhung des Lohn- und Preisniveaus führt zu einer Zunahme der nominellen Geldnachfrage und drückt dadurch auf den Kurs von Wertpapieren und Devisen[72]. Was dies für den Effekt der Lohnpolitik auf Output und Preisniveau bedeutet, illustriert Abb. 4.7:

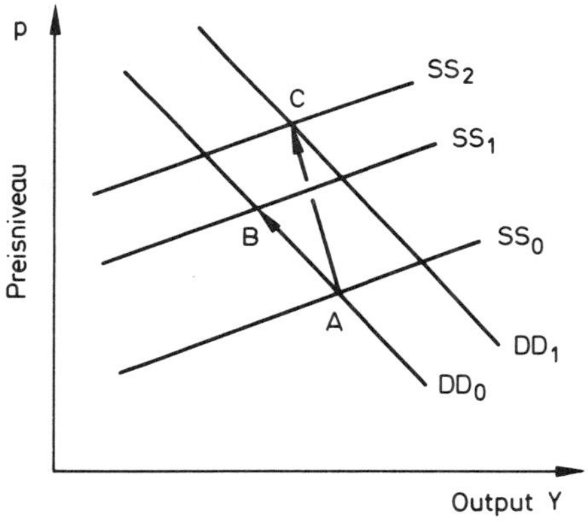

A → B: Autonome Lohnerhöhung unter flexiblen Wechselkursen
B → C: Devisenmarktintervention der Zentralbank

A → C: Autonome Lohnerhöhung unter festen Wechselkursen

Abb. 4.7. Effekte der Lohnpolitik unter festen und flexiblen Wechselkursen

---

71 Zur Diskussion können hier natürlich nur die aggregativen Zusammenhänge stehen. Es ist ganz klar, daß exzessive Lohnerhöhungen in einem individuellen Sektor der Wirtschaft niemals durch eine global wirkende und auch global determinierte Größe wie den Wechselkurs validiert werden können.

72 Dieses Resultat steht in scharfem Konstrast zu den Implikationen eines Modells von Purvis (1979). Dort führen höhere Löhne zu einer Abwertung des Wechselkurses, was den Beschäftigungseffekt abschwächt. Der Unterschied rührt daher, daß Purvis die Gleichgewichtsbedingung für den Finanzmarkt als homogen vom Grade null in den Güterpreisen spezifiziert. Infolgedessen *verringert* der rezessive Effekt der höheren Löhne die Geldnachfrage und führt auf diese Weise eine Abwertung herbei. Zu einer Abwertung führen Lohnerhöhungen auch im Fixpreismodell von Cuddington (1982). Da das Preisniveau wegen der Fixpreis-Annahme nicht zunimmt, ist auch dort der Effekt des rückläufigen Realeinkommens auf die Geldnachfrage der einzige Wirkungskanal, der die Lohnpolitik mit dem Wechselkurs verbindet.

Ausgehend von einem Anfangsgleichgewicht in Punkt A verschiebt eine autonome Lohnerhöhung – wie jeder andere Angebotsschock auch – die SS-Kurve nach oben ($SS_0 \rightarrow SS_1$) und bewirkt damit sowohl einen Anstieg des Preisniveaus als auch einen Outputrückgang ($A \rightarrow B$). Das Ausmaß dieses stagflationären Effekts hängt nicht nur von der Stärke des auslösenden Impulses ab, sondern auch vom Grad der Reallohnresistenz. Ist die Kaufkraft des neuen Lohnniveaus durch Indexklauseln gegen die Inflation abgesichert, so bleibt es nicht bei einem einmaligen Niveau-Effekt, sondern es kommt zu einer Lohn-Preis-Spirale, in deren Zuge sich die SS-Kurve weiter nach oben verschiebt. Die Spirale konvergiert zu einem neuen Gleichgewicht, weil der Warenkorb der Konsumenten nicht nur Inlandsgüter enthält, und weil der Inflationsprozeß außerdem durch die Aufwertung des Wechselkurses sowie durch den Rückgang der realen Güternachfrage gebremst wird.

Um einen Vergleich zwischen den Auswirkungen der Lohnpolitik unter festen und flexiblen Wechselkursen zu ermöglichen, bildet Abb. 4.7 auch den Effekt der Devisenmarktinterventionen ab, die die Zentralbank vornehmen muß, wenn sie den Wechselkurs konstant halten will. Da die Interventionen einer Aufwertung entgegenwirken müssen, vergrößern sie die Geldmenge und verlagern die Nachfragekurve nach rechts ($DD_0 \rightarrow DD_1$). Bei positivem Indexierungsgrad der Löhne kommt dazu, daß die Stabilisierung des Wechselkurses den Bremseffekt der Aufwertung auf die Lohn-Preis-Spirale eliminiert und dadurch das Ausmaß des Angebotsschocks *verstärkt* ($SS_1 \rightarrow SS_2$). So kommt es unter festen Wechselkursen gleichsam automatisch zu einer – wenn auch nur partiellen – Akkommodation der Lohnpolitik durch die Geldpolitik. Dies bedeutet, daß autonome Lohnerhöhungen unter festen Wechselkursen einen *stärkeren* Preisanstieg und einen *schwächeren* Beschäftigungsrückgang herbeiführen als unter flexiblen Kursen (AC vs. AB in Abb. 4.7). Mit anderen Worten: Die populäre Vorstellung, daß die Lohnpolitik unter flexiblen Wechselkursen um ihre Beschäftigungsfolgen weniger besorgt zu sein hat als unter festen Wechselkursen, erweist sich als falsch[73].

Dasselbe Instrumentarium läßt sich auch auf die Frage anwenden, inwieweit ein flexibler Wechselkurs Änderungen im Preisniveau bzw. in der Inflationsrate des Auslands absorbiert. Im langfristigen Kaufkraftparitätengleichgewicht sollten internationale Inflationsunterschiede für das Verhalten der Mengengrößen unerheblich sein. Welches sind aber die kurzfristigen Wirkungen auf das Inland, wenn sich der Preisauftrieb im Ausland beispielsweise beschleunigt[74]? Die Antwort auf diese Frage hängt entscheidend vom Verhalten der Löhne ab. Liegt Nominallohnrigidität vor, so wird nur die Nachfrageseite der einheimischen Wirtschaft tangiert (Abb. 4.8a). Ein Anstieg des ausländischen Preisniveaus kommt einer *realen* Abwertung der inländischen Währung gleich und wirkt

73 Wie aus Tabelle 4.1, S. 163, ersichtlich ist, schließt das hier zugrundegelegte Modell für hohe Grade der Reallohnresistenz nicht aus, daß Devisenkäufe der Zentralbank wegen des Wechselkurseffekts auf die Produktionskosten kontraktiv wirken. Man müßte sich auf diesen Spezialfall (oder auch auf J-Kurven-Effekte) berufen, wenn man argumentieren wollte, daß flexible Wechselkurse die Beschäftigungswirkungen der Lohnpolitik abschwächen.

74 Eine vollständige Behandlung der gestellten Frage müßte natürlich auch die sekundären Auswirkungen der ausländischen Preisentwicklung – und vor allem ihrer Ursachen – über die Güter- und Finanzmärkte des Auslands in Betracht ziehen, d.h. ein komplettes Modell der ausländischen Volkswirtschaft zugrundelegen. Hier interessiert jedoch nur der spezifische Kanal der internationalen Konjunkturtransmission, der durch Änderungen der Güterpreise begründet wird.

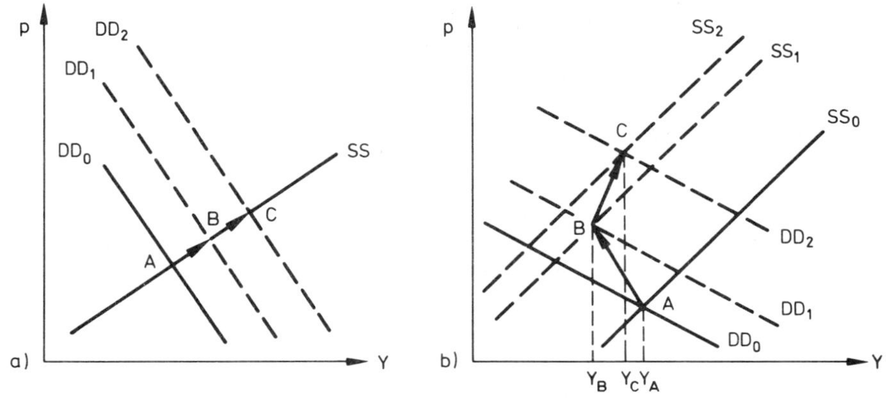

a) Nominallohnrigidität b) Reallohnrigidität

A → B: Effekt eines Anstiegs des ausländischen Preisniveaus unter flexiblen Wechselkursen
B → C: Effekt der Devisenmarktinterventionen, die erforderlich sind, um den Wechselkurs konstant zu halten
A → C: Effekt eines Anstiegs des ausländischen Preisniveaus unter festen Wechselkursen

Abb. 4.8. Inflationsimport unter festen und flexiblen Wechselkursen

damit als expansiver Nachfrage-Impuls, der zwar wie jede andere autonome Nachfrageerhöhung eine *nominelle* Aufwertung induziert, Output und Preisniveau entlang der SS-Kurve aber dennoch ansteigen läßt (A→B in Abb. 4.8a). Die Aufwertung ist also nicht stark genug, um den anfänglichen Terms-of-Trade-Effekt ganz zu kompensieren (vgl. Tabelle 4.1, S. 163, unterste Zeile). Unter festen Wechselkursen muß die Zentralbank den induzierten nominellen Aufwertungseffekt durch den Ankauf von Devisen verhindern. Die Devisenmarktinterventionen stellen – solange sie nicht von Sterilisierungsoperationen begleitet sind – einen zusätzlichen Nachfrageimpuls dar und *verstärken* daher den anfänglichen Preisniveau- und Outputeffekt (BC in Abb. 4.8a). Der flexible Wechselkurs wirkt in diesem Fall eindeutig als Puffer, der sowohl den Inflationsimport als auch dessen Mengenwirkungen abschwächt, wenn auch nicht ganz eliminiert.

In dem Grade, wie die Nominallöhne auf die Verbraucherpreise reagieren, wirkt sich ein Anstieg des ausländischen Preisniveaus auch auf die Angebotsseite aus. Abbildung 4.8b illustriert dies für den Extremfall der vollständigen Reallohnresistenz. Wiederum kommt es zu einer nominellen Aufwertung, welche den anfänglichen Terms-of-Trade-Effekt zwar partiell kompensiert, aber jedenfalls nicht umkehrt. Das einheimische Preisniveau steigt jetzt sowohl wegen des Kosteneffekts der höheren Importpreise (SS_0→SS_1) als auch durch die Zunahme der Gesamtnachfrage (DD_0→DD_1). Da das Güterangebot unter den Bedingungen der Reallohnresistenz nur noch eine Funktion der Terms of Trade ist (vgl. oben, Abb. 4.2), muß der Output zurückgehen (Y_A→Y_B). Das neue Gleichgewicht ist in Abb. 4.8b mit B bezeichnet. Es ist leicht ersichtlich, daß die Devisenmarktinterventionen, die die Zentralbank unter festen Wechselkursen zur Verhinderung des nominellen Aufwertungseffektes vornehmen muß, sowohl den angebots- als auch den nachfrageseitigen Inflationsimpuls *verstärken* (B→C). Dagegen wird die Outputreaktion normalerweise *schwächer* ausfallen als unter flexiblen Wechselkursen – sie bleibt aber mit Sicherheit negativ (Y_A→Y_C).

Friedman (1953) hat die Rolle flexibler Wechselkurse für die Prävention des Inflationsimports wie folgt zusammengefaßt:

> "If any country inflates, the primary effect is a depreciation in its exchange rate. This offsets the effect of internal inflation on its international trade position and *weakens or eliminates* the tendency for the inflation to be transmitted to its neighbors" (Hervorhebung hinzugefügt).

Die Analyse dieses Abschnitts hat gezeigt, daß flexible Wechselkurse die Transmission der Inflation von einem Land ins andere zwar abschwächen, aber jedenfalls nicht eliminieren. Erwartungsgemäß reagiert das inländische Preisniveau auf Preissteigerungen im Ausland um so empfindlicher, je höher der Indexierungsgrad der Löhne ist. Um so stärker fällt dementsprechend der dämpfende Einfluß der Wechselkursflexibilität ins Gewicht[75]. Weil flexible Wechselkurse die Terms of Trade nicht vollständig gegen den Einfluß der Preisentwicklung im Ausland abschirmen, kann auch die Mengenwelt nicht gänzlich unberührt bleiben. In welche Richtung sich Output und Beschäftigung anpassen, hängt entscheidend von der Lohnbildung ab. Je größer die Reallohnresistenz ist, desto eher kompensiert der Kosteneffekt einer Terms-of-Trade-Verschlechterung den Nachfrageeffekt – mit der Konsequenz, daß die Inflation des Auslands im Inland in eine Stagflation umgesetzt wird.

4.6 Stabilisierung der realen Wechselkurse als Ausweg?

Die Neutralitäts- und Isolierungseigenschaften, die die Kaufkraftparitätentheorie einem System flexibler Wechselkurse zuspricht, sind offenkundig nicht etwas, das sich kurzfristig und von alleine einstellt. Die Reaktion des Wechselkurses auf exogene Anstöße kann zu heftig sein (Überschießen der Kaufkraftparitäten bei Geldmengenänderungen), sie kann zu schwach sein (Teilkompensation der Preisentwicklung im Ausland; vgl. Abb. 4.8), und sie kann sogar in die „falsche" Richtung gehen (Aufwertung bei steigendem inländischen Lohnniveau; vgl. Abb. 4.7). Daher stellt sich die Frage, ob nicht die Wechselkurspolitik es sich zum Ziel machen sollte, Abweichungen der Wechselkurse von den Kaufkraftparitäten zu vermeiden und so die realen Wechselkurse zu stabilisieren (sog. *Kaufkraftparitätenregel*). Die Befürworter einer solchen Politik versprechen sich davon eine Verbindung der Vorzüge fester und flexibler Wechselkurse[76]. Einerseits wäre kein Land mehr gezwungen, die Inflation seiner Umwelt mitzumachen wie unter einem System fester nomineller Wechselkurse, und andererseits ließe sich die unter flexiblen Wechselkursen erlebte Instabilität der Terms of Trade vermeiden.

Ob stabile Terms of Trade der makroökonomischen Stabilität förderlich sind, hängt nicht nur von der Art der exogenen Schocks ab, denen eine Volkswirtschaft ausgesetzt ist, sondern auch von den monetären Sekundärwirkungen der erforderlichen Devisenmarktinterventionen. Wie sich oben in Abschnitt 3 am Beispiel der spekulativen Kapitalbewegungen gezeigt hat, besteht die Gefahr, daß eine Wechselkurspolitik zwar den außenwirtschaftlichen Sektor vor destabilisierenden Einflüssen bewahrt, dafür aber über den

---

75 Dieses Resultat kontrastiert wiederum scharf mit dem Hauptergebnis von Purvis (1979, S. 243), wonach flexible Wechselkurse bei Reallohnresistenz das Problem des Inflationsimports *verschärfen*. Der Grund für den Widerspruch ist derselbe wie in Fußnote 72, S. 169.

76 Vergleiche hierzu die Beiträge in Williamson (1981).

Kapitalmarkt den Binnensektor destabilisert. Vorausgesetzt, in- und ausländische Finanzaktiva sind nicht perfekte Substitute, kann die Zentralbank dieses Problem dadurch lösen, daß sie das Zinsniveau durch Offenmarktoperationen gegen die Auswirkungen ihrer Wechselkurspolitik abschirmt. Wenn sie dies tut und neben dem realen Wechselkurs auch den Zins[77] stabilisiert, so sind alle Wirkungskanäle zwischen den Finanzmärkten und dem Gütermarkt unterbrochen. Im Preis-Output-Raum ergibt sich dadurch ein Bild, wie es in Abb. 4.9 dargestellt ist. Die aggregierte Nachfragekurve reduziert sich auf eine Kreislaufgleichgewichtsbedingung (IS-Kurve), die vertikal verläuft, weil das Preisniveau angesichts der akkommodierenden Geldpolitik weder über den Zins noch über den realen Wechselkurs auf die Güternachfrage zurückwirken kann[78]. Durch die Stabilisierung des realen Wechselkurses entfallen auch jegliche Importpreiseffekte auf die Angebotsfunktion. Unter diesen Bedingungen können Finanzmarkt-Instabilitäten – also autonome Portfolioumschichtungen oder instabile Auslandszinssätze – im Inland weder den Output noch das Preisniveau beeinflussen. Dasselbe gilt für Änderungen des ausländischen Preisniveaus. Ein allfälliges Inflationsdifferential zum Ausland schlägt sich nur noch in einer kompensierenden Entwicklung des nominellen Wechselkurses nieder und bleibt deshalb ohne Effekt auf Löhne oder Güternachfrage. Die Lohnpolitik, die sich durch Verschiebungen der SS-Kurve abbilden läßt, ist jetzt zwar neutral in bezug auf Output und Beschäftigung, weil die Geldpolitik sie so vollständig akkommodiert, daß es weder zu einer Verschlechterung der internationalen Wettbewerbsfähigkeit noch zu einem Rückgang der Binnennachfrage via reale Geldmenge und Zinssätze kommt. Aber dieser Gewinn an realer Stabilität geht offensichtlich auf Kosten der nominellen Stabilität. Denn alle Lohnsteigerungen – wenigstens soweit sie über das Produktivitätswachstum hinausgehen – schlagen voll auf das Preisniveau durch; und wenn die Geldpolitik die Mengenwelt gegen alle nominellen Turbulenzen abschirmt, gibt es außer einer funktionierenden Einkommenspolitik nichts mehr, was einer explosiven Lohn-Preis-Spirale im Wege stehen könnte.

Alle diese realen Isolierungseffekte einer der Kaufkraftparität verpflichteten Wechselkurspolitik stehen und fallen mit der Neutralisierung der sekundären Kapitalmarkt-

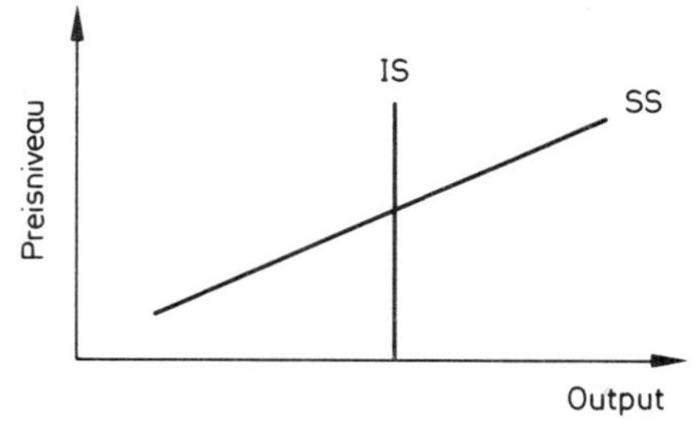

Abb. 4.9. Angebot und Nachfrage unter einer voll akkommodierenden Zins- und Wechselkurspolitik

---

77 Gefordert ist an sich, daß der *Realzins* konstant bleibt. Da aber im vorliegenden Zusammenhang der Trend des Preisniveaus nicht explizit berücksicht ist, wird auch die Unterscheidung zwischen Nominal- und Realzins hinfällig.

78 Sofern das Preisniveau noch über andere Kanäle auf die Güternachfrage einwirkt (kalte Progression, Realvermögenseffekte), wird die Nachfragekurve in Abb. 4.9 zwar steiler, aber nicht ganz vertikal.

effekte. Dornbusch (1982) hat darauf aufmerksam gemacht, daß bei ungenügend akkommodierender Geldmenge eine Kaufkraftparitätenregel den Output angesichts nomineller Schocks sogar *destabilisieren* kann. Wenn die Zentralbank etwa versuchen würde, die Terms-of-Trade-Effekte von Lohnsteigerungen durch vollständig sterilisierte Devisenmarktinterventionen zu neutralisieren, so bliebe zwar die internationale Wettbewerbsfähigkeit von den Folgen der höheren Löhne verschont, aber bei gegebener nomineller Geldmenge würde das höhere Preisniveau über den Kapitalmarkt zusätzliche Binnennachfrage verdrängen. Mit einem genügend hohen Grad an Reallohnresistenz ist in einer solchen Situation leicht vorstellbar, daß die Wechselkurspolitik nicht nur das Preisniveau, sondern auch die reale Nachfrage destabilisiert[79]. Einmal mehr illustriert Abb. 4.9 auch das Prinzip, daß eine akkommodierende Geldpolitik die realen Effekte autonomer Ausgabenänderungen (IS-Schocks) verstärkt. Dadurch, daß die Nachfragekurve vertikal verläuft, schlagen die Auslandskonjunktur, die Fiskalpolitik, die Investitionsneigung etc. mit ungedämpftem Multiplikator-Effekt auf den Output durch. Es bestätigt sich, daß es keine einfachen Regeln gibt, die eine Volkswirtschaft gegen alle destabilisierenden Einflüsse abschirmen. Was den Effekt des einen Schocks neutralisiert, erhöht die Anfälligkeit auf einen anderen. Die Stabilisierungspolitik muß grundsätzlich dort entgegenwirken, wo die jeweilige Störung lokalisiert ist[80]. Ihre traditionellen Instrumente setzen auf der Nachfrageseite an, und deshalb tut sie sich so schwer mit angebotsseitigen Störungen und Lohn-Preis-Schocks, angesichts derer sie keine andere echte Wahl hat, als sich im Dreieck von inflationärer Akkommodation, direkten Kontrollen und disziplinierender Stabilisierungskrise den Ort des kleinsten Übels zu suchen.

Auch was den Import konjunktureller Instabilität aus dem Ausland angeht, gibt es keinen totalen Schutz. Von den drei Kanälen der internationalen Konjunkturtransmission blockiert die in Abb. 4.9 beschriebene Kaufkraftparitätenregel immerhin zwei, nämlich den Finanzmarkt-Kanal und den Güterpreis-Kanal. Offen bleibt damit aber noch immer der dritte Kanal, nämlich die Transmission über den keynesianischen Außenhandelsmultiplikator. Oberflächlich betrachtet ließe sich argumentieren, daß die Wirkung der Auslandskonjunktur auf den inländischen Güterkreislauf durch gegenläufige Veränderung einer anderen autonomen Nachfragekomponente – also durch Fiskalpolitik – neutralisiert werden sollte. Aber damit wäre die Aussagefähigkeit des aggregativen Makro-Modells eindeutig überstrapaziert. Denn Binnennachfrage kann niemals, und vor allem nicht kurzfristig, ein vollkommenes Substitut für Exportnachfrage sein. Das einzige, was dem Exportsektor die Last der Anpassung an unstete Konjunkturverhältnisse im Ausland wenigstens partiell abnimmt, ist eine kompensierende Reaktion des realen Wechselkurses – was aber sogleich wieder Konsequenzen für Löhne, Preise und allenfalls auch den Kapitalmarkt hat.

Nichts führt somit an dem Fazit vorbei, das Cooper (1976, S. 578) aus dem Vergleich der alternativen Wechselkurssysteme gezogen hat:

> "A really open economy is open under fixed as well as flexible rates."

---

79 Diese Möglichkeit wird von Tabelle 4.1 (S. 163) illustriert, wo im Extremfall der vollständigen Reallohnresistenz der Output sowohl auf Lohnerhöhungen als auch auf *sterilisierte* Devisenmarktinterventionen mit einem *negativen* Vorzeichen reagiert, so daß die Stabilisierung des realen – oder auch nur nominellen – Wechselkurses den Output- und Beschäftigungseffekt der Lohnpolitik *verstärkt*.

80 Vergleiche hierzu auch die Diskussion bei Argy (1981), Kap. 32.

Wenn eine Unternehmung auf einem wichtigen Absatzmarkt mit unberechenbaren Nachfrageschwankungen konfrontiert ist, so kann sie darauf mit einer elastischen oder mit einer unelastischen Preispolitik reagieren, aber sie kann ihren Geschäftsgang nicht gegen die Vorgänge auf diesem Markt isolieren. Warum sollte es sich für eine offene Volkswirtschaft angesichts einer instabilen Weltkonjunktur anders verhalten?

Anhang: Die formale Struktur des DD-SS-Modells

Das Outputangebot ist eine Funktion des (in Outputeinheiten definierten) Reallohns:

A.4.1 $$Y^s = Y^s\left(\frac{w}{p}\right), \quad \delta Y^s/\delta \frac{w}{p} < 0$$

Das Nominallohnniveau w reagiert nach Maßgabe des Indexierungsgrades θ ($0 \leqslant \theta \leqslant 1$) auf Änderungen des Konsumentenpreisindex p_c:

A.4.2 $$w = \bar{w}_0 \cdot p_c^\theta$$

Für $\theta = 0$ reduziert sich A.4.2 auf $w = \bar{w}_0$, was dem Spezialfall der vollständigen Nominallohnrigidität entspricht, während umgekehrt $\theta = 1$ vollständige Reallohnresistenz bedeutet ($w/p_c = \bar{w}_0$). Der Konsumentenpreisindex ist ein gewichtetes Mittel der Binnengüterpreise p und der Importpreise ep*:

A.4.3 $$p_c = (ep^*)^\lambda \cdot p^{1-\lambda}$$

Hieraus folgt für das Outputangebot[81]

A.4.4 $$dY = -f_1 d\bar{w}_0 + f_2 dp - f_3 d(ep^*)$$

$$\text{wo} \quad f_1 = -\delta Y^s/\delta \frac{w}{p} > 0$$

$$f_2 = f_1[1 - \theta(1 - \lambda)] > 0$$

$$f_3 = \theta\lambda f_1 \geqslant 0$$

Die Bedingungen für das Bestandesgleichgewicht auf den Finanzmärkten und für das Kreislaufgleichgewicht auf dem Gütermarkt sind unverändert aus dem Anhang zu Abschnitt 3 übernommen und bilden zusammen mit der Angebotsgleichung A.4.4 das Modell, dessen qualitative Eigenschaften in Tabelle 4.1 (S. 163) zusammengestellt sind:

81 Wiederum gilt für den Ausgangszeitpunkt die Normierung $e = p = p^* = 1$.

$$\begin{array}{ll}
 & \text{A.3.9 (IS)} \\
\text{DD-Kurve} & \text{A.3.5 (MM)} \\
\text{SS-Kurve} & \text{A.3.6 (BB)} \\
 & \text{A.4.4 } (Y^s)
\end{array}
\begin{bmatrix} 1 & -k_1 & k_1 & -k_2 \\ m_4 & m_4 Y & m_1 & -m_2 \\ -b_4 & -b_4 Y & b_1 & b_2 \\ 1 & -f_2 & f_3 & 0 \end{bmatrix}
\begin{bmatrix} dY \\ dp \\ de \\ dr \end{bmatrix} =$$

$$= \begin{bmatrix} k_1 & k_3 & 0 & 0 & 0 & 0 & 0 \\ 0 & 0 & m_3 & 1-m_5 & -m_5 & -m_5 & 0 \\ 0 & 0 & b_3 & -b_5 & 1-b_5 & -b_5 & 0 \\ -f_3 & 0 & 0 & 0 & 0 & 0 & -f_1 \end{bmatrix}
\begin{bmatrix} dp^* \\ dF \\ dr^* \\ dM \\ dB \\ edB^* \\ d\bar{w}_0 \end{bmatrix}$$

Eine graphische Interpretation des Modells wird möglich, wenn A.3.5, A.3.6 und A.3.9 zu einer aggregierten Nachfragefunktion (DD-Kurve) und A.3.5, A.3.6 und A.4.4 zu einer aggregierten Angebotsfunktion (SS-Kurve) kondensiert werden, die je eine Relation zwischen dem Preisniveau und dem Output definieren. Die Steigungsmaße der beiden Kurven reflektieren die im Text (vgl. S. 161f.) beschriebenen direkten und indirekten Effekte, die eine Änderung des Preisniveaus auf die Güternachfrage bzw. auf das Güterangebot ausübt:

$$\left.\frac{dY}{dp}\right|_{DD} = -\frac{\varphi_1 k_1 + \varphi_2 k_2 Y + \varphi_3 k_1 Y}{\varphi_1 + \varphi_2 k_2 + \varphi_3 k_1} < 0$$

$$\left.\frac{dY}{dp}\right|_{SS} = \frac{\varphi_1 f_1 + \varphi_3 f_3 Y}{\varphi_1 - \varphi_3 f_3} \gtrless 0$$ (Die Abbildungen im Text unterstellen jeweils $\varphi_1 > \varphi_3 f_3$)

$$\begin{array}{ll} \text{wo} & \varphi_1 = b_1 m_2 + b_2 m_1 > 0 \\ & \varphi_2 = b_1 m_4 + b_4 m_1 > 0 \\ & \varphi_3 = b_2 m_4 - b_4 m_2 > 0 \end{array}$$

5. Ölpreis-Schocks

> "The two oil supply restrictions and energy price jumps were the most serious stagflationary jolts of modern peacetime historical experience."
> J. Tobin (1982, S. 301)

Es ist in den vorangegangenen Abschnitten schon mehrfach deutlich geworden, daß die Stabilisierungspolitik vor einem besonders schwierigen Problem steht, wenn eine Volkswirtschaft angebotsseitigen Störungen ausgesetzt ist. Eine augenfällige Quelle solcher Störungen war in der jüngeren Vergangenheit der Energiesektor, der durch die beiden Ölpreisschübe von 1973/74 („OPEC I") und 1979/80 („OPEC II") mit einem Schlag in den Mittelpunkt makroökonomischer Analysen rückte, nachdem er zuvor eher eine Domäne der Ökologie und Mikroökonomie gewesen war. Die neuen Problemstellungen trafen nicht nur die Wirtschaftspolitik, sondern auch die Wissenschaft schlecht vorbereitet. Selten zuvor waren die Ratschläge der Experten so weit auseinandergegangen, wie im Anschluß an die Ereignisse der Jahre 1973/74, als sich die Erdölpreise im oberen Wendepunkt der Weltkonjunktur innert kürzester Frist vervierfachten. Unter den vorgeschlagenen Maßnahmen waren mindestens die folgenden vier zu finden:

- *Gar nichts tun.* Argument: Die Ölpreiserhöhung bedeutet eine unvermeidliche Einkommenseinbuße und Verschiebung der relativen Preise für Konsumenten und Produzenten. Es gibt keinen Weg, wie die Wirtschaftspolitik dem privaten Sektor die hieraus resultierenden Anpassungszwänge abnehmen könnte.
- *Steuersenkungen.* Argument: Die Erdölpreiserhöhung hat auf die Wirtschaft den Effekt einer Steuererhöhung – mit dem Unterschied, daß die Einkünfte nicht der eigenen Regierung, sondern den erdölproduzierenden Ländern zufließen. Sollen die konjunkturellen Konsequenzen dieser Steuer vermieden werden, so muß die Fiskalpolitik durch Steuersenkungen kompensierend entgegenwirken.
- *Monetäre Restriktion.* Argument: Höhere Ölpreise dienen als „Ausrede" für Lohn- und Preissteigerungen im Inland, denen entgegenzuwirken Aufgabe der Geldpolitik ist. Da das langfristige Gleichgewichtsniveau des Realeinkommens zurückgeht, muß auch das mit Preisstabilität vereinbare Volumen der Geldversorgung zurückgehen.
- *Monetäre Akkommodation.* Argument: Durch die Erdölpreiserhöhung kommt es bei gegebenem nominellem Geldangebot zu einer Erosion der realen Geldmenge. Deren konjunkturelle Folgen lassen sich nur vermeiden, wenn die Geldpolitik den exogenen Niveau-Effekt auf die Güterpreise akkommodiert und die nominelle Geldmenge entsprechend ausdehnt.

Die Divergenzen zwischen den empfohlenen Maßnahmen spiegeln nicht nur unterschiedliche Prioritäten für verschiedene Ziele der Wirtschaftspolitik, sondern auch unterschiedliche Vorstellungen über das Verhalten der Wirtschaftssubjekte und die Funktionsweise der Märkte. Zudem ist klar ersichtlich, daß sich die kontroversen Argumente jeweils auf einzelne, partielle Aspekte und Kausalzusammenhänge stützen. Die Komplexität des wirtschaftspolitischen Problems rührt aber gerade daher, daß sich mehrere Effekte, basierend auf einer Vielzahl von Kausalzusammenhängen, überlagern. So ändern sich gleichzeitig relative und absolute Preise; d.h. es müssen Preisniveau *und*

Preisstruktur in die Analyse eingehen. Hierdurch tangiert sind Güterangebot *und* Güternachfrage; also müssen beide Seiten des Marktes studiert werden. Komplizierend kommt dazu, daß die Aggregate Wertschöpfung, Output und Realeinkommen, die zuvor für die allermeisten makroökonomischen Fragestellungen bedenkenlos als Synonyme verwendet werden konnten, von einem Ölpreis-Schock in ganz unterschiedlichem Grade tangiert werden können und deshalb nun sorgfältig unterschieden sowie auf ihre je eigenen Determinanten und Implikationen hin angesehen werden müssen. So hängt insbesondere der Realeinkommenseffekt einer Erdölpreisänderung entscheidend vom Netto-Ölexportstatus der betreffenden Volkswirtschaft ab. Ist sie ein Netto-Importeur, so stellt eine Ölpreiserhöhung eine Verschlechterung ihrer Terms of Trade und mithin einen Realeinkommensverlust dar. Ist sie selbst ein Ölproduzent und Netto-Exporteur, so kommt sie in den Genuß eines entsprechenden Realeinkommenszuwachses. Dies ändert aber nichts daran, daß ihr industrieller Sektor dennoch mit einer Verschiebung der relativen Preise konfrontiert ist und sogar noch zusätzliche Probleme aufgrund des induzierten sektoralen Strukturwandels und weiterer Sekundärwirkungen zu bewältigen hat. Diese speziellen Probleme energieproduzierender Industrienationen werden heute gemeinhin unter dem Begriff der „Holländischen Krankheit" (Dutch Disease) subsumiert und sind Gegenstand einer rasch wachsenden Literatur[82]. Die folgenden Überlegungen schließen diesen Problemkreis allerdings aus und konzentrieren sich auf die Anpassungsprobleme ölimportierender Länder – auf die Situation also, in der sich mit Ausnahme Großbritanniens alle großen Volkswirtschaften der OECD befinden. Im Interesse einer vereinfachten Exposition wird sogar vorausgesetzt werden, daß *alle* Energie, die in den Produktionsprozeß eingeht, importiert ist. Zu erörtern sind der Reihe nach der Realeinkommenseffekt sowie die angebots- und nachfrageseitigen Outputeffekte, die von einer Ölpreiserhöhung ausgehen und zusammen mit den induzierten Reaktionen der Wirtschaftspolitik und des privaten Sektors den Verlauf des Anpassungsprozesses bestimmen.

5.1 Der Realeinkommenseffekt

Jedes Lehrbuch der Makroökonomik entwickelt in einem Einleitungskapitel die definitorischen Zusammenhänge zwischen den einzelnen Aggregaten der volkswirtschaftlichen Gesamtrechnung und erklärt, daß das Sozialprodukt sowohl von der Entstehungs- als auch von der Verwendungsseite her berechnet werden kann. Auf der Verwendungsseite werden die Nachfragekomponenten zur gesamten Produktionsleistung einer Periode aufaddiert, und auf der Entstehungsseite werden die im Produktionsprozeß anfallenden Faktoreinkommen zum gesamten Volkseinkommen derselben Periode summiert. Die beiden Größen sind einander tautologisch gleich, was einfach die Tatsache zum Ausdruck bringt, daß jeder in einer Volkswirtschaft erbrachte Produktionswert jemandes Einkommen darstellen muß. Pro Kopf ausgedrückt, stellt diese Größe als durchschnittliche Arbeitsproduktivität bzw. als durchschnittliches Pro-Kopf-Einkommen den einfachsten

82 Vergleiche z. B. Buiter/Purvis (1981) und Bruno/Sachs (1982).

und verbreitetsten Wohlstandsindikator dar[83]. Es pflegt darauf hingewiesen zu werden, daß die Offenheit einer Volkswirtschaft an den tautologischen Identitäten nichts weiteres ändert, als daß auf der Verwendungsseite die Inlandsnachfrage um den Außenbeitrag und auf der Entstehungsseite die Faktorentgelte um den Saldo der grenzüberschreitenden Einkommen ergänzt werden müssen[84]. Weniger oft wird dagegen darauf aufmerksam gemacht, daß in einer offenen Volkswirtschaft die Ermittlung der *realen* Größen einer Ambivalenz unterliegt, der sie in der geschlossenen Volkswirtschaft nicht unterliegen würde. Es stellt sich nämlich die Frage, ob die volkswirtschaftliche Gesamtrechnung die reale Produktion *mengenmäßig* ausweisen soll, oder ob sie vielmehr die reale *Kaufkraft* des im Produktionsprozeß anfallenden Einkommens zum Maßstab nehmen sollte. Durch Verschiebungen der Terms of Trade können sich zwischen den beiden Konzepten beträchtliche Diskrepanzen ergeben. Die Kontroversen, die anläßlich der Entwicklung der methodischen Verfahren um diese Frage geführt worden waren, wurden zugunsten des Mengenkonzeptes entschieden (vgl. Ølgaard 1981). Den Ausschlag gab wohl, daß man die volkswirtschaftliche Gesamtrechnung auf die Fragestellungen ausrichten wollte, die die *keynesianische* Einkommens- und Beschäftigungstheorie an die Statistiker herantrug; und dort ist es ja die Produktions*menge*, die als unmittelbare Determinante des Beschäftigungsgrades der Ressourcen am meisten interessiert.

Die Konsequenz dieser statistischen Konvention ist, daß der direkte Realeinkommenseffekt von Terms-of-Trade-Änderungen in den realen Reihen der volkswirtschaftlichen Gesamtrechnung nicht sichtbar wird – eine Tatsache, die trotz ihrer mitunter bedeutenden quantitativen Tragweite auch innerhalb der Fachwelt nicht immer klar gesehen wird[85]. Abbildung 5.1 illustriert den Realeinkommenseffekt der beiden Erdölpreiserhöhungen von 1973/74 und 1979/80 am Beispiel zweier stark erdölabhängiger Länder, Japan und Schweiz. Die weißen Balken geben das Wachstum des realen Bruttosozialprodukts wieder, wie es in der volkswirtschaftlichen Gesamtrechnung ausgewiesen ist. Die schraffierten Balken messen das Wachstum des realen Brutto-Volkseinkommens, ermittelt durch Deflation des nominellen Bruttosozialprodukts mit dem Preisindex der Inlandsnachfrage. Dieser Index schließt die Preise der Importe im Ausmaß ihres Anteils an den Gesamtausgaben ein. Das so ermittelte Realeinkommen ist ein Maß für den Warenkorb, den sich die Inländer mit ihrem nominellen Einkommen erstehen können. Die Diskrepanz zwischen den beiden Balken entspricht dem sogenannten *Terms-*

83 Arbeitsproduktivität und Pro-Kopf-Einkommen unterscheiden sich in der Praxis natürlich dadurch, daß beim einen die Zahl der Erwerbstätigen, beim anderen die Zahl der Einwohner eines Landes als Maßstab dient.

84 In der Praxis nimmt die volkswirtschaftliche Gesamtrechnung auch die entstehungsseitige Korrektur auf der Verwendungsseite vor: Grenzüberschreitende Arbeits- und Kapitaleinkommen bilden die Differenz zwischen Bruttoinlands- und Bruttosozialprodukt, während importierte Vorleistungen ebenso wie Fertigprodukte in den Außenbeitrag eingehen.

85 Anekdotische Evidenz für diese Feststellung bietet folgende Episode: Im Frühjahr 1980 deuteten erste Schätzungen für das schweizerische Bruttoinlandsprodukt von 1979 auf eine nahezu gänzliche reale Stagnation hin. Dies gab zu einigem Rätselraten Anlaß, war doch nach allgemeinem Eindruck das Jahr 1979 recht gut gelaufen. Die Spekulationen konzentrierten sich bald auf die Terms of Trade, und man rechnete aus, daß der durch den 2. Ölpreis-Schock bewirkte Ressourcentransfer an die OPEC 1979 etwa 2% des Sozialprodukts in Anspruch nahm – wie wenn sich ein solcher Transfer in den realen Mengenkonzepten der volkswirtschaftlichen Gesamtrechnung überhaupt niederschlagen würde! Wenig später löste sich das Rätsel auf, als die ersten Sozialproduktsschätzungen um ca. 2% nach oben revidiert werden mußten.

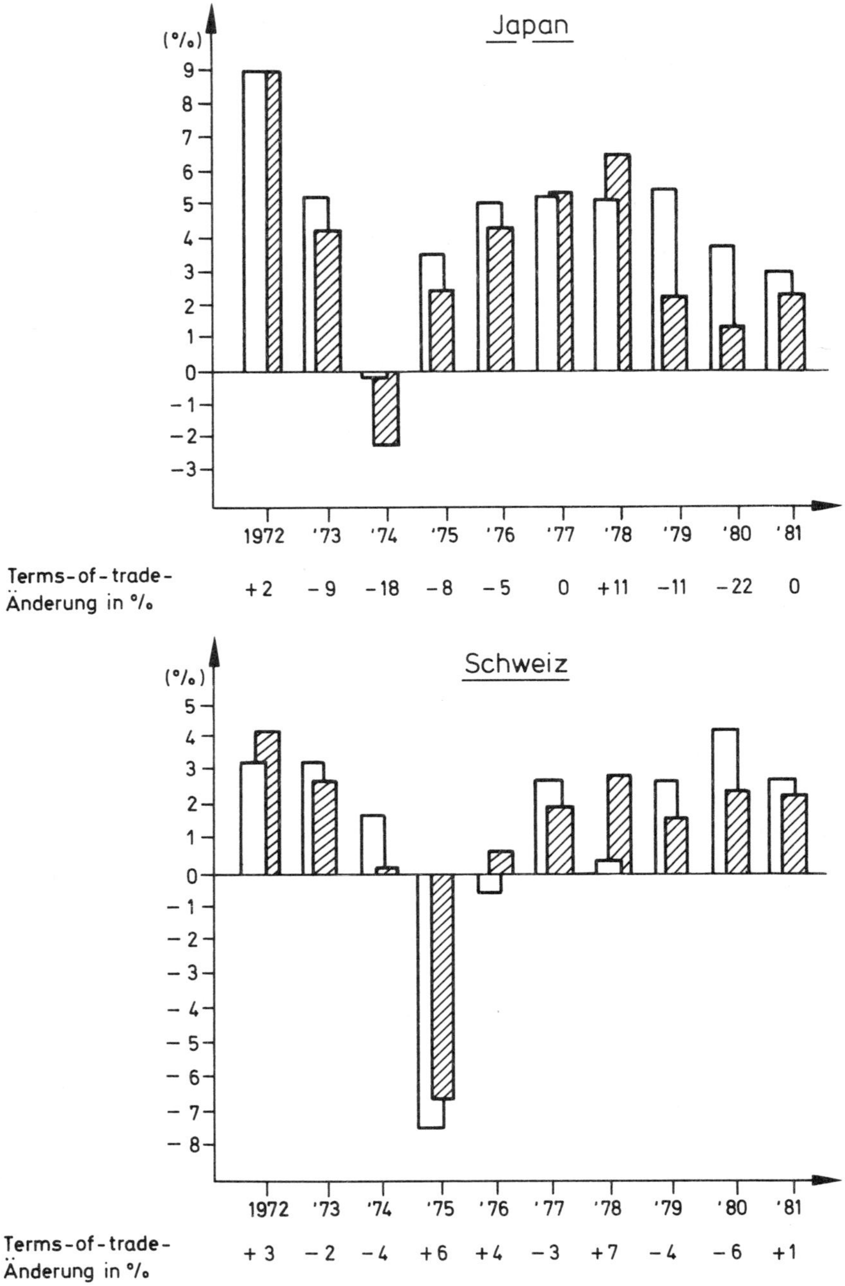

weiße Balken: Wachstumsrate des realen Bruttosozialprodukts
schraffierte Balken: Wachstumsrate des realen Brutto-Volkseinkommens

Abb. 5.1. Der Terms-of-Trade-Effekt am Beispiel Japans und der Schweiz, 1972–1981
Quellen: Japanese Government, Economic Planning Agency: Survey of Japan 1980/81, Tokyo 1981, und OECD: Economic Survey of Japan, July 1982. Daten aus der Nationalen Buchhaltung der Schweiz

of-Trade-Effekt[86]. Verschlechtern sich die Terms of Trade, so liegt die Wachstumsrate des Realeinkommens unter derjenigen des realen Sozialprodukts (und vice versa)[87].

Für beide Länder sind die Spuren der beiden Ölpreis-Schocks deutlich zu erkennen. Japan verlor in den Jahren 1973 und 1974 insgesamt 3% seines Sozialprodukts durch die Verschlechterung der Terms of Trade. 1979 und 1980 waren es zusammen über 5% (eines inzwischen um nahezu 30% größer gewordenen Sozialprodukts!). Für die Schweiz belief sich der Einkommenstransfer auf 2% des Sozialprodukts 1973/74 und auf etwas über 2,5% 1979/80. Auch in den übrigen Jahren treten Diskrepanzen aufgrund von Terms-of-Trade-Änderungen auf. Besonders klar erkennbar sind die wechselkursbedingten Realeinkommensgewinne von 1978. Durch die Terms-of-Trade-Korrektur kann sich sogar das Vorzeichen der Wachstumsrate umkehren (wie im Falle der Schweiz 1976). In Abb. 5.1 nicht dargestellt, aber in den Daten ebenfalls leicht feststellbar sind die Auswirkungen des Realeinkommenseffekts auf die Konsumausgaben.

Natürlich beschränken sich die Wohlstandswirkungen einer Erdölpreisänderung nicht nur auf den in Abb. 5.1 illustrierten Terms-of-Trade-Effekt. Denn das Wachstum des Realeinkommens setzt sich ja zusammen aus dem Wachstum seiner Mengenkomponente, also des Sozialprodukts, und der Änderung der Bewertung des Sozialprodukts in Einheiten der von den Wirtschaftssubjekten gekauften in- und ausländischen Güter. Der Terms-of-Trade-Effekt bezieht sich auf die zweite Komponente. Nicht minder wichtig ist aber die erste Komponente. Die Auswirkungen auf die Mengenwelt werden im folgenden zunächst unter angebotsseitigen, danach unter nachfrageseitigen Aspekten erörtert.

5.2 Angebotsseitige Effekte auf die reale Produktion

Die angebotsseitigen Auswirkungen einer Erdölpreiserhöhung auf Output und Beschäftigung lassen sich aus der Rolle des Erdöls im Entscheidungskalkül der Güterproduzenten ableiten. Die Gewinnmaximierungsbedingung des Lehrbuchs besagt, daß Güterangebot und Arbeitsnachfrage bis zu dem Punkt ausgedehnt werden, wo das Grenzprodukt der Arbeit die marginalen Arbeitskosten gerade noch deckt (Grenzproduktivitätslohnbedingung). Nun geht mit der importierten Energie ein zweiter variabler Input in den Produktionsprozeß ein. Dabei sei vorderhand einmal angenommen, daß der Energiebedarf pro Outputeinheit eine technologische Konstante ist. Offensichtlich muß der Grenzerlös des gewinnmaximierenden Unternehmers nun die *Summe* der marginalen Arbeits- und Energiekosten decken (vgl. Findlay/Rodriguez 1977). Dies bedeutet, daß jeder Anstieg der realen Energiekosten, der nicht durch einen kompensierenden Rückgang der realen Lohnkosten neutralisiert wird, eine Einschränkung des Güterangebots

86 Es gibt mehrere alternative Methoden zur Ermittlung des Terms-of-Trade-Effektes; vgl. Ølgaard (1981) und Gutmann (1981). Bei keinem der von Gutmann betrachteten OECD-Länder hat die Wahl der Berechnungsmethode einen nennenswerten Einfluß auf die Ergebnisse gehabt.

87 Diese Aussage ist genau genommen nur bei ausgeglichener Ertragsbilanz korrekt. Besteht ein außenwirtschaftliches Ungleichgewicht, so haben auch gleichläufige und gleich starke Änderungen der Import- und Exportpreise Realeinkommenseffekte. So weist z.B. Abb. 5.1 sowohl für Japan als auch die Schweiz im Jahre 1981 einen Realeinkommenstransfer ans Ausland aus, obwohl die Terms of Trade beider Länder in etwa konstant blieben. Dies erklärt sich daraus, daß die ölpreisbedingten Ertragsbilanzdefizite der beiden Länder die steigenden Importpreise stärker ins Gewicht fallen ließen als die verbesserten Exportpreise.

und der Arbeitsnachfrage nach sich zieht. Aus der Sicht des Unternehmers wirkt die Verteuerung der Energie ähnlich wie ein Produktivitätsrückgang, der die Rentabilität der Produktion senkt.

Abbildung 5.2a bringt diesen Tatbestand dadurch zum Ausdruck, daß sich die klassische Arbeitsnachfragefunktion $N^D(w/p)$ nach unten verlagert ($N_0^D \rightarrow N_1^D$). Wenn N^f die Vollbeschäftigungsschwelle markiert, die hier als reallohnunabhängig vorgegeben sei, so sinkt das vollbeschäftigungskonforme Reallohnniveau $(w/p)^f$ offenkundig von $(w/p)_0^f$ auf $(w/p)_1^f$. Übersetzt in den Preis-Output-Raum (Abb. 5.2c), impliziert der Rückgang der Arbeitsnachfrage einen Rückgang des Outputangebots, der bei gegebenen Nominallöhnen durch eine Linksverschiebung der aggregierten Angebotsfunktion dargestellt werden kann ($SS_0 \rightarrow SS_1$). Der Vollbeschäftigungsoutput Y^f wird von den Unternehmungen nur dann weiterhin produziert, wenn das Preisniveau von p_0 auf p_1 steigt – gerade genug, um den gemäß Abb. 5.2a erforderlichen Reallohnabbau zustandezubringen. Die Vorstellung, eine Volkswirtschaft könne einen Ölpreis-Schock ohne Anstieg des internen Preisniveaus verarbeiten, setzt offensichtlich voraus, daß die Reallohnkorrektur mit Leichtigkeit durch sinkende Nominallöhne zu bewerkstelligen sei. Wenn es so wäre, würde die aggregierte Angebotsfunktion überhaupt nicht tangiert, weil sich die Auswirkungen steigender Ölpreise und sinkender Nominallöhne gerade kompensieren. Unter der realistischeren Annahme, daß die Nominaleinkommen nach unten rigide sind, muß das Preisniveau jedoch nach Maßgabe der nominellen Energiepreiserhöhung und des Energiekostenanteils steigen.

Gar nichts ändert sich demgegenüber an der physischen Produktionsfunktion in Abb. 5.2b, solange die vereinfachende Annahme eines konstanten Energiekoeffizienten

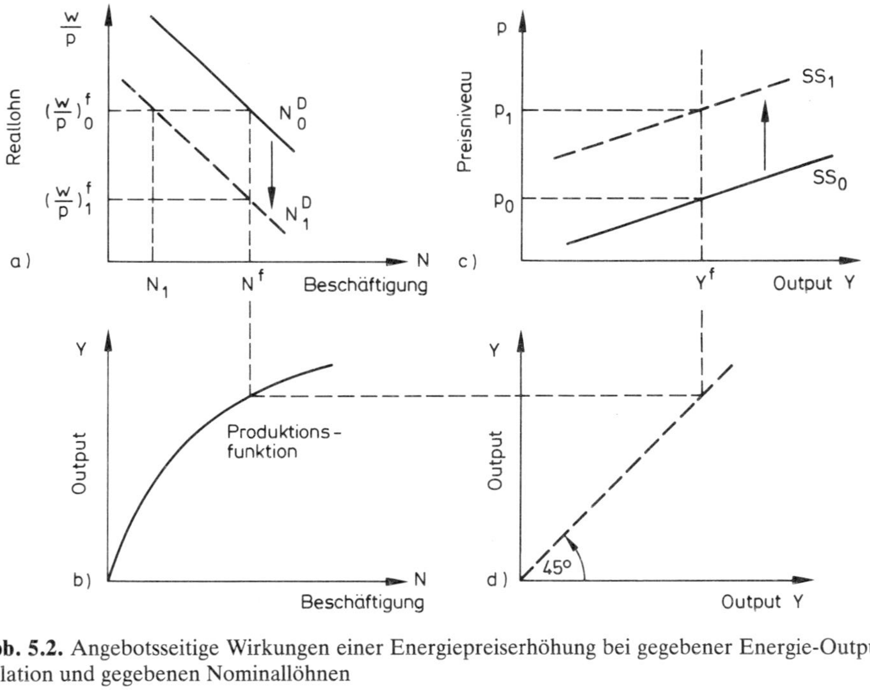

Abb. 5.2. Angebotsseitige Wirkungen einer Energiepreiserhöhung bei gegebener Energie-Output-Relation und gegebenen Nominallöhnen

beibehalten wird, d.h. Substitutionsprozesse aus der Betrachtung ausgeschlossen bleiben[88]. Diese Vereinfachung macht deutlich, daß der erforderliche Reallohnrückgang nicht einfach eine wegen sparsameren Energieeinsatzes verringerte physische Produktivität der Arbeit reflektiert, wie es oft dargestellt wird, sondern einfach den Anteil der Arbeitnehmer an der gesamtwirtschaftlichen Realeinkommenseinbuße. Verteilungspolitisch bedeutet dies, daß zwar Ansprüche auf den Vollbeschäftigungsoutput zu Lasten der Inlandseinkommen an die Energielieferanten transferiert werden, die Aufteilung des verbleibenden Rests zwischen Löhnen und Gewinnen aber konstant bleibt[89]. Der Reallohnrückgang von $(w/p)_0^f$ auf $(w/p)_1^f$ (in Abb. 5.2a) ist mithin gleichzeitig vollbeschäftigungskonform und verteilungsneutral.

Wehren sich die Arbeitnehmer mit Erfolg gegen dieses Opfer, so kommt es unvermeidlich zu Arbeitslosigkeit: Bei gegebenem realem Ölpreisanstieg geht die Beschäftigung von N^f auf N_1 zurück (vgl. Abb. 5.2a). In dem Grade, wie das Erdöl auch direkt in den Konsum eingeht (Heizung, Verkehr), bedeutet Reallohnresistenz für die Unternehmer sogar steigende reale Lohnkosten, und die Beschäftigung müßte noch stärker zurückgehen. Die Konsequenzen der Reallohnresistenz für die Rentabilität der Produktion werden zwar dadurch abgeschwächt, daß die steigenden Löhne und Preise die reale Last der Ölverteuerung bis zu einem gewissen Grade wieder ins Ausland zurückwälzen, wie es zwischen 1974 und 1978 vielerorts geschehen ist. Ein gänzliches „Weginflationieren" des realen Ölpreisanstiegs wäre allerdings nicht nur wegen der erforderlichen Dimension des internen Inflationsprozesses utopisch, sondern scheidet auch aus, weil plausiblerweise davon ausgegangen werden muß, daß es bei gegebener Monopolmacht der OPEC der *reale* Ölpreis ist, der als Datum anzusehen ist. Wählt die OPEC den US-Dollar oder einen gewichteten Währungskorb zum Maßstab des realen Ölpreises, so behalten andere Länder allerdings immer noch die Option, ihre reale Ölrechnung durch Manipulation ihres Preisniveaus oder Wechselkurses zu beeinflussen. Dieser Effekt hat in Ländern mit besonders starken (bzw. schwachen) Währungen einige Bedeutung erlangt. Extrem ist das Beispiel der Schweiz, für die der reale Preis importierter Erdölprodukte im 3. Quartal 1978 aufgrund der Wechselkursentwicklung um mehr als 40% unter dem Höchststand von 1974 lag und sich nur noch auf das 1½fache des Niveaus von 1972 belief[90]. Auch wenn für die Hartwährungsländer immer noch eine erhebliche reale Verteuerung des Erdöls verblieb, erleichterte die Verbesserung der Terms of Trade – aus den in Abschnitt 4 beschriebenen Gründen – immerhin die noch erforderliche Anpassung der realen Lohnkosten.

Wie schon weiter oben erwähnt, sind im Anpassungsverhalten der Löhne erhebliche internationale Unterschiede zu beobachten. Ebenso deutliche Unterschiede lassen sich in den Reaktionen auf den ersten und zweiten Ölpreis-Schock feststellen. Tabelle 5.1 gibt eine Übersicht über die Fakten. Dargestellt sind die prozentualen Änderungen der von der OECD als *„Reallohn-Lücke"* definierten und berechneten Größe. Die Reallohn-Lücke

---

88 Dies setzt allerdings auch einen unveränderten Nutzungsgrad des bestehenden Kapitalapparats voraus – eine Annahme, auf die weiter unten noch zurückzukommen sein wird.

89 Es läßt sich für diesen Fall leicht zeigen, daß Lohn-, Gewinn- und Volkseinkommen alle um denselben Faktor sinken.

90 Real = gemessen am Deflator des Bruttoinlandsprodukts (Quelle für die Preisindizes: Die Volkswirtschaft, verschiedene Ausgaben). Zum Vergleich: In den sieben großen Volkswirtschaften der OECD lag der reale Importpreis des Erdöls 1978 durchschnittlich um 140% über dem Niveau von 1972 (Siehe OECD, Economic Outlook, July 1980, S. 116).

Tabelle 5.1. Veränderung der Reallohn-Lücke in 8 Ländern, 1972–1981 (Angaben in %, bezogen auf die ganze Länge des jeweils angegebenen Zeitraums)

	1972–1975 (OPEC I)	1975–1979	1979–1981 (OPEC II)
Vereinigte Staaten	– 1,8	– 0,5	–0,3
Japan	+13,8	– 8,0	–0,3
Deutschland	+ 2,1	– 5,7	+1,9
Frankreich	+ 7,7	– 3,4	+3,6
Großbritannien	+10,6	–10,5	+3,7
Italien	+ 6,1	– 3,5	+3,3
Kanada	+ 4,6	– 1,4	+0,2
Schweiz	+ 4,1	– 4,3	–0,3

Quelle: OECD, Economic Outlook, December 1981, sowie eigene Berechnungen (für die Schweiz).

läßt sich – mit einigen Vorbehalten – als Diskrepanz zwischen tatsächlichem und vollbeschäftigungskonformem Reallohnniveau auffassen. Ihre Änderungsrate zeigt an, in welchem Grade die Entwicklung der Löhne auf das physische Produktivitätswachstum und auf Terms-of-Trade-bedingte Realeinkommenseffekte Rücksicht nimmt. Tabelle 5.1 beschreibt die Bewegungen der Reallohn-Lücke in den sieben großen Volkswirtschaften der OECD und der Schweiz während dreier Zeitabschnitte: 1972–1975 (OPEC I), 1979–1981 (OPEC II) und während der dazwischenliegenden Jahre 1975–1979. Das Bild, das sich bietet, läßt sich wie folgt zusammenfassen:

- Von den Vereinigten Staaten abgesehen, hat die Lohnpolitik auf den ersten Ölpreis-Schock überall betont expansiv reagiert. Statt der Realeinkommenseinbuße Rechnung zu tragen, hat die Reaktion der Löhne den Angebots-Schock verstärkt, am krassesten in Japan und in Großbritannien. In den USA, dem einzigen Land, wo sich die Löhne situationsgerecht verhalten haben, ist die starre und vollständige Indexierung der Nominallöhne bei weitem nicht so verbreitet wie anderswo, so daß ein steigendes Preisniveau die erforderliche Reallohnkorrektur besorgen konnte.
- Eine deutliche Umkehr der vorangegangenen Fehlentwicklungen läßt sich für den Zeitraum 1975–1979 beobachten – primär ein Reflex der hohen Arbeitslosigkeit[91], in den meisten Ländern aber auch begünstigt von einer Verbesserung der Terms of Trade.
- Auf den zweiten Ölpreis-Schock, der von vergleichbarer Dimension war, haben die Löhne ausnahmslos mit mehr Zurückhaltung reagiert als sechs Jahre zuvor. Eklatant ist das Beispiel Japans, wo die Lohnentwicklung den Terms-of-Trade-Rückschlag vollständig verarbeitet hat, nachdem es beim ersten Mal noch zu einer regelrechten Lohnexplosion gekommen war. Dahingestellt sei, inwieweit die durchwegs mäßigere Reaktion auf den zweiten Ölpreis-Schock ein Reflex der gewachsenen Einsicht in die gesamtwirtschaftlichen Zusammenhänge war, und inwieweit die allerwärts weniger günstige Ausgangssituation auf den Arbeitsmärkten einen mäßigenden Einfluß ausgeübt hat.

91 Vergleiche hierzu die Lohngleichungen von Sachs (1979), der für Länder mit hochgradig inflationsresistenten Reallöhnen einen ausgeprägten Einfluß der Arbeitsmarktlage auf das Reallohnwachstum festgestellt hat.

Die Ziffern in Tabelle 5.1 vermitteln nur ein grobes Bild der Entwicklungen und sollten nicht überinterpretiert werden. Insbesondere ist in Rechnung zu stellen, daß nur die direkten Lohnzahlungen und nicht auch die Lohnnebenkosten erfaßt sind, und daß die großen Unterschiede zwischen den einzelnen Zeitabschnitten zu einem guten Teil vom zyklischen Verhalten der Arbeitsproduktivität mitverursacht sein dürften. Dennoch scheint der Schluß gerechtfertigt, daß die Reallöhne im Vergleich der beiden Ölpreis-Schocks 1973/74 und 1979/80 das zweite Mal ungleich flexibler reagiert haben. Die Frage, inwieweit sich dies im Verhalten der Beschäftigung und der Produktionsmengen niederschlug, wird unten im Anschluß an die Analyse der nachfrageseitigen Entwicklungen aufgegriffen werden.

Substitutionsprozesse

Was ändert sich an den bisher beschriebenen Zusammenhängen zwischen Energiepreisen, Löhnen, Einkommen und Beschäftigung, wenn der Energiekoeffizient nicht eine technologisch vorbestimmte Konstante ist, sondern sich im Zuge von energiepreis-induzierten Substitutionsprozessen ändert? Läßt die Produktionstechnologie die Substitution der Produktionsfaktoren zu, steht der Output bei gegebenem Kapitalstock nicht mehr in einer umkehrbar eindeutigen Beziehung zum Arbeitsinput, sondern hängt auch von der Energieintensität der Produktion ab, die ihrerseits eine Funktion des relativen Energiepreises ist. Wie Abb. 5.3 illustriert, hat dies zur Konsequenz, daß eine reale Energiepreiserhöhung nicht nur zu einer Verlagerung der Arbeitsnachfragefunktion führt (wie in Abb. 5.2), sondern wegen der rückläufigen Energieintensität der Produktion auch zu

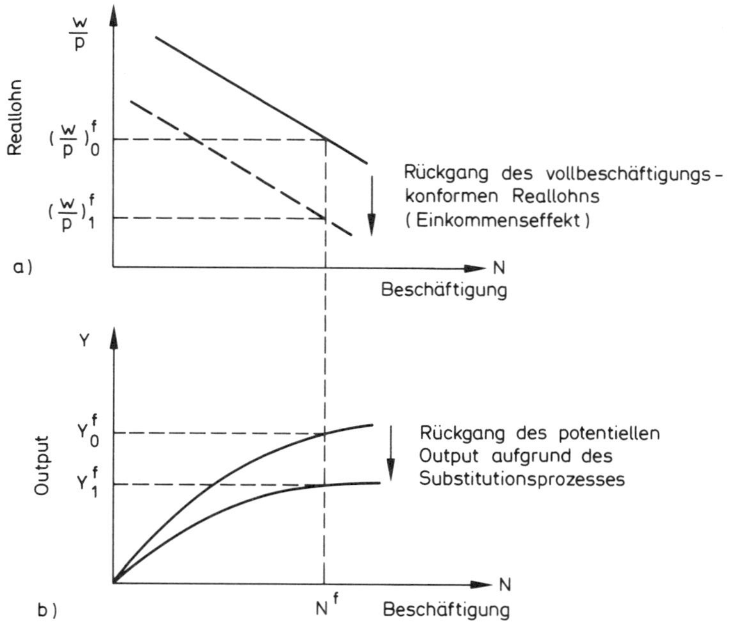

Abb. 5.3. Angebotsseitige Wirkungen einer Energiepreiserhöhung bei variabler Energie-Output-Relation

einem Rückgang der physischen Arbeitsproduktivität und mithin des bei Vollbeschäftigung produzierbaren potentiellen Output Y^f ($Y_0^f \rightarrow Y_1^f$).

Wie wirkt sich der Substitutionsprozeß auf die Arbeitsnachfrage und auf das vollbeschäftigungskonforme Reallohnniveau aus? Einerseits *steigt* die Arbeitsintensität der Produktion, d.h. die Arbeitsnachfrage pro Outputeinheit. Der Kehrwert der Arbeits*intensität* ist jedoch die Arbeits*produktivität,* die natürlich in gleichem Maße *sinkt.* Es läßt sich denn auch zeigen, daß die Energiepreiselastizität des Vollbeschäftigungsreallohns $(w/p)^f$ für *marginale* Energiepreisänderungen *unabhängig* vom Grad der Substituierbarkeit der Energie ist. Es kommt nur darauf an, wie groß der Anteil der Energie an den gesamten Produktionskosten ist[92]. Für *große* Energiepreisänderungen, wie sie 1973/74 und 1979/80 eingetreten sind, ist allerdings zu berücksichtigen, daß der Energiekostenanteil selbst eine Funktion der Substitutionselastizität ist: Je schwächer die Substitution, desto größer der Anstieg des Energieanteils und desto gravierender mithin der Einkommenseffekt und der erforderliche Reallohnverzicht.

Sehr viel direkter wirkt sich demgegenüber das Ausmaß der Energiesubstitution auf das Outputpotential aus. Wird die Reaktion der Energieintensität auf Änderungen des realen Energiepreises durch eine Substitutionselastizität zum Ausdruck gebracht[93], so berechnet sich der Rückgang des Outputpotentials, wie im Anhang gezeigt ist, als das Produkt dieser Elastizität und des in Abb. 5.3b abgebildeten Reallohn- bzw. Einkommenseffektes. Was dies bedeutet, läßt sich anhand zweier leicht verständlicher Spezialfälle veranschaulichen. Der eine Spezialfall ist die populäre Cobb-Douglas-Produktionsfunktion, die alle Substitutionselastizitäten auf Eins normiert und somit impliziert, daß Änderungen der relativen Preise die Faktorkostenanteile nicht tangieren. Aus dieser Konstanz der Einkommensquoten folgt, daß der Vollbeschäftigungsreallohn $(w/p)^f$ und der Vollbeschäftigungsoutput Y^f um denselben Faktor zurückgehen müssen, wenn sich die Energie verteuert. Ist die Substitutionselastizität dagegen null, wie es oben in Abb. 5.2 angenommen worden war, so bleiben die Energieintensität, die Arbeitsproduktivität und folglich auch der Vollbeschäftigungsoutput konstant.

Eine interessante Konsequenz dieser Zusammenhänge ist, daß die Auswirkungen eines Ölpreis-Schocks auf das reale Volkseinkommen und das reale Produktionspotential in ganz unterschiedlicher Weise vom Grad der Substitutionsmöglichkeiten abhängen. Einerseits fällt die durch den Rückgang des vollbeschäftigungskonformen Reallohns zum Ausdruck gebrachte Einkommenseinbuße bei diskreten Energiepreissprüngen um so *geringfügiger* aus, je größer die Substitutionselastizität ist. Diese ist gewissermaßen ein Indikator für die Fähigkeit einer Volkswirtschaft, einem Ölpreis-Schock „auszuweichen". Andererseits schlägt sich der Substitutionsprozeß aber auch in einer reduzierten Produktionsmenge pro Arbeits- und Maschinenstunde nieder. Physische Output- und Produktivitätsziffern weisen deshalb – von extremen Parameterkonstellationen abgesehen[94] – einen um so *stärkeren* Energiepreiseffekt aus, je besser die Substitutionsmöglichkeiten sind.

Die Größenordnung des Energiepreiseffekts auf das Produktionspotential ist für verschiedene Fragestellungen von zentraler Bedeutung. Nicht nur steht die Wachstums-

---

92 Siehe Gleichung A.5.9 im Anhang.

93 Dies ist möglich, solange die zugrundeliegende Produktionsfunktion eine CES-Funktion ist.

94 Wie Gleichung A.5.6 im Anhang erkennen läßt, kann der Zusammenhang zwischen dem Rückgang des Produktionspotentials und der Substitutionselastizität negativ werden, wenn der Energiepreis-Schock genügend stark und die Substitutionselastizität genügend hoch ist – eine Möglichkeit, mit der unter plausiblen Werten dieser Größen nicht zu rechnen ist.

forschung vor dem Problem, wieviel von der Wachstumsschwäche der 70er Jahre sie den Energiepreisen zurechnen kann; auch die Träger der Stabilisierungspolitik sind darauf angewiesen zu wissen, wieviel Outputeinbuße als langfristig unvermeidliche Folge höherer Energiepreise hingenommen werden muß, und wieviel als sekundäre zyklische Folgeerscheinung durch aktives Gegensteuern vermeidbar ist. Die bisher vorliegenden Schätzungen gehen weit auseinander und unterscheiden sich z. T. um zweistellige Faktoren. Während Berechnungen, die sich auf die Methoden der Wachstumsbuchhaltung stützen, nur einen geringfügigen Einfluß der Energiepreisänderungen nahelegen[95], haben Studien von Rasche/Tatom (1977, 1981) Aufsehen erregt, die für verschiedene Länder Produktionsfunktionen mit Kapital, Arbeit und dem realen Energiepreis als Argumenten geschätzt haben und zum Schluß kommen, daß z. B. die Vereinigten Staaten aufgrund der Energiesubstitution allein zwischen 1973 und 1977 7% ihres Produktionspotentials – Japan sogar 17% – eingebüßt haben. Rasche und Tatom folgern, daß traditionelle Potential-Output-Reihen den Spielraum einer expansiven Konjunkturpolitik im Anschluß an den Einbruch von 1974/75 viel größer haben erscheinen lassen, als er in Wirklichkeit war, und daß generell eine akkommodierende Reaktion der Nachfragepolitik auf einen Ölpreis-Schock unangebracht sei, weil eine konstante nominelle Gesamtnachfrage selbst bei gestiegenem Preisniveau ausreiche, das niedrigere Güterangebot zu absorbieren.

Die wichtigsten der für das Ausmaß des Energiepreiseffektes relevanten Gesichtspunkte sind

1. *Das Ausmaß der Energiesubstitution.* Rasche und Tatom verwenden als Berechnungsgrundlage eine Cobb-Douglas-Produktionsfunktion und unterstellen dadurch für die Energieintensität der Produktion a priori eine Preiselastizität von Eins. Von den Schätzungen, die sich auf direkte Mengenbeobachtungen stützen, legen allerdings die wenigsten einen größeren Wert als 0,25 nahe[96].

2. *Die Größenordnung des Energiekostenanteils.* Auch hier liegen die bei Rasche und Tatom implizit unterstellten Kostenanteile von ca. 10% für die USA, Frankreich und Kanada sowie von fast 19% für Japan weit über den von direkten Schätzungen nahegelegten Werten, die sich im Umkreis von 5% bewegen[97].

3. *Der Einfluß zyklischer Faktoren:* Beide Ölpreis-Schocks waren weltweit von scharfen zyklischen Abschwüngen gefolgt. Aufgrund der Verzögerungen in der Anpassung der Arbeitsnachfrage pflegen Produktionsfunktionen den Output in solchen Episoden zu überschätzen (Okun-Effekt). Es ist daher anzunehmen, daß der von Rasche und Tatom als zusätzliches Argument in die Produktionsfunktion aufgenommene reale

---

95 Vergleiche z. B. Denison (1979), S. 138ff.

96 Im Zeitraum 1970–1981 reagierte die Energieintensität der Produktion in 13 OECD-Ländern auf den ungefähr verdoppelten realen Energiepreis mit einem Rückgang von ca. 15% – nicht 50%, wie es eine Cobb-Douglas-Technologie erwarten ließe (vgl. OECD, Economic Outlook, July 1982, S. 45). Die Zahlen der OECD lassen zwar nur bedingte Rückschlüsse auf technologische Substitutionselastizitäten zu, liegen aber im Bereich dessen, was andere Schätzungen (z. B. von Perry 1977) nahelegen; vgl. hierzu auch Dohner (1981).

97 Vergleiche z. B. die von Denison (1979, S. 138) diskutierten Studien, die für die USA das Gewicht der Energie *nach* dem ersten Ölpreis-Schock auf 4,6% bis 5% schätzen. Die hohe Ziffer, die Rasche und Tatom für Japan suggerieren, kontrastiert mit den Angaben der japanischen Economic Planning Agency (Survey of Japan 1980/81, S. 92), wonach die Energiekosten im Durchschnitt aller Industriesektoren unter 4% des gesamten Produktionswerts liegen.

Energiepreis diesen zyklischen Effekt eingefangen und als substitutionsbedingten Rückgang des Produktionspotentials hat erscheinen lassen[98].

4. *Output vs. Wertschöpfung:* Produktionstheoretisch begründbare Outputeffekte von Energiepreisänderungen beziehen sich auf den Brutto-Output. In einer energie-importierenden Volkswirtschaft schlägt sich aber nur ein Bruchteil eines energiepreis-induzierten Rückgangs des Brutto-Output im Sozialprodukt nieder. Denn dieses mißt ja die aggregierte Wertschöpfung, also den Netto-Output nach Abzug importierter Rohstoffe und Vorleistungen[99]. Wenn ein Anstieg des realen Energiepreises den Brutto-Output reduziert, so sinkt a fortiori auch die Energieeinfuhr. Die hieraus resultierende Nettowirkung auf das potentielle Sozialprodukt ist im Anhang abgeleitet[100]. Dabei zeigt sich, daß *marginale* Änderungen im Preis der importierten Energie zwar das Brutto-Produktionspotential nach Maßgabe des substitutionsbedingten Produktivitätsrückgangs verringern, daß aber die Sozialproduktstatistik aufgrund ihres Berechnungsverfahrens davon überhaupt nichts registriert. Selbst bei einer Verdoppelung des realen Energiepreises ist es unwahrscheinlich, daß sich der Rückgang der potentiellen Wertschöpfung auf mehr als die Hälfte des Brutto-Effekts beläuft[101].

Ein stilisiertes Bild von der unterschiedlichen Reaktionsweise des realen Volkseinkommens, der realen Bruttoproduktion und des realen Sozialprodukts vermittelt Abb. 5.4. Dargestellt ist der *Niveaueffekt,* den ein Ölpreis-Schock in der *Trendentwicklung* der drei Aggregate verursacht. Die Diskrepanz zwischen der Einkommens- und der Outputentwicklung reflektiert einfach die Tatsache, daß die Energielieferanten durch die Preiserhöhung ihren Anteil an der inländischen Produktion erhöhen können. Wie oben erwähnt, lautet die Bedingung hierfür, daß die Preiselastizität der Energieintensität kleiner als Eins ist. Der Niveauunterschied zwischen Output und Wertschöpfung ist eine Folge der mengenmäßig verringerten Energieeinfuhr.

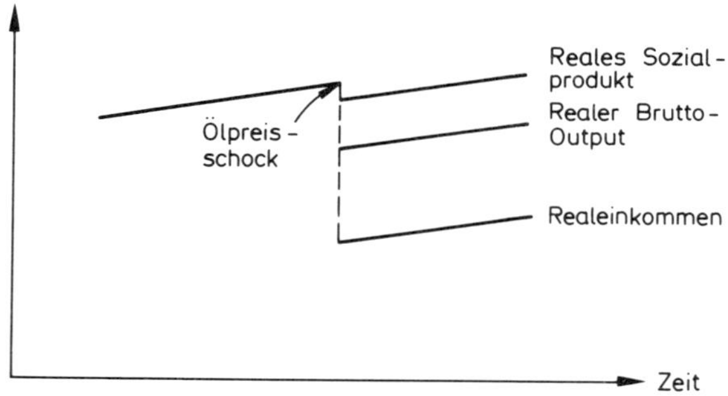

Abb. 5.4. Niveau-Effekt eines Ölpreis-Schocks auf die Trendentwicklung von Wertschöpfung, Output und Einkommen

98 Vergleiche hierzu auch Gordon (1981) und Darby (1982).

99 Soweit die in den Produktionsprozeß eingehende Energie im Inland erzeugt ist, sollte sie korrekterweise nicht als unabhängiger Produktionsfaktor in eine Produktionsfunktion aufgenommen werden, weil sie ja selbst wieder mit Kapital und Arbeit produziert worden ist; vgl. hierzu Darby (1981) und Denison (1979, S. 139).

100 Vergleiche Gleichungen A.5.11 und A.5.12, S. 205.

101 Vergleiche hierzu Darby (1981), der diesen Effekt anhand des Cobb-Douglas-Falls diskutiert.

5. *Auswirkungen auf die Kapitaleffektivität:* Ein indirekter Kanal, über den sich ein Ölpreis-Schock auf das Produktionspotential auswirken kann, ist die Reduktion des effektiven Kapitalinput. Energieintensive Anlagen werden angesichts höherer Energiepreise früher stillgelegt oder zumindest schwächer genutzt. Dazu kommt, daß ein Teil der Neuinvestitionen nur zur Einsparung von Energie und nicht zur Vergrößerung der Produktionskapazitäten getätigt wird. Beides verringert den produktionswirksamen Kapitalinput relativ zu konventionellen Maßen des Kapitalstocks, die durch Addition der Nettoinvestitionen und unter Zuhilfenahme mechanistischer Abschreibungsformeln zustandekommen[102]. In einer Studie für die USA kommt Baily (1981) zum Schluß, daß dieser Effekt in den 70er Jahren eine bedeutende Rolle gespielt hat. Während der US-Kapitalstock gemäß konventionellen Statistiken von 1973 bis 1978 um insgesamt 17% gewachsen ist, schätzt Baily, daß der effektive Kapitalinput überhaupt nicht zugenommen hat. In dem Grade, wie die Erdölverteuerung zu diesem Effekt beigetragen hat, unterschätzt die nur auf Kostenanteile abstellende Wachstumsbuchhaltung den energiepreisbedingten Rückgang des Produktionspotentials. Die verringerte Kapitaleffektivität reduziert alle drei der in Abb. 5.4 abgebildeten Aggregate im gleichen Verhältnis.

Angesichts der Unsicherheit, mit der die Quantifizierung der genannten Faktoren behaftet ist, können die Diskrepanzen zwischen den bisher angestellten Schätzungen nicht erstaunen. Eher ist Darby (1982, S. 749) zuzustimmen, daß man überrascht sein sollte, mit welcher Überzeugtheit einzelne Spekulationen vorgetragen werden. Eines läßt sich im Hinblick auf die angemessene Reaktion der Wirtschaftspolitik jedoch sagen: Selbst wenn die Nominallöhne in Reaktion auf einen Ölpreis-Schock nicht zunehmen, besteht wenig Grund zur Annahme, daß der Gütermarkt den reduzierten Vollbeschäftigungsoutput ohne eine Expansion der nominellen Gesamtnachfrage absorbieren kann. Warum? Wie Abb. 5.5 illustriert, bewirkt eine Erhöhung des realen Energiepreises zweierlei:

- erstens einen Rückgang des Produktionspotentials, bedingt durch die Energiesubstitution ($Y_0^f \rightarrow Y_1^f$);
- zweitens eine Verlagerung der aggregierten Angebotsfunktion nach oben, bedingt durch den Anstieg der Produktionskosten ($SS_0 \rightarrow SS_1$)[103]. Das Preisniveau, bei dem die Unternehmungen ein gegebenes Arbeitskräftepotential zu beschäftigen bereit sind, steigt von p_0 auf p_1. Das Ausmaß dieses Preisanstiegs entspricht bei gegebenen Nominallöhnen dem Rückgang des vollbeschäftigungskonformen Reallohns.

Das Argument gegen eine akkommodierende Geld- (bzw. Nachfrage-)politik, wie es von Rasche/Tatom (1981, S. 10–16) vorgetragen wird, stützt sich auf die arbiträre Prämisse einer Cobb-Douglas-Produktionstechnologie. Der unter dieser Voraussetzung resultierende Energiepreiseffekt auf das Produktionspotential und auf die Angebotsfunktion wird in Abb. 5.5 durch Y_2^f bzw. SS_2 zum Ausdruck gebracht. Die von der Cobb-Douglas-Spezifikation präjudizierte Konstanz der Einkommensquoten bedeutet, daß ein

---

102 Abgesehen davon, daß der effektive Kapitalinput relativ zum gemessenen Kapitalstock zurückgeht, wird auch das Tempo der Kapitalakkumulation an sich tangiert. Hieraus wird unten im Zusammenhang mit der Behandlung der Investitionsnachfrage zurückzukommen sein.

103 Die SS-Kurve reflektiert ein vom Arbeitsangebot unabhängiges Entscheidungskalkül der Unternehmungen und ist deshalb über Y^f hinaus gezeichnet. Der bei Vollbeschäftigung auf dem Arbeitsmarkt auftretende Engpaß stellt eine *zusätzliche* Restriktion des Outputangebots dar ($Y \leqslant Y^f$).

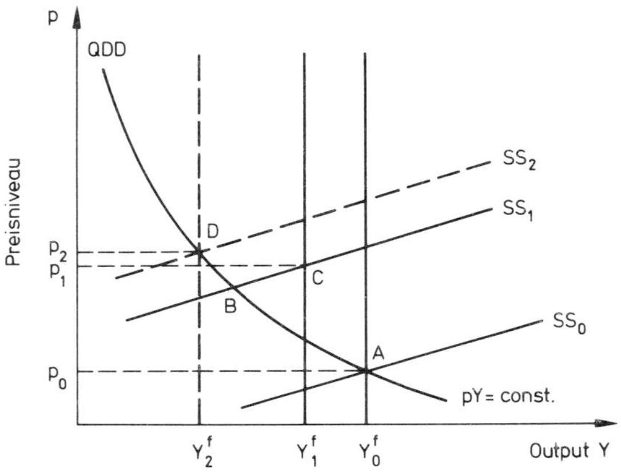

Abb. 5.5. Änderung des potentiellen Output und seines Angebotspreises bei konstantem Nominallohnniveau

Ölpreis-Schock bei unverändertem Arbeitskräftepotential das Produktionspotential und den vollbeschäftigungskonformen Reallohn um denselben Faktor senkt – oder mit anderen Worten: Solange sich die Nominallöhne nicht ändern, muß das Produktionspotential gerade so viel sinken, wie sein Angebotspreis steigt ($p_2/p_0 = Y_0^f/Y_2^f$ in Abb. 5.5). Genau dieselbe reziproke Beziehung zwischen Output und Preisniveau legt die klassische Quantitätstheorie bei gegebener Geldmenge und Umlaufgeschwindigkeit für die aggregierte Nachfragefunktion nahe, so daß sich der Übergang vom alten zum neuen Vollbeschäftigungsgleichgewicht ohne Intervention der Geldpolitik bei konstanter nomineller Gesamtnachfrage entlang der quantitätstheoretischen Nachfragekurve QDD vollziehen kann (A → D in Abb. 5.5).

Da in Wirklichkeit aber alles dafür spricht, daß die Cobb-Douglas-Funktion die Möglichkeiten der Energiesubstitution bedeutend überschätzt, fällt das Produktionspotential wesentlich weniger als der Vollbeschäftigungsreallohn. Dieser realistischere Fall wird in Abb. 5.5 durch Y_1^f und die SS_1-Funktion dargestellt. Das neue Vollbeschäftigungsgleichgewicht (Punkt C) liegt offenkundig rechts der QDD-Kurve, so daß eine konstante nominelle Gesamtnachfrage für die Absorption des Produktionspotentials nicht mehr ausreicht und den Gütermarkt daher in ein Unterbeschäftigungsgleichgewicht geraten läßt (Punkt B). Noch nicht einmal berücksichtigt ist hierbei, daß die Gesamtnachfrage unter der Einwirkung eines Ölpreis-Schocks schwerlich stabil bleibt, sondern – wie im folgenden zu zeigen ist – den Outputrückgang zusätzlich verstärkt.

5.3 Nachfrageseitige Effekte auf die reale Produktion

Der oben geschilderte Realeinkommenstransfer an die erdölexportierenden Länder bewirkt in den Importländern naturgemäß einen Nachfrageausfall. Dieser Effekt ist gewissermaßen ein internationales Anwendungsbeispiel für das bekannte Haavelmo-Theorem: Die Umverteilung des Realeinkommens von inländischen Wirtschaftssubjekten mit einer hohen marginalen Ausgabenneigung zu den Öllieferländern, die nur einen geringen Teil ihres Einkommenszuwachses wieder im Inland ausgeben, muß kontraktiv wirken. Zwar ist die Importnachfrage der ölproduzierenden Länder ab 1974 stärker gewachsen als anfänglich erwartet, aber – wie Tabelle 5.2 erkennen läßt – doch nur mit einiger Verzögerung gegenüber den Mehreinnahmen. Der unmittelbare Effekt der beiden Ölpreis-Schocks war beide Male ein erheblicher Sparüberschuß der ölproduzierenden Länder, dessen deflationäre Auswirkungen den Weltgüterkreislauf belasteten. Daß dieser Sparüberschuß relativ reibungslos auf die Finanzmärkte der Industrienationen zurückfloß, ändert hieran nichts grundsätzliches. Das Recycling bedeutete nur, daß der kontraktive Effekt der verringerten Weltausgabenneigung nicht zusätzlich durch eine simultane Zunahme der Weltliquiditätspräferenz verschärft wurde. Es wäre daher falsch zu glauben, einen weltweiten Kaufkraftausfall könne es nur dann geben, wenn „die Einnahmen aus Erdölexporten im Wüstensand vergraben" werden (Starbatty 1982, S. 326). Wie schon im Zusammenhang mit der Lokomotivtheorie erläutert (vgl. oben, Abschnitt 2), ist Kapitalexport kein Ersatz für Güternachfrage. Erst sukzessive zogen jeweils die Importausgaben der OPEC-Länder mit den Exporterlösen gleich, wobei beide Male auch die rezessionsbedingt rückläufige Ölnachfrage zum Abbau des anfänglichen Ertragsbilanzüberschusses beitrug – nach 1979 rascher als nach 1974[104].

Tabelle 5.2. Exporterlöse und Importausgaben der OPEC 1973–1982 (in Mrd. US-Dollars)

	1973	1974	1975	1976	1977	1978	1979	1980	1981	1982[1]
Exporterlöse	42	116	107	133	145	146	212	302	283	242
Importe (inkl. Transfers)	35	56	80	96	116	142	151	191	220	239
Saldo	7	60	27	37	29	4	61	111	63	3

Quelle: OECD, Economic Outlook, July 1980, S. 126, und July 1982, S. 131.

[1] Die Ziffern für 1982 sind Prognosen.

Nicht minder bedeutend für das Ausmaß des Nachfrageausfalls ist die Reaktion der inländischen Wirtschaftssubjekte auf die veränderte Situation. Die moderne Konsumtheorie, beginnend mit Duesenberry (1949) und Friedman (1957), läßt erwarten, daß der private Konsum kurzfristig stark unterproportional auf einen nicht antizipierten Einkommensausfall reagiert, d.h. daß der Nachfrageausfall kurzfristig durch eine sinkende Sparquote abgedämpft wird. Angesprochen ist somit die in Abschnitt 2 diskutierte Analyse von Laursen und Metzler (1950), die auf der Basis dieser Theorie schon früh einen Zusammenhang zwischen den Terms of Trade und der Konsumnachfrage behauptet haben. Zu viel nimmt allerdings Sohmens (1976, S. 136) scherzhaftes Aperçu für den Laursen-Metzler-Effekt in Anspruch:

> "It is now universally believed that the increase of the oil price after 1973 is largely responsible for the worldwide recession in 1975. A correct application of the reasoning underlying the Laursen-Metzler phenomenon would lead us to the opposite conclusion: a deterioration of the terms of trade for the industrialized countries must, whatever its cause, by itself raise effective demand there."

---

104 Zu beachten ist, daß die Angaben in Tabelle 5.2 nominelle Dollarbeträge sind. Real waren die 111 Mrd. Überschuß von 1980 nicht mehr als die 60 Mrd. von 1974.

Richtig daran ist, daß die effektive *Inlands*nachfrage, ausgedrückt in Einheiten des Inlandsprodukts, zunimmt. Dem steht aber die Zunahme der Importausgaben gegenüber. Die effektive *Gesamt*nachfrage nach Inlandsgütern würde deshalb nur in dem unrealistischen Fall zunehmen, daß die mengenmäßige Nachfrage nach Erdöl auf die Ölpreiserhöhung elastischer reagiert als die mengenmäßige Konsumnachfrage auf den Realeinkommensverlust.

Die Wirkung eines Ölpreis-Schocks auf die Sparquote ist zwar nicht leicht von anderen – zyklischen oder auch trendmäßigen – Faktoren zu isolieren. Dennoch scheint das in Tabelle 5.3 wiedergegebene Bild für die Schweiz den genannten Effekt recht gut zu illustrieren. Dargestellt ist die Entwicklung des relativen Energiepreises für die Konsumenten sowie die Anteile der Energie-Ausgaben und der Ersparnis am gesamten verfügbaren Einkommen der Haushalte von 1977 bis 1981. Die infolge des Preissprungs von 1979 emporgeschnellten Energiekosten der Haushalte (die durch die Ausgaben für Heizung und Beleuchtung allerdings nur unvollkommen angenähert sind) haben während zweier Jahre offenkundig eine tiefe Spur in der privaten Ersparnisbildung hinterlassen. Der deflationäre Effekt auf die übrigen Ausgaben hat sich entsprechend in Grenzen gehalten. Eine ähnliche Reaktion der Sparquote dokumentieren Dohner (1981) für die Vereinigten Staaten und die Deutsche Bundesbank für Deutschland[105]. Da der Sparüberschuß des Inlands mit dem Saldo der Leistungsbilanz identisch ist (vgl. oben, Abschnitt 2), muß sich die Reaktion der Sparquote auf einen Ölpreis-Schock auch in der Entwicklung der Außenhandelszahlen niederschlagen. Es wäre deshalb verfehlt, den Nachfrageeffekt des Ölpreis-Schocks unter Rückgriff auf die Kreislauftautologie „Gesamtnachfrage ≡ Inlandsnachfrage + Außenbeitrag“ aus der Verringerung der Nachfragekomponente

Tabelle 5.3. Relativer Energiepreis und Anteile der Energieausgaben und der Ersparnis am verfügbaren Einkommen, Schweiz 1977–1981 (Angaben in %)

	1977	1978	1979	1980	1981
Änderung des relativen Energiepreises gegenüber Vorjahr (in %)[1]		−9,2	+31,0	−0,1	+0,4
Anteil der Ersparnis am verfügbaren Einkommen	3,9	4,6	3,7	3,3	4,2
Anteil der Ausgaben für Heizung und Beleuchtung am verfügbaren Einkommen	5,9	5,5	6,8	6,8	6,7
Anteil der übrigen Ausgaben am verfügbaren Einkommen	90,2	89,9	89,5	89,9	89,1

[1] Relativer Energiepreis = Preisindex der Ausgaben für Heizung und Beleuchtung, dividiert durch den Preisindex des privaten Konsums exklusive Heizung und Beleuchtung.

Datenquelle: Die Volkswirtschaft, September 1982.

105 Vergleiche Monatsbericht der Deutschen Bundesbank, April 1981, S. 22. Im Falle Deutschlands stieg die Sparquote nach dem Rückgang von 1979 schon 1980 wieder deutlich an, was von der Bundesbank auf die starke, konjunkturbedingte Realeinkommensexpansion der Jahre 1979/80 zurückgeführt wird. Siehe zum Verhalten der Sparquote auch die Simulation der OECD, Economic Outlook, July 1980, S. 122.

„Außenbeitrag", d. h. aus der Verschlechterung der Leistungsbilanz, ableiten zu wollen. Denn dasselbe Entsparen, das den Nachfrageausfall abschwächt, verschärft auch die Passivierung der Leistungsbilanz.

Eine weitere Nachfragekomponente, die auf die Energiepreisentwicklung anspricht, ist die *Investitionsnachfrage*. Zur Diskussion steht dabei nicht der induzierte zyklische Effekt, der die Investitionen trifft, wenn aufgrund anderer Wirkungskanäle einmal eine Rezession ausgelöst und der Auslastungsgrad gesunken ist, sondern die Frage, ob die Investitionstätigkeit selbst zum anfänglichen Nachfragerückgang beiträgt. Dies hängt offenkundig davon ab, wie der von den Unternehmungen angestrebte Kapitalstock auf Änderungen des Energiepreises reagiert. Sind Kapital und Energie komplementäre Produktionsfaktoren, so bedeutet die Substitution weg von der Energie auch eine Verringerung des Kapitaleinsatzes und mithin eine Verlangsamung der Kapitalakkumulation. Aber selbst wenn Energie durch Kapital substituierbar sein sollte, heißt dies noch nicht – wie gelegentlich behauptet –, daß höhere Energiepreise die Investitionsnachfrage anregen. Denn hierzu wäre ein Rückgang der Kapitalkosten nicht nur relativ zu den Energiekosten, sondern auch relativ zu den Outputpreisen erforderlich.

Die Argumentation ist dieselbe wie oben im Zusammenhang mit der Arbeitsnachfrage. Wiederum sind zwei einander entgegengesetzte Kräfte am Werk: einerseits die Substitution von Energie durch Kapital, die den optimalen Kapitaleinsatz pro Energieeinheit bei jedem gegebenen Outputniveau vergrößert. Dieser Effekt kommt in Abb. 5.6a durch die Drehung des Faktorproportionenstrahls von $(R/K)_0$ nach $(R/K)_1$ zum Ausdruck und impliziert für einen konstanten Output, d. h. entlang einer *gegebenen* Isoquante, eine absolute Zunahme des Kapitaleinsatzes (z. B. $A \rightarrow D$ entlang Y_0^f). Der wesentliche Punkt ist jedoch, daß das Outputangebot selbst bei unverändertem Beschäftigungsgrad des Faktors Arbeit nicht als gegeben angenommen werden kann, sondern sinkt. Derselbe Substitutionsprozeß, der in Abb. 5.6a die Energie-Kapital-Relation (R/K) senkt, bedeutet auch, daß die Kapitalproduktivität sinkt, und daß sich infolgedessen die Produktionsfunktion in Abb. 5.6b nach unten verlagert ($Y[N^f, (R/K)_0, K] \rightarrow Y[N^f, (R/K)_1, K]$). Entsprechend mißt die Strecke AC ($= Y_0^f Y_1^f$) in Abb. 5.6b den Rückgang des Produktionspotentials, der bei konstantem Arbeits- und Kapitalinput dem Energiepreisanstieg zurechenbar ist. Darüber hinaus stellt sich jedoch die Frage, ob die Input-Output-Kombination in Punkt C noch mit einem unternehmerischen Gleichgewicht kompatibel ist. Offenkundig nicht; denn das gesunkene Grenzprodukt des Kapitalstocks K_0 deckt jetzt die Kosten seiner Herstellung nicht mehr, wenn die realen Kapitalkosten nicht pari passu gesunken sind. Da kein Grund zur Annahme besteht, daß die Investitionsgüterpreise von den höheren Energiepreisen weniger betroffen werden als die Outputpreise insgesamt, noch daß Zinskosten, Steuerbelastung oder Abschreibungsbedarf kurzfristig zurückgehen, ist ein Anreiz gegeben, den Kapitalstock durch Reduktion der Bruttoinvestitionen abzubauen ($K_0 \rightarrow K_2$)[106], bzw. langsamer als ursprünglich geplant zu erweitern. Genau so, wie sich die Arbeitsnachfrage angesichts eines Energiepreisanstiegs nur dann auf unverändertem Niveau hält, wenn die realen Lohnkosten sinken, ist auch ein Rückgang des optimalen Kapitalstocks und damit der Investitionsnachfrage nur dann abzuwenden, wenn die realen Kapitalkosten sinken. Was sich entlang den Isoquanten abspielt, so stellt sich

106 Vergleiche hierzu auch Tatom (1979).

heraus, wird durch den Übergang von einer höheren zu einer niedrigeren Isoquante mehr als kompensiert[107].

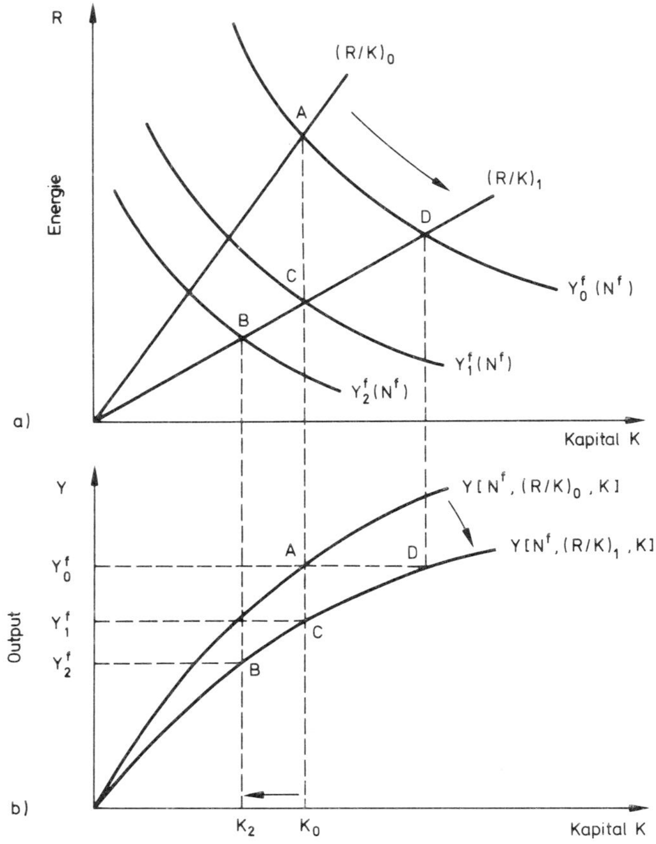

Abb. 5.6. Rückgang des optimalen Kapitalstocks als Folge höherer Energiepreise

Die Isoquanten in Abb. 5.6a stellen alternative Kombinationen von Energie und Kapital dar, mit denen bei Vollbeschäftigung des Faktors Arbeit ($N = N^f$) ein gegebener Output herstellbar ist. Die Energie-Kapital-Relation (R/K) ist eine Funktion der relativen Faktorpreise und ist einfachheitshalber als linear, d. h. vom Outputniveau unabhängig, angenommen[108]. In Abb. 5.6b läßt sich ablesen, wie stark der Output zunimmt, wenn der Kapitalstock in Abb. 5.6a entlang einem gegebenen (R/K)-Strahl – und wiederum bei gegebenem Arbeitsinput N^f – ausgedehnt wird. Je niedriger die Energieintensität, desto niedriger die Kapitalproduktivität, d. h. desto niedriger verläuft die Produktionsfunktion in Abb. 5.6b. Der Kapitalstock wird so weit ausgedehnt, bis die marginale Kapitalproduktivität den realen Kapitalkosten gleich ist. A, B, C und D stellen in Abb. 5.6a und 5.6b jeweils identische Input-Output-Konfigurationen dar.

---

107 Dieser Punkt geht unter, wenn Cooper (1981, S. 270) schreibt: "To the extent that capital is readily substitutable for energy, a sharp rise in the price of energy should, ceteris paribus, lead to factor-substituting (as opposed to output-increasing) investment – *to a movement along isoquants,* rather than to new, higher isoquants" (Hervorhebung hinzugefügt).

108 Es läßt sich leicht zeigen, daß das Isoquantenschema in Abb. 5.6a nur dann homothetisch ist, wenn Kapital und Energie gleich gute Substitute für Arbeit sind. Andernfalls wird (R/K) auch zu einer Funktion von Y.

Verschärft wird der Rückgang der Investitionsneigung, wenn sich die Reallöhne nicht – oder nicht genügend – nach unten anpassen, so daß der rückläufige Arbeitsinput die Kapitalproduktivität zusätzlich senkt. Ebenso abträglich für die Kapitalbildung ist es, wenn die Geldpolitik auf den energiepreisbedingten Inflationsschub mit einem restriktiven Kurs reagiert und dadurch sowohl die Investitionskosten in die Höhe treibt als auch den Auslastungsgrad der bestehenden Anlagen senkt. Ein Gegengewicht zu allen diesen investitionshemmenden Faktoren bilden auf der anderen Seite die neuen Investitionschancen, die bei der Förderung von Alternativ-Energien und durch die Entwicklung weniger energieintensiver Produktionstechnologien entstehen[109]. Auch ist argumentiert worden, daß die verminderte Kapitalproduktivität in Verbindung mit dem anlagesuchenden Sparüberschuß der OPEC den Realzins senken sollte – und in der Tat gesenkt hat (z.B. Sachs 1981, S. 223–225). Derartige Effekte wirken jedoch schwerlich stark und rasch genug, um innerhalb eines konjunkturpolitisch relevanten Zeithorizonts eine Kompensation für die plötzlich unrentabel gewordenen Investitionsprojekte zu gewährleisten[110].

5.4 Anpassung an einen Ölpreis-Schock: Die Rolle der Geldpolitik und der Lohnpolitik

Es ist das *Zusammenwirken* der soeben diskutierten angebots- und nachfrageseitigen Faktoren, das die Konsequenzen eines Ölpreis-Schocks für Output, Beschäftigung und Preisniveau bestimmt. Abbildung 5.7 versucht, die verschiedenen Effekte zu einem Gesamtbild zusammenzufügen. Das Diagramm unterstellt dabei einen Anfangszustand der Vollbeschäftigung ($N = N^f$), ein konstantes Nominallohnniveau und ein passives Verhalten der Geld- und Fiskalpolitik. Es sind drei Teileffekte erkennbar:

1. *Ein Produktivitätseffekt,* verursacht durch die Energiesubstitution und allenfalls auch durch eine verringerte Nutzung des Kapitalstocks; hat einen Rückgang des Produktionspotentials zur Folge ($Y_0^f \rightarrow Y_1^f$).
2. *Ein Kosteneffekt auf die Angebotspreise* ($SS_0 \rightarrow SS_1$).
3. *Ein direkter Kreislaufeffekt auf die Güternachfrage* ($IS_0 \rightarrow IS_1$ bzw. $DD_0 \rightarrow DD_1$): Konsumrückgang aufgrund einer Realeinkommenseinbuße und Investitionsrückgang aufgrund der gesunkenen Rentabilität des Realkapitals. Dieser Effekt läßt sich wahlweise durch eine Verlagerung der IS-Kurve im IS-LM-Modell oder durch eine Verlagerung der DD-Kurve im SS-DD-Modell darstellen.

Der zweite und der dritte Effekt verstärken sich gegenseitig in ihrer Wirkung auf den Output: Der direkte Kreislaufeffekt verlagert die DD-Kurve nach links ($DD_0 \rightarrow DD_1$), und der Kosteneffekt reduziert die Nachfrage zusätzlich *entlang* der neuen Nachfragefunk-

---

109 Mit der Entwicklung einer weniger energieintensiven Technologie ist hier nicht der Substitutionsprozeß innerhalb eines gegebenen Isoquantenschemas wie in Abb. 5.6a angesprochen, sondern vielmehr ein – im Sinne von Kennedy (1964) und Weizsäcker (1966) – faktorpreisinduzierter energiesparender technischer Fortschritt.

110 Vorläufige empirische Evidenz für einen negativen Effekt des realen Energiepreises auf die Investitionsnachfrage präsentieren Bruno/Sachs (1979b), bes. S. 47.

tion DD_1. Letzteres beruht im wesentlichen darauf, daß die reale Geldmenge durch die höheren Preise gesenkt wird, und ist in Abb. 5.7a deshalb durch eine Linksverschiebung der LM-Kurve abgebildet. Entsprechend den oben zu Abb. 5.5 angestellten Überlegungen fällt der Output *stärker* als das Produktionspotential ($Y_1 < Y_1^f$), d.h. die Beschäftigung geht zurück ($N^f \rightarrow N_1$). Die Verschiebung der Produktionsfunktion in Abb. 5.7c macht dabei deutlich, daß die gesunkene Arbeitsproduktivität neben der „negativen"

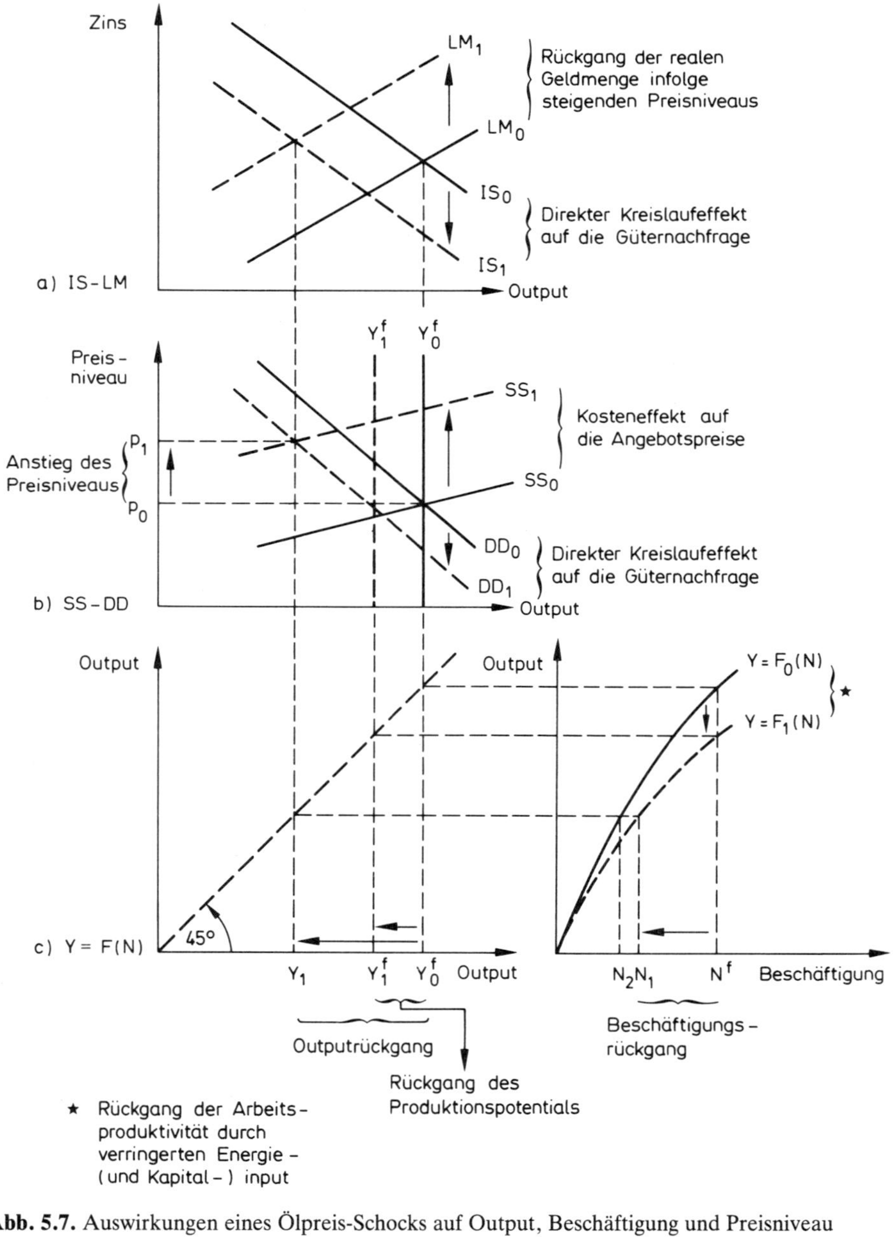

Abb. 5.7. Auswirkungen eines Ölpreis-Schocks auf Output, Beschäftigung und Preisniveau

Folge eines tieferen Produktionspotentials auch eine „positive" Seite hat, indem sie die mit dem Outputrückgang verbundene Beschäftigungseinbuße verringert ($N^f \rightarrow N_1$ vs. $N^f \rightarrow N_2$). Das Preisniveau schließlich steigt, sofern es – wie in der kurzfristigen Analyse plausiblerweise angenommen werden muß – auf die gestiegenen Produktionskosten stärker reagiert als auf die rückläufige Nachfrage.

Die Darstellung in Abb. 5.7 abstrahiert von endogenen Reaktionen der Stabilisierungspolitik und der Lohnpolitik. In Wirklichkeit ist außer Passivität jedoch eine Mehrzahl möglicher Verhaltensweisen dieser beiden zentralen Schaltstellen der Wirtschaftspolitik denkbar. Die Tatsache, daß der Ölpreis-Schock gleichzeitig inflationär und beschäftigungsmindernd wirkt und somit eine Datenkonstellation generiert, die in krassem Widerspruch zur Gestalt des traditionellen Phillips-Kurven-Zusammenhangs steht, ändert nichts daran, daß die Nachfragepolitik dennoch mit einem, zumindest kurzfristigen, Trade Off zwischen Inflation und Beschäftigung konfrontiert ist – wenn auch alle realisierbaren Alternativen absolut ungünstiger geworden sind. Die Träger der Geld- und Fiskalpolitik stehen vor der Wahl, ob sie, jeweils auf Kosten des anderen Zieles, der Wiederherstellung der Preisstabilität oder der Vollbeschäftigung den Vorrang geben wollen. Die Lohnpolitik ihrerseits könnte entweder darauf ausgerichtet sein, den Besitzstand der Beschäftigten zu wahren, oder sie könnte in Anbetracht der verschlechterten Arbeitsmarktlage nachgiebiger werden. Die Erfahrung hat gezeigt, daß es in der Mehrzahl der Fälle zur schlechtesten aller denkbaren Kombinationen gekommen ist, indem Lohnpolitik und Globalsteuerung die anfänglichen Preis- *und* Mengenwirkungen der Ölpreisschocks verstärkt haben, statt ihnen entgegenzuwirken.

Das Verhalten der Löhne ist oben in Tabelle 5.1 für 8 OECD-Länder dokumentiert, und es hat sich gezeigt, daß die Arbeitnehmer (mit Ausnahmen) nicht bereit gewesen sind, die von der Volkswirtschaft gesamthaft erlittene Realeinkommenseinbuße zu schlucken, sondern die höheren Ölpreise auf die Nominallöhne weitergewälzt haben – 1979/81 allerdings in weit geringerem Maße als 1973/75. Die Folge eines solchen Verhaltens ist, daß der Energiekostenstoß durch einen Anstieg der Lohnkosten potenziert wird und sich die aggregierte Angebotsfunktion mithin um so weiter nach oben verschiebt.

So wie die Lohnpolitik den *Kosteneffekt* der Ölpreis-Schocks akzentuiert hat, hat auf der anderen Seite insbesondere die Geldpolitik den *Nachfrageeffekt* verstärkt. Beide Male fiel der Preissprung auf dem Erdölmarkt mit dem Bemühen der Notenbanken zusammen, eine in den vorangegangenen Jahren zu groß gewordene Wachstumsrate der Geldmenge und/oder der Preise wieder auf ein tieferes Niveau zurückzuführen. Vielfach sahen sich die monetären Behörden durch die Ölpreisexplosion und deren Übergreifen auf inländische Kostenfaktoren in ihrer Restriktionspolitik erst recht bestärkt – gewissermaßen im Bewußtsein, der letzte Anker der Preisstabilität zu sein. Tabelle 5.4 dokumentiert das Geldmengenwachstum während der beiden Episoden wiederum für dieselben 8 OECD-Länder. Es zeigt sich, daß die Restriktionspolitik 1973 international hochgradig synchron einsetzte. Sie begann in Wirklichkeit schon *vor* der Ölpreisexplosion von Ende 1973 (Ausnahme: Italien). Nicht überall so frühzeitig und auch nicht so gleichförmig, aber im Ausmaß vergleichbar, war die monetäre Bremsung anläßlich des zweiten Ölpreis-Schocks. Was die beiden Episoden unterscheidet, ist die Tatsache, daß die Notenbanken das zweite Mal im großen und ganzen mehr Bereitschaft zeigten, den einmal eingeschlagenen restriktiven Kurs beizubehalten. Von den in Tabelle 5.4 aufgeführten Ländern sind mit Ausnahme Japans alle spätestens im Verlauf des Jahres 1975 wieder auf eine expansivere Politik eingeschwenkt und haben die Wachstumsrate ihrer Geldmenge gegenüber den vorangegangenen Tiefstwerten wieder erhöht[111]. Dagegen haben 1981 die Hälfte der Länder, darunter die Vereinigten Staaten und Deutschland, die Bremspolitik der beiden Vorjahre verschärft fortgeführt, sei es, weil die Bereitschaft zu Opfern im Kampf gegen die Inflation zugenommen hat, sei es, weil vom Wechselkurs her eine zusätzliche Verschlechterung der Terms of Trade drohte.

Tabelle 5.4. Die Geldpolitik in 8 OECD-Ländern 1971–1975 und 1977–1981 (jährliche Wachstumsrate der Geldmenge M_1 in %)

	OPEC I				OPEC II			
	1971/72 (Mittel)	1973	1974	1975	1977/78 (Mittel)	1979	1980	1981
Vereinigte Staaten	7,7	5,6	3,1	5,5	8,2	8,0	5,3	5,0
Kanada	12,2	8,8	1,5	19,0	8,7	1,4	10,1	–0,4
Japan	27,7	16,8	11,5	11,1	10,8	3,0	–2,0	10,0
Frankreich	13,5	9,7	15,2	12,4	11,1	11,9	6,3	15,9
Deutschland	13,5	1,7	10,7	14,3	13,1	3,2	4,0	–1,6
Italien	18,1	24,3	9,4	13,5	24,0	23,7	12,9	9,8
Großbritannien	14,6	5,1	10,8	18,6	18,9	9,1	3,9	16,8
Schweiz	13,6	3,4	–1,4	4,9	11,3	–2,8	–0,9	2,7

Quelle: International Financial Statistics, Yearbook 1982, line 34, (Jahresendwerte).

Was das gleichzeitige Zudrehen des Geldhahns und Aufstocken der Lohnforderungen makroökonomisch bewirkt, illustriert Abb. 5.8. Sowohl der Preisanstieg als auch der Mengenrückgang verschlimmern sich. Gewerkschaften und Zentralbank verhalten sich – wie es gelegentlich in Anlehnung an die Spieltheorie bezeichnet wird (vgl. Weizsäcker 1978) – „non-kooperativ" und manövrieren sich durch die Verfolgung ihres je eigenen Partialinteresses in eine Situation hinein, die beide nicht gewollt haben. Die Ironie dieses kollektiv irrationalen Prozesses liegt darin, daß beide Seiten sich gerne mit der Förderung gesamtwirtschaftlicher Ziele legitimieren, zu deren Realisierung die Gegenseite eher mehr beitragen könnte. Während die Zentralbank gegen eine Kosteninflation ins Felde zieht, die mit einem zurückhaltenden Nominallohnwachstum unmittelbarer und (konjunkturell) schmerzloser gesenkt werden könnte, nehmen die Gewerkschaften für sich in Anspruch, daß der Kaufkrafteffekt höherer Löhne die Konjunktur stützt – was wiederum die Globalsteuerung mit besseren Erfolgsaussichten und geringeren Auswirkungen auf die Inflationsrate besorgen könnte.

Die Variable, die das non-kooperative Verhalten der Lohnpolitik und der Geldpolitik am besten einfängt und auch dessen Auswirkungen auf Output und Beschäftigung maßgeblich bestimmt, ist die *reale Geldmenge*. Sie wird dem kontraktiven Einfluß dreier kumulativer Faktoren ausgesetzt: Erstens steigt das Preisniveau aufgrund der höheren Ölpreise; zweitens steigt das Preisniveau aufgrund der mitziehenden Nominallöhne; und drittens sinkt die nominelle Geldmenge (bzw. ihre Wachstumsrate) durch die restriktive

111 Ähnliches gilt übrigens auch für die Fiskalpolitik, die im OECD-Raum 1973/74 überwiegend leicht restriktiv eingestellt war, danach aber i.allg. gelockert wurde. Vergleiche OECD, Economic Outlook, July 1980, S. 124.

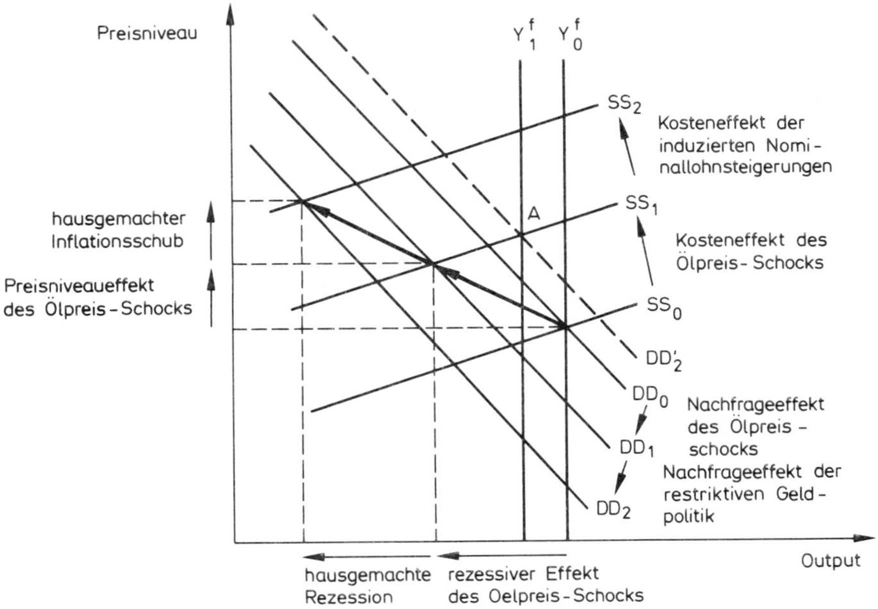

Abb. 5.8. Verstärkung eines Ölpreis-Schocks durch „non-kooperatives" Verhalten der Lohnpolitik und der Geldpolitik

Reaktion der Zentralbank. Ein in dieser Art herbeigeführter Kollaps der realen Geldmenge läßt sich – mit unterschiedlichem Gewicht der einzelnen Faktoren in verschiedenen Ländern und verschiedenen Episoden – sowohl 1973/74 als auch 1979/80 für den OECD-Raum klar beobachten. Abbildung 5.9 skizziert die Entwicklung des realen Geldmengenwachstums in 8 OECD-Ländern von 1971 bis 1981 und zum Vergleich jeweils auch das Wachstum der realen Inlandsnachfrage als Indikator für die Reaktion des Gütermarktes.

Zwischen 1972 und 1974 fiel das reale Geldmengenwachstum in allen 8 Ländern simultan und im Mittel um deutlich mehr als 10 Prozentpunkte. Ebenso einheitlich war die Reaktion der Gütermärkte, indem das jährliche Wachstum der realen Inlandsnachfrage mit Ausnahme Kanadas die Nullinie überall unterschritt. Auch besteht ein offenkundiger Zusammenhang zwischen dem Ausmaß der realen Geldmengenkontraktion und dem Ausmaß des Nachfrageeinbruchs. Mit einem Rückgang um über 11 Prozentpunkte im Vergleich der Jahresdurchschnitte 1972/73 und 1974/75 fiel das Nachfragewachstum in Japan am stärksten. Japan war zwischen 1972 und 1974 denn auch das Land mit der expansivsten Lohnentwicklung (vgl. Tabelle 5.1) und der restriktivsten Geldmengenpolitik[112] (vgl. Tabelle 5.4). Mit einem Rückgang des Nachfragewachstums um je ca. 8 Prozentpunkte folgen diejenigen Länder, die nach Japan die stärkste Kontraktion der realen Geldmenge verzeichneten: Großbritannien, die Schweiz und Italien.

In wesentlichen Zügen gleich verlief die Entwicklung 6 Jahre später, indem das reale Geldmengenwachstum wiederum in allen 8 Ländern brüsk zurückging und das Nachfragewachstum – meist um ein Jahr verzögert – mit sich nach unten zog. Im Unterschied zu 1975,

112 Gemessen am Rückgang des nominellen Geldmengewachstums.

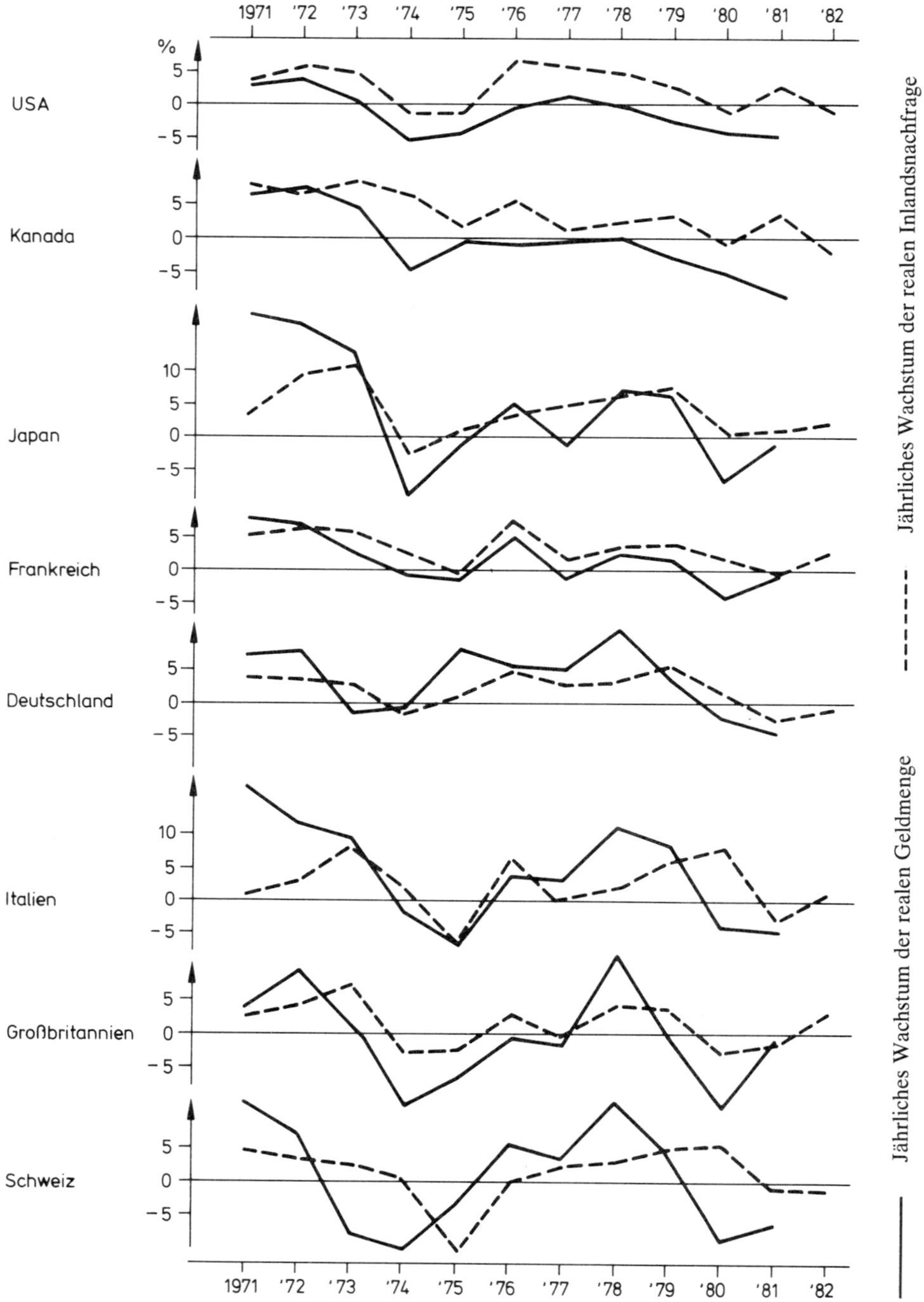

Abb. 5.9. Reale Geldmenge und Inlandsnachfrage in 8 OECD-Ländern 1971–1981[1]

1 Die reale Geldmenge ist M_1, deflationiert mit dem Konsumentenpreisindex. Datenquelle: IFS, Yearbook 1982, World Tables 34 und 64 (basierend auf Jahresdurchschnitten). Quelle für die Inlandsnachfrage sind die Länder-Surveys der OECD. Die Werte für 1982 sind OECD-Prognosen, Economic Outlook, July 1982.

als die Gegenreaktion des Nominallohnwachstums (nach unten) und des Geldmengenwachstums (nach oben) günstige Voraussetzungen für einen Wiederaufschwung schuf, verlängerte 1981 die Fortdauer der restriktiven Geldpolitik in wichtigen Ländern die Nachfragekontraktion ins Jahr 1982 hinein – am augenfälligsten in den USA, in Kanada und Deutschland.

Natürlich ist die reale Geldmenge nicht die einzige wichtige Determinante der Nachfrageentwicklung. Auch autonome – z. B. fiskalpolitisch induzierte – Änderungen der einzelnen Ausgabenkomponenten sowie Änderungen im Geldnachfrageverhalten können einen starken Einfluß ausüben. Gerade dieser zweite Faktor dürfte im Zeitraum 1978–1981 eine bedeutende Rolle gespielt haben, als die Geldpolitik verschiedenerorts darauf ausgerichtet war, wechselnde Präferenzen für einzelne Währungen zu akkommodieren, und dadurch Geldmengenschwankungen hervorrief, die optisch größer erschienen, als ihre realwirtschaftlichen Auswirkungen tatsächlich waren[113]. Ein Vergleich der Vorgänge in Großbritannien und der Schweiz von 1978 bis 1980 zeigt etwa, daß sich die Änderungsrate der realen Geldmenge in beiden Ländern nahezu identisch entwickelte: von je ca. +11% zu −10%. Während diese Entwicklung im Falle Englands aus dem Zusammenprall einer scharfen monetären Antiinflationspolitik mit einer ebenso scharfen Mehrwertsteuererhöhung und einer Lohnkostenexplosion resultierte, spiegelte dieselbe Entwicklung der realen Geldmenge im Falle der Schweiz fast ausschließlich das Bemühen der Schweizerischen Nationalbank, die heftigen Schwankungen der Nachfrage nach Schweizer Franken auf den Devisenmärkten zu akkommodieren. Entsprechend unterschiedlich reagierte, wie aus Abb. 5.9 zu ersehen, die reale Inlandsnachfrage: von 1979 bis 1981 −4,7% in Großbritannien, +4,7% in der Schweiz. Kann der Schluß von der realen Geldmenge auf die reale Güternachfrage für ein individuelles Land mithin nur unter Vorbehalten gezogen werden, so bleibt die markante Dezeleration des realen Geldmengenwachstums in OECD-Raum *insgesamt* dennoch von unverminderter Relevanz. Denn in dem Grade, wie sich die Nachfrage nach der einen Währung auf den Devisenmärkten verringert, muß ja die Nachfrage nach einer anderen zunehmen[114]. Es steht deshalb außer Zweifel, daß der simultane Rückgang der realen Geldmengen im ganzen OECD-Raum massiv kontraktiv gewirkt hat.

Die theoretische Analyse, wie sie oben in Abb. 5.7 zusammengefaßt ist, aber auch die Erfahrungen aus zwei Episoden explosiv steigender Erdölpreise, legen den Schluß nahe, daß die Möglichkeiten der Wirtschaftspolitik, die Konsequenzen eines solchen realen Schocks aufzufangen, begrenzt sind. Weder kann nachfrageseitiges Gegensteuern den Inflationsschub verhindern, ohne einen tiefen Beschäftigungseinbruch zu provozieren, noch kann es die Fortsetzung des vorherigen Wachstumstrends auf unverändertem Niveau erzwingen. Das im günstigsten Fall erreichbare Optimum ist in Abb. 5.7 und 5.8 durch einen unveränderten Beschäftigungsgrad N^f bei niedrigerem Outputpotential Y_1^f gekennzeichnet. Seine Realisierung setzt zwei Dinge voraus:

---

113 Vergleiche hierzu die Diskussion in Abschnitt 3, oben, S. 146.

114 Es ist diese Überlegung, die McKinnon (1982) veranlaßt hat, die monetaristische Geldmengenregel auf die „Weltgeldmenge" – konkret: auf die aggregierte Geldmenge der Vereinigten Staaten, Japans und Deutschlands – zu übertragen. Während das internationale Aggregat mit einer konstanten Rate wachsen solle, sei seine Zusammensetzung durch Devisenmarktinterventionen der Zentralbanken den sich wandelnden Portfolio-Präferenzen anzupassen.

– Das Reallohnniveau muß im Ausmaß des volkswirtschaftlichen Realeinkommensrückgangs sinken[115].
– Die reale Gesamtnachfrage darf nicht stärker zurückgehen als das Produktionspotential.

Dabei ist es im Prinzip unerheblich, ob die erste Bedingung durch einen Nominallohnrückgang oder einen Preisanstieg und die zweite Bedingung durch einen Lohn- und Preisrückgang oder durch steigende Nominalausgaben befriedigt wird. Mindestens seit Keynes ist jedoch klar, daß und warum nicht auf Anpassungsprozesse gesetzt werden sollte, die Nominallohnkonzessionen der Arbeitnehmer erfordern. Ist dieser Punkt akzeptiert, so folgt, daß die Nachfragepolitik auf einen Ölpreis-Schock nicht kontraktiv, sondern expansiv-akkommodierend reagieren sollte. Mit Abb. 5.8 gesprochen, bedeutet dies, daß die Nachfragefunktion statt weiter nach links ($DD_1 \rightarrow DD_2$) zurück nach rechts verschoben werden muß ($DD_1 \rightarrow DD_2'$). Sofern die Lohnpolitik mitspielt und stillhält, resultiert ein neues Gleichgewicht in Punkt A bei niedrigerem Reallohn und niedrigerem Output, aber konstanter Beschäftigung. Die Auswirkungen auf das Preisniveau gehen nicht über einen einmaligen Niveaueffekt hinaus. Die stagflationären Konsequenzen des Ölpreis-Schocks beschränken sich dank der Kooperation von Geldpolitik und Lohnpolitik auf ein Minimum.

Was, wenn die Lohnpolitik nicht stillhält? Sollte sich die Nachfragepolitik, und die Geldpolitik im besonderen, dann anders verhalten? Es ist nicht unmittelbar einsichtig, was dafür sprechen könnte. Zwar ist von verschiedener Seite – und vor allem von den Trägern der Geldpolitik selbst – argumentiert worden, daß die Geldpolitik durch überzogene Lohnforderungen zu einer harten Bremsung geradezu gezwungen werde[116]. Aber eine solche Reaktion trägt über ein ausgedehntes Zeitintervall hinweg eher mehr zur Verschärfung des Mengeneinbruchs als zur Dämpfung der Kosteninflation bei und führt natürlich geradewegs zu jenem nonkooperativen Pessimum, das in Abb. 5.8 illustriert ist. Das meiste, was man sich davon erhoffen kann, ist, daß die Tarifparteien die Lektion lernen. Ebensowenig erfolgversprechend ist die umgekehrte Strategie, neben dem unmittelbar ölpreisbedingten Niveaueffekt auf die Preise auch die induzierten Sekundärreaktionen der inländischen Kostenfaktoren zu akkommodieren. Sind nämlich die inländischen Einkommensempfänger nicht zum erforderlichen Verteilungsverzicht bereit, so schrumpft der Angebotsspielraum weiter zusammen. Nachfrageexpansion à outrance erreicht unter diesen Bedingungen im besten Fall einen Aufschub des Beschäftigungsrückganges[117], in

---

115 Da das Erdöl nicht nur Produktionsinput ist, sondern als Brenn- und Treibstoff auch direkt in den Endverbrauch eingeht, bezieht sich die genannte Bedingung auf die reale Lohn*kaufkraft*.

116 So schreibt z.B. die Deutsche Bundesbank: „Dieses Übergreifen der außenwirtschaftlichen Inflationsimpulse auf die interne Kosten- und Preisentwicklung und die sich daraus ergebenden Gefahren für Wachstum, Beschäftigung und Leistungsbilanz konnten die Geldpolitik nicht unberührt lassen. Die geldpolitischen Zügel *mußten* infolgedessen im Endeffekt schärfer angezogen werden, als dies ohne die Ölverteuerung und ihre internen Folgewirkungen nötig gewesen wäre“ (Monatsbericht, April 1981, S. 15; Hervorhebung hinzugefügt).

117 Aufschlußreich sind in diesem Zusammenhang die Hinweise von Sachs (1982) zu den Unterschieden im Anpassungsverhalten der skandinavischen Länder. So hat z.B. Schweden die Weltrezession von 1974/75 mit einer akzentuiert expansiven Politik überspielt, hat damit aber exzessive Reallohnforderungen ermutigt und mußte deshalb in der Folge (d.h. ab 1977) niedrigere Wachstumsraten in Kauf nehmen als das benachbarte Finnland, dessen Politik eine raschere Anpassung der Einkommenserwartungen erzwungen hatte.

jedem Fall aber eine Perpetuierung der Lohn-Preis-Spirale. Die mittlere Lösung, d.h. jene Strategie, die bei Stillhalten der Lohnpolitik einen konstanten Beschäftigungsgrad zuläßt, läuft darauf hinaus, bei der Bemessung des Nachfragespielraums den Ölpreisanstieg, nicht aber induzierte einheimische Kostensteigerungen in den „unvermeidbaren Preisanstieg“[118] einzurechnen. Kommt es dennoch zu einem Beschäftigungsrückgang, so muß ihn der private Sektor seinem eigenen non-kooperativen Verhalten zuschreiben.

Anhang: Produktionstheoretische Grundlagen der Energiesubstitution

Der einfachste Produktionsfunktionstyp, der die Rolle der Substituierbarkeit zwischen Energie und den anderen Produktionsfaktoren zu thematisieren erlaubt, ist die verschachtelte CES-Funktion. Einfachere Funktionstypen wie die Leontieff-Funktion oder die Cobb-Douglas-Funktion legen demgegenüber die Substitutionselastizität a priori auf einen bestimmten Wert fest (Leontieff: 0, Cobb-Douglas: 1). Die verschachtelte CES-Funktion läßt sich im Anschluß an Bruno/Sachs (1979a) wie folgt schreiben:

A.5.1 $$Y = \left\{a \cdot [F(K,N)]^{(\sigma-1)/\sigma} + (1-a) \cdot R^{(\sigma-1)/\sigma}\right\}^{\sigma/(\sigma-1)}$$

wo Y: Brutto-Output
K: Kapital
N: Beschäftigung
R: Importierte Energie
σ: Substitutionselastizität zwischen R und F
a: Parameter $(0 < a < 1)$

Diese Funktion stellt mit ihren Separierbarkeitseigenschaften immer noch eine erhebliche Vereinfachung dar, indem sie etwa impliziert, daß die partiellen Substitutionselastizitäten von Energie und Kapital einerseits sowie von Energie und Arbeit andererseits gleich groß sind. Auch vernachlässigt sie die Schwierigkeiten der ex-post-Substitution. R sollte ausschließlich als importierte Energie interpretiert werden, da einheimische Energie unter Verwendung von Kapital und Arbeit produziert wird, nicht lagerbar ist und somit in F(K, N) enthalten ist. Substitutionsprozesse zwischen verschiedenen Arten von Energie werden nicht betrachtet – bzw. nur implizit und in dem Grade, wie die Entwicklung von Alternativ-Energien Kapital und Arbeit in Anspruch nimmt.

Der CES-Funktionstyp und die Kostenminimierungsbedingung $z = Y_R$ implizieren eine log-lineare Abhängigkeit der Energienachfrage R vom Output Y und vom realen Energiepreis z:

A.5.2. $$\log R = \log Y - \sigma \log z + \text{const.}$$

Bleiben Arbeits- und Kapitalinput konstant, so reagiert der Output auf *marginale* Änderungen des Energieinput nach Maßgabe der partiellen Produktionselastizität

118 Der „unvermeidbare Preisanstieg“ ist eine Größe, die von der Deutschen Bundesbank bei der Festsetzung ihrer Geldmengenziele explizit zugrundegelegt wird.

A.5.3 $$\delta \log Y/\delta \log R = \gamma$$
wo γ: Energiekostenanteil (zR/Y)

Zusammen bestimmen A.5.2 und A.5.3 den Einfluß marginaler Energiepreisänderungen auf den Vollbeschäftigungsoutput $Y^f(R, \overline{N}^f, \overline{K})$:

A.5.4 $$\frac{d \log Y^f}{d \log z} = \frac{\delta \log Y^f}{\delta \log R} \cdot \frac{d \log R}{d \log z} = \gamma \left(\frac{d \log Y^f}{d \log z} - \sigma \right) = -\sigma\gamma/(1-\gamma)$$

Im Falle *diskreter* Energiepreissprünge, wie sie die beiden Ölpreis-Schocks mit sich brachten, ist zusätzlich zu berücksichtigen, daß sich (abgesehen vom Spezialfall $\sigma = 1$) auch der Energiekostenanteil ändert. Wie aus A.5.2 unmittelbar hervorgeht, gilt

A.5.5 $$\Delta \log \gamma \equiv \Delta \log z + \Delta \log R - \Delta \log Y = (1-\sigma) \cdot \Delta \log z$$

Nach dem Mittelwerttheorem liegt die partielle Produktionselastizität der Energie für diskrete Energiepreisänderungen zwischen den Energiekostenanteilen *vor* und *nach* der Energiepreisänderung. Die Elastizität des Vollbeschäftigungsoutput Y^f in bezug auf Änderungen des realen Energiepreises z ist somit gegeben durch

A.5.6 $$\frac{\Delta \log Y^f}{\Delta \log z} = -\sigma\eta < 0, \quad \text{wo} \quad \eta \equiv \frac{\gamma_o \cdot (1 + \varepsilon g_z)^{1-\sigma}}{1 - \gamma_o (1 + \varepsilon g_z)^{1-\sigma}}, \ 0 < \varepsilon < 1$$

wo γ_o: Energiekostenanteil vor der Energiepreisänderung
g_z: Prozentuale Änderung des realen Energiepreises z

Wenn N^f das konstante Arbeitskräftepotential bezeichnet und auch der Kapitalinput weiterhin als konstant angenommen sei, ist der vollbeschäftigungskonforme Reallohn $(w/p)^f$ gegeben durch

A.5.7 $$(w/p)^f = Y_N(\overline{N}^f) = Y_F(\overline{K}, \overline{N}^f, R) \cdot F_N(\overline{K}, \overline{N}^f) = a \cdot \left[\frac{F(\overline{K}, \overline{N}^f)}{Y^f(z)} \right]^{-\frac{1}{\sigma}} \cdot F_N(\overline{K}, \overline{N}^f).$$

Durch logarithmische Differentiation nach z resultiert

A.5.8 $$\frac{d \log (w/p)^f}{d \log z} = \frac{1}{\sigma} \frac{d \log Y^f}{d \log z}.$$

Unter Rückgriff auf A.5.6 läßt sich die Elastizität des Vollbeschäftigungsreallohns in bezug auf Änderungen des realen Energiepreises schreiben als

A.5.9 $$\frac{\Delta \log (w/p)^f}{\Delta \log z} = \frac{1}{\sigma} \frac{\Delta \log Y^f}{\Delta \log z} = -\eta < 0$$

Wie die Definition von η in A.5.6 erkennen läßt, ist das Ausmaß des Reallohneffekts für diskrete Energiepreissprünge ($g_z >> 0$) invers mit der Substitutionselastizität σ

korreliert. Für marginale Energiepreisänderungen ($g_z \approx 0$) ist der Reallohneffekt dagegen unabhängig von σ [$\eta \approx \gamma_0/(1-\gamma_0)$].

Das reale Sozialprodukt Q, das die volkswirtschaftliche Wertschöpfung – also die Bruttoproduktion Y abzüglich der importierten Energiemenge R – mißt, sinkt weniger stark als Y, weil ja auch R zurückgeht. Das Vollbeschäftigungssozialprodukt Q^f ist gegeben durch

A.5.10 $$Q^f \equiv Y^f - R \equiv Y^f\left(1 - \frac{\gamma}{z}\right).$$

Werden die Preise der Basisperiode, in denen die Sozialproduktsrechnung die realen Mengengrößen ausdrückt, auf Eins normiert, so folgt für marginale Änderungen von z unter Verwendung von A.5.4 und A.5.5

A.5.11 $$\frac{d \log Q^f}{d \log z} = \frac{d \log Y^f}{d \log z} + \sigma \frac{\gamma}{z-\gamma} = -\sigma\left(\frac{\gamma}{1-\gamma} - \frac{\gamma}{z-\gamma}\right) =$$
$$= -\sigma \frac{\gamma}{1-\gamma} \cdot \frac{z-1}{z-\gamma} = \frac{d \log Y^f}{d \log z} \cdot \frac{z-1}{z-\gamma} = 0 \text{ wegen } z = 1.$$

Für diskrete Änderungen von z ist der Proportionalitätsfaktor $(z-1)/(z-\gamma)$ an der Stelle $z = 1 + \varepsilon g_z$ ($0 < \varepsilon < 1$) zu evaluieren. Dabei wird deutlich, daß sich mit zunehmender Stärke des Energiepreis-Schocks ein zunehmender Anteil des Brutto-Effekts auch im Wertschöpfungsmaß niederschlägt:

A.5.12 $$\frac{\Delta \log Q^f}{\Delta \log z} = \frac{\Delta \log Y^f}{\Delta \log z} \cdot \frac{\varepsilon g_z}{1 + \varepsilon g_z - \gamma \cdot (1 + \varepsilon g_z)^{1-\sigma}} < 0 \quad (0 < \varepsilon < 1).$$

6. Zusammenfassung

Wie die umfangreiche Literatur über die mikroökonomische Fundierung der Makroökonomik klargemacht hat, enthält jedes ökonomische Theoriengebäude immer auch ein Element von Systemtheorie, indem es zumindest implizit ein Urteil – oder auch Vorurteil – über die Stabilität und das Koordinationsvermögen des marktwirtschaftlichen Systems fällt. Der Konflikt zwischen dem optimistischen Urteil der neoklassisch-preistheoretischen Tradition und dem pessimistischen Urteil der keynesianisch-makroökonomischen Tradition ist bekannt. Das Paradoxe daran ist, daß genau dieselben Faktoren, die in der preistheoretischen Analyse die Stärke der Marktwirtschaft ausmachen, aus keynesianischer Sicht die Anfälligkeit dieses Systems auf Funktionsstörungen begründen. Betont die Preistheorie, wie Tausch, Spezialisierung, Arbeitsteilung und Monetisierung des Handels das Produktionspotential und den Wohlstand steigern, so macht die keynesianische Theorie die Wohlstandseinbuße sichtbar, die das System erleidet, wenn der durch Arbeitsteilung und Tausch eingeleitete Geld- und Güterkreislauf zusammenbricht. In der Tat: So wenig eine Welt autarker Wirtschaftseinheiten die Früchte der Arbeitsteilung kennen würde, so wenig müßte sie um die Gefahr keynesianischer Koordinationsstörungen besorgt sein.

Dieselbe Ambivalenz zieht sich durch die Theorie der internationalen Wirtschaftsbeziehungen. Während die „reine" Außenhandelstheorie demonstriert, welches Wohlstandspotential der ungehinderte internationale Güteraustausch eröffnet, kehrt sich die Perspektive in der monetären und makroökonomischen Analyse nicht selten um. Dieselben Handelsbeziehungen, die eine Quelle des Wohlstands sind, können auch eine Quelle der konjunkturellen Instabilität sein. Dieselbe internationale Arbeitsteilung, die einer Volkswirtschaft die Spezialisierung auf ihre produktivsten Aktivitäten erlaubt, begründet auch ihre Anfälligkeit auf Störungen im Rhythmus der weltwirtschaftlichen Aktivität.

Die makroökonomische Literatur der 50er und 60er Jahre ließ gelegentlich den Eindruck entstehen, als eröffneten *flexible Wechselkurse* einen Ausweg aus diesem Dilemma. Abschnitt 2 beschreibt frühe, keynesianisch inspirierte Ansätze zu einer Modellierung der Kreislaufzusammenhänge in der offenen Volkswirtschaft. Indem diese Modelle die internationale Verflechtung über die Finanzmärkte vernachlässigten, identifizierten sie Wechselkursflexibilität mit Leistungsbilanzgleichgewicht und ließen dadurch – vom Laursen-Metzler-Effekt abgesehen – keinen Kanal offen, über den die Weltkonjunktur auf die Binnenkonjunktur einwirken könnte. Das Mundell-Fleming-Modell dehnte die Analyse auf internationale Kapitalbewegungen aus und konnte dadurch zeigen, wie die Geld- und Fiskalpolitik eines Landes die Konjunktur anderer Länder über *Finanzmarktkanäle* beeinflußt. Aufgrund seiner Stromgrößenformulierung teilte es aber mit dem früheren keynesianischen Modell die Implikation, daß Kreislaufimpulse, die von der Leistungsbilanz ausgehen – also etwa die Reaktion der Exportnachfrage auf Einkommensänderungen im Ausland oder die Reaktion der Importnachfrage auf Einfuhrbeschränkungen –, von einem flexiblen Wechselkurs voll absorbiert werden und ohne Auswirkung auf die Binnenkonjunktur bleiben[119].

Diese Vorstellung von der Funktionsweise flexibler Wechselkurse hat sich in der Wirklichkeit nicht bestätigt, und das in Abschnitt 3 diskutierte Finanzmarktmodell der

119 Wiederum ist natürlich der Vorbehalt bezüglich des Laursen-Metzler-Effekts anzubringen.

Wechselkursbestimmung erklärt, warum nicht: Wenn der Wechselkurs Angebot und Nachfrage nach den *Beständen* an in- und ausländischen Finanzaktiva ins Gleichgewicht bringt, dann kann er nicht auch noch das Gleichgewicht der *Stromgrößen* auf den Gütermärkten aufrechterhalten. In gleicher Weise, wie Keynes mit der Liquiditätspräferenztheorie des Zinses erklären konnte, warum autonome Änderungen der Investitions- oder Sparneigung im Gegensatz zu den Implikationen des Say-Gesetzes nicht nur Änderungen des Zinssatzes und der Nachfrage*struktur* bewirken, sondern auch Änderungen des Nachfrage*volumens,* erklärt heute der Finanzmarktansatz der Wechselkursbestimmung, warum exogene Änderungen der Exporte oder Importe im Gegensatz zu dem, was das Mundell-Fleming-Modell und seine Vorläufer impliziert haben, nicht nur Änderungen des Wechselkurses und der Relation zwischen Binnen- und Auslandsnachfrage bewirken, sondern auch Änderungen der Gesamtnachfrage. Dies bedeutet, daß der internationale Konjunkturverbund, soweit er durch den keynesianischen Außenhandelsmultiplikator bedingt ist, von flexiblen Wechselkursen zwar gedämpft, aber nicht aufgehoben wird. Es besteht daher wenig Grund zur Annahme, daß der Hang zu protektionistischen Strategien der Beschäftigungspolitik unter flexiblen Wechselkursen kleiner sei als unter einem Fixkurs-System. Von unverminderter Aktualität ist entsprechend auch die Forderung nach internationaler Kooperation und Koordination in der Konjunkturpolitik.

Daß sich Wechselkurse auf Finanzmärkten bilden, ist auch der Grund für die unerwartet heftigen Wechselkursfluktuationen, die seit dem Ende des Bretton-Woods-Systems beobachtet werden können. Wenn rasch wechselnde Präferenzen für einzelne Währungen mit gegebenen Beständen in Übereinstimmung gebracht werden müssen, so kommt es leicht zu Kursbewegungen, die in keinem Verhältnis mehr zu realwirtschaftlich gerechtfertigten Korrekturen stehen. Ausführlich erläutert Abschnitt 3 das Phänomen des *Überschießens,* dessen Rückwirkungen auf die Gütermärkte einige Länder dazu gezwungen haben, das Experiment mit monetaristischen Geldmengenregeln abzubrechen (oder wenigstens zu unterbrechen). Es fällt mit dem Finanzmarktmodell der Wechselkursbestimmung denn auch nicht schwer zu verstehen, daß angesichts turbulenter Devisenmärkte eine strikt durchgehaltene Geldmengenregel den Gütermarkt nicht stabilisiert, sondern destabilisert, weil die Grundvoraussetzung der monetaristischen Strategie – nämlich die Stabilität der Geldnachfrage – nicht mehr gegeben ist. Akkommodiert die Zentralbank etwa eine Zunahme der Nachfrage nach der eigenen Währung, so muß sie zwar eine Aufblähung der monetären Basis in Kauf nehmen. Es wäre aber falsch, allein darin schon einen inflationären Impuls zu sehen. Vielmehr wird verhindert, daß von den Finanzmärkten ein deflationärer Impuls ausgeht. Die vollständige Neutralisierung von Finanzmarktturbulenzen bedingt freilich, daß Wechselkurs und Zinssatz gleichzeitig kontrollierbar sind, was seinerseits voraussetzt, daß in- und ausländische zinstragende Wertpapiere nicht perfekte Substitute sind.

Abschnitt 4 führt angebotsseitige Aspekte in die Analyse ein. Dabei zeigt sich, daß überhöhte Reallöhne und andere Faktoren, die in Modellen geschlossener Volkswirtschaften *klassische Arbeitslosigkeit* verursachen, in einer offenen Volkswirtschaft der Vollbeschäftigung nicht zwangsläufig im Wege stehen, wohl aber die Dimension der Zielkonflikte im *magischen Dreieck* bestimmen. Die Leistungsbilanz erlaubt es, Konflikte um die Einkommensverteilung über die nationalen Grenzen und/oder über die Zeit hinweg zu verlagern. Ein wesentlicher Punkt ist, daß Wechselkursänderungen nichts zur Verbesserung der internationalen Wettbewerbsfähigkeit eines Landes beitragen, wenn die Arbeitnehmer in der Lage sind, sich erfolgreich gegen *Reallohnsenkungen* zu wehren.

Dieselbe Abwertung, die es erlauben würde, Exportprodukte im Ausland abzusetzen, verunmöglicht es, sie im Inland rentabel zu produzieren. Genauso wie ein keynesianisches wird auch dieses klassische Beschäftigungsproblem entschärft, wenn eine ausländische „Konjunkturlokomotive“ für eine Expansion der Exportmärkte sorgt.

Die direkten Wirkungen, die der Wechselkurs über Importpreise und Löhne auf die Angebotsseite einer offenen Volkswirtschaft ausübt, lassen die Wirkungsweise der stabilisierungspolitischen Instrumente, insbesondere der Geldpolitik, in einem wesentlich anderen Licht erscheinen als das rein nachfrageseitig argumentierende Mundell-Fleming-Modell. Die Effektivität der Geldpolitik, die man sich von flexiblen Wechselkursen versprochen hat, wird nicht nur durch den temporären J-Kurven-Effekt relativiert, sondern auch durch die Tatsache, daß das interne Preisniveau via Wechselkurs sehr viel sensibler reagiert, als dies – im Falle einer expansiven Politik – erwünscht ist. Angesprochen ist das von der „Teufelskreis-Hypothese“ beschriebene Problem. Das Teuflische daran ist nicht, daß ein selbsttätiger kumulativer Prozeß der Abwertung und Inflation in Gang kommt, wie es der Begriff vielleicht vermuten ließe, sondern die Asymmetrie in der Wirkungsweise der Geldpolitik: Während expansive Maßnahmen inflationäre Impulse erzeugen, die *zu Lasten* des angestrebten Mengeneffektes gehen, ist der Umkehrschluß, daß eine Restriktionspolitik die Inflation dank dem Aufwertungseffekt vergleichsweise *kostenlos* brechen kann, offenbar nicht zulässig.

Ein Argument, das vor allem in Friedmans Plädoyer zugunsten flexibler Wechselkurse eine vorrangige Stellung einnimmt, sieht die Wechselkursflexibilität gewissermaßen als ein Ventil für die Anpassungszwänge, die aus der mangelnden Flexibilität der Löhne und Preise resultieren. Befinden sich das nominelle Lohn- und Preisniveau und der nominelle Wechselkurs nicht im Einklang mit dem realwirtschaftlich bestimmten Gleichgewicht der relativen Preise – so lautet das Argument –, dann ist es weniger kostspielig, die Last der Anpassung einem flexiblen Wechselkurs aufzuladen, als das ganze Lohn- und Preisgefüge zur Anpassung an einen unveränderlich vorgegebenen nominellen Wechselkurs zu zwingen (Sommerzeit-Parabel). Stillschweigende Voraussetzung ist dabei, daß ein System flexibler Wechselkurse das Gleichgewicht der relativen Preise – d. h. die Kaufkraftparitäten – wirklich innert nützlicher Frist herstellt. Obwohl diese Sicht der Dinge sich in wesentlichen Punkten nicht mit den Schockabsorptions-Eigenschaften vereinbaren läßt, die der Mundell-Fleming-Ansatz flexiblen Wechselkursen zugeschrieben hat, leisteten die beiden Denkmodelle in der politischen Diskussion der 60er Jahre den Gegnern des herrschenden Fixkurs-Systems dennoch gemeinsame Schützenhilfe. Macht man sich jedoch die moderne Sicht zu eigen, wonach die Wechselkursbildung von den Erfordernissen eines Bestandesgleichgewichts auf den Finanzmärkten dominiert wird, so werden nicht nur die Implikationen des Mundell-Fleming-Stromgleichgewichts relativiert, sondern es besteht auch nicht mehr viel Anlaß zu glauben, daß flexible Wechselkurse geeignet sind, Verzerrungen der Terms of Trade kurzfristig zu korrigieren. Am augenfälligsten manifestiert sich dieser Punkt im Phänomen der überschießenden Wechselkurse, seine Implikationen erstrecken sich aber etwa auch auf die Auswirkungen der *Nominallohnpolitik.* Insbesondere läßt sich mit dem Finanzmarktmodell die verbreitete Meinung widerlegen, daß die Rückwirkungen der Nominallohnpolitik auf die Beschäftigung durch das kompensierende Verhalten flexibler Wechselkurse verringert würden. Solange die Geldpolitik nicht bereit ist, die resultierende Inflationsrate zu validieren, trifft das Gegenteil zu.

Die internationale Konjunkturtransmission kann über drei verschiedene Kanäle laufen:

- über den *Außenhandelsmultiplikator* (Abhängigkeit der Exportnachfrage von der Auslandskonjunktur);
- über die *Finanzmärkte* (Abhängigkeit des Zinses und des Wechselkurses vom ausländischen Zinsniveau und von den Wechselkurserwartungen);
- über die *Güterpreise* (Abhängigkeit der Terms of Trade von der Preisentwicklung im Ausland).

Die Strategie, die am besten geeignet ist, eine offene Volkswirtschaft gegen Destabilisierung von außen zu schützen, hängt entscheidend davon ab, welcher der drei Kanäle die dominierende Rolle spielt. Es gibt keine einfachen Regeln der Geld- und Wechselkurspolitik, die ohne Rücksicht auf die Quelle konjunktureller Störungen schadlos durchgehalten werden könnten. Konstante nominelle Wechselkurse berauben ein kleines Land weitestgehend der Mittel, sich gegen den Import eines unerwünschten Inflationstrends zur Wehr zu setzen. Eine monetaristische Geldmengenregel unter flexiblen Wechselkursen vermeidet zwar dieses Problem, überträgt dafür aber alle jene Erschütterungen, die ihren Ursprung auf Finanzmärkten haben, ungedämpft auf die Terms of Trade und damit auch auf den Gütermarkt. Eine dritte Art von Regelbindung, die in jüngerer Vergangenheit vermehrt diskutiert worden ist, sieht die Stabilisierung des realen Wechselkurses vor (Kaufkraftparitätenregel). Diese Strategie erlaubt unter gewissen Bedingungen *sowohl* die Abkoppelung von der Weltinflation *als auch* die Neutralisierung von Finanzmarktturbulenzen, teilt mit dem System fester nomineller Kurse aber den Nachteil, daß sie die Multiplikatorwirkung autonomer IS-Schocks verstärkt. Sie läuft überdies Gefahr, relative Preise auf einem Stand zu fixieren, der mit den realwirtschaftlichen Gleichgewichtsbedingungen zunehmend in Widerspruch gerät. Das gravierendste Problem einer Kaufkraftparitäten-Regel dürfte allerdings darin bestehen, daß sie – strikt eingehalten – den privaten Sektor bei der Lohn- und Preisfindung jeglicher Sorge um die internationale Wettbewerbsfähigkeit enthebt. Die hieraus resultierende Gefährdung der Preisstabilität wäre kaum geringer als diejenige, die mit dem Inflationsimport unter festen nominellen Wechselkursen verbunden ist. Wenn schon, müßte deshalb eine Kaufkraftparitäten-Regel wohl nicht auf die *tatsächliche* Inflationsrate bezogen werden, sondern auf eine realistische *Norm* (z.B. auf den „unvermeidlichen Preisanstieg"), bei deren Überschreiten die monetäre Akkommodation aufzuhören hätte.

Was ein angemessener Grad monetärer Akkommodation ist, bildete den zentralen Streitpunkt in der Diskussion um die Rolle der Stabilisierungspolitik angesichts der beiden Ölpreis-Schocks von 1973/74 und 1979/80. Die Abhängigkeit von importierten Rohstoffen und deren Konsequenzen für die interne konjunkturelle Stabilität sind ein Thema, mit dem sich die Makroökonomik der offenen Volkswirtschaft kaum beschäftigt hatte, bevor die Ereignisse sie dazu zwangen. Die Konzentration auf unterschiedliche Teilaspekte des Problems führte zu widersprüchlichen Ratschlägen an die Wirtschaftspolitik. Abschnitt 5 analysiert angebots- und nachfrageseitige Konsequenzen eines Ölpreis-Schocks und unterscheidet dabei drei separate Effekte:

- einen *Rückgang der Güternachfrage,* bedingt durch einen Realeinkommensverlust und eine Schwächung der Investitionsneigung;
- einen *Anstieg der Güterpreise,* bedingt durch den Kosteneffekt des teureren Erdöls;

- einen *Rückgang des Produktionspotentials,* bedingt durch Substitutionsprozesse weg von der Energie und durch beschleunigte Kapitalobsoleszenz.

Diese Effekte erzeugen miteinander das Erscheinungsbild der *Stagflation.* Zusätzlich verschärft worden ist das Stagflationsproblem in den meisten OECD-Ländern durch ein „non-kooperatives" Verhalten der Lohnpolitik und der Geldpolitik. Während die Reallohnresistenz der Arbeitnehmer die angebotsseitigen Wirkungen eines Ölpreis-Schocks verstärkt, vertieft das Bestreben der Geldpolitik, dem primären und sekundären Inflationsschub entgegenzuwirken, zwangsläufig den Nachfrageeinbruch. Auf dem Arbeitsmarkt kommt es zu einer Überlagerung von klassischer und keynesianischer Arbeitslosigkeit. Abbildung 6.1 verdeutlicht diesen Punkt unter Rückgriff auf die in Abschnitt 1 eingeführten Konzepte. Der Ölpreis-Schock senkt die (durchschnittliche und marginale) Arbeitsproduktivität, so daß sich die klassische Arbeitsnachfragefunktion $N^D(w/p)$ nach unten verlagert. Der vollbeschäftigungskonforme Reallohn $(w/p)^f$ sinkt. Wenn sich die Arbeitnehmer mit Erfolg gegen den Kaufkraftverlust zur Wehr setzen, und wenn das Erdöl nicht nur als Rohstoff in die Produktion eingeht, sondern auch direkt verbraucht wird, so kommt es statt dem erforderlichen Rückgang zu einer *Zunahme* des (in Outputeinheiten ausgedrückten) Reallohns w/p und zu einem entsprechenden Rückgang der Beschäftigung (A $\rightarrow$ C statt A $\rightarrow$ B). Das niedrigere Beschäftigungsvolumen N_1 schlägt sich in einem auf Y_1 gesunkenen Outputangebot nieder. Ist die Outputnachfrage nicht schon durch die direkte Wirkung des Ölpreis-Schocks auf Y_1 gesunken, so ist sie es jedenfalls durch die Preiserhöhungen, die der noch verbleibende Nachfrageüberhang auf dem Gütermarkt erzwingt. Dies bedeutet, daß in Punkt C die klassische Arbeitsnachfragefunktion $N_1^D(w/p)$ und die keynesianische „Beschäftigungsfunktion" $N^{D'}(Y_1)$ beide bindende Restriktionen der Beschäftigung darstellen. Verstärkt eine restriktive Reaktion der Geldpolitik den Nachfrageausfall, so verlagert sich die Beschäftigungsfunktion weiter nach links, und es kommt zu einer Unterbeschäftigungssituation entlang $N^{D'}(Y_2)$ wie z. B. Punkt D[120]. Diese Arbeitslosigkeit ist durch ein überhöhtes Reallohnniveau *und* durch einen Nachfragemangel verursacht. Kontroversen über Reallohnverzicht versus keynesianische Nachfrageexpansion sind deshalb müßig: Es braucht beides! Reallohnsenkungen allein würden zu Bewegungen entlang der $N^{D'}(Y_2)$-Funktion führen und ohne nennenswerten Beschäftigungseffekt versanden. Der Spielraum der Nachfragepolitik andererseits ist bei ungebrochener Reallohnresistenz durch das Beschäftigungsniveau N_1 begrenzt. Nur die Kooperation zwischen Lohnpolitik und Nachfragepolitik erlaubt einen reibungslosen Übergang vom alten zum neuen Vollbeschäftigungsgleichgewicht (A $\rightarrow$ B), ohne daß die von außen auferlegte, unvermeidliche Einkommenseinbuße durch einen vermeidbaren konjunkturellen Beschäftigungseinbruch multipliziert wird.

Die Mehrzahl der OECD-Länder ging mit einer höheren Arbeitslosenrate in die Krise von 1980/82 hinein, als sie aus der Krise von 1974/76 herausgekommen war. Dies zeigt deutlich, daß die Arbeitsmärkte gegenwärtig von mehr als nur zyklischen Problemen belastet werden. Demographische Entwicklungen haben das Arbeitsangebot aufgebläht. Verhärtete Lohnstrukturen und eine fehlgeleitete Strukturerhaltungspolitik erschweren

---

120 Punkt D liegt unterhalb der klassischen Arbeitsnachfragefunktion $N^D(w/p)$ und verkörpert deshalb einen Angebotsüberhang auf Arbeits- und Gütermarkt, wie ihn etwa auch das Fixpreismodell von Solow (1980) zuläßt. Die Diskussion in Abschnitt 5 hat sich dagegen auf den Fall des geräumten Gütermarktes, d. h. auf Schnittpunktlösungen des DD-SS-Modells, beschränkt.

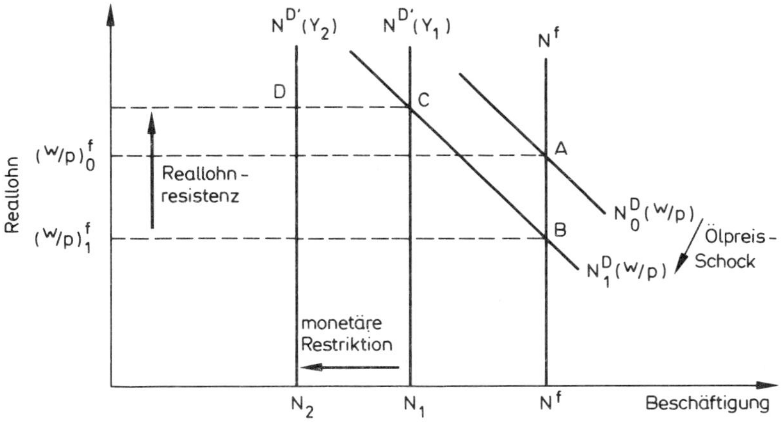

Abb. 6.1. Die Überlagerung von keynesianischer und klassischer Arbeitslosigkeit

vielerorts die Bewältigung struktureller Anpassungszwänge, die sich aus der Energiepreisentwicklung, dem technologischen Wandel und den sich abzeichnenden Änderungen in der internationalen Arbeitsteilung ergeben haben, und bremsen mithin die Absorption des Angebotsüberhangs auf den Arbeitsmärkten. Die Stabilisierungspolitik im engeren Sinne kann wenig dazu tun, diese Probleme zu lösen. Aber sie kann verhindern, daß eine vermeidbare zyklische Instabilität die Schwierigkeiten potenziert. Konjunktureinbrüche, wie man sie 1974/76 und 1980/82 zugelassen bzw. sogar herbeigeführt hat, richten nicht nur jene Schäden an, die in Form von Arbeitslosigkeit und entgangenem Output unmittelbar sichtbar sind, sondern verschärfen auch die ohnehin schon bestehenden strukturellen Probleme. Verwiesen sei nur auf die folgenden beiden Gesichtspunkte:

- Besonders hart getroffen wird jeweils die *Investitionstätigkeit,* die für die Anpassung an sich wandelnde Produktions- und Marktbedingungen gerade am meisten benötigt wird. Ungünstig hat sich hier vielfach auch eine investitionsfeindliche Mischung der Geld- und Fiskalpolitik ausgewirkt.
- Mit zunehmender Dauer vergrößert jede Krise den politischen Druck in Richtung *Protektionismus.* Solche Entwicklungen setzen die Wohlstandsgewinne aufs Spiel, die der internationale Handel gebracht hat, und sind später auch bei verbesserter Konjunktur nur schwer wieder reversibel.

Daß die Stabilisierungspolitik heute auch bei bestmöglicher Handhabung nicht entfernt mehr von den Zielerreichungsgraden der 50er und 60er Jahre träumen kann, ist kein Grund zu einem resignierenden „rien ne va plus". Feststehen dürfte, daß die Idee von der Feinsteuerung der Konjunktur eine Illusion gewesen ist. Aber es scheint wenig Anlaß gegeben zu sein, ins andere Extrem zu fallen und nur noch auf automatische, „konjunkturblinde" Regelmechanismen zu setzen. Was hinter den Empfehlungen für solche Regeln steht, ist entweder der Glaube an eine dem politischen Prozeß innewohnende Neigung zu destabilisierendem Verhalten oder die Überzeugung, daß der Konjunkturablauf und das dynamische Muster der Wirkungen stabilisierungspolitischer Interventionen zu wenig transparent sind, um ein gezieltes Gegensteuern zuzulassen. Dies ist denn tatsächlich auch der Grund, warum die Feinsteuerungsambitionen begraben werden mußten. Gerade die komplexe Dynamik der Zusammenhänge zwischen den Finanzmärkten, dem Wechselkurs und den Gütermärkten in international stark verflochtenen Volkswirtschaften hat diese Grenzen wieder nachhaltig in Erinnerung gerufen. Das ändert aber nichts daran, daß es immer wieder markante, klar identifizierbare und lokalisierbare Schocks gibt, die eine Quelle anhaltender Ungleichgewichte sein können, und deren Wirkungsweise mittlerweile gut verstanden ist. Es fällt daher schwer einzusehen, warum die Träger der Stabilisierungspolitik seitens der Wissenschaft nicht dazu ermutigt werden sollten, auf solche Schocks intelligent zu reagieren.

Verzeichnis der wichtigsten Symbole

A	Absorption (= Inlandsnachfrage)
B	Bestand inländischer Wertpapiere im privaten Sektor
B^*	Bestand ausländischer Wertpapiere im privaten Sektor (in ausl. Währung)
e	Wechselkurs (nominell)
E	Langfristiger Gleichgewichtswert des Wechselkurses
F	Autonome Nachfragekomponente (z. B. Fiskalpolitik)
K	Kapitalstock
M	Geldmenge
m	Marginale Importneigung
N	Beschäftigung
N^D	Arbeitsnachfrage
N^f	Arbeitskräftepotential
N^s	Arbeitsangebot
p	Preisniveau
p^*	Ausländisches Preisniveau
p_c	Preisindex des Konsums
Q	Wertschöpfung
Q^f	Wertschöpfung bei Vollbeschäftigung
R	Energieinput
r	Zinssatz
r^*	Ausländischer Zinssatz
s	Marginale Sparneigung
t	Terms of Trade (= p/ep^*)
T	Leistungsbilanz
W	Finanzvermögen des privaten Sektors
w	Nominallohn
x	Erwartete Änderungsrate des Wechselkurses
Y	Brutto-Output
Y^D	Güternachfrage
Y^S	Güterangebot
z	Realer Energiepreis
γ	Energiekostenanteil
θ	Indexierungsgrad der Löhne
λ	Anteil der Konsumgüterimporte am Gesamtkonsum
σ	Substitutionselastizität zwischen Energie und Kapital (bzw. Arbeit)

Literaturverzeichnis

Ackley, G.: Macroeconomic theory. New York 1961.

Alexander, S.: Effects of a devaluation on a trade balance. IMF Staff Papers, 2, 1952

Argy, V.: The postwar international money crisis. London 1981

Argy, V., Salop, J.: Price and output effects of monetary and fiscal policy under flexible exchange rates. IMF Staff Papers, 26, 1979

Artis, M. J., Currie, D. A.: Monetary targets and the exchange rate: a case for conditional targets. Oxford Economic Papers, 33, supplement, July 1981

Artus, J. R., Young, J. H.: Fixed and flexible exchange rates: a renewal of the debate. IMF Staff Papers, 26, 1979

Baily, M. N.: Productivity and the services of capital and labor. Brookings Papers on Economic Activity, 1:1981

Barro, R., Grossman, H. I.: A general disequilibrium model of income and employment. American Economic Review, 61, 1971

Basevi, G., DeGrauwe, P.: Vicious and virtuous circles: a theoretical analysis and a policy proposal for managing exchange rates. European Economic Review, 10, 1977

Bergsten, C. F.: The villain is an overvalued Dollar (Interview). Challenge, March/April 1982

Bilson, J.: Recent developments in monetary models of exchange rate determination. IMF Staff Papers, 26, 1979a

Bilson, J.: The "vicious circle" hypothesis. IMF Staff Papers, 26, 1979

Blinder, A.: Economic policy and the great stagflation. New York 1979

Blinder, A., Solow, R.: Analytical foundations of fiscal policy, in: The economics of public finance, The Brookings Institution, Washington 1974

Bombach, G.: Lohnhöhe und Beschäftigung. Mitteilungen aus der Arbeitsmarkt- und Berufsforschung, 11, 1978, Heft 3

Bombach, G. et al.: Lage und Probleme der schweizerischen Wirtschaft, 1977/78 (Bern 1977) und 1978/79 (Bern 1978)

Borner, S., Friedmann, C.: Schicksal oder Politikversagen? Schweizerische Zeitschrift für Volkswirtschaft und Statistik, 115, 1979

Boyer, R.: Optimal foreign exchange intervention. Journal of Political Economy, 86, 1978

Branson, W., Rotemberg, J.: International adjustment with wage rigidity. European Economic Review, 13, 1980

Brems, H.: Rezension zu Blinder (1979), Journal of Economic Literature, 19, 1981, S. 116–18

Bruno, M., Sachs, J.: Macro-economic adjustment with import price shocks. NBER Working Paper No. 340, 1979a

Bruno, M., Sachs, J.: Supply versus demand approaches to the problem of stagflation. NBER Working Paper No. 382, 1979b

Bruno, M., Sachs, J.: Energy and resource allocation: a dynamic model of the "Dutch disease". Review of Economic Studies, 49, 1982

Buiter, W., Miller, M.: The Thatcher experiment: the first two years. Brookings Papers on Economic Activity, 2:1981

Buiter, W., Purvis, D.: Oil, disinflation, and export competitiveness: a model of the "Dutch disease". NBER Working Paper No. 592, 1981

Calvo, G. A., Rodriguez, C.: A model of exchange rate determination under currency substitution and rational expectations. Journal of Political Economy, 85, 1977

Casas, F. R.: Efficient macroeconomic stabilization policies under floating exchange rates. International Economic Review, 16, 1975

Casas, F. R.: Capital mobility and stabilization policies under flexible exchange rates: a revised analysis. Southern Economic Journal, 43, 1977

Cassel, G.: The world's monetary problems. London 1921

Chipman, J. S., Kindleberger, C. P. (eds.): Flexible exchange rates and the balance of payments. Amsterdam 1980

Cooper, R. N.: "Comment" on Dornbusch/Krugman (1976), Brookings Papers on Economic Activity, 3:1976

Cooper, R. N.: „Comment" on Sachs (1981), Brookings Papers on Economic Activity, 1:1981

Craig, G.A.: A monetary approach to the balance of trade. American Economic Review, 71, 1981
Cuddington, J.: A fix-price trade model with perfect capital mobility: fixed versus flexible exchange rates. Unpublished manuscript, Stanford University, September 1982
Darby, M.: The real price of oil and the 1970s world inflation. NBER Working Paper No. 629, 1981
Darby, M.: The price of oil and world inflation and recession. American Economic Review, 72, 1982
Deardorff, A.V., Stern, R.M.: The terms-of-trade effect on expenditure. Journal of International Economics, 8, 1978
Denison, E.F.: Accounting for slower economic growth: the United States in the 1970s. Washington 1979
Dohner, R.S.: Energy prices, economic activity, and inflation, in: K.A. Mork (ed.): Energy prices, inflation, and economic activity. Cambridge 1981
Dooley, M.P., Isard, P.: Capital controls, political risk, and deviations from interest-rate parity. Journal of Political Economy, 88, 1980
Dornbusch, R.: Devaluation, money and nontraded goods. American Economic Review, 63, 1973
Dornbusch, R.: Expectations and exchange rate dynamics. Journal of Political Economy, 84, 1976
Dornbusch, R.: Monetary policy under exchange-rate flexibility, in: Managed exchange-rate flexibility: the recent experience, Federal Reserve Bank of Boston, Conference Series No. 20, 1978
Dornbusch, R.: Open economy macroeconomics. New York 1980a
Dornbusch, R.: Exchange rate economics: where do we stand? Brookings Papers on Economic Activity, 1:1980b
Dornbusch, R.: PPP exchange-rate rules and macroeconomic stability. Journal of Political Economy, 90, 1982
Dornbusch, R., Fischer, S.: Exchange rates and the current account. American Economic Review, 70, 1980
Dornbusch, R., Krugman, P.: Flexible exchange rates in the short run, Brookings Papers on Economic Activity, 3:1976
Driskill, R.: Exchange rate overshooting, the trade balance and rational expectations. Journal of International Economics, 11, 1981a
Driskill, R.: Exchange rate dynamics: an empirical investigation. Journal of Political Economy, 89, 1981b
Duesenberry, J. S.: Income, saving, and the theory of consumer behavior. Cambridge 1949
Findlay, R., Rodriguez, C. A.: Intermediate imports and macroeconomic policy under flexible exchange rates. Canadian Journal of Economics, 10, 1974
Fleming, M.: Domestic financial policies under fixed and flexible exchange rates. IMF Staff Papers, 9, 1962
Frenkel, J.: Flexible exchange rates, prices and the role of „news“: lessons from the 1970s. Journal of Political Economy, 89, 1981
Frenkel, J., Mussa, M.: Monetary and fiscal policies in an open economy. American Economic Review, P.P., 71, 1981
Friedman, M.: The case for flexible exchange rates, in: Essays in positive economics. Chicago 1953
Friedman, M.: A theory of the consumption function. Princeton 1957
Friedman, M.: Discussion, in: The international adjustment mechanism, Federal Reserve Bank of Boston, Conference Series No. 2, 1969
Friedman, M.: A theoretical framework for monetary analysis. Journal of Political Economy, 78, 1970
Friedman, M.: Monetary correction. In H. Giersch et al.: Essays on inflation and indexation, AEI, Washington 1974
Geary, P.T., Kennan, J.: The employment-real wage relationship: an international study. Journal of Political Economy, 90, 1982
Genberg, H.: Effects of central bank intervention in the foreign exchange market. IMF Staff Papers, 28, 1981
Giersch, H.: Index clauses and the fight against inflation, in: H. Giersch et al.: Essays on inflation and indexation, AEI, Washington 1974
Girton, L., Henderson, D.W.: Central bank operations in foreign and domestic assets under fixed and flexible exchange rates, in: P. Clark, D. Logue, R. Sweeney (eds.): The effects of exchange rate adjustments. Washington 1976

Goldstein, M.: Downward price inflexibility, ratchet effects and the inflationary impact of import price changes: some empirical evidence. IMF Staff Papers, 24, 1977
Gordon, R.J.: "Comment" on Rasche/Tatom (1981), Carnegie-Rochester Conference Series on Public Policy, 14, 1981
Grossman, H.I.: Was Keynes a „keynesian"? A review article. Journal of Economic Literature, 10, 1972
Grossman, H.I.: Aggregate demand, job search, and employment. Journal of Political Economy, 81, 1973
Gutmann, P.: The measurement of terms of trade effects. Review of Income and Wealth, 27, 1981
Haberler, G.: Flexible-exchange-rate theories and controversies again, in: Chipman/Kindleberger (1980)
Helpman, E.: Macroeconomic policy in a model of international trade with a wage restriction. International Economic Review, 17, 1976
Henderson, D.W.: Modeling the interdependence of national money and capital markets. American Economic Review, P.P., 67, 1977
Henderson, D.W.: Financial policies in open economies. American Economic Review, P.P., 69, 1979
Herberg, H., Hesse, H., Schuseil, A.: Imports of intermediate goods and the efficacy of fiscal policy under flexible exchange rates. Weltwirtschaftliches Archiv, 118, 1982
Hicks, J.R.: What is wrong with monetarism. Lloyds Bank Review, 118, October 1975
Isard, P.: Exchange rate determination: a survey of popular views and recent models. Princeton International Finance Section, Study No. 42, 1978
Johnson, H.G.: Further essays in monetary economics. Cambridge 1972
Kahn, R.F.: Malinvaud and Keynes: review article. Cambridge Journal of Economics, 1, 1977
Kennedy, C.: Induced bias in innovation and the theory of distribution. Economic Journal, 74, 1964
Keynes, J.M.: The general theory of employment, interest, and money. London 1936
Kouri, P.: Monetary policy, the balance of payments, and the exchange rate, in: D. Bigman, T. Taya (eds.): The functioning of floating exchange rates. Cambridge 1980
Krueger, A.: The impact of alternative government policies under varying exchange rate systems. Quarterly Journal of Economics, 79, 1965
Krugman, P., Taylor, L.: Contractionary effects of devaluation. Journal of International Economics, 8, 1978
Landmann, O.: Keynes in der heutigen Wirtschaftstheorie, in: G. Bombach et al. (Hrsg.): Keynesianismus I. Berlin-Heidelberg 1976
Landmann, O.: Theoretische Grundlagen für eine aktive Krisenbekämpfung in Deutschland 1930–1933, in: G. Bombach et al. (Hrsg.): Keynesianismus III. Berlin-Heidelberg 1981
Landmann, O.: Die Stabilisierungspolitik im Spannungsfeld von Gleichgewichts- und Ungleichgewichtstheorie. Kyklos, 35, 1982
Laursen, S., Metzler, L.: Flexible exchange rates and the theory of employment. The Review of Economics and Statistics, 32, 1950
Lehment, H.: Comment, in: J. Williamson (ed.): Exchange rate rules. New York 1981
McCracken, P. et al.: Towards full employment and price stability. OECD, Paris 1977
Machlup, F.: International trade and the national income multiplier. Philadelphia 1943
McKinnon, R.I.: Exchange-rate instability, trade imbalance, and monetary policies in Japan, Europe and the United States, in: P. Oppenheimer (ed.): Issues in international economics. Oxford 1980
McKinnon, R.I.: The exchange rate and macroeconomic policy: changing postwar perceptions. Journal of Economic Literature, 19, 1981
McKinnon, R.I.: Currency substitution and instability in the world dollar standard. American Economic Review, 72, 1982
Malinvaud, E.: The theory of unemployment reconsidered. Oxford 1977
Malinvaud, E.: Profitability and unemployment. Cambridge 1980
Marston, R.: Cross country effects of sterilization, reserve currencies, and foreign exchange intervention. Journal of International Economics, 10, 1980
Meade, J.: The balance of payments. London 1951
Meade, J.: Wage fixing. London 1982
Miles, M.: Currency substitution, flexible rates, and monetary independence. American Economic Review, 68, 1978

Miles, M.: The effects of devaluation on the trade balance and the balance of payments: some new results. Journal of Political Economy, 87, 1979
Modigliani, F., Padoa-Schioppa, T.: The management of an open economy with "100% plus" wage indexation. Essays in International Finance, 130, Princeton 1978
Mundell, R.: Capital mobility and stabilization policy under fixed and flexible exchange rates. Journal of International Economics, 5, 1975
Mundell, R.: International Economics. New York 1968
Mussa, M.: The exchange rate, the balance of payments and monetary and fiscal policy under a regime of controlled floating. Scandinavian Journal of Economics, 78, 1976
Niehans, J.: Some doubts about the efficacy of monetary policy under flexible exchange rates. Journal of International Economics, 5, 1975
Niehans, J.: Geldpolitik bei überschießenden Wechselkursen. Außenwirtschaft, 34, 1979
Niehans, J.: Dynamic purchasing power as a monetary rule, in: Chipman/Kindleberger (1980)
Nordhaus, W.: The worldwide wage explosion. Brookings Papers on Economic Activity, 2:1972
Obstfeld, M.: Can we sterilize? Theory and evidence. American Economic Review, P. P., 72, 1982
OECD: The OECD international linkage model. Occasional Paper, 1979
Ølgaard, A.: Concepts and problems of consistency in terms-of-trade analysis. Review of Income and Wealth, 27, 1981
Perry, G. L.: Potential output: recent issues and present trends, in: Center for the Study of American Business: U. S. production capacity: estimating the utilization gap. Working Paper 23, 1977
Poole, W.: Optimal choice of monetary policy instruments in a simple stochastic macro model. Quarterly Journal of Economics, 84, 1970
Prachowny, M.: Sectoral conflict over stabilization policies in small open economies. Economic Journal, 91, 1981
Purvis, D.: Wage responsiveness and the insulation properties of a flexible exchange rate, in: A. Lindbeck (ed.): Inflation and employment in open economies. Amsterdam 1979
Rasche, R. H., Tatom, J. A.: Energy resources and potential GNP. Federal Reserve Bank of St. Louis Review, June 1977
Rasche, R. H., Tatom, J. A.: Energy price shocks, aggregate supply and monetary policy: the theory and the international evidence. Carnegie-Rochester Conference Series on Public Policy, 14, 1981
Sachs, J.: Wages, profits, and macroeconomic activity: a comparative study. Brookings Papers on Economic Activity, 2:1979
Sachs, J.: Wages, flexible exchange rates, and macroeconomic policy. Quarterly Journal of Economics, 94, 1980
Sachs, J.: The current account and macroeconomic adjustment in the 1970s. Brookings Papers on Economic Activity, 1:1981
Sachs, J.: Stabilization policies in the world economy: scope and skepticism. American Economic Review, P. P., 72, 1982
Sauernheimer, K.: Beschäftigungseffekte in makroökonomischen Modellen offener Volkswirtschaften mit flexiblen Wechselkursen. Zeitschrift für Wirtschafts- und Sozialwissenschaften, 101, 1981
Söderström, H. T., Viotti, S.: Money wage disturbances and the endogeneity of the public sector in an open economy, in: A.Lindbeck (ed.): Inflation and employment in open economies. Amsterdam 1979
Sohmen, E.: Exchange rates, terms of trade, and employment: final comment. Kyklos, 29, 1976
Solow, R.: What to do (macroeconomically) when OPEC comes, in: S. Fischer (ed.): Rational expectations and economic policy. Chicago 1980
Starbatty, J.: Bilanz der Geldpolitik im letzten Konjunkturzyklus (1976–1981). List Forum, 11, Mai 1982
Takayama, A.: International trade: an approach to the theory. New York 1972
Tatom, J. A.: Energy prices and capital formation: 1972–1977. Federal Reserve Bank of St. Louis Review, May 1979
Thygesen, N.: Inflation and exchange rates: evidence and policy guidelines for the European Community. Journal of International Economics, 8, 1978
Tobin, J.: The new economics one decade older. Princeton 1974
Tobin, J.: A proposal for international monetary reform. Eastern Economic Journal, 4, Nos. 3–4, 1978
Tobin, J.: Asset accumulation and economic activity. Oxford 1980

Tobin, J.: The 1982 economic report of the president. The annual report of the council of economic advisers: comment. Journal of Monetary Economics, 10, 1982
Tobin, J., DeMacedo, J.: The short-run macroeconomics of floating exchange rates: an exposition, in: Chipman/Kindleberger 1980
Wallich, H.C., Gray, J.A.: Stabilization policy and vicious and virtuous circles, in: Chipman/Kindleberger (1980)
Weizsäcker, C.C. von: Tentative notes on a two-sector model with induced technological progress. Review of Economic Studies, 33, 1966
Weizsäcker, C.C. von: Das Problem der Vollbeschäftigung heute. Zeitschrift für Wirtschafts- und Sozialwissenschaften, 98, 1978
Williamson, J. (ed.): Exchange rate rules. New York 1981
Wood, G.E., Jianakoplos, N.A.: Coordinated international economic expansion: are convoys or locomotives the answer? Federal Reserve Bank of St. Louis Review, July 1978

Namenregister